国家社科基金项目"诠释学视域下的春秋穀梁学研究"结项成果

国家社科基金重大项目"中国经学史"子项目"穀梁学简史"结项成果

西华师范大学学科建设经费资助项目

春秋穀梁学史研究

文廷海 ◎ 著

中国社会科学出版社

图书在版编目（CIP）数据

春秋穀梁学史研究／文廷海著．—北京：中国社会科学出版社，2019.12
ISBN 978-7-5203-5770-8

Ⅰ.①春… Ⅱ.①文… Ⅲ.①中国历史—春秋时代—编年体 ②《穀梁传》—研究 Ⅳ.①K225.04

中国版本图书馆 CIP 数据核字（2019）第 289204 号

出 版 人	赵剑英
责任编辑	史慕鸿
责任校对	周　昊
责任印制	戴　宽

出　　版	中国社会科学出版社
社　　址	北京鼓楼西大街甲 158 号
邮　　编	100720
网　　址	http：//www.csspw.cn
发 行 部	010－84083685
门 市 部	010－84029450
经　　销	新华书店及其他书店
印　　刷	北京明恒达印务有限公司
装　　订	廊坊市广阳区广增装订厂
版　　次	2019 年 12 月第 1 版
印　　次	2019 年 12 月第 1 次印刷
开　　本	710×1000　1/16
印　　张	27.25
插　　页	2
字　　数	433 千字
定　　价	158.00 元

凡购买中国社会科学出版社图书，如果质量问题请与本社营销中心联系调换
电话：010－84083683
版权所有　侵权必究

目 录

绪 论 ……………………………………………………………（1）
    一 《穀梁传》经学的政治意义 ……………………………（1）
    二 《穀梁传》经学的研究价值 ……………………………（3）
    三 历代《穀梁传》学的诠释原则与方法 …………………（5）
    四 本课题的研究方法 ………………………………………（12）

第一章 《穀梁》善经：《穀梁传》诠释学的形成 ………………（15）
  第一节 《穀梁传》对《春秋》的诠释 ……………………（15）
    一 《穀梁传》的产生 ………………………………………（15）
    二 《穀梁传》诠释《春秋》的特点 ………………………（18）
  第二节 《穀梁传》的思想诠释 ……………………………（37）
    一 《春秋》的政治思想价值 ………………………………（37）
    二 《穀梁传》的思想诠释 …………………………………（39）

第二章 政治沉浮：汉代穀梁学 …………………………………（51）
  第一节 西汉穀梁学的政治命运 ……………………………（51）
    一 《公》《穀》二学的初次博弈 …………………………（51）
    二 汉宣帝时穀梁学的大兴 …………………………………（53）
    三 西汉学者对《穀梁传》的诠释 …………………………（56）
  第二节 东汉穀梁学的演变特点 ……………………………（64）
    一 东汉穀梁学的传授 ………………………………………（64）
    二 穀梁学与左传、公羊学的争议 …………………………（66）
    三 《穀梁废疾》《起废疾》的解经特点 …………………（68）

第三章　注疏大兴：晋唐时期榖梁学 (74)
第一节　魏晋南北朝隋唐注疏学的兴盛 (74)
　　一　魏晋至隋唐《榖梁传》的传授 (74)
　　二　魏晋至隋唐《榖梁传》注疏学的兴盛 (77)
第二节　《榖梁传》范注杨疏思想的层累诠释 (83)
　　一　范宁、杨士勋《榖梁传注疏》的撰写 (83)
　　二　《榖梁传》范注杨疏的诠释方法 (92)
　　三　《榖梁传》范注杨疏思想的层累阐释 (96)
第三节　《春秋榖梁传注疏》的文献学特色 (105)
　　一　征引文献书名、篇目考录 (105)
　　二　征引文献的特色 (108)
第四节　《春秋榖梁传注疏》注例研究 (113)
　　一　例法的产生 (113)
　　二　例法分类 (114)
　　三　例法研究 (121)

第四章　疑经驳传：宋元明时期榖梁学 (126)
第一节　宋代榖梁学 (126)
　　一　啖赵《春秋》学派开启新学风 (126)
　　二　北宋榖梁学 (128)
　　三　南宋榖梁学 (137)
第二节　元明时期榖梁学 (141)
　　一　元代榖梁学 (141)
　　二　明代榖梁学 (146)

第五章　汉学复兴：清代榖梁学（上） (157)
第一节　清代榖梁学研究概论 (157)
　　一　清前期汉宋兼采的榖梁学 (157)
　　二　清中后期汉学特色的榖梁学 (172)
第二节　回归汉学的新注新疏 (179)
　　一　钟文烝《春秋榖梁经传补注》的价值 (180)

二　廖平《穀梁春秋》内外学成就 …………………………（202）

第六章　汉学复兴：清代穀梁学（中）……………………（231）
第三节　《春秋穀梁传》义理的归纳与新诠释……………（231）
一　"倡明鲁学"：柳兴恩《穀梁大义述》………………（231）
二　"补阙未竟"：张慰祖《穀梁大义述补阙》…………（245）
三　"专详日月"：许桂林《春秋穀梁传时月日
　　书法释例》………………………………………………（259）
四　"据三《礼》以证《穀梁》"：侯康《穀梁礼证》……（269）
五　"推其立说之原"：王闿运《穀梁申义》……………（274）
六　会通中学西学：江慎中《春秋穀梁传条指》………（288）
七　旁推交通：刘师培《穀梁荀子大义相通考》………（319）

第七章　汉学复兴：清代穀梁学（下）……………………（323）
第四节　校勘辑佚成就钩沉…………………………………（323）
一　齐召南《春秋穀梁传注疏考证》的成就……………（323）
二　王引之《经义述闻》对《春秋穀梁传》的辨误……（329）
三　阮元《春秋穀梁传注疏校勘记》论析………………（341）
四　《玉函山房辑佚书》正续编辑佚《穀梁传》注解…（347）
五　王谟、黄奭所辑《春秋穀梁传》注解佚文…………（357）

第八章　返本开新：民国时期的穀梁学史…………………（361）
第一节　《穀梁传》新注……………………………………（363）
一　"统以九旨"：柯劭忞《春秋穀梁传注》
　　的诠释特色研究…………………………………………（363）
二　笺释《穀梁传》：徐震《〈穀梁〉笺记》……………（376）
三　周树桢《公羊穀梁合解》的特色……………………（379）
四　蒋元庆《柳兴恩〈穀梁·述礼〉补缺》的特色……（382）
第二节　民国学者对《穀梁传》的研究……………………（385）
一　《穀梁传》作者真伪与"受经于子夏"问题…………（385）
二　《穀梁传》的真伪问题………………………………（389）

  三　《穀梁传》的义例问题……………………………………（392）
  四　民国学者研究《穀梁传》的其他学术问题……………（396）

结　语……………………………………………………………（404）
  一　善释《春秋》，曲折演变：春秋穀梁学研究的特点……（404）
  二　扶微补绝，三传同辉：春秋穀梁学历史地位……………（413）

主要参考文献……………………………………………………（417）

后　记……………………………………………………………（427）

绪　论

一　《穀梁传》经学的政治意义

孔子依据春秋时期诸侯国史整理《春秋》，"其事则齐桓晋文，其文则史，孔子曰：'其义则丘窃取之矣'"①，其意在"借事明义，因事穷理"②，特点为"义经而体史"③。孔子从史事、史义两个方面书写《春秋》经文，这些经文的史事、义理包含多重性。《春秋》"辞微而指博"④，这是因孔子身处当权者的高压之下，只能采取口传的方式理解《春秋》的精髓，所谓"七十子之徒口受其传指，为有所刺讥褒讳挹损之文辞不可以书见也"⑤。在这一过程中，原典儒学开始向层累性解说转化⑥。这样，就出现孔子的弟子或弟子的弟子（门人）各按自己的理解来诠释《春秋》的学术分野⑦，弟子们理解"人人异端"，因此在流传过程中形成了《公羊传》《穀梁传》等以讲解义理为主的传说，而《左传》却以解说史实为主，各具特色，故朱熹说："以三传言之，《左氏》是史

---

① 《孟子·离娄下》，四部丛刊本。
② 张西堂：《穀梁真伪考》下篇《公穀详略异同证》，何记印书馆1931年版。
③ 章炳麟：《春秋左传读叙录》，载《章太炎全集》，上海人民出版社1984年版，第845页。有关《春秋》"义经而体史"的讨论，具体参见文廷海等《义经而体史：〈春秋〉经、史性质之争的再检讨》，《求索》2012年第4期。
④ 班固：《汉书》卷八十八《儒林传》，中华书局点校本1962年版。
⑤ 司马迁：《史记》卷十四《十二诸侯年表序》，中华书局点校本1959年版。
⑥ 按《汉书》卷五十《河间献王传》载："皆经、传、说、记，七十子之徒所论。"康有为《孔子改制考·六经皆孔子改制所作考》解此："孔子所作谓之经，弟子所述谓之传，又谓之记，弟子后学展转所口传谓之说。"
⑦ 《汉书》卷三十《艺文志》载，解《春秋》者，古文经有《左氏传》一家，今文经有公羊、穀梁、邹氏、夹氏四家。

学，《公》《穀》是经学。"① 虽然唐人以"以《左氏传》为上，《公羊》为中，《穀梁传》为下"②，近人认为"《穀梁氏》淡泊鲜味，治之者稀"③，今人以《穀梁传》之"兴也隐，传也微。其书随经立义，比于后世讲章，既不敢如《公羊》之放言，又不能如《左氏》之笃实。其所以得保存至于今日者，非赖其本身之价值，实赖'三传'名为其维系"④。此说贬低《穀梁传》的学术价值与学术地位，但《穀梁传》在历史长河中却流传不息，得到统治者的重视和学者的注疏。

《春秋》真正登上经学殿堂的是西汉前期，而实现这一过程的是以讲义理的《公羊传》《穀梁传》今文经学派。汉宣帝之时，通过江公、蔡千秋、刘向等《穀梁传》学者的讲论，在石渠阁"论五经异同"之时，因取胜《公羊传》亦登上博士官学地位，以《穀梁传》等为代表的《春秋》经学化的表现有两个方面。

第一，《穀梁传》等成为论政、治狱的重要依据，具有政治法律意义，这是《春秋》的"经术化"。

汉代学者发挥《公羊传》"《春秋》大一统也，天地之常经，古今之通谊"⑤，以及《穀梁传》"考礼修德，所以尊天子也"⑥ 的经义，确立了中央集权的政治制度，通过思想的统一，确立"罢黜百家，表章六经"的儒家独尊的思想路线。董仲舒治理江都、胶西等王国，以《春秋》义理治狱，"以《春秋》之义正之，天子皆以为是"⑦。刘向治《穀梁传》，"数其祸福，传以《洪范》"⑧，所以，宋代学者家铉翁指出《公羊传》《穀梁传》的政治意义："其大条贯炳如日星，三代而下有国有家者，所恃以扶纲常植人极，皆《春秋》之大法而《公》《穀》所传也。当汉家盛时，经生学士立乎人之本，朝决大谋议，往往据依《公》《穀》，其有

---

① （宋）黎靖德编：《朱子语类》卷八十三《春秋·纲领》，中华书局1986年版，第2152页。
② （宋）晁公武：《郡斋读书志》卷一下《〈春秋折衷论〉解题》，四部丛刊本。
③ 章炳麟著，徐复注：《訄书详注》卷十二《清儒》，上海古籍出版社2017年版，第166页。
④ 顾颉刚：《春秋研究讲义案语》，载《中国古籍研究》（第一卷），上海古籍出版社1996年版，第242页。
⑤ 《汉书》卷五十六《董仲舒传》。
⑥ 《春秋穀梁传注疏》卷二，隐十一年春"滕侯薛侯来朝"传，北京大学出版社1999年版。
⑦ 《史记》卷一百二十一《董仲舒传》。
⑧ 《汉书》卷二十七上《五行志上》。

功于世教甚大。"① 因此，在历代封建王朝中，《穀梁传》等《春秋》经学都发挥了重要的政治作用。

第二，通过博士官制度，《穀梁传》等实现官学地位，通过经典的思想阐释，形成家法师法传统，将经典教育与选官政治制度结合起来，这是《春秋》的"经学化"。

自汉武帝立五经博士，"开弟子员，设科射策，劝以官禄，讫于元始，百有余年，传业者寖盛，支叶蕃滋，一经说至百余万言，大师众至千余人，盖禄利之路然也"②。汉宣帝之时，《穀梁传》也登上官学地位。各家学者围绕经典进行章句经义诠释，各持一说，言人人殊，《公羊传》形成"严、颜二氏之学"，《穀梁传》形成"尹、胡、申章、房氏之学"③，形成了各自的家法和师法，构建各家思想阐释传统。

隋唐创行科举制度，有"明经"科，其中《左传》为大经，《公羊传》《穀梁传》为小经，均为考试科目。宋代因袭之，并发展为进士、九经、五经、三传、明经等科目。元明时期，《春秋》亦是科目，其考试范围为《春秋》三传古注疏、胡安国《春秋传》、张洽《春秋传》，到明代中期，取士仅以胡安国《春秋传》。清初，去胡安国《春秋传》，恢复《春秋》三传古注疏，这是与清初"古学复兴"潮流相适应的。可以说，包括《穀梁传》在内的《春秋》经学是封建政权推行经学政治的重要组成部分。

当今时代，随着国家的强盛，"四个自信"中的"文化自信"预示着传统文化的再次复兴，整个社会出现了"国学热"，人们呼唤经学的回归，学术界也掀起了经学研究的热潮。所以，揭示《春秋》与《穀梁传》等经学的核心义理和理论精华，对于国家的文化建设和人们的文化修养具有重要的政治意义。

二 《穀梁传》经学的研究价值

从两千多年穀梁学诠释和研究来看，由于产生口说流传，故其作者

---

① （宋）家铉翁：《春秋详说·纲领·评三传上》，四库全书本。
② 《汉书》卷八十八《儒林传·赞》。
③ 《汉书》卷八十八《儒林传·房凤传》。

及其传授源流充满较多的争议。在西汉初期，传授《穀梁传》的江公与《公羊传》大师董仲舒为争博士学官较短长，其失利虽源于"讷口"，以《公羊传》由"白衣为天子三公"的丞相公孙弘对董仲舒的奥援也是重要因素。汉宣帝时期因其祖父"戾太子"好《穀梁》，招引众多学者讲习《穀梁传》，以至于在石渠阁会议"论五经异同"而取胜《公羊传》成为官学博士，由是"穀梁学大兴"，因此，穀梁学在西汉时期的由微而兴的变化其背后的政治因素值得重视。东汉建立以后，《穀梁传》不立博士。汉章帝时，虽选拔学者修习《穀梁传》，选举学有所成者为郎，但不为《穀梁传》立学官，因此东汉时期《穀梁传》一直处于私学不兴的地位。

魏晋南北朝时期天下分离，一者官方对学术的控驭没有两汉时紧张，故学风自由，学者可以突破《春秋穀梁》经传与穀梁学者的权威，撰写新注新疏；二者天下纷争，学者报国无门，多悠游林下，致力于藏诸名山的学术事业，这推动了以注疏为特色的经学繁荣，"夫南北诸儒，既同重讲经，故诸经义疏，于时为盛"①。《穀梁传》的注疏在此时也达到极度兴盛，著述达到数十种之多。

至唐代，由于统治者组织编写《五经正义》，《穀梁传》也有注疏，所以范《注》杨《疏》虽然集成各家文献诠释《穀梁传》，但随着唐朝统治者组织颁定《五经正义》，以官方的政治权威宣布所定经书的正统性以后，其他各家注、疏就自然失传了，正如刘师培《国学发微》指出："《正义》之学，乃专守一家，举一废百之学也"②，这也宣告《穀梁传》专门之学的结束。甚至，到了宋元明时期，随着"《春秋》三传束高阁，独抱遗经（《春秋》）究终始"③，学者们不仅"以意说经"，六经注我，甚至疑经惑传，对包括《穀梁传》在内的《春秋》三传提出质疑。这种学风一直到清代中期才发生转变。

在对前代"抛弃三传，以意说经"学术风气加以纠正的基础上，清代前期逐渐消除胡安国《春秋传》的学术垄断地位，逐渐恢复《春秋》三传的学术传统。学者们或于前人之不足有所纠正质疑，或于前贤熟烂

---

① 包鹭宾：《经学通义初稿》第五章第五节"义疏学之创始"，华中师范大学出版社2005年版，第75页。
② 刘师培著，张京华点校：《国学发微》，华东师范大学出版社2015年版，第36页。
③ （唐）韩愈著，（宋）朱熹校：《韩昌黎先生文集》卷五《寄卢仝》，四部丛刊本。

之处别开新途。于是，清前期《春秋》学在各方面加以展开。有继承宋学传统的官方《春秋》学，有批评性《春秋》学，有义理化《春秋》学，有史学化《春秋》学，或者致力于《春秋》经传文献学考证校勘辑佚，等等，这一切构筑了清代穀梁学的理论大厦和多样性图景。

20世纪30年代，围绕本位文化与全盘西化之争，反新文化运动的《甲寅》学派代表章士钊等重新提倡读经。所以，民国时期经学并未真正退出历史舞台。民国学者在保留传统的同时，继续注解和笺注《穀梁传》，出现了柯劭忞的《春秋穀梁传注》、徐震的《穀梁笺记》、张慰祖的《穀梁大义述补阙》，能够吸收前人的注解成果和经验而有所突破。同时，也在辩证借鉴与扬弃民国初年"古史辨"派质疑考辨和胡适引进的西方科学主义等学术方法的指导下，蒋元庆、杜钢百、张西堂、戴增元、李源澄、柳诒生、王季星等对《穀梁传》的产生、作者、源流、经今古文派、版本、治学方法、方言等等问题进行全面梳理和研究，通过"大胆假设"，重视提出学术问题，又强调"小心求证"，依靠史料证据解决《穀梁传》两千年学术争论问题，特别强调历史主义方法，以证据作为论说的方式，其学术理路已经进入现代视野。

可见，从两汉到清代民初，穀梁学经过汉初浸微—汉宣大兴—东汉微绝—魏晋义疏学盛—唐代独尊范注杨疏—宋元明疑经惑传—清代汉学复兴—民国返本开新的发展历程。《穀梁传》经学的曲折演变史、《穀梁传》诠释《春秋》的特点、《穀梁传》经学思想义理的独特性、穀梁学的政治演化历史、《穀梁传》注疏的多样性，以及穀梁学的研究史，都需要进行系统研究和整理，由此决定了其学术研究的价值。

三 历代《穀梁传》学的诠释原则与方法

孔子面临春秋时期"礼乐征伐自诸侯出"导致的"王天下"政治格局的破坏，"臣弑君、子弑父"的"尊亲"伦理关系被丧失，通过编写《春秋》"贬天子、退诸侯、讨大夫"[1]，贬损当世君臣以达到"制义法，王道备，人事洽"[2] 的政治目的。作《春秋》本是"天子之事"，但孔子

---

[1] 《史记》卷一百三十《太史公自序》。
[2] 《史记》卷十四《十二诸侯年表序》。

要面临"威权势力"所造成的政治"时难"使孔子不能书面言说,所以孔子编写与讲说《春秋》时采取"于所见微其辞,于所闻痛其祸,于传闻杀其恩"①的书法,"隐其书而不宣"②,于是《穀梁传》《公羊传》的说解《春秋》主要言其理,《左传》则主要述其事。在《春秋》三传中,《穀梁传》《公羊传》特别通过钩稽和阐释《春秋》的"微言大义",从而形成各自的诠释原则和理论特色。由于《春秋》"三世异辞"③和"隐其书而不宣",孔子宣称所作《春秋》"其义则丘窃取之矣"④,对于孔子《春秋》寄予的思想意义是什么?又如何理解和寻绎?晚清民国学者指出:

>昔夫子删《诗》《书》、述礼乐,道术治术,灿然明备。而又以后世治日少而乱日多,非极之胜残去杀,则由小康以抵大同之治,不可以坐而致也。因目接乎平、桓以降,天下无王,篡弑相寻,征伐四起,以为有王者作,必先去其乱而后能被之以治。于是因衰世之迹,定拨乱之法,而《春秋》作焉。《春秋》之为书也,文成数万,其指数千,而操其要归,不越乎以王法正天下而已。是故始于隐、桓,振王道于无王也;终于获麟,望王者之复作也;尊天子于京师,张齐、晋为二伯,而正大国、次国、小国之序,是王者所以建置侯国也;内鲁而外列国,内中国而外夷狄,是王者之所以疆理藩服也;以日月名地之文,立褒赏诛绝之法,是王者之黜陟也;尊尊亲亲贤贤而为之讳耻、讳疾、讳过,是王者之议辟也、郊禘烝尝之典,田苗蒐狩之经,损益旧文,垂为世则,是王者之因革也。孟子所谓"天子之事",此其大都矣。
>
>传《春秋》者三家,惟穀梁氏深达圣人之旨,顾其辞义简奥,传习之士弗能尽通,故多轻议之者,或仅以为循文训义,无悖于理而已,而不知其条理精密,与圣人制作之心隐合符契,固卓然出

---

① (汉)董仲舒:《春秋繁露》卷一《楚庄王》,上海古籍出版社1989年版,第10页上栏。
② 《汉书》卷三十《艺文志》。
③ 《春秋公羊传注疏》卷一,隐公元年十二月"公子益师卒"传有"所见异辞,所闻异辞,所传闻异辞",北京大学出版社1999年版。
④ (元)赵汸《春秋师说》卷上引《孟子·离娄下》"其义则丘窃取之矣"并加解释说:"窃取者,谓无其位而不敢当,故谦辞也。"清经解续编本。

绪　论

《左氏》《公羊》之上也。①

可见，"以王法正天下"就是"天子之事"，只有《穀梁传》能"深达圣人之旨"，这与郑玄所称"《左氏》善于礼，《公羊》善于谶，《穀梁》善于经"②相符，表明在《春秋》三传中，《穀梁传》更能准确传释《春秋》的"微言大义"。《穀梁传》为何能"深达圣人之旨"？这涉及中国古代经学训诂与诠释之道，如何总结提炼春秋穀梁学的诠释方法，在现代西方哲学诠释学方法已濡染中国学界的情况下，可将《穀梁传》学术史的研究置于中西方经学解释与哲学诠释学的视野下来探讨和总结。中国古代经学解释中，"《诗》无达诂，《易》无达占，《春秋》无达辞"③，正如孟子所言，理解《诗》要"以意逆志"，就是要求解《诗》者要以自己的思想来理解作《诗》者的愿意，此类似于西方现代诠释学中的"视域融合"④；理解《春秋》要注意"《春秋》无通辞，从变而移"⑤的灵活性。对于经学文献的训诂解释，后世学者提出"由字以通其词，由词以通其道"⑥，实际上很好地总结了古代经学解释中的重要原则，也就是西方诠释学中的文字、意义和精神是解释的三要素⑦，也就是诠释学中的"诠释的循环"⑧。

因此，在两千年对《穀梁传》注疏过程中，历代学者前后相承，又有新的发挥，逐渐丰富和发展《穀梁传》学的诠释原则与方法。这些原

---

① 江慎中：《春秋穀梁传条例叙》，《国粹学报》第68期，"绍介遗书"。期号均以《国粹学报》原刊书口所标刊期为准，下同。
② （汉）郑玄：《六艺论》，见（唐）杨士勋《春秋穀梁传序》疏，载《春秋穀梁传注疏》卷首。
③ （汉）董仲舒：《春秋繁露》卷三《精华》。
④ ［德］汉斯-格奥尔格·伽达默尔：《真理与方法》Ⅰ，洪汉鼎译，商务印书馆2000年版，第416页。
⑤ （汉）董仲舒：《春秋繁露》卷二《竹林》。
⑥ （清）戴震《戴东原集》卷九《与是仲明论学书》中说："求其一经，启而读之，茫茫然无觉。寻思之久，计之于心曰：'经之至者道也，所以明道者其词也，所以成词者字也。由字以通其词，由词以通其道，必有渐。'"四部丛刊影印本。
⑦ ［德］弗里德里希·阿斯特：《诠释学》，《诠释学经典文选》，东方出版社2001年版，第12页。
⑧ ［德］马丁·海德格尔：《在通向语言的途中》，孙周兴译，商务印书馆2004年版，第141页。另外钱锺书在《管锥编》中也提及"阐释的循环"，中华书局1979年版，第169页。

则和方法，既有我们在前面所论及中西方学者的经学解释与哲学诠释学方法，也有自己学派的特色。

1.《穀梁传》的诠释原则与方法

《穀梁传》在解释《春秋》时在突出"善于经（《春秋》）"① 的总特点下，特别强调如下诠释原则。

（1）对《春秋》经文及其史实采取"信以传信，疑以传疑"② 的实录精神，坚持实事求是的原则

桓公五年正月"甲戌、己丑，陈侯鲍卒"，《穀梁传》发现了问题所在："鲍卒，何为以二日卒之？"由此提出《穀梁传》诠释的一个重要原则：《春秋》之义，信以传信，疑以传疑"，范宁注理解为"明实录也"，即是一种"实录"精神。同样在庄公七年四月辛卯"昔，恒星不见，夜中星陨如雨"传再次强调"《春秋》著以传著，疑以传疑"③。《穀梁传》将这一原则应用于桓公十四年"夏五，郑伯使其弟御来盟"中"夏五"的解释："立乎定、哀，以指隐、桓，隐、桓之日远矣。'夏五'传疑也。"即孔子在春秋末期的定哀年间无法了解相距久远的隐桓时期历史记载细节，为何是"夏五"？《穀梁传》存疑。

（2）《春秋》人与事以"正"与"不正、非正"④ 为标准，作为褒贬意义判定的原则

"拨乱世反诸正，莫近于《春秋》"⑤，因此，《穀梁传》在诠释《春秋》时，就以"正"与"不正、非正"等作为对春秋人与事进行褒贬评价的标准。隐公元年十二月"公子益师卒"，《穀梁传》"大夫日卒，正也；不日卒，恶也"。益师不能阻止桓弑隐，"罪，故略之"⑥。庄公二十四年夏"公如齐逆女"，《穀梁传》指出"亲迎，恒事也，不志。此其志，何也？"本来国君亲自迎娶夫人是常事，不需记载，但《穀梁传》认

---

① （唐）杨士勋《春秋穀梁传序》疏引郑玄《六艺论》称："《左氏》善于礼，《公羊》善于谶，《穀梁》善于经"。
② 《春秋穀梁传注疏》卷三，桓公五年正月甲戌、己丑"陈侯鲍卒"传。
③ 《春秋穀梁传注疏》卷五，庄公七年四月辛卯"昔，恒星不见，夜中星陨如雨"传。
④ 《穀梁传》解说中有"正"108次，"不正"46次，"非正"52次，因此"正"、"不正、非正"大体相当。
⑤ 司马迁：《史记》卷一百三十《太史公自序》。
⑥ 《春秋穀梁传注疏》卷一，隐公元年十二月"公子益师卒"范宁注。

为桓公在齐国被杀,庄公杀父之仇不报,而"娶仇人子弟",因此"不正其亲迎于齐也"①。鲁惠公夫人无嫡子,按继位礼制"立嫡以长"的顺序,隐长桓幼,惠公欲立桓公,故"先君之欲与桓,非正也,邪也"。这与《穀梁传》"贵义"②、"与正"③的政治立场有关。

(3) 主张"称时、称月、称日、称地,谨之也"④,解释《春秋》重视时空条件的原则

隐公十年六月壬戌,鲁国在菅打败宋国军队,"辛未取郜,辛巳取防",在《春秋》书法里,攻取城邑不记载日期,"此其日,何也?不正其乘败人而深为利,取二邑,故谨而日之也"⑤。这里通过记日期,批评鲁国乘人之危攫取他国领土以获利。僖公十四年八月"辛卯,沙鹿崩",只有"高者有崩道",即帝王去世、高山曰"崩",所以沙鹿"无崩道",记"其日,重其变也",是强调这次灾变事故。宣公十五年六月癸卯,晋师灭赤狄潞氏,以潞子婴儿归。《穀梁传》指出"灭国有三术:中国谨日,卑国月,夷狄不日。其日潞子婴儿,贤也"。夷狄之君卒是不记载日期的,所以通过特别"记日"这一打破常规书法来表彰潞子的贤能。隐公十一年十一月壬辰,公薨。按《春秋》书法,公薨要记载地点,但隐"公薨不地,故也。隐之,不忍地也"。《穀梁传》指出隐公薨是有隐情的,提示人们隐公是被桓公弑杀。因此,《穀梁传》在诠释《春秋》时,通过"称时、称月、称日、称地,谨之也"的方法,提示人们时空因素在历史记载中的特殊意义。

(4) 善于揭示和阐释"《春秋》之义"⑥的原则

《穀梁传》以"善于《经》"著称,即善于揭示《春秋》的经义。在《穀梁传》中,提及《春秋》19次,总结和揭示"《春秋》之义";同样以解释《春秋》经义的《公羊传》虽提到《春秋》31次,但"《春秋》之义"只有1次,这体现两传在诠释《春秋》经义之间的差异。

(5) 通过"正名""尽辞",诠解文字,揭示书法的训诂原则

---

① 《春秋穀梁传注疏》卷六,庄公二十四年夏"公如齐逆女"传。
② 《春秋穀梁传注疏》卷一,隐公元年"春王正月"传。
③ 《春秋穀梁传注疏》卷一,隐公五年十二月"卫人立晋"传。
④ 《春秋穀梁传注疏》卷十七,昭公十一年四月丁巳,"楚子虔诱蔡侯般,杀之于申"传。
⑤ 《春秋穀梁传注疏》卷二,隐公十年六月"辛未取郜,辛巳取防"传。
⑥ 《穀梁传》中称"《春秋》"19次,其中总结和宣扬"《春秋》之义"6次。

《礼记·经解》中言"属辞比事，《春秋》教也"，说明《春秋》以"修辞"技巧表达深蕴的经义："《春秋》无传而著，甚幽而明，虽游夏之徒不能措一词，是之谓属词比事。"① 所以在僖公十九年冬"梁亡"《穀梁传》有"梁亡，郑弃其师，我无加损焉，正名而已矣！"② 僖公十六年"正月戊申朔，陨石于宋五。是月，六鹢退飞，过宋都"。《穀梁传》载孔子之言"君子之于物，无所苟而已。石、鹢且犹尽其辞，而况于人乎！故五石六鹢之辞不设，则王道不亢矣！"③《穀梁传》通过训诂《春秋》语词来揭示其内蕴的书法与经义。

　　（6）不避门户，包容《左传》《公羊传》说，开"会通三传"的原则

　　《穀梁传》载"传曰"9处、"其一传曰"1处、"或曰"16处、"或说曰"1处。这些有别于《穀梁传》的解说，部分与《左传》《公羊传》相合。文公十二年二月庚子"子叔姬卒"，《穀梁传》引"其一传曰：许嫁，以卒之也"④，其说即《公羊传》"此未适人何以卒？许嫁矣。"⑤ 文公十一年十月甲午"叔孙得臣败狄于咸"，春秋时期狄分长狄、赤狄、白狄多种，《穀梁传》指出这里"狄"的族属："传曰：长狄也。"它的证据来自《左传》："冬十月甲午，败狄于咸，获长狄侨如。"⑥ 所以，《穀梁传》在解说《春秋》时，不避门户，引《左传》《公羊传》的解说来证己说，或者多引他说存异以便后人辨析。

　　（7）《春秋》有"《春秋》有临天下之言焉，有临一国之言焉，有临一家之言焉"⑦，体现"通观《穀梁传》全书以解经"的原则

　　《穀梁传》"《春秋》有临天下之言焉，有临一国之言焉，有临一家之言焉"，显然与《公羊传》学派"内其国而外诸夏，内诸夏而外夷

---

① （宋）卫湜：《礼记集说》卷一百一十七，通志堂经解本。
② 《春秋穀梁传注疏》卷九，僖公十九年冬"梁亡"传。
③ 《春秋穀梁传注疏》卷八，僖公十六年正月"正月戊申朔，陨石于宋五。是月，六鹢退飞，过宋都"传。
④ 《春秋穀梁传注疏》卷十一，文公十二年二月庚子"子叔姬卒"传。
⑤ 《春秋公羊传注疏》卷十四，文公十二年二月庚子"子叔姬卒"传。
⑥ 《春秋左传正义》卷十九，文公十一年十月甲午"叔孙得臣败狄于咸"传。
⑦ 《春秋穀梁传注疏》卷二十，哀公七年八月己酉"入邾，以邾子益来"传。

狄"① 为同一表达，都言及《春秋》记载历史以鲁国为中心，推及周王、诸侯国，再及夷狄之国，其为"天下"视野。而且，《穀梁传》"立乎定、哀，以指隐、桓"，将历史的考察视野也延伸至春秋整个时期。所以《穀梁传》从春秋全时空的维度言"三十四战"②、合计"衣裳兵车之会十五"③，均体现其"通观全传以解经"的原则。

2. 后世《穀梁传》学著作的诠释原则与方法

（1）范宁、杨士勋《春秋穀梁传注疏》的诠释原则

范宁在《春秋穀梁传序》中提出两个原则：第一，"会通《春秋》三传"择善而从"据理以通经"的原则；第二，总结"名例"，陈述疑滞，辨诸儒同异的原则。杨士勋对范宁注解提出异议，并不贯彻经学注疏中"疏不破注"④的原则。

（2）钟文烝《春秋穀梁经传补注》的诠释原则

清代中期学者钟文烝治《穀梁传》二十年，"乃知《（穀梁）传》之于《（春秋）经》实有如杜（预）所云'错综尽变'者"⑤，将"错综尽变"作为其补注《春秋穀梁》经传的重要原则，具体为"条贯前后，罗陈异同；典礼有征，训诂从朔；辞或旁通，事多创获"三条义例⑥，征引广博，记姓名者三百余家⑦。

（3）廖平《穀梁春秋经传古义疏》的诠释原则

晚清民国学者廖平鉴于前人注疏《穀梁传》之不足，用心十余年，十易其稿，撰成《穀梁春秋经传古义疏》，制定"首纂遗说，间就传例，

---

① 《春秋公羊传注疏》卷一，隐公元年"春王正月"杨士勋疏。
② 《春秋穀梁传注疏》卷九，僖公二十二年十一月己巳朔"宋公及楚人战于泓，宋师败绩"传："《春秋》三十有四战，未有以尊败乎卑、以师败乎人者也。"
③ 《春秋穀梁传注疏》卷六，庄公二十七年六月"公会齐侯、宋公、陈侯、郑伯，同盟于幽"传载："衣裳之会十有一，未尝有歃血之盟也，信厚也。兵车之会四，未尝有大战也，爱民也。"
④ （清）桂文灿：《经学博采录》卷三，安徽学者吕鹏飞批评"唐人作疏，惟知'疏不破注'，纰谬相仍，后之学者茫无主说"。广西师范大学出版社2011年版，第67页。
⑤ （清）钟文烝：《论传》，载《春秋穀梁经传补注》卷首，中华书局1996年点校本。
⑥ （清）钟文烝：《序》，载《春秋穀梁经传补注》卷首。
⑦ （清）钟文烝在为范宁《春秋穀梁传序》"今撰诸子之言，各记其姓名，名曰《春秋穀梁传集解》"一语作注："凡解古书，集众家记姓名者，何晏、李鼎祚之属专记前人者也；范氏兼记同时人及其子弟者也；裴骃、李善之属又推及所引他书之注者也。文烝附范书为《（春秋穀梁经传）补注》，兼用三例，记姓名者三百余焉。"

推比解之"① 三大诠释原则，具体表现为：

第一，为阐明古义，以先师解说为本，并推原礼制，尤重《王制》②；

第二，厘清全经大义，属词比事，加以条贯③；

第三，旁及《春秋》三传异同，通过"会通《三传》"来辩驳何休、郑玄《穀梁废疾》的偏颇以及纠正范宁《春秋穀梁传集解》之不足。④

（4）柯劭忞《春秋穀梁传注》的诠释原则

晚清民国学者柯劭忞注解《穀梁传》的原则是：

第一，继承刘向、郑玄解释《穀梁传》的遗文坠义并加以扩展；

第二，以九旨（时、月、日、天王、天子、王、讥、贬、绝）为全书纲领；

第三，复取《穀梁传》之文，将《春秋》三传旁参互证以通解《穀梁传》之未备，这样"《穀梁》一家之学，得其门而入乎？"⑤

因此，从《穀梁传》经《春秋穀梁传注疏》，再经历钟文烝《春秋穀梁经传补注》、廖平《穀梁春秋经传古义疏》和柯劭忞的《春秋穀梁传注》，形成了层累性的诠释传统，使《穀梁传》学的诠释原则丰富多样，体现了《穀梁传》经学的生命力。

四 本课题的研究方法

本课题将在前贤时哲研究成果的基础上，主要运用的学术方法有：

---

① 廖平：《重订穀梁春秋经传古义疏自叙》，载《穀梁春秋经传古义疏》卷首，民国严氏孝义家塾丛书本。

② 廖平：《重订穀梁春秋经传古义疏凡例》第十条："注以《王制》为主，参以西汉先师旧说。"第十一条："《王制》为《春秋》大传，千古沉翳，不得其解，以《穀梁》证之，无有不合。"载《穀梁春秋经传古义疏》卷首。

③ 廖平：《重订穀梁春秋经传古义疏凡例》第十四条："属辞比事，《春秋》之教。事有本末，前人已详。至于属比，殊未尽其义。张氏（应昌）《辨例编》裒录此例甚详。今悉取用，而推本传例以补之。"第十二条："疏中引用事实者，以《史记》为主，《左（传）》亦间用之。"

④ 廖平：《重订穀梁春秋经传古义疏凡例》第二条："《左氏》《公羊》与《（穀梁）传》同说一经，不须求异。……然义本相同，后来误解，因致歧出者，则必化其畛域，以期宏通。"

⑤ 柯劭忞：《春秋穀梁传注序》，载《春秋穀梁传注》卷首，民国二十三年（1934）北京大学排印本。

绪　论

（一）历史学方法

春秋时代"政由五伯，诸侯恣行，贼臣篡子滋起"，孔子忧惧作《春秋》，汉代《榖梁传》"废兴由于好恶"，魏晋南北朝政弛而《榖梁传》义疏盛，唐宋"《春秋》三传束高阁，独抱遗经究终始"①，以意说经兴而专门之学亡，清代乾嘉朴学复兴而《榖梁传》注疏与研究再起，这些演变与各时代学术风气的演变有关，从历史学的角度来说就是"学随世变"②。清代雍乾时期学者齐召南已述及"宋儒启元明儒术专心致志，理解日辟实赖汉有广川（董仲舒）为之前导，典礼根据有高密（郑玄）为之考稽，而自矜才识绝人，儒先罕当其意，则唐中叶有啖赵直扫三传，实为宋儒解经明树圭臬，呜呼！此亦古今经学随世好尚转移之界限也"③，此总结汉唐宋元明经学演变之轨迹，已颇具历史学的眼界和方法论的自觉。

（二）古典文献学方法

《榖梁传》解释《春秋》，范宁、杨士勋注疏《榖梁传》以及各代学者对《榖梁传》的新注新疏，注字词、释训诂、言语法、谈名物、阐礼制，辑佚遗说，校勘文字，需要运用古典文献学方法进行整理和研究。

（三）思想史方法

"《榖梁传》善于经"，主张"不以亲亲害尊尊"④、"君不君，臣不臣，此天下所以倾也"⑤、"民者，君之本也"⑥等等思想资源，需要中国古代儒家哲学方法加以阐释。

（四）现代诠释学的方法

西方诠释学强调"文字、意义和精神是解释的三要素。文字的诠释

---

① （唐）韩愈著，（宋）朱熹校：《韩昌黎先生文集》卷五《寄卢仝》，四部丛刊本。
② 《（道光）济南府志》卷六十八《艺文四》载元翰林学士李谦撰《平原县修庙学记》有"学随世变，则有今昔之不同"一语，颇能总结古今学术演变的规律。
③ （清）齐召南：《宝纶堂诗文钞》卷五《古经解钩沉序》，嘉庆刻本。
④ 《春秋榖梁传注疏》卷十，文公二年八月丁卯"大事于大庙，跻僖公"传。
⑤ 《春秋榖梁传注疏》卷十二，宣公十五年六月"王札子杀召伯、毛伯"传。
⑥ 《春秋榖梁传注疏》卷四，桓公十四年十二月"宋人以齐人、蔡人、卫人、陈人伐郑"传。

就是对个别的语词和内容的解释；意义的诠释就是对它在所与段落关系里的意味性解释；精神的诠释就是对它与整体观念的更高关系的解释"①。另外，如解释学循环②以及信赖的或怀疑的解释学等③，对研究两千年春秋穀梁学也有方法学上的启发意义。

本课题在上述学术方法的指导下，将宏观学术视野与微观个案研究相结合，具体考察先秦至民国时期两千多年春秋穀梁学的历史变迁，总结其阶段性演变的历史特点，归纳各时代《穀梁传》学者及其著作的诠释原则及方法，构建诠释视域下穀梁学历时性的演变动态相以及共时性的共同面相。

---

① ［德］弗里德里希·阿斯特：《诠释学》，《诠释学经典文选》，第12页。
② ［法］保罗·利科：《解释的冲突：解释学文集》，莫伟民译，商务印书馆2008年版，第21页。
③ 何卫平：《信心解释学与怀疑解释学——从保罗·利科谈起》，《哲学研究》2007年第5期。

第一章 《穀梁》善经:《穀梁传》诠释学的形成

第一节 《穀梁传》对《春秋》的诠释

一 《穀梁传》的产生

《穀梁传》是解释《春秋》的经传著作之一,其出于孔子弟子后学之手①。关于《穀梁传》的作者,各种史籍记载不一。存在三个方面的问题。

（一）穀梁姓氏

《穀梁传》作者姓氏最早见载于《汉书·艺文志》,班固自注作"穀梁子,鲁人",班氏还将"穀梁子"作为真实姓名列入《汉书·古今人表》的第四等。但历代学者也有怀疑其姓氏的真实性。南宋朱熹说"《公羊》《穀梁》是姓姜人一手做也,有这般事"②。指出《公羊传》《穀梁传》是姓"姜"者一人所著,但他未说明《公羊传》《穀梁传》是"姜姓人一手做"的历史和文献根据。宋末元初罗璧指出:"公羊、穀梁二姓自高、赤作传外,考之前史及后世,更不见再有此姓",更加重对"穀梁"姓氏的质疑。原因何在？他引乡贤万见春之说:"'公羊''穀梁'皆'姜'字切韵脚,疑其为'姜'姓假托也。"为何"假托"？罗璧加以

---

① 《后汉书》卷四十四《徐防传》:"《诗》《书》《礼》《乐》,定自孔子。发明章句,始于子夏。"故应劭《风俗通》有穀梁赤为"子夏门人"之说,其后《春秋穀梁传序》杨士勋《疏》进一步说:"穀梁子名（淑）[俶],字元始,鲁人,一名赤,受经于子夏,为经作传,故曰《穀梁传》。"但穀梁赤是否为子夏后学,史无明文。
② （宋）黎靖德:《朱子语类》卷一百二十五《老氏》。

解说："盖战国时去春秋未远，传之所载多当时诸侯、公卿、大夫及其家世事迹，有当讳晦者难直斥之，而事之直者又不容曲为之笔，故［公羊］高、［穀梁］赤传其事，因隐其姓。后世史官于当代难言之事每阙之，或晦其姓名，疑其辞义。高、赤缘时忌没其姓，容有此理。"①认为战国时"姜"姓学者为避政治忌讳而隐没其姓，此与后世史官于难言之事"晦其姓名"为同一情形，自认为有道理。罗氏之说是以"后见之明"，所以清代学者李元度对万、罗之说"未免异之"②，斥之为标新立异。可见，穀梁姓氏为"姜"姓之说不可信从。

（二）穀梁氏名字

《汉书·艺文志》的"穀梁子"，其中"穀梁"为复姓，"子"为尊称，显然名字失载。桓谭《新论》、蔡邕《正交论》、应劭《风俗通》、陆德明《经典释文·序录》以穀梁子为"穀梁赤"，与"秦孝公同时"，战国中期鲁国人。但颜师古《汉书注》认为穀梁子"名喜"（钱大昕以为"喜"当作"嘉"，涉字近而异）；王充《论衡·案书篇》又作"穀梁寘"；阮孝绪《七录》又作"穀梁俶"，杨士勋《春秋穀梁传序疏》将"俶"写作"淑"，然据阮元《春秋穀梁传注疏校勘记》"淑"作"俶"，校者齐召南以为"《尔雅》'俶'训'始'，故字元始"，其说颇有理据。有学者甚至认为应该如《公羊传》公羊高、公羊平、公羊敢、公羊地、公羊寿传授世系相类似，穀梁赤、穀梁喜（或嘉）、穀梁寘、穀梁俶（或淑）四人或许为传授《穀梁传》的四代经师，所以民国学者杜钢百提出后世学者们"忽创获其名，并明其传授系统，愈后愈详"③，与顾颉刚所言"层累地造成的中国古史"④说类同的见解。究竟真实情形如何，正如明人唐顺之所言《穀梁》本鲁学，后世有以为名赤者、有以为名俶者，有以为秦孝公时人者，皆无所稽，莫得而定"⑤，仍需最直接的材料来

---

① （元）罗璧：《识遗》卷三《〈公羊〉〈穀梁〉》，四库全书本。
② （清）李元度：《天岳山馆文钞》卷三十《书罗氏〈识遗〉后》，光绪六年刻本。
③ 杜钢百：《公羊穀梁为卜商或孔商讹转异名考》，《国立武汉大学文哲季刊》1933 年 3 卷 1 期。
④ 顾颉刚：《古史辨》第一册《自序》与《与钱玄同先生论古史书》，载《古史辨》第一册，上海古籍出版社 1981 年版。
⑤ （明）唐顺之：《新刊唐荆川先生稗编》卷十三《公穀二传（师承）》，万历九年刻本。

第一章 《穀梁》善经：《穀梁传》诠释学的形成

证实。

(三) 先秦传授世系

《穀梁传》经过各代经师的解说，口口相传，至汉代始著竹帛。关于著竹帛之前的传授世系，以杨士勋《春秋穀梁传注序疏》"穀梁子，名（淑）［俶］，字元始，鲁人，一名赤，受经于子夏，为经作传，故曰《穀梁传》。传孙卿，孙卿传鲁人申公"，经三代传授自战国就至汉初，学术界大多认为传授源流年代不合理。杜钢百从子夏—穀梁赤—荀子的传授世系来推算，三人"非寿至百数十岁，不克如此承前启后"，按此源流，颇多矛盾。今人谢金良加以修正："子夏传无名氏（可能不止一人），无名氏传穀梁子，穀梁子传荀子，荀子传浮邱伯，浮邱伯传申公。"① 我们知道荀子传《诗经》于浮丘伯，《穀梁传》是否经荀子传浮丘伯，再经浮丘伯传申公（培），不能确知。② 显然，关于《穀梁传》在汉代以前的传授源流史阙有间，仍需依据新材料进一步考实。

综上，穀梁赤"亦是著竹帛者题其亲师，故曰《穀梁传》"③，穀梁赤、喜（或嘉）、寘、俶（或淑）一人四名，应为用字不同而已，非传授《穀梁传》的四代经师。《穀梁传》整体上是穀梁赤所解说，不需特别标明作者，然《穀梁传》隐公五年中有"穀梁子曰"一条④，应是后来整理著竹帛者删改未及的情况。书中载有"沈子、尸子"的解说，也是解说《穀梁传》的先师，以及还有"传曰"9处、"其一传曰"1处、"或曰"16处、"或说曰"1处，应是未具名的《穀梁传》先师之说；另"公子启曰"1处，有学者也认为是穀梁学的"先师"⑤。因此，明代学者

---

① 谢金良：《西汉中期〈春秋穀梁传〉流传情况辨异》，《福建师范大学学报（哲社版）》2000年第4期。
② 《汉书》卷三十六《楚元王刘交传》载：刘交"少时尝与鲁穆生、白生、申公俱受《诗》于浮丘伯。伯者，孙卿门人也"。并未言及荀子传《穀梁传》于浮丘伯的信息。
③ 《四库全书总目》卷二十六《春秋穀梁传注疏提要》，中华书局1960年版。
④ 《春秋穀梁传注疏》卷二，隐公五年九月"考仲子之宫，初献六羽"传："穀梁子曰：'舞《夏》，天子八佾，诸公六佾，诸侯四佾。初献六羽，始僭乐矣。'"
⑤ 廖平：《穀梁春秋经传古义疏》卷四，僖公二十八年春"公子买戍卫，不卒戍，刺之"传文有"公子启曰"，廖平注称："公子启，先师也。"并说明理由："按：《春秋》繁露、《说苑》皆有公扈子说《春秋》之文，'扈'与'启'字近，疑此'公子启'即'公扈子'之误。语皆解经释例之文，非当时人。"廖平从校勘学和史实之相关性立说，或有理据。

唐顺之以为"《穀梁》之书有所谓'或曰',有所谓'传曰',有所谓'尸子曰'、'沈子曰'、'公子启曰',有所谓'穀梁子曰',皆弟子记其师之说而杂以先儒之言,则其书又非穀梁之所自为可知矣,此穀梁必出于沈子、尸子之后,或者疑以为汉初人也"①。其说颇为详备。

二 《穀梁传》诠释《春秋》的特点

关于《春秋》三传各自的特点和侧重点,汉代郑玄以为"《左氏》善于礼,《公羊》善于谶,《穀梁》善于经"②,与《左传》"善礼"、《公羊传》"善谶"的具体特点相比,《穀梁传》"善经"之说究竟所指为何较为模糊,因此宋代胡安国另以"事莫备于《左氏》,例莫明于《公羊》,义莫精于《穀梁》"③为说,重点强调《穀梁传》与《左传》《公羊传》的不同在于准确诠释《春秋》的"经义"。

《穀梁传》对《春秋》的诠释,是否只有"经义"这一方面呢?南宋学者章如愚亦有此说:"《公羊》《穀梁》第直释经义而已,无它蔓延"④,也在强调《穀梁传》着重在诠释经义。但清代穀梁学者钟文烝指出《左传》与《公羊传》"第在事实、人名、礼制之间亦不及《穀梁》远,何论其他矣"⑤,显然注意到《穀梁传》除了经义之外,在"事实、人名、礼制"等方面也是诠释,而且比《左传》《公羊传》更有优势。可见,《穀梁传》自身有不同于其他二传的诠释特点和价值。

(一)《穀梁传》的解经方法

1. 《穀梁传》诠释《春秋》的原因

(1) 经义的隐含性

据《史记》所言:孔子"乃因史记作《春秋》,上至隐公,下讫哀

---

① (明)唐顺之:《新刊唐荆川先生稗编》卷十三《公穀二传(师承)》。
② (唐)杨士勋:《春秋穀梁传注疏序》,载《春秋穀梁传注疏》卷首,北京大学出版社1999年版。杨士勋对郑玄《六艺论》之说详加解释:"《左氏》善于礼者,谓朝聘、会盟、祭祀、田猎之属不违周典是也;《公羊》善于谶者,谓黜周王鲁及龙门之战等是也;《穀梁》善于经者,谓大夫曰卒讳莫如深之类是也。"
③ (宋)胡安国:《春秋传序》,载胡安国《春秋传》卷首,四库全书本。
④ (宋)章如愚:《山堂考索续集》卷十二《经籍门·三传总论》,四库全书本。
⑤ (清)钟文烝:《春秋穀梁经传补注序》,载《春秋穀梁经传补注》卷首。

第一章 《穀梁》善经:《穀梁传》诠释学的形成

公十四年,十二公。据鲁亲周故殷,运之三代,约其文辞而指博,故吴楚之君自称王,而《春秋》贬之曰'子',践土之会实召周天子,而《春秋》讳之曰'天王狩于河阳',推此类以绳当世。贬损之义,后有王者举而开之。《春秋》之义行,则天下乱臣贼子惧焉。孔子在位,听讼文辞有可与人共者,弗独有也。至于为《春秋》,笔则笔,削则削,子夏之徒不能赞一辞,弟子受《春秋》,孔子曰:'后世知丘者以《春秋》,而罪丘者亦以《春秋》。'"①强调孔子"笔削"史书约其文辞,其中蕴含不能书面公开为他人道的"贬损之义"。为何"有所褒讳贬损,不可书见",《汉书·艺文志》指出:"是以隐其书而不宣,所以免时难也",说明孔子编写《春秋》时对乱臣贼子"贬损之义"采取"隐而不宣"的"书法"是为了避免政治迫害,其语言具有隐含性。所以后人说"盖《春秋》有大义,有微言。大义在诛乱臣贼子,人人尽知者也;微言在为后王立法,不能人人尽知者也"②。显然,孔子《春秋》的"大义"具有共时性政治功能,"微言"具有历时性政治价值。这些"贬损之义"只能通过口头讲说加以揭示,"及末世口说流行,故有《公羊》《穀梁》《邹》《夹》之传"③。这些人人不能尽知的"微言",以及不能公开讲明诛乱臣贼子的"大义",需要后世学者进行揭示和阐发,《穀梁传》等由此产生。

(2)礼制的时代性

鲁昭公二年春,晋悼公派遣韩宣子到鲁国告为政和考察礼制,在太史氏阅读《易象》与《鲁春秋》,感叹"周礼尽在鲁矣",东晋杜预对此解释说:"《鲁春秋》,史记之策书。《春秋》遵周公之典以序事,故曰'周礼尽在鲁矣'。"④ 特别是关于《春秋》开篇"春王正月",其中的"王"是"先王"还是"时王","正月"为"建子之月(夏时)"或"建寅之月(周历)",《公羊传》将"王"解释为"周文王",但《公羊传》何休《解诂》对此质疑道:"欲言时王则无事,欲言先王又无谥",徐彦《疏》进一步辨析说:"时王,即当时平王也。若是当时平王,应如

---

① 《史记》卷四十七《孔子世家》。
② (清)皮锡瑞:《师伏堂春秋讲义》卷上,收录于《皮锡瑞全集》第八册,中华书局2015年版。
③ 《汉书》卷三十《艺文志》。
④ (晋)杜预注,(唐)孔颖达疏:《春秋左传正义》卷四十二,昭公"二年春晋侯使韩宣子来聘"传,北京大学出版社1999年版,第1172页。

下文'秋七月，天王使宰咺来归惠公仲子之赗'，是其事也。今无此事，直言'王'，故疑非谓当时之王矣。"① 因此，出现了《春秋》所用礼制究竟是遵用"（先）王制"还是"时王之制"的学术争论："未知其孰从，故曰此千百年未决之论也，姑阙之以俟知者。"② 所以对不同时代礼制的诠释就很有必要。

（3）书法的修辞性

周代东迁，王室衰微，礼乐征伐崩坏，上自天子，下至诸侯，赴告策书，诸所记注，多违旧章。孔子依据鲁史策书进行整理，对史书文本进行笔削勘正，示以劝诫。既有因袭旧史，也有新裁；其发凡言例，既遵周公以来国史"策书"书写一定之法，也有撰写《春秋》的新例，"诸称'书'、'不书'、'先书'、'故书'、'不言'、'不称'、'书曰'之类，皆所以起新旧，发大义，谓之变例"③。对于《春秋》"书法"及其要义需要寻绎。

（4）字词的差异性

《春秋》载事，"内其国（鲁）而外诸夏，内诸夏而外夷狄"④，"有临天下之言焉，有临一国之言焉，有临一家之言焉"⑤，构成以鲁国为中心，兼记周王室、诸侯国与夷狄之国事的"天下史观"。《春秋》所载鲁国与诸侯国、夷狄之间名物各异、殊方杂语，孔子提出"名从主人，物从中国"⑥ 的原则来解决语言的地域性差异。《春秋》历时二百四十二年，时代不同，词语含义亦变，则需要解释乃明，所谓"夫书，言也，言不尽意，词章训诂兴"⑦。

（5）文本的完整性

《春秋》一万六千多字，流传日久，其文亦有残缺，故后世学者以为

---

① （汉）何休解诂，（唐）徐彦疏：《春秋公羊传注疏》卷一，隐公元年春王正月，北京大学出版社 1999 年版。
② （宋）吕大圭：《春秋或问》卷一《春王正月》，通志堂经解本。
③ （晋）杜预：《春秋序》，载《春秋经传集解》卷首，四部丛刊本。
④ 《春秋公羊传注疏》卷十八，成公十五年冬十有一月"叔孙侨如会晋士燮、齐高无咎、宋华元、卫孙林父、郑公子鰌、邾娄人，会吴于钟离"传。
⑤ 《春秋穀梁传注疏》卷二十，哀公七年八月己酉"入邾，以邾子益来"传。
⑥ 《春秋穀梁传注疏》卷三，桓公二年夏，四月"取郜大鼎于宋"传。
⑦ （明）费元禄：《甲秀园集》卷四十七《文部·二酉日录》，明万历刻本。

"《春秋》之书，圣人远患不敢公传，口授弟子，至于后世其书始出，相传相袭，岂免阙误？如郭公、夏五、纪子帛、甲戌、己丑与桓无王、无秋冬之类，其显然可见者也"。对于这些不完整的文本，"先儒必欲强通其不可通，又凡例、褒贬、抑扬、予夺之说，纷然杂乎心胸之间，宜其穿凿附会，其始将以扶植世教，而不知其先已破碎经旨矣"①。后世学者并未从文本校勘角度立论而强为之解说，必造成牵强附会不可通之弊。

2. 诠释方法

正如前人所言，《穀梁传》属于"口说流行"②，其解说方法有：

（1）通过质疑问难的方式进行诠释

对于《春秋》经文记载的内容，文公三年秋"雨螽于宋"，《穀梁传》以"外灾不志，此何以志？曰：灾甚也。其甚奈何？茅茨尽矣！著于上，见于下，谓之雨"。《穀梁传》设问的原因是《春秋》书法原则是"外灾不志"（即鲁国之外的灾害不记载），但《春秋》为何记载呢？是这次宋国的蝗灾很严重。那么严重到什么程度呢？《穀梁传》解释说是"茅茨吃光"。由这条解说来看，《穀梁传》"故于疑似之际，每为发传"③，即对感到有疑问之处，通过经师层层设问的方式对《春秋》经文进行传释。其主要的方式是大量使用发问句式，其中"何以志"3次、"何以书"5次、"乎"9次、"焉"10次、"……者何"13次、"何以……"37次、"何也"与"何……也"260多次。《穀梁传》这些质疑问难的文体风格，语气犀利，揭示《春秋》经义本质问题，直接引发弟子思考，以致后世学者指导作文之法要"参之《穀梁氏》以厉其气"④，肯定了《穀梁传》文体风格的示范意义。

（2）直接解说

对于不需要质疑问难的经文则直接进行解说，包括"或专释，或通说，或备言相发，或省文相包，或一经而明众义，或阐义至于无文"⑤ 几种方法，即对《春秋》的字词、属辞、史事、义例和经义等加以专门解释、通说全体、详说、略言、多重阐发和无经之传文，产生了一系列有

---

① （元）程端学：《春秋或问》卷二，四库全书本。
② 《汉书》卷三十《艺文志》。
③ 廖平：《穀梁春秋经传古义疏》卷六，宣公九年九月辛酉"晋侯黑臀卒于扈"传。
④ （唐）柳宗元：《河东先生集》卷三十四《答韦中立论师道书》，宋刻本。
⑤ （清）钟文烝：《论传》，载《春秋穀梁经传补注》卷首。

价值的诠释成果。

（3）引用他人的解说

穀梁氏为《穀梁传》的"亲师"，即主要的解说者，另外"沈子"、"尸子"、"公子启"是具名的先师，其他"传曰"、"其一传曰"、"或曰"、"或说曰"20余条传文，应是未具名的《穀梁传》先师之说，一起构成了《穀梁传》的诠释文本，具有同等重要的经学价值。

（二）《穀梁传》的诠释内容

1. 阐释《春秋》经义

（1）《春秋》之道

孔子作《春秋》的目的就是"拨乱世，反诸正"①，就是要在历史记载上回归"礼乐征伐自天子出"的"王道"政治局面，《穀梁传》将符合王道政治的历史现象称为"正道"，违背这种状况的称为"邪道"。所以《穀梁传》在诠释《春秋》时以"正、正也"108次、"不正"46次、"非正也"52次、"恶也"10次，表达了鲜明的政治态度。隐公元年五月郑伯克段于鄢，段作为弟谋反，"失子弟之道矣"，郑伯虽处心积虑杀弟弟段但让其逃亡至共，"缓追逸贼，亲亲之道也"②。桓公九年冬，曹伯使其世子射姑来朝，"诸侯相见曰朝，以待人父之道待人之子"，曹伯与其世子既为父子关系，又属君臣关系，鲁国同礼相待，显然"失正"。僖公五年春，杞伯姬来朝其子，《穀梁传》批评杞伯"失夫（妇）之道"。宣公十一年冬楚人杀陈夏徵舒，丁亥楚子入陈，纳公孙宁、仪行父于陈，《穀梁传》以为"入人之国，制人之上下，使不得其君臣之道，不可"。可见，《穀梁传》将君臣、父子、夫妇、兄弟之道作为人人遵循的"正道"。

（2）《春秋》之义

《穀梁传》有"贵义"③的宗旨，在解经时直标"《春秋》之义"的

---

① 《春秋公羊传注疏》卷二十八，哀公十四年春"西狩获麟"传。
② 《春秋穀梁传注疏》卷一，隐公元年夏五月"郑伯克段于鄢"传。
③ 《春秋穀梁传注疏》卷一，隐公元年"春王正月"传有"《春秋》贵义而不贵惠，信道而不信邪"。

第一章 《穀梁》善经：《穀梁传》诠释学的形成

大旗："《春秋》之义，诸侯与正而不与贤也"①，"书尊及卑，《春秋》之义"②，"《春秋》之义，信以传信，疑以传疑"③，"君子不以亲亲害尊尊，此《春秋》之义也"④，"不以中国从夷狄也"⑤，"《春秋》之义，已伐而盟"，或执其君，或取其地，"非也"⑥，"《春秋》之义，用贵治贱，用贤治不肖，不以乱治乱"⑦。关于"《春秋》之义"，《春秋》三传之中，《左传》没有，《公羊传》虽有"制《春秋》之义，以俟后圣，以君子之为，亦有乐乎此也"，显然没有明显提出"《春秋》之义"的具体内容，由此可见《穀梁传》高唱"《春秋》之义"，成为揭示和诠释"《春秋》之义"的代言人。此一特色，后世学者也有总结："《左氏》尚礼，故文；《公羊》尚智，故通；《穀梁》尚义，故正。"⑧ 表明《穀梁传》十分重视对《春秋》大义的总结解释，所以能达到对《春秋》经义的正确理解。

从以上内容来看，《穀梁传》多"特言君臣、父子、兄弟、夫妇，与夫贵礼贱兵，内夏外夷之旨，明《春秋》为持世教之书也"⑨，尤其强调"君不君，臣不臣，此天下所以倾也"⑩，把君臣政治伦理关系的破坏作为王朝倾覆的根源，所以《穀梁传》解释《春秋》专明义理，因此，《穀梁传》有其不可磨灭的思想价值。

2. 解释礼制

（1）依据礼制来判断

春秋时期，周王室衰弱，齐桓晋文称霸时兴时衰，所以礼制或尊或弃，"礼崩乐坏"的局面形成。因此《穀梁传》在解释《春秋》经文时，依据礼制以"礼也"（18次）、"非礼也"（14次）来对当时的人与事判断其礼之违合。桓公三年七月，鲁国公子翚替鲁桓公入齐国迎娶齐僖公之女，九月，齐僖公亲自送女至讙（范宁《穀梁传集解》"讙，鲁地"），

---

① 《春秋穀梁传注疏》卷二，隐公四年十二月"卫人立晋"传。
② 《春秋穀梁传注疏》卷三，桓公二年正月戊申"宋督弑其君与夷"传。
③ 《春秋穀梁传注疏》卷三，桓公五年正月甲戌、己丑"陈侯鲍卒"传。
④ 《春秋穀梁传注疏》卷十，文公二年八月丁卯"大事于大庙跻僖公"传。
⑤ 《春秋穀梁传注疏》卷十五，襄公十年五月甲午"遂灭傅阳"传。
⑥ 《春秋穀梁传注疏》卷十六，襄公十九年正月"公至自伐齐"传。
⑦ 《春秋穀梁传注疏》卷十七，昭公四年七月"执齐庆封杀之"传。
⑧ （清）刘熙载：《艺概》卷一《文概》，上海古籍出版社1978年版，第4页。
⑨ （清）钟文烝：《论传》，载《春秋穀梁经传补注》卷首。
⑩ 《春秋穀梁传注疏》卷十二，宣公十五年六月"王札子杀召伯、毛伯"传。

春秋穀梁学史研究

依据礼制："礼：送女，父不下堂，母不出祭门，诸母兄弟不出阙门。"但齐僖公"送女逾竟，非礼也"①。《穀梁传》认为齐僖公送女出国境是违背礼制的行为。鲁庄公二十三年秋，为其父陵庙楹柱粉刷丹红，按礼制："天子、诸侯黝垩，大夫仓，士黈"，各有等级，《穀梁传》鲁桓公陵庙"丹楹，非礼也"②，显然与诸侯庙"黝垩"礼制不符。鲁哀公元年正月，鼷鼠食郊牛角，改卜牛，四月辛巳，再行郊礼。《穀梁传》认为从正月至三月，卜选祭牛举行郊礼符合时节安排，但四月再卜选祭牛举行郊礼就错过时令，因此"郊三卜，礼也；四卜，非礼也"③。卜选三次祭牛是遵循礼制，超过三次就是违背礼制，所以鲁成公十年四月"五卜郊不从，乃不郊"，所以"五卜，强也"④，强行举行郊礼。《春秋》多次记载鲁国郊礼的卜牛受伤，《穀梁传》解释用意在于"'鼷鼠食郊牛角，改卜牛'，志不敬也"⑤，这是鲁国对礼制的不敬，正是"礼崩乐坏"的反映。

（2）解说和补充礼制

《穀梁传》根据《春秋》经文所涉及的礼制进行解说和补充。庄公三年五月葬周桓王，《公羊传》认为"此未有言崩者，何以书葬？盖改葬也"，《公羊传》和《左传》并没有解释改葬之制，因此《穀梁传》指出"改葬之礼，缌，举下，缅也"⑥。这属于补充礼制。僖公三十一年四月，四卜郊，不从，乃免牲，犹三望，对于"免牲"之礼，《左传》《公羊传》并未解释，《穀梁传》补充说"免牲者，为之缁衣熏裳，有司玄端，奉送至于南郊"，这可视为对免牲的善待。襄公二十四年冬，大饥。对于此年饥荒之灾，《左传》《公羊传》并未作任何解释。《穀梁传》指出"五谷不升为大饥"，又被称为"大侵"，对"大侵之礼"做了详细的补充说明："大侵之礼，君食不兼味、台榭不涂、弛侯、廷道不除、百官布

---

① 《春秋穀梁传注疏》卷三，桓公三年九月"齐侯送姜氏于讙"传。
② 《春秋穀梁传注疏》卷六，庄公二十三年秋"丹桓宫楹"传。
③ 《春秋穀梁传注疏》卷二十，哀公元年正月"鼷牛食郊牛角，改卜牛。夏，四月辛巳，郊"传。
④ 《春秋穀梁传注疏》卷十四，成公十年四月"五卜郊，不从，乃不郊"传。
⑤ 《春秋穀梁传注疏》卷二十，哀公元年正月"鼷牛食郊牛角，改卜牛。夏，四月辛巳，郊"传。
⑥ 《春秋穀梁传注疏》卷五，庄公三年五月"葬桓王"传。

而不制、鬼神祷而不祀，此大侵之礼也"①，对"大侵之礼"作了反复强调，说明最高统治者之重视，需要慎重对待饥荒之灾。

3. 总结义例

前代学者认为《春秋》"以史为经"②，既有撰史之例，也包含为经之法，三传善于总结《春秋》的义例，西晋杜预《春秋左传集解》总结《春秋》"五十凡"③，《公羊传》以"三科九旨"④为说，《穀梁传》则强调时间、地点和礼制因素在《春秋》历史记载的重要性。

（1）时间之例

《穀梁传》为什么要强调时间属性？因为在《穀梁传》看来，"《春秋》编年，四时具而后为年"⑤，而且"日系于月，月系于时"⑥，此正是《春秋》作为编年体史书构成完整时间体系的特点，不仅强调遵守时间、时令、时节的谨慎性和准确性；而且"此《[穀梁]传》凡是书经皆有日月之例者，以日月相承其事可悉，史官记事必当具文，岂有大圣修撰而或详或略？故知无日者，仲尼略之见褒贬耳"⑦。而且从"时月日"时间用词的不同和有无见《春秋》经文的褒贬。隐公八年秋七月庚午，宋公、齐侯、卫侯盟于瓦屋，此条作为年时月日完整的典型经文，《穀梁传》的解释表达了自己独特的观察视域："外盟不日，此其日，何也？诸侯之参盟于是始，故谨而日之也。"按载史之例鲁国之外诸侯国之间的盟会不记载具体的日期，为何要记具体的某一天，它是春秋阶段诸侯国之间盟会的开端，需要慎重记载，于此可见时间的特殊性。同样作为诸侯国之间的盟会，隐公元年"九月，及宋人盟于宿"，与隐公八年"秋七月庚午宋公、齐侯、卫侯"的并列顺序

---

① 《春秋穀梁传注疏》卷十六，襄公二十四年冬"大饥"传。
② （明）邵宝《简端录》卷十二，"备天下之事者史之职，存天下之法者经之义，《春秋》以史为经，事不必备，惟其法而已矣"。四库全书本。清代学者王源《居业堂文集》卷十三《春秋质疑序》亦有"呜呼！《春秋》以史为经"之叹。
③ （晋）杜预《春秋左氏传序》有"其发凡以言例，皆经国之常制，周公之垂法，史书之旧章。仲尼从而修之，以成一经之通体"之说，孔颖达疏直言"言发凡五十皆是周公旧法"。
④ 《春秋公羊传注疏》卷一，疏引何休《文谥例》云："三科九旨者，新周、故宋、以《春秋》当新王，此一科三旨也；又云所见异辞、所闻异辞、所传闻异辞，二科六旨也；又内其国而外诸夏，内诸夏而外夷狄，是三科九旨也。"
⑤ 《春秋穀梁传注疏》卷三，桓公元年"冬，十月"传。
⑥ 《春秋穀梁传注疏》卷九，僖公二十八年冬壬申"公朝于王所"传。
⑦ 《春秋穀梁传注疏》卷一，隐公元年三月"公及邾仪父盟于昧"杨士勋疏。

相比，根据《穀梁传》的解释，这里有三点值得注意：盟会为何用"九月"？为何用"及"？"及"之前为何无主语和用"宋人"？这条经文使用连词"及"，是因为宋国并没有派遣卿大夫参加盟会，而是地位低下的"卑者"（宋人），故鲁国同等相待也派出名不见经传的"卑者"，因此，《穀梁传》总结出"卑者之盟不日"的义例。宣公十五年六月癸卯，"晋师灭赤狄潞氏，以潞子婴儿归"。《穀梁传》依据"灭国有三术：中国谨日，卑国月，夷狄不日"的时间义例，为何作为夷狄的"潞氏之灭"要具体到"六月癸卯"这一天，是因为"其（曰）[日]① 潞子婴儿，贤也"。根据《左传》的记载，赤狄潞氏的权臣酆舒为政既杀潞子夫人，又伤潞子之目，潞子婴儿遭受双重打击，故"记日"肯定其贤德。桓公二年秋七月，纪侯来朝。《穀梁传》注意到"朝时，此其月，何也？桓内弑其君，外成人之乱，于是为齐侯、陈侯、郑伯讨。数日以赂，己即是事而朝之。恶之，故谨而月之也"。《穀梁传》的解释建立在当年三月鲁桓公会同齐侯、陈侯、郑伯参与了宋国臣弑君之乱，攫取宋国的郜大鼎纳于太庙，鲁桓公本身是篡弑鲁隐公的主谋，又参与宋国之乱而趁火打劫，显然为人不齿，即使盟国纪侯来朝访的重要政治活动也要"谨而月之"以表达憎恶之情。

（2）地点之例

地点也是《春秋》重要的记载因素，其有无皆有含义。隐公二年十二月乙卯，夫人子氏薨。《穀梁传》认为"夫人薨，不地"。而僖公元年七月戊辰，"夫人姜氏薨于夷"。此"夫人姜氏"为庄公夫人哀姜，与庄公弟弟庆父有私情，欲立庆父，弑杀闵公，后出逃至邾国，死于夷，《穀梁传》依据"夫人薨，不地"的义例，认为"地，故也"，强调哀姜死地是有特殊的原因。此外，天子、诸侯的崩、薨都要记载地点，以表示其死亡正常与否。隐公十一年十一月壬辰，"公薨"，权臣羽父使贼弑隐公于寪氏，因此《穀梁传》认为"公薨不地，故也。隐之，不忍地也"②。隐公被弑，死得不正常，所以不忍心暴露其被弑杀的地点。僖公元年六月，邢迁于夷仪。从庄公末年至僖公元年，狄人侵伐邢国，齐、宋、曹三国联合救邢，最后邢迁都夷仪，所以《穀梁传》肯定"迁者，

---

① "曰"，阮元《春秋穀梁传注疏校勘记序》所言闽本、监本、毛本及石经本同。惠栋云："'曰'当作'日'。"

② 《春秋穀梁传注疏》卷二，隐公十一年十一月"壬辰，公薨"传。

犹得其国家以往者也。其地，邢复见也"① 以自存。僖公四年正月起，鲁、齐、宋、许等八国相继侵伐蔡国、楚国，攻打到陉，至夏季，许国国君新臣卒，《穀梁传》解释说"诸侯死于国，不地；死于外，地。死于师，何为不地？内桓师也"。按义例，许国国君的死地应记为"陉"，不记载的原因是"齐桓威德洽著，诸侯安之，虽卒于外，与其在国同"②，在这里强调春秋霸主齐桓公的"威德"。

（3）礼制之例

桓公九年冬，曹伯使其世子射姑来朝，《穀梁传》解释"诸侯相见曰朝"，诸侯相见之礼例也被称为"朝"。庄公十八年三月发生日食，《穀梁传》归纳应对之礼制为"天子朝日，诸侯朝朔"，具体礼仪为"天子朝日于东门之外，服玄冕，其诸侯则《玉藻》云'皮弁以听朔于大庙'，与天子礼异"③。庄公二十三年夏，"公如齐国观社"，《穀梁传》从"常事曰视，非常曰观"的礼制之例来看，鲁庄公观社的目的是"观，无事之辞也，以是为尸女也"，是为了迎娶齐国之女，我们前面谈到"天子、诸侯不亲迎"的礼制，所以《穀梁传》不仅批评其"不正其亲迎于齐也"，而且齐国有杀父之仇，而"娶仇人子弟，以荐舍于前，其义不可受也"④。

于此可见，《穀梁传》对于《春秋》经文涉及的时间、地点、礼制等等因素，凡"称时、称月、称日、称地，谨之也"⑤，予以高度重视。

4. 详述史实

前人以为《春秋》三传之中，《左传》专言事为史学，《公羊传》《穀梁传》专明义为经学，《穀梁传》与《公羊传》虽"未尝见史，不得其事之详"，但"间有因经而得事者则著之"⑥。《穀梁传》以史实解经，使史实与经义结合。

桓公六年八月，蔡人杀陈佗。先看《穀梁传》的解说："陈佗者，陈君也，其曰陈佗，何也？匹夫行，故匹夫称之也。其匹夫行奈何？陈侯喜猎，淫猎于蔡，与蔡人争禽。蔡人不知其是陈君也而杀之。何以知其

---

① 《春秋穀梁传注疏》卷七，僖公元年七月"邢迁于夷仪"传。
② 《春秋穀梁传注疏》卷七，僖公四年夏"许男新臣卒"传范宁注。
③ 《春秋穀梁传注疏》卷五，庄公十八年三月"日有食之"传杨士勋疏。
④ 《春秋穀梁传注疏》卷六，庄公二十四年八月"丁丑，夫人姜氏入"传。
⑤ 《春秋穀梁传注疏》卷十七，昭公十一年四月"丁巳，楚子虔诱蔡侯般，杀之于申"传。
⑥ （宋）叶梦得：《春秋考》卷三，武英殿聚珍丛书本。

是陈君也？两下相杀不道；其不地，于蔡也。"① 这条传文由史实和解经文字组成，陈佗是陈国的国君，为何不称"陈侯"而以人名相称，是因为陈侯喜好打猎，甚至多次跨境到蔡国游猎，并与蔡国猎人因争夺猎物被杀，其行为显然与国君身份不符，实逞"匹夫之勇"的下贱行为，所以直呼其名。按经史之例，陈、蔡两个地位低下的相杀是不需要记载的，但事涉陈国国君，所以《春秋》记载"蔡人杀陈佗"。所以，经过分析，这段文字中"陈侯喜猎，淫猎于蔡，与蔡人争禽。蔡人不知其是陈君也而杀之"是史实，其前后部分为诠释经义的文字。对于陈佗被杀，《左传》只字未提，而《公羊传》只言及"淫于蔡，蔡人杀之"，并无陈佗因与蔡人争猎物被杀的史实情节。僖公二年五月，虞师、晋师灭夏阳。夏阳为虞国与虢国之间的军事要塞，《穀梁传》先解释"虞师"、"灭"、"夏阳"三个关键信息："非国而曰灭，重夏阳也。虞无师，其曰师，何也？以其先晋，不可以不言师也。其先晋，何也？为主乎灭夏阳也。夏阳者，虞、虢之塞邑也，灭夏阳而虞、虢举矣；虞之为主乎灭夏阳，何也？"连发三问，指出虞国助纣为虐的愚蠢行为，接着用了300多字的篇幅详细记述晋献公与荀息设计虞国受贿"借道而伐虢"，五年之后晋国又灭虞国而"唇亡齿寒"的历史经过，所以《穀梁传》以为虞国为灭夏阳的"主犯"，论点（经义）与论据（史实）完美融合。僖公十年夏，晋杀其大夫里克，其原因在于里克弑杀二君（奚齐、卓子）与一大夫（荀息），本来弑君行为是"罪大恶极"，但《穀梁传》认为"杀之不以其罪"，就是说里克并不是弑君行为，其目的是为了重耳，《穀梁传》为此发问："其为重耳弑，奈何？"接着使用450余字来详细叙述晋献公伐虢国得丽姬生奚齐、卓子，丽姬为二子争位，设计陷害世子申生，申生未向父亲辩诬，为保全弟弟重耳不再被害而刎颈自杀，其师傅里克为其复仇的经过。《穀梁传》反复强调里克被杀，"不以其罪（弑君）"，是舍生而取义。僖公二十二年十一月己巳朔，宋军与楚人战于泓，宋军失败，宋襄公负伤而亡。于此，《穀梁传》分析宋襄公失败原因不在骄傲轻敌，通过具体史实记述宋襄公与楚军之战中讲求不乘人之危、遵守信义而错失战机导致失败的经过，所以《穀梁传》批评宋襄公不通战争之道，"道

---

① 《春秋穀梁传注疏》卷三，桓公六年八月，"蔡人杀陈佗"传。

之贵者时，其行势也"①，也就是说战争要依据形势的变化而变化，不可固守礼仪而丧失战机。

僖公三十三年四月秦伯不顾百里子与蹇叔子劝谏而千里偷袭郑国，反而被晋国和姜戎在崤山中途拦击惨败，通过史实讲明"千里而袭人，未有不亡者也"的道理。②文公六年十月"晋杀其大夫阳处父"讲明"君漏言"的经过与危害、宣公二年九月乙丑"晋赵盾弑其君夷皋"讲明晋君的残暴与"于盾也，见忠臣之至"、宣公九年十月"陈杀其大夫泄冶"讲明君主荒淫而忠臣无辜被杀的经过、襄公三十年五月甲午"宋灾，伯姬卒"讲明伯姬寝舍失火而"妇道尽矣"的道理、定公十年夏"公会齐侯于颊谷"讲明孔子于颊谷之会"虽有文事，必有武备"的道理，等等，都是或阐发经义再述史实，或先述史实再论经义，体现了以史实解经义的特点。

5. 训诂字词

《穀梁传》训诂解释字词的方式很灵活：

（1）问答式

隐公元年五月郑伯克段于鄢，《穀梁传》解释"克"字："克者何？能也。"隐公元年七月天王使宰咺来归惠公、仲子之赗，《穀梁传》解释"赗"字："赗者何也？乘马曰赗，衣衾曰襚，贝玉曰含，钱财曰赙。"隐公五年九月考仲子之宫，《穀梁传》运用问答式解释"考"："考者，何也？考者，成之也，成之为夫人也。"文公二年八月丁卯大事于大庙，跻僖公，《穀梁传》解释"大事"："大事者何？大是事也，著祫、尝。"

（2）"曰"字句

僖公五年春杞伯姬来朝其子，关于"朝"字，《穀梁传》解释为"诸侯相见曰朝"。成公十六年六月甲午晋侯及楚子、郑伯战于鄢陵，楚子、郑师败绩，《穀梁传》解释"败"字："四体偏断曰败。"

（3）"谓之"句

庄公七年四月辛卯，昔，恒星不见，《穀梁传》解释"昔"："日入至于星出，谓之昔。"襄公二十四年冬大饥，《穀梁传》解释"饥"的不同程度及其名称："五谷不升为大饥。一谷不升谓之嗛，二谷不升谓之

---

① 《春秋穀梁传注疏》卷九，僖公二十二年十一月"己巳朔，宋公及楚人战于泓，宋师败绩"传。
② 《春秋穀梁传注疏》卷九，僖公三十三年四月"辛巳，晋人及姜戎败秦师于崤"传。

饥，三谷不升谓之馑，四谷不升谓之康，五谷不升谓之大侵。"① 饥荒程度不同应对举措有别。

（4）"犹"字句

隐公元年三月公及邾仪父盟于眛，《穀梁传》解释"父"："父，犹傅也，男子之美称也。"庄公元年三月夫人孙于齐，《穀梁传》解释"孙"："孙之为言，犹孙也，讳奔也。"文公十四年七月有星孛入于北斗，《穀梁传》用"犹"字句解释"孛"："孛之为言，犹茀也。"宣公元年四月"晋放其大夫胥甲父于卫"，《穀梁传》特意解释"放"，"放，犹屏也"②，即驱逐流放之意。

（5）直接解释

隐公五年九月初献六羽，《穀梁传》解释"初"字："初，始也。"庄公八年正月师次于郎，以俟陈人、蔡人，《穀梁传》专门解释"次"、"俟"："次，止也。俟，待也。"庄公二十二年正月肆大眚，《穀梁传》解释"肆"、"眚"："肆，失也。眚，灾也。"③襄公二十九年五月阍弑吴子余祭，《穀梁传》解释"阍"："阍，门者也，寺人也。"

（6）比较解释

隐公五年十二月宋人伐郑，围长葛。《穀梁传》通过比较"侵"与"伐"二者不同内涵："苞人民，殴牛马，曰侵；斩树木，坏宫室，曰伐。"僖公十一年八月大雩，关于"雩"字：《穀梁传》解释为"得雨曰雩，不得雨曰旱"。文公十三年七月大室屋坏，《穀梁传》通过比较解释而弄清楚"大室"所指："大室，犹世室也。周公曰大庙，伯禽曰大室，群公曰宫。"④ 定公十四年秋天王使石尚来归脤，《穀梁传》解释"脤"："脤者，何也？俎实也，祭肉也。生曰脤，熟曰膰。"⑤

（7）解释词语

隐公六年春"郑人来输平"，《穀梁传》同时对"输"与"平"二字的解释："输者，堕也。平之为言，以道成也。"因此"输平"二字的意

---

① 《春秋穀梁传注疏》卷十六，襄公二十四年冬"大饥"传。
② 《春秋穀梁传注疏》卷十二，宣公元年四月"晋放其大夫胥甲父于卫"传。
③ 《春秋穀梁传注疏》卷六，庄公二十二年正月"肆大眚"传。
④ 《春秋穀梁传注疏》卷十一，文公十三年七月"大室屋坏"传。
⑤ 《春秋穀梁传注疏》卷十九，定公十四年秋"天王使石尚来归脤"传。

思就是"不果成",就是鲁郑二国未达成和平协议。桓公元年大水,《穀梁传》认为"高下有水灾,曰大水"。僖公二十年春新作南门,《穀梁传》解释"南门者,法门也"。

(8) 解释方言

襄公五年夏"仲孙蔑、卫孙林父会吴于善稻",对于"善稻"这个地名,《穀梁传》解释说"吴谓善伊,谓稻缓",为何有这样不同名称,提出"号从中国,名从主人"的原则,就是中原与各地读音不同。昭公元年六月"晋荀吴帅师,败狄于大原",《穀梁传》引他传解释道:"中国曰大原,夷狄曰大卤。号从中国,名从主人。"这是各地对同一事物不同的称谓,这种情况同样见于昭公二十年秋"盗杀卫侯之兄辄",《穀梁传》"曰:两足不能相过,齐谓之綦,楚谓之踂,卫谓之辄"①。这说明两腿不能交叉肢体残疾,在不同的地域称呼不同。

6. 解释虚词

(1) 虚词表达政治含义

《春秋》中使用了一些副词,以表达一定的政治意义。

以(介词) 桓公元年三月"郑伯以璧假许田",《穀梁传》注意到"以"字的特殊含义:"'假'不言'以',言'以'非'假'也。非假而曰假,讳易地也。"表面上郑国用玉璧假借许田,实际上这件史实的背后是这样的,"许田"是鲁国朝觐周天子住宿汤沐邑,"祊"是郑伯受周天子之命祭泰山汤沐邑,因这两块土地分别在对方境内,所以鲁国与郑国进行换地交易,这种偷梁换柱的欺诈行为,一方面违反"礼,天子在上,诸侯不得以地相与也",另一方面"见鲁之不朝于周,而郑之不祭泰山也",于此反映了春秋初年礼崩乐坏的政治状况。庄公十年九月"荆败蔡师于莘,以蔡侯献武归",对于蔡军失败和蔡侯被俘,《穀梁传》加以批评:"中国不言败,此其言败何也?中国不言败,蔡侯其见获乎!其言败何也?释蔡侯之获也。以归,犹愈乎执也。"②蔡侯虽源于战败被俘获,但被强行带回楚国,丧失大国之君的尊严,其耻辱极重。

及、暨(连词) 桓公元年四月丁未,公及郑伯盟于越,《穀梁传》

---

① 《春秋穀梁传注疏》卷十八,昭公二十年秋"盗杀卫侯之兄辄"传。
② 《春秋穀梁传注疏》卷六,庄公十年九月"荆败蔡师于莘,以蔡侯献武归"传。

讲到连词"及"的意义:"及者,内为志焉尔",表明本次鲁郑之盟出于鲁国的意愿。昭公七年正月,暨齐平,《穀梁传》解释"暨":"暨,犹暨暨也。暨者,不得已也。以外及内曰暨。"① 说明这次鲁国与齐国之间的和好是齐国主动,鲁国是被迫接受讲和。可见,"及"有表示是否主动之意。庄公二十九年十二月"城诸及防",《穀梁传》认为"可城也,以大及小也","及"在这里表示大小关系。僖公十年正月"晋里克弑其君卓,及其大夫荀息",《穀梁传》表明"及"的用意是"以尊及卑也,荀息闲也"。僖公三十年秋"卫杀其大夫元咺,及公子瑕",《穀梁传》谈到"及"的用意:"公子瑕,累也,以尊及卑也"。从上述经文用字可知荀息、公子瑕同样是事变的受害者,但用"及"字以表示尊卑有别的政治伦理关系。

弗(语气副词) 桓公十年秋,"公会卫侯于桃丘,弗遇",《穀梁传》解释"弗"字的用法:"弗遇者,志不相得也。弗,内辞也",说明本次会见并没有达到鲁桓公的目的。僖公二十六年正月"齐人侵我西鄙,公追齐师至酅,弗及",《穀梁传》对"弗"字有所解释:"弗及者,弗与也,可以及而不敢及也。其侵也,曰人;其追也,曰师。以公之弗及,大之也。弗及,内辞也。"② 鲁僖公面对强大齐国侵略军,虽追击也不敢正面交战,批评其畏敌的懦弱行为。

遂(情态副词) 僖公四年正月"公会齐侯、宋公、陈侯、卫侯、郑伯、许男、曹伯侵蔡。蔡溃。遂伐楚,次于陉",《穀梁传》解释"遂":"遂,继事也",就是鲁齐等八国伐蔡将其击溃后,于是又继续征伐楚国,表示战争的顺利。文公七年春,"公伐邾。三月甲戌取须句,遂城郚",《穀梁传》仍然将"遂"解释为"继事也",紧接着在郚筑城有加强边防的意图。宣公十八年七月,公孙归父出使晋国,宣公薨亡后返国至柽,"遂奔齐",《穀梁传》同样将"遂"解释为"继事也",于是接着出逃齐国。公孙归父为何紧接着出逃齐国呢?根据《左传》的记载,公孙归父与宣公合谋联合晋国铲除三桓势力,但宣公薨亡后,三桓势力反击,将公孙归父家族驱逐,使其被迫逃亡到齐国,所以这里的"遂"含有不得已的意思。

---

① 《春秋穀梁传注疏》卷十七,昭公七年正月"暨齐平"传。
② 《春秋穀梁传注疏》卷九,僖公二十六年正月"齐人侵我西鄙,公追齐师至酅,弗及"传。

第一章 《榖梁》善经：《榖梁传》诠释学的形成

初、既、既（时间副词） 隐公五年九月"考仲子之宫，初献六羽"，《榖梁传》解释"初"："初，始也"。宣公十五年秋初税亩，《榖梁传》同样解释："初者，始也。"表示开始。桓公三年七月壬辰朔，"日有食之，既"，《榖梁传》解释"既"："既者，尽也，有继之辞也。"① 表示结束。

大（程度副词） 庄公二十八年冬"大无麦禾"，《榖梁传》特别解释"大"字："大者，有顾之辞也，于无禾及无麦也。"禾、麦皆无即有"后顾之忧"，造成粮食饥荒，以致鲁国派遣臧孙辰于向齐国告籴（请求购买粮食）。与此前的庄公七年秋"无麦、苗"，《榖梁传》的解释"麦、苗同时也"，并没有影响到庄稼收成，从而引起粮食灾荒问题，显然"大无麦禾"对鲁国的影响更大。宣公十六年冬"大有年"，《榖梁传》解释说："五谷大熟，为大有年。"因为在桓公三年冬"有年"，《榖梁传》解释为："五谷皆熟，为有年也。"两相比较，"大有年"比"有年"粮食丰收的程度好。庄公七年秋"大水"，《榖梁传》将"大水"解释为"高下有水灾曰大水"，无论是地势低洼还是高地都遭受洪灾，说明降雨量大，受灾范围大。同样庄公十一年秋宋国"大水"，《榖梁传》同样解释为"高下有水灾曰大水"，按载史义例"外灾不书，此何以书？王者之后也"，可能除了宋国为孔子祖籍地的情感关切外，也有可能是这次大洪水引起了诸侯国的关注，所以派出使者表达慰问②。

（2）副词表达语气（重辞与轻辞、急辞与缓辞）

轻辞 僖公三十三年十二月，"陨霜不杀草，李、梅实"，《榖梁传》说"未可杀而杀，举重也。可杀而不杀，举轻也"，冬季霜期草木应该被冻死，但李梅"冬实"会大大影响第二年春季开花结果，对民生影响重大，所以"陨霜不杀草"的"不"字起到强调"可杀而不杀，举轻也"的书法用意，表示野草即使未被冻死也是影响"轻微"。

重辞 僖公二十一年秋，宋楚等七国在雩相会，宋襄公与楚成王争盟主失败，楚国等"执宋公以伐宋"，《榖梁传》解释"以，重辞也"，"重辞"何意？我们从下面对"以"字的解释可知。僖公二十六年秋，楚人灭夔，"以夔子归"，《榖梁传》说"以归，犹愈乎执也"，夔子作为亡

---

① 《春秋榖梁传注疏》卷三，桓公三年七月壬辰朔"日有食之，既"传。
② 《春秋左传正义》卷九载庄公十一年秋"宋大水。公使吊焉，曰：'天作淫雨，害于粢盛，若之何不吊？'对曰：'孤实不敬，天降之灾，又以为君忧，拜命之辱。'"

· 33 ·

国之君被作为战利品押送回楚国，其耻辱超过前面宋襄公"被执（争霸失败被俘）"。定公七年秋，齐国"执卫行人北宫结以侵卫"，《穀梁传》同样解"以"字为"重辞也，卫人重北宫结"，北宫结是卫国的重要大臣，齐国通过"执北宫结"以达到要挟的目的。可见，《穀梁传》强调用"以"字句式表达情况的严重性。

急辞 就是古文辞中的促急之词。成公七年正月，"鼷鼠食郊牛角"，《穀梁传》："不言'日'，急辞也，过有司也。"范宁注："辞中促急，不容日。"通过简省时间词，表达刻不容缓的批评。成公十五年三月癸丑，"晋侯执曹伯归于京师"，《穀梁传》："以晋侯而斥执曹伯，恶晋侯也。不言'之'，急辞也，断在晋侯也。"定公十五年九月戊午，"日下稷乃克葬"，《穀梁传》："乃，急辞也，不足乎日之辞也。"可见，通过省略文字，隐含斥责之意。

缓辞 与"急辞"相对。僖公二十八年冬"晋人执卫侯，归之于京师"，《穀梁传》"归之于京师，缓辞也，断在京师也"。与上面成公十五年三月"晋侯执曹伯归于京师"多一"之"，所以语气就要缓得多。宣公三年正月，"郊牛之口伤"，《穀梁传》认为"郊牛"与"口"之间多一"之"是"缓辞也，伤自牛作也"，其过错不在人。宣公八年十月庚寅，日中而克葬，《穀梁传》解释说："而，缓辞也，足乎日之辞也"，认为本条经文与上面定公十五年九月"日下稷乃克葬"的用词不同，其语气不同。成公七年正月"改卜牛，鼷鼠又食其角"，《穀梁传》注意到："又，有继之辞也。其缓辞也，曰：亡乎人矣！非人之所能也。所以免有司之过也。"鼷鼠又食卜牛角，与上文批评"有司之过"不同，这次是外因所致，过不在人。

《穀梁传》善于通过副词的读法不同以表达褒贬，后人对此加以肯定："《公》《穀》两家善读《春秋》本经，轻读、重读、缓读（辞）、急读（辞），读不同而义以别矣。"① 所言较为允当。

7. 文本校勘

桓公十四年"夏五，郑伯使其弟御来盟"，对于"夏五"二字，《公羊传》认为"夏五者何？无闻焉尔"，即表示未听说文字如此的原因。《穀梁

---

① （清）刘熙载：《艺概》卷一《文概》，上海古籍出版社1978年版，第3页。

传》引用孔子的话分析说:"听远音者,闻其疾而不闻其舒;望远者,察其貌而不察其形。立乎定、哀,以指隐、桓,隐、桓之日远矣。'夏五',传疑也。"即定哀时期的孔子对于远至隐桓时期的具体历史信息只能了解其大概,对于"夏五"怀疑其有文字脱落。庄公二十四年冬,"赤归于曹。郭公。"关于"赤、郭公"二人的身份,《左传》没有讨论,《公羊传》解释说:"赤者何?曹无赤者,盖郭公也。郭公者何?失地之君也",以为赤就是郭公,郭公为已亡国之君。《穀梁传》对《公羊传》之说表示疑问:"赤,盖郭公也,何为名也?礼,诸侯无外归之义,外归,非正也。"认为"赤"不是诸侯,也就不是"郭公",说明郭公的真实身份存疑。僖公二十八年冬,"公会晋侯、宋公、蔡侯、郑伯、陈子、莒子、邾子、秦人于温。天王守于河阳。壬申,公朝于王所"。其中"壬申"究竟属于冬时三个(十、十一、十二)月的哪个月?在《春秋》三传中,只有《穀梁传》发表意见:"日系于月,月系于时,'壬申,公朝于王所',其不月,失其所系也。"显然《穀梁传》从文本校勘角度来讨论这个问题。可见,对于孔子所作《春秋》中存在的这些文本问题,其意义在于"故圣人作《春秋》,于郭公、夏五皆存之于经者,盖虑后人妄意去取,失古人忠厚之意,书之所以示训也"①。充分表明《春秋》和《穀梁传》的严谨。

8. 处理争议

《穀梁传》对《春秋》有些经文的解说存在争议时,把不同解说均列举出来。

(1) 存在两种情况者

隐公二年十月,"纪子伯莒子盟于密",对于这条经文解说的关键在于"伯"字,《穀梁传》列举经师们的争议:"或曰纪子伯莒子而与之盟,或曰年同爵同,故纪子以伯先也。"杨士勋疏对此分歧作出准确的解释:"上文'伯莒子'者,谓纪子推先莒子为伯而与之盟;下文'以伯先'者,谓纪子自以为伯而居先。再言'或曰'者,失其真故也。"② 隐公五年九月"考仲子之宫,初献六羽",关于鲁国行"六羽"之礼,《穀梁传》列举两种不同解说:"穀梁子曰:'舞《夏》,天子八佾,诸公六佾,诸侯四佾。

---

① (宋)陈鹄:《西塘集耆旧续闻》卷二,知不足斋丛书本。
② 《春秋穀梁传注疏》卷一,隐公二年十月"纪子伯莒子盟于密"传杨士勋疏。

初献六羽，始僭乐矣。'尸子曰：'舞《夏》，自天子至诸侯，皆用八佾。初献六羽，始厉乐矣。'"可见，依据不同的礼制依据，"穀梁子言其始僭，尸子言其始降"①，前者批评，后者肯定，其立场相反。桓公二年正月戊申"宋督弑其君与夷，及其大夫孔父"，对于"孔父"之名，《穀梁传》给出了两种解释："曰：子既死，父不忍称其名；臣既死，君不忍称其名，以是知君之累之也。孔氏父字，谥也。或曰：其不称名，盖为祖讳也。孔子故宋也。"一是孔父因宋君而死，不忍称其名，只称其谥；二是孔子为其先祖避名讳。庄公元年十月，"齐师迁纪、郱、鄑、郚"，对于"纪、郱、鄑、郚"四名，《穀梁传》也给出两种不同的解说："纪，国也；郱、鄑、郚，国也。或曰：迁纪于郱、鄑、郚。"前者为并列关系，后者为从属关系。定公六年冬"城中城"，关于"城中城"的原因和目的，《穀梁传》提出两种针锋相对的解说，第一种是"城中城者，三家张也"②，是因为"三家侈张，故公惧而修内城，讥公不务德政，恃城以自固"③，第二种解说"或曰非外民也"④，此说批评城中筑城是为了与民众隔离，可见二者一为权臣一因防民，其解说立场的分歧是很明显的。

（2）存在三种解说者

隐公八年十二月"无骇卒"，对于"无骇"的身份，《穀梁子》列举三种解释："无骇之名，未有闻焉。或曰隐不爵大夫也，或说曰故贬之也。"第一种认为无骇的名字没有听说，不知道其详细情况，第二种认为无骇是鲁国没有封爵的大夫，第三种认为无骇参与桓公弑杀隐公的行动所以被贬夺爵位。桓公八年十月"祭公来，遂逆王后于纪"，祭公来鲁国的主要使命为何，《穀梁传》给出三种不同的解说："其不言使焉，何也？不正。其以宗庙之大事，即谋于我，故弗与使也。遂，继事之辞也。其曰'遂逆王后'，故略之也。或曰天子无外，王命之则成矣。"第一种表明祭公没有得到周王任命出使鲁国并私自与鲁国商议去纪国迎娶王后事宜；第二种说明去纪国迎娶王后不是祭公此行的主要任务，只是乘便之举；第三种认为祭公是代行天子之命而来，并不是私自出行，此与第一

---

① 《春秋穀梁传注疏》卷一，隐公五年九月"考仲子之宫，初献六羽"传杨士勋疏。
② 《春秋穀梁传注疏》卷十九，定公六年冬"城中城"传。
③ 《春秋穀梁传注疏》卷十九，定公六年冬"城中城"传范宁注。
④ 《春秋穀梁传注疏》卷十九，定公六年冬"城中城"传。

种解说有针锋相对的意思。庄公三年五月"葬桓王",《穀梁传》也给出三种截然不同的解说:"传曰:改葬也"、"或曰:却尸以求诸侯"、"曰:近不失崩。不志崩,失天下也"。范宁注对每一种解说给出辩驳意见:"若实改葬,当言改以明之。郊牛之口伤,改卜牛是也。《传》当以七年乃葬,故谓之改葬","停尸七年以求诸侯会葬,非人情也","京师去鲁不远,赴告之命可不逾旬而至。史不志崩,则乱可知"。所以《穀梁传》所列举的三种解说没有任何一个使人信从。

综上可见,《穀梁传》传释《春秋》颇有特点,"盖《大传》(《穀梁传》)有纲领,亦有细节,非一本也"①。其"纲领"在于义理与义例,其"细节"在于以史实说经和各种训诂文字,据此"足见《旧传》(《穀梁传》)不但说大纲总例,于细事异闻皆有之"②。正如前人所言,《穀梁传》以史实解《春秋》不如《左传》之丰富,以义理解释《春秋》不如《公羊传》"多非常异义可怪之论"③,其解说《春秋》坚持"信以传信,疑以传疑"④原则,其解释涵盖经义、礼制、史实、字词、校勘和争议,其解说的包容性和考虑问题的全面性,得到后世学者的一致肯定:"郑君(玄)谓《穀梁》善于经,啖助谓《穀梁》意深,陆淳、孙觉、胡安国等谓《穀梁》最精密,叶梦得谓《穀梁》所得多。而李光地善承朱子之学,其论《春秋》家曰:'《穀梁》尤好,皆不易之言。'"⑤

第二节 《穀梁传》的思想诠释

一 《春秋》的政治思想价值

《穀梁传》经学思想的发生,与孔子整理《春秋》有关。纬书载孔子

---

① 廖平:《穀梁春秋经传古义疏》卷七,成公九年"春王正月,杞伯来逆叔姬之丧以归"廖平注。
② 廖平:《穀梁春秋经传古义疏》卷七,成公十六年"春王正月,雨,木冰"廖平注。
③ (汉)何休:《春秋公羊传解诂序》,载《春秋公羊传注疏》卷首。
④ 桓公五年"正月甲戌、己丑,陈侯鲍卒",《穀梁传》卒日有二,提出"鲍卒何为以二日卒之?《春秋》之义:信以传信,疑以传疑"。庄公七年四月辛卯"夜中星陨如雨",《穀梁传》对此记载也秉持《春秋》"著以传著,疑以传疑"的原则进行解说。
⑤ (清)钟文烝:《春秋穀梁经传补注》卷一,"隐元年春王正月"补注。

之言曰:"吾志在《春秋》。"① 孔子在《春秋》中表达什么思想呢? 这需从《春秋》编修的原因来推见。

春秋中后期的历史背景,最早论及《春秋》编撰及其义例的孟子以为是"世衰道微,邪说暴行有作,臣弑其君者有之,子弑其父者有之"②。即在政治和道德失范的乱世,孔子为之忧虑,所以就依据鲁史记编修《春秋》。《春秋》的特点,是将道德学与政治学相结合。具体说来有两点。

(一)笔削彰显"微言大义"

孔子为"明王道",镕裁包括周王室在内的各国史料旧闻,以鲁国为主线编次《春秋》,"上记隐,下至哀之获麟,约其辞文,去其烦重,以制义法,王道备,人事浃"③。其史学思想是简洁、精确而具有义例,"至于为《春秋》,笔则笔,削则削,子夏之徒不能赞一辞"④。孔子笔削《春秋》,其中包含丰富的"微言大义",司马迁以为"《春秋》文成数万,其指数千"⑤,强调《春秋》思想内涵的丰富性,要求理解经文不能拘泥于字句,而应理解其精神实质,融会贯通,灵活应用。

(二)议论是非"以达王事"

《史记·太史公自序》引董仲舒之言:"周道衰废,孔子为鲁司寇,诸侯害之,大夫壅之。孔子知言之不用,道之不行也,是非二百四十二年之中,以为天下仪表,贬天子,退诸侯,讨大夫,以达王事而已矣。"这反映了孔子假借《春秋》"以行权",发挥史学的资鉴功能。这种资鉴功能还具有普世性,"吴楚之君自称王,而《春秋》贬之曰'子'。践土之会实召周天子,而《春秋》讳之曰'天王狩于河阳':推此类以绳当世。贬损之义,后有王者举而开之。《春秋》之义行,则天下乱臣贼子惧焉"⑥。孔子对所生活的春秋时代以及后世的统治者的行为加以约束和宰

---

① 《孝经纬·钩命诀》有孔子"吾志在《春秋》,行在《孝经》"语。学术界多以纬书不可征用。按钟肇鹏《纬书通论》言,纬书是辅翼解经的书,当与图谶之书有别,有史料价值。
② 《孟子·滕文公下》。
③ 《史记》卷十四《十二诸侯年表序》。
④ 《史记》卷四十七《孔子世家》。
⑤ 《史记》卷一百三十《太史公自序》。
⑥ 《史记》卷四十七《孔子世家》。

制,从政治和伦理的角度予以评价和形塑。

可见,《春秋》的原典思想有三。

第一,制义法。通过文辞来"贬"、"退"、"讨"乱臣贼子,表达"贬损之义"。

第二,备王道。孔子之《春秋》:"上明三王之道,下辨人事之纪,别嫌疑,明是非,定犹豫,善善恶恶,贤贤贱不肖,存亡国,继绝世,补敝起废,王道之大者。"① 这里的"王道"就是上面所说的"三王之道",即以"尊尊亲亲"②为指导、以"仁义礼乐"③为途径的"仁政"思想。

第三,浃人事。通过《春秋》具体史实的记载,来探寻政权的治乱兴衰,特别篡臣贼子对"尊亲"秩序的破坏,使人们对《春秋》政治教训的吸取,所谓"故有国者不可以不知《春秋》,前有谗而弗见,后有贼而不知。为人臣者不可以不知《春秋》,守经事而不知其宜,遭变事而不知其权。为人君父而不通于《春秋》之义者,必蒙首恶之名。为人臣子而不通于《春秋》之义者,必陷篡弑之诛,死罪之名"④。所以《春秋》在国家治理和社会关系调节方面具有历时性的政治价值。

二 《穀梁传》的思想诠释

郑玄《六艺论》评价《穀梁传》"善于经"⑤,即善于传达《春秋》思想意蕴。所谓"《穀梁》实兼《公羊》之长而鲜其弊,其说之纯正,七十子之正传也"⑥。那么,《穀梁传》的思想大体不出《春秋》的原典精神。曾有学者对《穀梁传》的思想内容进行归纳,有提倡礼制、严守等级,维护宗法、尊尊亲亲,悯农轻赋、喜雨爱民,崇尚道义、慎用武

---

① 《史记》卷一百三十《太史公自序》。
② 《史记》卷五十八《梁孝王世家》载:"太后谓(景)帝曰:'吾闻殷道亲亲,周道尊尊,其义一也。'"殷道亲亲,周道尊尊是互文,皆为殷周之道。
③ 《汉书》卷五十六《董仲舒传》:"道者,所繇适于治之路也,仁义礼乐皆其具也。"可作为"王道"具体内容的注脚。
④ 《史记》卷一百三十《太史公自序》
⑤ (唐)杨士勋《春秋穀梁传序》疏引郑玄《六艺论》。
⑥ (清)唐晏:《两汉三国学案》卷八《春秋》,中华书局1986年版,第416页。

力、尊夏攘夷、礼仪为本，重视婚姻、轻视妇女六个方面①，所言较为全面，但也需要补充完善。我们具体根据《穀梁传》文本所述，将《穀梁传》的经学思想揭示如下。

（一）"尊王"的政治思想

周平王东迁之后的最大变化王权下移："我周之东迁，晋郑是依。"② 平王之时周室微弱，"天子微，诸侯不享觐。天子之在者，惟祭与号"③。诸侯以强并弱，"齐楚秦晋始大，政由方伯"④，所以"尊周"⑤ 以恢复"王道之政"⑥ 成为春秋时期最大的政治任务。

《穀梁传》"尊王"的思想体现在几个方面。

1. "正隐治桓"体现"尊王"

隐公元年有"春王正月"，其他十一年没有"王正月"，《穀梁传》认为"隐十年无正，隐不自正也；元年有正，所以正隐也"⑦。为何如此？本来隐公之位来自父亲惠公"立长"和周王的册封，但他打算让位于弟弟桓公而未行"即位"之礼，这种"忘君父"的行为，破坏"为子受之父，为诸侯受之君（周王）"，只讲兄弟亲亲"小惠"而未践行"王道"（"蹈道，则未也"），所以隐公让桓不正当，《穀梁传》主张书写《春秋》时通过隐公元年加上"王正月"这一书法，以此达到纠正隐公错误（"正隐"）的政治目的。而桓公元年有"春王正月，公即位"，而《穀梁传》指出"桓无王，其曰王，何也？谨始也。其曰无王，何也？桓弟弑兄、臣弑君，天子不能定，诸侯不能救，百姓不能去，以为无王之道，遂可以至焉尔。元年有王，所以治桓也"。桓公以"弟弑兄"破坏兄弟"亲

---

① 饶尚宽：《〈春秋穀梁传〉的内容、价值及其影响》，《新疆师范大学学报》（哲社版）2001年第1期。

② 《国语》卷二《周语中》。

③ 《春秋穀梁传注疏》卷十八，昭公三十二年冬"仲孙何忌会晋韩不信、齐高张、宋仲幾、卫大叔申、郑国参、曹人、莒人、邾人、薛人、杞人、小邾人，城成周"传。

④ 《毛诗注疏》卷四《王黍离故训传第六》。

⑤ 《春秋穀梁传注疏》卷五，庄公十六年十二月"会齐侯、宋公、陈侯、卫侯、郑伯、许男、曹伯、滑伯、滕子，同盟于幽"，《穀梁传》提出同盟的目的是"同者，有同也，同尊周也"。

⑥ 《春秋穀梁传注疏》卷三，针对桓公即位，《穀梁传》认为"桓弟弑兄、臣弑君，天子不能定，诸侯不能救，百姓不能去，以为无王之道"，反映"王道之政"的缺失。

⑦ 《春秋穀梁传注疏》卷二，隐公十一年冬十一月壬辰"公薨"传。

亲"之道，"以臣弑君"破坏君臣"尊尊"之道，周天子不否定其"以弟篡兄、以下犯上"的行为，晋郑"是依"的大国也未主持正义加以讨伐，鲁国百姓不明大义抛弃"无德之君"，所以面对这个"无王道"的政治乱象，《春秋》书写者一定要"惩治"桓公"目无王法"的错误行为。所以《穀梁传》"'正'隐'治'桓，揭两字于卷首，则全书悉可知矣"①，开宗明义就提出了"拨乱反正"的政治目标。

2. 盟会先周体现"尊王"

庄公五年冬"公会齐人、宋人、陈人、蔡人伐卫"，《穀梁传》非常敏锐地意识到这一书法的含义，作出创造性诠释："是齐侯、宋公也，其曰人何也？人诸侯，所以人公也。其人公何也？逆天王之命也。"鲁庄公会同齐侯等五国违抗周王的钦命去侵伐卫国，所以要黜其爵位而贬为常人，说明"天王之命"的至尊无上的绝对性。不仅如此，在庄公六年三月，派遣"王人子突救卫"，《穀梁传》先说明"王人"的身份为"卑者"，是名不见经传的周王室成员，"称名，贵之也。善救卫也。救者善，则伐者不正矣"。通过称名提高其政治地位，代行周天子救卫，实际上就是要恢复"礼乐征伐自天子出"的王道政治局面。僖公八年正月"公会王人、齐侯、宋公、卫侯、许男、曹伯、陈世子款盟于洮"，《穀梁传》发现《春秋》书写盟会时"王人"列名在春秋霸主齐桓公之前这一问题："王人之先诸侯，何也？贵王命也。朝服虽敝，必加于上；弁冕虽旧，必加于首；周室虽衰，必先诸侯。"②作为卑者的王人列名于诸侯之前，是尊重周王的旨意，于此《穀梁传》提出了古代著名的政治命题"周室虽衰，必先诸侯"，就是东周"尊王"的问题。僖公二十九年六月，"公会王人、晋人、宋人、齐人、陈人、蔡人、秦人，盟于翟泉"，也是同一书法，体现相同的"尊王"思想。

3. 王臣外交体现"尊王"

隐公元年十二月，祭伯来。按照我们前面所引的《穀梁传》"诸侯相见曰朝"的书法，用"来"字而不用"朝"字，原因何在？《穀梁传》为此解释说："来者，来朝也，其弗谓朝，何也？寰内诸侯，非有天子之

---

① （清）钟文烝：《春秋穀梁经传补注序》，载《春秋穀梁经传补注》卷首。
② 《春秋穀梁传注疏》卷八，僖公八年春正月"公会王人、齐侯、宋公、卫侯、许男、曹伯、陈世子款盟于洮"传。

命，不得出会诸侯，不正其外交，故弗与朝也。聘弓镞矢，不出竟场，束脩之肉，不行竟中。有至尊者，不贰之也。"祭伯是京畿内诸侯为周王卿士，只有奉周王旨意才能出会诸侯，如桓公八年春天王使家父来聘，显然这次祭伯来鲁国并没有得到周王的允许，私交诸侯不正当，"有天子在，不得有二心"，体现周王至高无上的权威，所以"《春秋》首夺祭伯之朝，而王臣擅命私交之罪著矣"①。庄公二十三年春祭叔来聘，《穀梁传》同样表达"天子内臣须听命于周王不得外交诸侯"的思想："其不言使，何也？天子之内臣也。不正其外交，故不与使也。"我们可以从《春秋》相同经文来比较：隐公七年冬天王使凡伯来聘、隐公九年春天王使南季来聘、桓公四年夏天王使宰渠伯纠来聘、桓公五年夏天王使任叔之子来聘、僖公三十年冬天王使宰周公来聘、宣公十年秋天王使王季子来聘，这6次周王卿士均使用"天王使"的书法，都是奉天王之命外交诸侯，而庄公二十三年春祭叔来聘，"不言使，见其专往也，书'聘'，明其假王命以外交也"②。是擅假王命，破坏"尊王"的政治活动。

4. 朝聘之礼体现"尊王"

隐公三年三月周王崩，秋武氏子来求赙。武氏子为天子大夫，按古代礼制"归死者曰赗，归生者曰赙"，鲁国作为同宗之国应该主动归赙，周王室不应该来求，所以《穀梁传》对此作出批评："曰归之者，正也；求之者，非正也。周虽不求，鲁不可以不归；鲁虽不归，周不可以求之。求之为言，得不得，未可知之辞也。交讥之。"此正是"王室衰微，礼崩乐坏"的反映。桓公十五年二月天王使家父来求车，文公八年八月天王崩，九年春毛伯来求金，《穀梁传》对此二事表达愤慨之情："古者诸侯时献于天子，以其国之所有，故有辞让，而无征求。求车，非礼也；求金，甚矣！"③ 周王使家父求车违背礼法，毛伯在新的周王未即位亲政，"则是冢宰独专国政之时，托于王命以号令天下，夫岂不可而不称使？《春秋》之旨微矣。非特谨天下之通丧，所以示后世大臣当国秉政不可擅

---

① （宋）李明复：《春秋集义》卷二，隐公元年十二月"祭伯来"传，四库全书本。
② （唐）陆淳：《春秋集传纂例》卷三《聘》，清武英殿聚珍本。
③ 《春秋穀梁传注疏》卷四，桓公十五年二月"天王使家父来求车"传。

权之法戒也"①。其批评矛头所指就是批评毛伯假托王命私自擅权。

(二)"攘夷"的进化思想

春秋时期,从地理空间格局来说,诸夏居内而夷狄处外,四夷交侵,中原之国不绝如线,齐桓公、晋文公相继会盟诸侯,"救中国而攘夷狄"②。《春秋》"攘夷"有两种情况。

1. 军事和盟会"攘真夷"

僖公二十七年冬,楚王率领陈侯、蔡侯、郑伯、许男围攻宋,《穀梁传》认为《春秋》将"楚王"贬为"楚人",同时也是"人诸侯",其原因在于批评陈蔡郑许四国"不正其信夷狄而伐中国也"。宣公十一年十月楚人杀陈夏徵舒,丁亥,楚子入陈,"纳淫乱之人,执国威柄,制其君臣,倶倒上下,错乱邪正,是以夷狄为中国"③。所以《穀梁传》反对楚国扰乱中国,"不使夷狄为中国也"④,对楚王侵入陈国持严厉谴责态度。襄公十年春,襄公"会晋侯"等12国诸侯"会吴于柤",《穀梁传》指出《春秋》这种"会又会"的书法是为了显示吴国为"外夷",接着五月甲午"遂灭傅阳",我们前面讲过"遂,继事也",表示事件的先后顺序,但《穀梁传》这里说"遂,直遂也",表明并没有出现中原12国先相会再与吴国会师,接着灭傅阳的情况,历史真相应该"言时实吴会诸侯灭傅阳,耻以中国之君从夷狄之主,故加甲午,使若改日诸侯自灭傅阳"⑤。所以《春秋》书写为"遂灭傅阳"是为了"不以中国从夷狄也"。这是抗拒异族入侵中原诸侯领土。

2. 反对"夷狄之行"

僖公三十三年四月秦国袭击郑国,回师途中被晋国和姜戎在崤山击败,"秦越千里之险入虚国,进不能守,退败其师,徒乱人子女之教,无男女之别",秦军的野蛮行径,《穀梁传》认为"秦之为狄,自殽之战始

---

① (宋)胡安国:《春秋传》卷十五《文公下》,文公九年二月"毛伯来求金"传,四部丛刊续编本。
② (汉)董仲舒:《春秋繁露》卷四《王道》。
③ 《春秋穀梁传注疏》卷十二,宣公十一年十月"楚人杀陈夏徵舒。丁亥楚子入陈"传范宁注。
④ 《春秋穀梁传注疏》卷十二,宣公十一年十月丁亥"楚子入陈"传。
⑤ 《春秋穀梁传注疏》卷十五,襄公十年夏,五月甲午"遂灭傅阳"传范宁注。

也"。定公四年十一月庚午，蔡侯率领吴王与楚人在伯举交战，楚军被击败，《穀梁传》肯定吴王响应蔡国号召攘除夷狄，因此吴国维护"王道"之举是进步的。但十天之后，吴军攻入楚国，吴王却住进楚王的寝宫，将其后妃据为己有，其手下同样效法，甚至有人将楚王母亲作为妻子，如此野蛮行径，《穀梁传》严厉斥责吴王君臣"居人之国，故反其狄道也"，是退回到夷狄的野蛮习性。又到哀公十三年夏晋、鲁、吴相会于黄池，作为夷狄之国的吴国，"欲因鲁之礼，因晋之权，而请冠端而袭。其藉于成周，以尊天王"，所以《穀梁传》肯定吴国在文明水平上又"进矣"，《春秋》褒奖其为"吴子"。

昭公十二年十月楚子伐徐，晋伐鲜虞，《穀梁传》解释为何只称"晋"："其曰晋，狄之也。其狄之，何也？不正其与夷狄交伐中国，故狄称之也。"作为春秋霸主的晋国不阻止楚国伐徐，与作为夷狄的楚国沆瀣一气侵伐他国。此外，中原之国也会因不遵守礼仪而被视为"夷狄之行"。隐公七年冬，天王使凡伯来聘，戎伐凡伯于楚丘以归，《穀梁传》特别强调"戎者，卫也；戎卫者，为其伐天子之使，贬而戎之也"。可见，卫国不"尊王"，挟持天子使节是"夷狄之行"。定公十年夏鲁公与齐侯在颊谷相会，"齐人鼓噪而起，欲以执鲁君"，被孔子指责为不讲礼仪的"夷狄之民"，迫使齐侯不得不批评其臣僚"独率我而入夷狄之俗"，此一孔子和齐侯共同指责的"夷狄之俗"，独见《穀梁传》的记载。这一反对"夷狄之行"的思想，现代学者理解为"不是以种族来区分'诸夏'与'夷狄'，而是以文明或道德进化程度来区分，所以'夷狄'可以称'子'，可以受到赞许，而'诸夏'在文明或道德上倒退了，则视为'新夷狄'"①。

可见，《穀梁传》的"攘夷"思想有三层意义。其一，强调齐桓公、晋文公等霸主领导各国消除楚、白狄、山戎、淮夷等对中原诸侯国的侵略，所以孔子评价管仲辅佐齐桓公尊王攘夷的作用："管仲相桓公，霸诸侯，一匡天下，民到于今受其赐。微管仲，吾其被发左衽矣！"② 这是从文化意义角度来肯定的。其二，批评晋国、齐国、卫国等中原之国破坏

---

① 陈其泰：《清代公羊学》，东方出版社1997年版，第11页。
② 《论语·宪问》。

第一章 《穀梁》善经：《穀梁传》诠释学的形成

礼制文明的"夷狄之行"，是一种文化倒退。其三，也是肯定吴、楚之国遵守王道、接受中原礼仪的文明进步，从而体现"人文化成"的意义。

（三）"纲常"的伦理思想

《穀梁传》非常重视"三纲五常"伦理思想在治理天下中的重要作用。

其一，提出"君不君，臣不臣，此所以天下所以倾也"①，表明春秋时期君臣政治伦理关系的破坏，"臣弑其君，子弑其父"② 三十一次，使孔子"忧惧"的重要原因。

其二，父尊子卑。蔡世子般弑杀其君，"子夺父政"，被视为夷狄③；卫辄辄派石曼姑率军围困戚城阻止父亲继位，是"子不有父"的行为④。

其三，"妇人制于夫"。桓公十八年正月，桓公与夫人姜氏如齐，但之前"公会齐侯于泺"并没有列名夫人，原因在于"夫人骄伉"⑤，破坏了"夫人之义，从君者也"⑥ 的伦理思想。

其四，兄弟有"天伦"，但尊亲有别。所以隐公让桓，"已废天伦而忘君父以行小惠"⑦；郑伯克段于鄢，兄弟失和，《穀梁传》批评"段失子弟之道矣，贱段而甚郑伯也"，但郑伯"缓追逸贼，亲亲之道也"⑧。

其五，言而有信，需讲具体形势。僖公二十二年十一月宋襄公与楚国交战于泓，因其作战尊仁道、讲信义而导致宋军大败，所以《穀梁传》对宋襄公的行为提出看法："人之所以为人者，言也；人而不能言，何以为人？言之所以为言也，信也；言而不信，何以为言？信之所以为信者，道也；信而不道，何以为道？道之贵者时，其行势也。"⑨ 言而有信是人

---

① 《春秋穀梁传注疏》卷十二，宣公十五年六月"王札子杀召伯、毛伯"传。
② 《孟子·滕文公下》有"臣弑其君者有之，子弑其父者有之"。
③ 《春秋穀梁传注疏》卷十六，襄公三十年四月"蔡世子般弑其君固"传。
④ 《春秋穀梁传注疏》卷十二，哀公三年春"齐国夏、卫石曼姑帅师围戚"传。
⑤ 《春秋穀梁传注疏》卷四，桓公十八年正月"公会齐侯于泺，公与夫人姜氏遂如齐"传范宁注。
⑥ 《春秋穀梁传注疏》卷一，隐公二年十二月乙卯"夫人子氏薨"传。
⑦ 《春秋穀梁传注疏》卷一，隐公元年春"王正月"传。
⑧ 《春秋穀梁传注疏》卷一，隐公元年五月"郑伯克段于鄢"传。
⑨ 《春秋穀梁传注疏》卷九，僖公二十二年十一月己巳朔"宋公及楚人战于泓，宋师败绩"传。

之为人的本质属性，但言而有信需要根据具体形势而定，否则就不合时宜。

因此，《穀梁传》通过论述君臣、父子、夫妇、兄弟之间的伦常关系，提出"君子不以亲亲害尊尊，此《春秋》之义也"①，从国事来说，亲亲之道要服从尊君之义，但对个人来说，尊尊亲亲均是不能含糊的道德义务。

（四）"爱民"的民本思想

"民本、爱民"的统治思想。《穀梁传》在传解桓公十四年"宋人以齐人、蔡人、卫人、陈人伐郑"时明确提出："民者，君之本也。使人以其死，非正也。"②强调"民本"思想。同时，春秋时期诸侯举行四次"兵车之会"，未尝有大战，所以"爱民也"③，《穀梁传》形成了"民本、爱民"的统治思想，具体表现就是"古之君人者，必时视民之所勤。民勤于力，则功筑罕；民勤于财，则贡赋少；民勤于食，则百事废矣"④。要求统治者减少战争、徭役，重视民力、民财、民食，所以庄公二十八年冬臧孙辰告籴于齐，《穀梁传》提出批评的意见："古者税什一，丰年补败，不外求而上下皆足也，虽累凶年民弗病也。一年不艾而百姓饥，君子非之。"⑤

对"罢（弊）民、失民、悉民"进行批评。庄公三十一年，鲁君于春夏秋三季筑台于郎、薛、秦三地，《穀梁传》评论说："鲁外无诸侯之变，内无国事，一年罢民三时，虞山林薮泽之利，恶内也。"⑥认为鲁庄公的疲民行为是恶政。宋公兹父与楚国交战兵败身亡，是"弃其师"而"失民"⑦。鲁庄公新延厩，"以其用民力为已悉矣"⑧。

对关心民众的君主则赞赏有加。僖公二年十月"不雨"，《穀梁传》

---

① 《春秋穀梁传注疏》卷十，文公二年八月丁卯"大事于大庙，跻僖公"传。
② 《春秋穀梁传注疏》卷四，桓公十四年冬"宋人以齐人、蔡人、卫人、陈人伐郑"传。
③ 《春秋穀梁传注疏》卷六，庄公二十七年六月"公会齐侯、宋公、陈侯、郑伯同盟于幽"传。
④ 《春秋穀梁传注疏》卷六，庄公二十九春"新延厩"传。
⑤ 《春秋穀梁传注疏》卷六，庄公二十八年冬"臧孙辰告籴于齐"传。
⑥ 《春秋穀梁传注疏》卷六，庄公三十一年秋"筑台于秦"传。
⑦ 《春秋穀梁传注疏》卷九，僖公二十三年五月庚寅"宋公兹父卒"传。
⑧ 《春秋穀梁传注疏》卷六，庄公二十九年春"新延厩"传。

解释说："不雨者，勤雨也"，范宁《春秋穀梁传集解》将"勤雨"作为鲁僖公"恤民"的体现。三年，正月至四月仍"不雨"，《穀梁传》说："一时言不雨者，闵雨也。闵雨者，有志乎民者也"，范宁注以为鲁僖公"忧民之至"。六月"雨"，《穀梁传》再次解释道："雨云者，喜雨也。喜雨者，有志乎民者也。"杨士勋《春秋穀梁传疏》于鲁宣公"喜雨"的政治意义特加揭示："心喜，是于民情深，故特录之。"①《穀梁传》对鲁桓公"罢民三时"与鲁僖公"勤雨"、"闵雨"、"喜雨"的不同评价，可见其坚持以民为本的统治思想。

（五）"善战"的军事思想

"国之大事，在祀与戎"②，中国古代形成重视祭祀和战争的思想。西周时期，"礼乐征伐自天子出"，是"天下有（王）道"的体现；春秋开始，"礼乐征伐自诸侯出"，造成"天下无（王）道"的局面③，因此春秋二百四十二年，"战攻侵伐不可胜数"④，诸侯之间为之强战，"争地以战，杀人盈野；争城以战，杀人盈城"⑤。从《穀梁传》对春秋时战争中"侵、伐"的定义："苞人民、殴牛马，曰侵；斩树木、坏宫室，曰伐"，可见战争的残酷性。隐公初年，宋军攻打郑国，围攻长葛将近一年之久，"围者，缭其城邑，绝其往来之使，禁其樵采之途"⑥，"逾年乃取之，著其暴也"⑦，强调宋军的残暴。于此，《穀梁传》提出"伐不逾时，战不逐奔，诛不填服"⑧，认识到战争的残酷性，反对长期战争。

战争虽然残酷，但有所不免，因此《穀梁传》提出"善为国者不师，善师者不陈，善陈者不战，善战者不死，善死者不亡"⑨。主张"善战"，即要掌握战争艺术，不战而屈人之兵，减少伤亡和损失。同时，对于战

---

① 《春秋穀梁传注疏》卷七，僖公二年冬十月"不雨"，三年春王正月"不雨"、夏四月"不雨"、六月"雨"传。
② 《左传》卷二十七，成公十三年"三月公如京师"传。
③ 《论语·季氏》。
④ （汉）董仲舒：《春秋繁露》卷二《竹林》。
⑤ 《孟子·离娄上》。
⑥ （宋）胡安国：《春秋传》卷二，隐公五年十二月"宋人伐郑，围长葛"传。
⑦ （宋）张洽：《春秋集注》卷一，隐公五年十二月"宋人伐郑，围长葛"传。
⑧ 《春秋穀梁传注疏》卷二，隐公五年十二月"宋人伐郑，围长葛"传。
⑨ 《春秋穀梁传注疏》卷五，庄公八年春王正月甲午"治兵"传。

争态势要灵活掌握，"倍则攻，敌则战，少则守"①。

（六）"时地"的历史思想

隐公十一年"春，滕侯、薛侯来朝"，诸侯来朝访应该有具体的日期，但对于只载"时"这个模糊时间，《穀梁传》以"诸侯来朝，时正也"，即是正常的，应该给予肯定。这与桓公二年"秋七月，纪侯来朝"的解说形成相反的结论："朝时，此其月，何也？桓内弑其君，外成人之乱，于是为齐侯、陈侯、郑伯讨。数日以睦，已即是事而朝之。恶之，故谨而月之也。"鲁桓公一方面弑隐公继位，另一方面又联合他国参与宋国之乱，是一个无道之君，纪侯来朝访显然是不明大义，所以"记月"表达"贬恶"之义。襄公二十三年十月"乙亥，臧孙纥出奔邾"，《穀梁传》指出记载"乙亥"的作用："其日，正臧孙纥之出也。蘧伯玉曰：'不以道事其君者，其出乎！'"臧孙纥作为司寇出逃他国，应该是不光彩的行为，但实际上是因为对专权的季孙氏不满而被排挤出逃，此正如孔子夸赞蘧伯玉"邦有道，则仕；邦无道，则可卷而怀之"②。所以《穀梁传》强调臧孙纥出逃的具体日期是执褒扬态度。

隐公二年十二月乙卯"夫人子氏薨"，《春秋》正常的记载义例是"夫人薨，不地"，所以僖公元年七月"戊辰，夫人姜氏薨于夷"，《穀梁传》解说"夫人薨不地。地，故也"③就有特殊的含义，这是因为庄公夫人勾结庆父杀二子被迫逃亡国外而亡，所以特别提示死亡之地以表达贬责之意。

因此，我们在前面谈到《穀梁传》对于"称时、称月、称日、称地，谨之也"④，即时地（空）要素是历史记载的重要组成，其详略有无体现为历史信息的完整性、准确性、严肃性，"谨之"之意在于强调《春秋》历史记载中要对"时地"予以高度重视，因为其中蕴含褒贬的用意。对此特点，东晋范宁作《春秋穀梁传集解》时，专门撰写《略例》百余条归纳《穀梁传》的名例，在注解中明确指出"《穀梁》皆以日月为例，

---

① 《春秋穀梁传注疏》卷九，僖公二十二年十一月己巳朔"宋公及楚人战于泓，宋师败绩"传。
② 《论语·泰伯》。
③ 《春秋穀梁传注疏》卷七，僖公元年秋七月戊辰"夫人姜氏薨于夷"传。
④ 《春秋穀梁传注疏》卷十七，昭公十一年"夏四月丁巳，楚子虔诱蔡侯般，杀之于申"传。

第一章 《穀梁》善经:《穀梁传》诠释学的形成

他(例)皆放此"①。对于《穀梁传》重视"时月日地"等条例这种解经特点是否合理?汉代董仲舒谈到对《易经》《诗经》《春秋》经学诠释具有灵活性:"所闻'《诗》无达诂,《易》无达占,《春秋》无达辞',从变从义,而一以奉人"②,对《春秋》中的"时月日地"等时空条例要有灵活理解的态度,所以宋代刘敞认为"《穀梁》窘于日月"③之论,说明其对《穀梁传》非常重视名例的特点并未有所理解。因此,《穀梁传》以"时月日地"这一历史要素来表达褒贬是其伦理政治思想在《春秋》解说中的反映。

(七)"通变"的哲学思想

司马迁谈到知晓《春秋》的重要性,其中有"为人臣者不可以不知《春秋》,守经事而不知其宜,遭变事而不知其权"④,就是通过学习《春秋》掌握"通变"的政治哲学思想。《穀梁传》在解释《春秋》经文时,贯彻"通变"的思想。

庄公元年秋王姬出嫁齐襄公,途经鲁国,"筑王姬之馆于外"。王姬为我周王同宗之女,本应在家中接待,但在外修建招待馆舍,这是违反人之常情的。但《穀梁传》解释说"筑之外,变之正也",认为在外修建馆舍虽是异变,但这是正确合理的,因为王姬嫁给害死鲁桓公的齐襄公,作为本宗女性不能嫁给仇人,另外鲁国因桓公去世而举国服丧,不能与王姬婚嫁喜事冲突,所以王姬筑馆于外是"变之为正"⑤。僖公五年夏"公及齐侯、宋公、陈侯、卫侯、郑伯、许男、曹伯,会王世子于首戴。秋八月,诸侯盟于首戴"。《穀梁传》认为王世子作为儿子,取代父亲得到诸侯对待周王一样的尊重,这是逾越了作为儿子的本分。但《穀梁传》也认识到在周王室微弱的情况下,"世子含王命会齐桓,亦所以尊天王之命也。世子受之可乎?是亦变之正也。天子微,诸侯不享觐。世子受诸侯之尊己,而天王尊矣,世子受之可也"。诸侯对王世子的尊重,其实就是对周王的尊重,所以王世子享受周王一样的尊重是"变之正",这一异

---

① 《春秋穀梁传注疏》卷一,隐公元年。
② (汉)董仲舒著,(清)苏舆注:《春秋繁露义证》卷三《精华》,中华书局2000年版。
③ (宋)王应麟:《困学纪闻》卷六《左氏传》,辽宁教育出版社1998年版。
④ 《史记》卷一百三十《太史公自序》。
⑤ 《春秋穀梁传注疏》卷五,庄公元年秋"筑王姬之馆于外"传。

常情况是合理的。襄公二十九年五月,仲孙羯会同晋荀盈、齐高止等12国大夫为杞国修城,古代诸侯刚分封时,其封地足以容纳保护民众及其安全,《穀梁传》的立场是"凡城之志,皆讥也"①,但"城杞"为何"不讥"呢?这是因为"杞危而不能自守,故诸侯之大夫,相帅以城之。此变之正也"②。城杞改变了"非天子不得专封诸侯,诸侯不得专封诸侯"的制度,但各诸侯国为杞国筑城是杞国"危不能自守",所以诸侯们筑城是"存亡继绝"的正义行为。宋国与楚国的泓之战,本来宋襄公在战局处于有利条件的时候,因要讲诚信而两次错失作战时机,所以《穀梁传》主张"道之贵者时,其行势也"③,其意在批评宋襄公不懂"因时势变通"的思想。

我们从上面《穀梁传》思想的阐释来看,"《穀梁》解经在于尊王室,抑外夷,明赏罚而已,一传之作类皆如此"④,这是对《穀梁传》主体思想的总结,与尊亲、民本、慎战、历史、通变等思想,构成春秋穀梁学的思想体系,历代穀梁学者又在此基础上进一步发展丰富。

---

① 《春秋穀梁传注疏》卷二,隐公七年夏"城中丘"传。
② 《春秋穀梁传注疏》卷十六,襄公二十九年五月"仲孙羯会晋荀盈、齐高止、宋华定、卫世叔仪、郑公孙段、曹人、莒人、邾人、滕人、薛人、小邾人城杞"传。
③ 《春秋穀梁传注疏》卷九,僖公二十二年十一月己巳朔"宋公及楚人战于泓,宋师败绩"传。
④ (宋)郑樵:《六经奥论》卷四《春秋经》,四库全书本。

第二章　政治沉浮：汉代穀梁学

第一节　西汉穀梁学的政治命运

一　《公》《穀》二学的初次博弈

(一) 汉初儒学独尊地位的逐渐确立

西汉建立，接暴秦弊政之后，不仅财政困乏，且异姓王侯叛乱，导致战争不断。一些政治家寻找思安百姓的良策，如齐国丞相曹参"尽召长老诸生，问所以安集百姓，如齐故诸儒以百数，言人人殊，（曹）参未知所定。闻胶西有盖公，善治黄老言，使人厚币请之。既见盖公，盖公为言治道贵清静而民自定，推此类具言之。……其治要用黄老术，故相齐九年，齐国安集，大称贤相"。其后，曹参接替萧何为汉惠帝丞相，继承其政策，故出现"载其清静，民以宁一"①的安定局面。惠帝以后，文帝、景帝与窦太后的施政国策，"孝文帝本好刑名之言。及至孝景，不任儒者，而窦太后又好黄老之术，故诸博士具官待问，未有进者"②。以清静无为治理天下，成为当时的主流政治思想。黄老的清静无为，可以纠正秦末汉初暴政扰民的弊端，适应当时社会需要，经过休养生息，发展生产之后，取得良好的社会效益与经济效益。但无为而治的另一个后果，就是地方王侯借此发展自己的势力，尾大不掉，出现反抗中央的吴楚"七国之乱"。

汉武帝继位以后，逐步改变治国的指导思想，儒道发生交替。其中，

---

① 《史记》卷五十四《曹相国世家》。
② 《汉书》卷八十八《儒林传序》。

以董仲舒为首的儒家思想家主张"大一统",提出"罢黜百家,独尊儒术"治国方策。窦太后谢世,田蚡为丞相,"黜黄老、刑名百家之言,延文学儒者以百数,而公孙弘以治《春秋》为丞相封侯,天下学士靡然乡风矣"①。于是,汉武帝设立五经博士,"开弟子员,设科射策,劝以官禄,讫于元始,百有余年,传业者寖盛,支叶蕃滋,一经说至百余万言,大师众至千余人,盖禄利之路然也"②。可见,汉代经学的繁盛,是与统治者的重视分不开的。

(二) 穀梁学与公羊学的两次较量

《穀梁传》在汉代著于竹帛,才有文献定本,具体时间不可能在汉初。在陆贾所撰政论《新语》中有两处引用《穀梁传》的内容③,不见于今本《穀梁传》,这说明《穀梁传》的文字有逸失的情况。

《穀梁传》在汉代地位的升降,也与政治关系密切。《穀梁传》与《公羊传》同属今文经学,均讲《春秋》的微言大义,在争夺官学地位的过程,先后得到政治权势的强力干预。据《史记·儒林列传》:"瑕丘江生为《穀梁春秋》。自公孙弘得用,尝集比其义,卒用董仲舒"④,对《穀梁传》与《公羊传》之间的第一次争夺记载较为简略。《汉书·儒林传》记之颇详:

> 瑕丘江公受《穀梁春秋》及《诗》于鲁申公,传子至孙为博士。武帝时,江公与董仲舒并。仲舒通《五经》,能持论,善属文。江公呐于口,上使与仲舒议,不如仲舒。而丞相公孙弘本为《公羊》学,比辑其义,卒用董生。于是上因尊《公羊》家,诏太子受《公羊春秋》,由是《公羊》大兴。太子既通,复私问《穀梁》而善之。其后浸微,唯鲁荣广王孙、皓星公二人受焉。⑤

---

① 《汉书》卷八十八《儒林传序》。
② 《汉书》卷八十八《儒林传赞》。
③ (汉)陆贾《新语》卷上《道基第一》引:"《穀梁传》曰:'仁者以治亲,义者以利尊。万世不乱,仁义之所治也。'"又卷下《至德第八》有:"故《春秋穀(下文缺)》。"
④ 《史记》卷一百二十一《儒林列传》。
⑤ 《汉书》卷八十八《儒林传·瑕丘江公传》。

从这段史料来看，《穀梁传》败于《公羊传》，原因有二。一是《穀梁传》经师自身学养之亏缺①，与公羊大师董仲舒相比差距较大。二是公羊家有占据高位的丞相公孙弘施以援手，必能鼓动汉武帝，给予《公羊传》春秋学正宗地位，从此，习公羊学者俯拾青紫，坐至公卿，更能推动学派的发展；而穀梁学在政治"失语"的情况下，习者寥寥，成为在野学派。当然，从史料中也可看到，《穀梁传》隐伏着兴盛的机缘，那就是汉武帝卫（戾）太子的"私善"《穀梁》，如果没有"巫蛊之祸"，《穀梁传》的政治命运可能早就发生转捩。瑕丘江公将《穀梁传》传与荣广、皓星公。荣广得到真传，理论水平大增，史称"广尽能传其（瑕丘江公）《诗》、《春秋》（即《穀梁传》），高材捷敏，与《公羊》大师眭孟等论，数困之，故好学者颇复受《穀梁》"。好学者有蔡千秋、周庆、丁姓子孙，其中，蔡千秋还得到皓星公的指授，故穀梁学的水平最高，所谓"为学最笃"②。可见，随着《穀梁传》经师学养水平的精进，一方面能吸引后学，壮大队伍；另一方面在与公羊学派私下的理论对决中已占上风。

二 汉宣帝时穀梁学大兴

（一）石渠阁五经会议之争

《穀梁传》与《公羊传》的第二次政治博弈，是在汉宣帝时。汉宣帝是汉武帝卫（戾）太子的孙子，对祖父喜好《穀梁春秋》有所闻，询问丞相韦贤、长信少府夏侯胜及侍中乐陵侯史高，三人均是鲁地人，由于地域情感，对《穀梁传》有偏爱，"言穀梁子本鲁学，公羊氏乃齐学也，宜兴《穀梁》"。韦贤等人进言，与汉武帝时习《公羊》出身的丞相公孙弘一样，无疑对《穀梁传》得到统治者青睐起到了积极的政治推动作用。汉宣帝召见蔡千秋"与《公羊》家并说，上善《穀梁》说"，此为《穀梁传》与《公羊传》第二次决战的预演。为取得决定性胜利，汉宣帝"愍其学且绝"，以蔡千秋为郎中户将，选郎官十人教授《穀梁传》，蔡千

---

① 有学者根据"江公呐（颜师古注：呐，古'讷'字。）于口"，认为江公口吃，以致在与董仲舒辩论时应对败于下风，但对比该段史料前后所述，江公之"讷口"也有学养水平的局限。

② 《汉书》卷八十八《儒林传·瑕丘江公传》。

秋死，征瑕丘江公孙为博士继续教授①，刘向也应诏修习。江公孙死，周庆、丁姓再接教鞭，最终完成学业。从时间来说，"自元康中（前65）始讲，至甘露元年（前53），积十余岁"，准备是十分充分的；从效果来看，"皆明习"②。

甘露三年（前51）三月，"诏诸儒讲《五经》同异，太子太傅萧望之等平奏其议，上亲称制临决焉"③。具体地点在石渠阁④，学者们论五经异同，其核心议题是"平《公羊》、《穀梁》同异，各以经处是非"⑤。既求同存异，又体现各家学说的实际效用，是这次辩论会的指导思想⑥。《公羊传》参与讲论的有博士严彭祖，侍郎申輓、伊推、宋显，内侍郎许广，《穀梁传》有议郎尹更始，待诏刘向、周庆、丁姓，中郎王亥，双方各五人，围绕三十多个议题，萧望之等十一人"各以经谊对，多从《穀梁》，由是《穀梁》之学大盛"⑦。

（二）穀梁学兴盛的表现

其具体表现有四。

一是立为官学。参与论辩的周庆、丁姓"皆为博士"，《穀梁传》从此有了专经博士，可以公开设学，有弟子员。如丁姓官至中山太傅，授申章昌，申章昌也征为博士，官至长沙太傅，"徒众尤盛"。《穀梁传》成为官学，虽有汉宣帝的助力，但更多的是依靠自身的努力，也有时代主题的变化所提供的机缘，如《穀梁传》提倡的宽厚仁慈的统治作风，有利于纠正吏治苛酷之弊，与汉宣帝时代所提倡的"礼治"精神相契合。

二是学以干禄。《穀梁传》学者尹更始由议郎升为谏大夫、长乐户

---

① 此时《穀梁传》还未立博士，瑕丘江公孙被征为博士，从瑕丘江公传申公《诗》《春秋》，为"《鲁诗》宗"来推测，应是《鲁诗》博士。
② 《汉书》卷八十八《儒林传·瑕丘江公传》。
③ 《汉书》卷八《宣帝纪》。
④ 《汉书》卷七十三《韦贤传》载：韦玄成"与太子太傅萧望之及《五经》诸儒论同异于石渠阁"。
⑤ 《汉书》卷八十八《儒林传》："乃召《五经》名儒太子太傅萧望之等大议殿中，平《公羊》、《穀梁》同异，各以经处是非。"
⑥ 章权才：《两汉经学史》，广东人民出版社1990年版，第96—97页。
⑦ 《汉书》卷八十八《儒林传·瑕丘江公传》。

第二章　政治沉浮：汉代穀梁学

将，传学于其子尹咸、翟方进①、房凤。尹咸官至大司农，翟方进以"射策甲科为郎"，官至丞相，房凤以"射策乙科为太史掌故"，官至五官中郎将，均是习《穀梁传》而至公卿。

三是充当政治话语。西汉时期，官员们在上书或对策中多引用《穀梁传》文以为典据，加强权威性和说服力。汉昭帝时，丞相田千秋、御史大夫桑弘羊与贤良、文学讨论"盐铁"问题，他们在议论中均援据《穀梁传》的材料。他们论辩的内容汇集为《盐铁论》。清代学者张敦仁《盐铁论考证》以为"凡此书之《春秋》皆《公羊》"，其说颇涉武断。今人陈苏镇统计指出："贤良文学引用《春秋》共二十一例，其中十五例出自《公羊传》，五例不知出处，一例见于《穀梁传》；大夫引《春秋》也有十二例，其中十一例出自《公羊传》，一例出自《穀梁传》。"② 笔者以为，引自《穀梁传》的材料应为三例。③ 汉成帝久无继嗣，梅福以为宜建三统，封孔子之世以为殷后，在上书中说："今成汤不祀，殷人亡后，陛下继嗣久微，殆为此也。《春秋经》曰：'宋杀其大夫。'《穀梁传》曰：'其不称名姓，以其在祖位，尊之也。'此言孔子故殷后也，虽不正统，封其子孙以为殷后，礼亦宜之。何者？……则国家必获其福，又陛下之名与天亡极。"④ 汉平帝元始四年（4），王莽被授官宰衡，上书请求"印信"，在上书中引用《穀梁传》"天子之宰，通于四海"，以为"宰衡官以正百僚平海内为职，而无印信，名实不副"，被允准给予"宰衡太傅

---

① 《汉书》卷八十八《儒林传》载："尹更始为谏大夫、长乐户将，又受《左氏传》，取其变理合者以为章句，传子咸及翟方进、琅邪房凤。"史事颇为含混，似乎翟方进所受为《左氏传》。然同书卷八十四《翟方进传》载："方进虽受《穀梁》，然好《左氏传》、天文星历，其《左氏》则国师刘歆，星历则长安令田终术师也。"明所受为《穀梁传》。同传有"辞其后母，欲西至京师受经。母怜其幼，随之长安，织屦以给方进读，经博士受《春秋》。积十余年，经学明习，徒众日广，诸儒称之。以射策甲科为郎。二三岁，举明经，迁议郎"的记载，当时《春秋》博士，只有《公羊传》与《穀梁传》，故翟方进所"明习"的必是《穀梁传》，并由此起家。

② 陈苏镇：《汉代政治与〈春秋〉学》，中国广播电视出版社2001年版，第318页。

③ 王利器校注本《盐铁论·论儒第十一》文学曰："鲁公杀子赤，叔肸退而隐处，不食其禄。"出自《穀梁传·宣公十七年》。《备胡第三十八》贤良曰："《春秋》动众则书，重民也。宋人围长葛，讥久役也。"出自《穀梁传·隐公五、六年》。《刑德第五十五》大夫曰："犹鲁以楚师伐齐，而《春秋》恶之。"出自《穀梁传·僖公二十六年》。中华书局2015年版。

④ 《汉书》卷六十七《梅福传》。

大司马印"①。《穀梁传》之说成为王莽揽权的经典依据。

四是学脉旁分。《穀梁传》在汉初由申公下传徐公、许生、瑕丘江公，江公之下分为三支：第一支是江公子传江（公孙）博士，江博士传王亥、刘向、胡常，胡常传萧秉；第二支是江公传皓星公，皓星公又指授蔡千秋；第三支是江公传荣广，荣广传周庆、蔡千秋、丁姓。其下，蔡千秋传尹更始，尹更始传尹咸、房凤，房凤传侯霸、翟方进；丁姓传申章昌。另外，汉武帝卫（戾）太子从江公私受《穀梁传》，以及梅福在长安受学《穀梁传》。因此，《穀梁传》"有尹、胡、申章、房氏之学"②。此期春秋穀梁学的家法和师法已经形成。

由于政府的支持和学者的众多，西汉中期成为春秋穀梁学史的第一个高峰。随着西汉衰亡，《穀梁传》自身也式微，博士出缺，传人几至衰歇。

三 西汉学者对《穀梁传》的诠释

（一）西汉《穀梁传》的传授世系

1. 西汉《穀梁传》传授世系图

我们从上面知道，汉宣帝本习《公羊传》，因听闻祖父喜好《穀梁传》，于是询问丞相韦贤、长信少府夏侯胜及侍中乐陵侯史高，三人均"言穀梁子本鲁学，公羊氏乃齐学也，宜兴《穀梁》"③，韦贤等人本为鲁地人，除出于地域情感对《穀梁传》有偏爱外，后来学者也从学理层面谈到鲁学与齐学之异："《春秋》犹《论语》也。汉初，《鲁论语》《齐论语》并行，其后，孔氏壁中《古文论语》出，篇简章句与《鲁论》大同，不若《齐论》多说附益，是鲁学必胜齐学也。《公羊》作传多齐言，且其解经多有护齐者，何足凭乎?"④ 可知，以《穀梁传》为代表的鲁学与以《公羊传》为代表的齐学，存在篇简章句和解经有无门户偏见的差异。

---

① 《汉书》卷九十九上《王莽传》。
② 《汉书》卷八十八《儒林传·房凤传》。
③ 《汉书》卷八十八《儒林传·瑕丘江公传》。
④ （清）钟文烝：《论传》，载《春秋穀梁经传补注》卷首。

第二章 政治沉浮：汉代穀梁学

从《汉书·儒林传》所载及上面所述，梳理出西汉时期《穀梁传》传授世系图如下，以供分析：

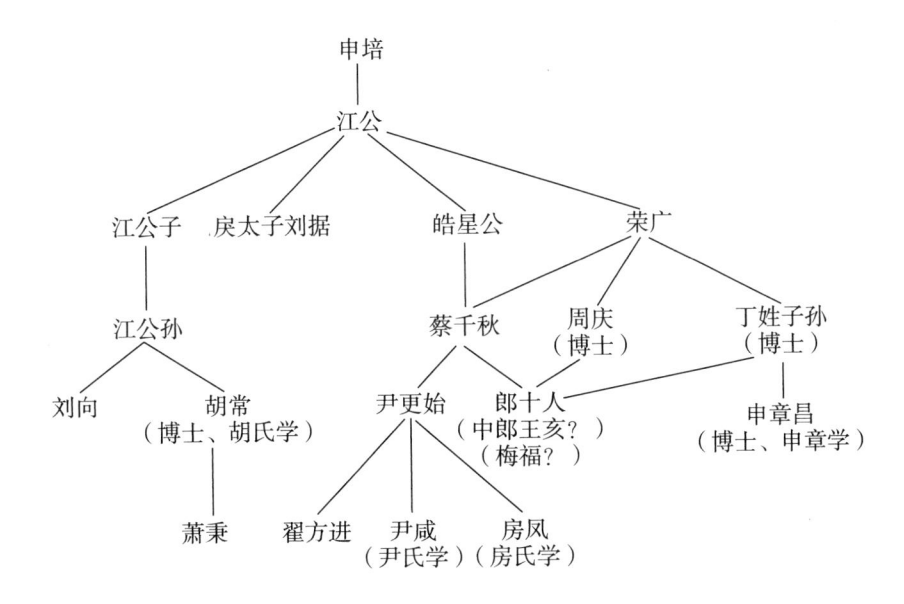

```
                          申培
                           │
                          江公
         ┌─────────┬──────┴──────┬─────────┐
       江公子   戾太子刘据      皓星公        荣广
         │                       │           │
       江公孙                  蔡千秋    周庆    丁姓子孙
                                       （博士）  （博士）
    ┌────┴────┐          ┌────┬────┴──┐           │
   刘向    胡常         尹更始  郎十人             申章昌
         （博士、胡氏学）       （中郎王亥？）     （博士、申章学）
                               （梅福？）
                    ┌────┬────┬────┐
                   萧秉  翟方进 尹咸  房凤
                             （尹氏学）（房氏学）
```

2.《穀梁传》传授的特点

从《汉书·儒林传》及以上《穀梁传》传授世系图可见：

第一，申培的《穀梁传》学术渊源不明。申培虽为西汉今文《诗经》的重要大师，但他也是《穀梁传》传授体系由先秦至西汉的关键人物。从《汉书》所载，他少年时与汉高祖之子楚元王刘交及其子刘郢同时师事秦朝儒生浮丘伯学习《诗》[①]，也从其他经师受《穀梁传》之学。我们在前面关于《穀梁传》西汉前传授世系的探讨中，谈到申培的《穀梁传》之学来自荀卿，由于二人年岁相隔悬远，故其传授世系的未必可信，所以申培《穀梁传》之学具体来自哪位经师所传，缺乏史据而不明晰，但申培在西汉初传授《穀梁传》是确信无疑的。申培"卒以《诗》、《春秋》授，而瑕丘江公尽能传之，徒众最盛"[②]。其所传授于江公之《春

---

① 《汉书》卷三十六《楚元王刘交传》载："少时尝与鲁穆生、白生、申公俱受《诗》于浮丘伯。"服虔注："浮丘伯，秦时儒生。"
② 《汉书》卷八十八《儒林传·申公传》。

秋》学，实为《穀梁传》："瑕丘江公受《穀梁春秋》及《诗》于鲁申公。"①

第二，如上文所述和传授世系图所示，西汉时期《穀梁传》传授有三个支系，学者之间最重师承。由西汉初的申培至西汉末，三个支系都历经六代传授，这是两千多年穀梁学传授史师承源流最集中的时期。

第三，西汉时期，穀梁学者具有学术的包容性。申培、江公都传授《诗经》与《穀梁传》；戾太子刘据因诏受《公羊传》，私下问《穀梁传》；尹更始传授《穀梁传》，又受《左传》；梅福在长安学《穀梁传》与《尚书》；胡常传授《穀梁传》，又从庸生受孔安国传授下来的《古文尚书》，还接受《左传》之学。

第四，中郎王亥、梅福的传授世系存疑。《汉书·儒林传》载汉宣帝"愍其学且绝，乃以（蔡）千秋为郎中户将，选郎十人从受"，十人姓名不详。授业蔡千秋、江公孙不幸相继去世，其后由周庆、丁姓二人待诏宫保完成《穀梁传》的传授任务，从元康中（前65）至甘露元年（前53），"积十余岁，皆明习"②。召五经名儒大议殿中，平衡《公羊传》《穀梁传》异同，以二传的经义为据论三十余事的是非。双方最先各是四人对垒，《穀梁传》有尹更始、刘向、周庆、丁姓四位大师。《公羊传》阵营在议论中处于下风，请增内侍郎许广为援，《穀梁传》亦"并内《穀梁》家中郎王亥"。因此，中郎王亥可能就是蔡千秋所"选郎十人"之一。梅福的授受世系则缺失直接证据，据史传：梅福"少学长安，明《尚书》、《穀梁春秋》，为郡文学，补南昌尉"③。从《汉书·儒林传》对《穀梁传》学者的授受世系有清楚记载来判断，梅福《穀梁传》之学来源大概为二者之一。一是荣广"尽能传其《诗》、《春秋》，高材捷敏，与《公羊》大师眭孟等论，数困之，故好学者颇复受《穀梁》。沛蔡千秋少君、梁周庆幼君、丁姓子孙皆从广受"。从材料中可见，"好学者颇复受《穀梁》"似乎扩大了传授对象，但"沛蔡千秋少君、梁周庆幼君、丁姓子孙皆从广受"一语又确切地对荣广师承有绪的弟子做了限定，因此梅福很可能不在此列。二是蔡千秋所"选郎十人从受"，由于十人姓名不

---

① 《汉书》卷八十八《儒林传·瑕丘江公传》。
② 同上。
③ 《汉书》卷六十七《梅福传》。

详,正如上文所述中郎王亥的突然出现,并不在确定的传授世系之列,所以梅福也可能为十郎之一。

(二) 西汉学者《穀梁传》的诠释成果

1.《穀梁传》师法的形成

从《汉书》所载及上面所述,《穀梁传》有"尹、胡、申章、房氏之学"①。这涉及汉代经学传授中的家法与师法,略作分疏。

所谓"家法",我们从《汉书·艺文志》所言"《春秋》分为五,《诗》分为四,《易》有数家之传",关于《易经》"十二篇,施、孟、梁丘三家",关于《诗经》"二十八卷,鲁、齐、韩三家",关于《春秋》"《春秋古经》十二篇,《经》十一卷,公羊、穀梁二家"。可见,"家法"就是同一经的"数家之传",也就是《春秋》的古文《左传》、今文《公羊传》《穀梁传》。

所谓"师法",我们可从《汉书》其他经传师承关系的类似记载中找到答案。夏侯胜将《尚书》学传授给从兄子夏侯建,夏侯建又师从欧阳高,由于夏侯建吸收了欧阳高《尚书》学的解说,使得与夏侯胜的解说不同,因此《尚书》就有"大小夏侯之学"②。张山拊师事夏侯建,传授李寻、郑宽中、张无故、秦恭、假仓。其中,"(张)无故善修章句……守小夏侯说文,(秦)恭增师法至百万言",颜师古注解本句说:"言小夏侯本所说之文不多,而秦恭又更增益,故至百万言也。"张无故只是善于修习夏侯建《尚书》的章句,对夏侯建的解说严加遵守,而秦恭则是对夏侯建的解说增加发挥。因此,"……之学"就是某位学者区别于老师或同门的不同经传解说文字,就形成"师法",而弟子在老师解说的基础上加以发展又形成新的"……之学",成为新的"师法"。张山拊及其弟子都是在"小夏侯之学"的基础上形成了"郑、张、秦、假、李氏之学"③。

因此,《穀梁传》的"尹、胡、申章、房氏之学",就是尹更始与尹咸、胡常、申章昌、房凤形成不同于其他学者的解说成果,其中

---

① 《汉书》卷八十八《儒林传·房凤传》。
② 《汉书》卷八十八《儒林传·夏侯胜传》。
③ 《汉书》卷八十八《儒林传·张山拊传》。

尹更始、胡常、申章昌是在江公及其子孙、皓星公、荣广、蔡千秋、周庆、丁姓等前辈经师基础上发展出来的师法，而尹咸、房凤是在尹更始讲经师法的基础上进一步产生的新师法，他们都对《穀梁传》解说有创新的学者。

2.《穀梁传》的诠释成果

（1）第二代江公

根据《汉书·儒林传》所载，汉武帝让《穀梁传》第二代经师江公与"通《五经》，能持论，善属文"的《公羊传》传人董仲舒举行殿廷"辩议"，江公因"讷口"而"不如仲舒"，二人所"辩议"的内容应该是《公羊传》与《穀梁传》学说的短长。董仲舒的公羊学理论成果集中体现在流传于后世的《春秋繁露》，因此江公也应有对《穀梁传》的解说成果，才能传子和其他学者，以及让私问《穀梁传》的戾太子"称善"。其解说著述未见史著，故言焉难详。

（2）第三代荣广

荣广全部继承江公穀梁学，加上他"高材捷敏，与《公羊》大师眭孟等论，数困之，故好学者颇复受《穀梁》"①，说明荣广对《穀梁传》的解说、运用《穀梁传》理论资源的成熟程度不仅超过公羊学者，还超过自己的老师江公。

（3）第四代蔡千秋

蔡千秋的《穀梁传》之学来自荣广和皓星公的传授，因此"为学最笃"，"复求能为《穀梁》者，莫及千秋"，这一评价是在与其他《穀梁传》学者的比较中得出的。因此，汉宣帝初年，在与《公羊传》学者的第二次殿廷辩论中"上善《穀梁》说"，才有汉宣帝任命蔡千秋为郎中户将，"选郎十人从受"。蔡千秋也应该有《穀梁传》的解说成果。

（4）第五代尹更始、刘向

尹更始不仅传授《穀梁传》，还传授《左传》，从《左传》中汲取学术资源，"取其变理合者以为章句，传子咸及翟方进、琅邪房凤。"因此，尹更始以"能说"《穀梁传》著称②。在《汉书·艺文志·六艺略》"《春

---

① 《汉书》卷八十八《儒林传·瑕丘江公传》。
② 同上。

第二章 政治沉浮：汉代穀梁学

秋》类"著录文献中有"《穀梁章句》三十三篇"①，从其书名来判断，应是出自尹更始之手，这可从《隋书·经籍志》"《春秋穀梁传》十三卷吴仆射唐固注。梁有《春秋穀梁传》十五卷，汉谏议大夫尹更始撰，亡"②以及《旧唐书·经籍志》"《春秋穀梁章句》十五卷穀梁俶解，尹更始注"③得到旁证，可惜唐初尹更始所撰《春秋穀梁传》章句注解已亡，亦未见他书引证和后世辑佚之本，因史料匮缺，无法了解《穀梁章句》的详细内容。

刘向最开始研习《易经》，后汉宣帝诏令从江公孙受《穀梁传》之学，与郎十人也师从周庆、丁姓二师受业"十余年，大明习"，并参与石渠阁论《五经》异同的会议，表明刘向对穀梁学有深入的研究。其子刘歆治《左传》之学，"引传文以解经，转相发明，由是章句义理备焉"。于是刘歆多次以《左传》学向父亲的《穀梁传》学发难，但刘向"犹自持其《穀梁》义"④，对自己的《穀梁传》学有理论自信。刘向的《穀梁传》解说偏重于当时盛行的灾异之学，史称"宣、元之后，刘向治《穀梁春秋》，数其祸福，传以《洪范》"⑤。此所言之事，详情为：刘向校中书之时，"见《尚书·洪范》，箕子为武王陈五行阴阳休咎之应。向乃集合上古以来历春秋六国至秦汉符瑞灾异之记，推迹行事，连传祸福，著其占验，比类相从，各有条目，凡十一篇，号曰《洪范五行传论》，奏之"⑥。结合两段文献所述，即是刘向将《穀梁传》解说《春秋》所载灾异的材料引入《洪范五行传论》，此一成果已被班固《汉书·五行志》所引，其中涉及火灾12次、水灾1次、无冰2次、雷电灾1次、虫灾2次、郊牛灾1次、日食9次。我们可引一例以明之：庄公十八年"三月，日有食之"，《穀梁传》曰："不言日，不言朔，夜食。"刘向以为"夜食者，阴因日明之衰而夺其光，象周天子不明，齐桓将夺其威，专会诸侯而行伯道。其后遂九合诸侯，天子使世子会之，此其效也"⑦。可知刘向

---

① 《汉书》卷三十《艺文志》。
② （唐）魏征等：《隋书》卷三十二《经籍志一》，中华书局1973年版。
③ （五代）刘昫：《旧唐书》卷四十六《经籍志上》，中华书局1975年版。
④ 《汉书》卷三十六《楚元王刘交传附刘歆传》。
⑤ 《汉书》卷二十七上《五行志上》。
⑥ 《汉书》卷三十六《楚元王刘交传附刘向传》。
⑦ 《汉书》卷二十七下之下《五行志下之下》。

运用《穀梁传》有关灾异的解说与当时统治者的人事活动进行阐释，实际上是"《春秋》以人事通天道，是推见以至隐也"① 这一阴阳五行学说在汉代经学思想中的体现。

（5）第六代房凤、翟方进

房凤所传为尹更始《穀梁传》章句之学，他因"明经通达"②擢为光禄大夫，迁五官中郎将。从其"明经通达"称誉来看，应对《穀梁传》有新的发挥，所以才会创立"房氏之学"。

翟方进年少与寡母至京师长安从尹更始受《穀梁传》之学，十多年后，"经学明习"，以射策甲科为郎，后举明经，迁议郎。已能开席讲学"徒众日广，诸儒称之"③。胡常创立《穀梁传》"胡氏之学"，但他的声誉不及翟方进，于是对翟氏有所"毁短"④。翟方进对胡常表达尊敬谦让，派遣门下学生到胡常处请教"大义疑难，因记其说"，其后胡氏常常向士大夫称赞翟方进，二人"遂相亲友"。翟方进与同门前辈学者胡常讲论《穀梁传》由敌而友的事迹颇值得称道。

（6）《穀梁外传》与《（春秋）议奏》

除了上面学者对《穀梁传》的讲论和著述之外，在《汉书·艺文志·六艺略》"《春秋》类"还著录有"《穀梁外传》二十篇"与"《（春秋）议奏》三十九篇。石渠论"两部著作。

《穀梁外传》 除《汉书·艺文志》著录外，未见于其他经史文献，所以该书的性质、体例、内容不能确知，但我们可以从《汉书》著录并保存至今相类似的《韩诗外传》《尚书大传》《春秋繁露》来推测，所以《四库全书总目》作者将三传相互比较为说。

《韩诗外传》，"其书杂引古事古语，证以《诗》词，与经义不相比附，故曰《外传》"⑤。《尚书大传》"其文或说《尚书》，或不说《尚书》，大抵如《（韩）诗外传》、《春秋繁露》，与《经》义在离合之间。

---

① 《史记》卷一百一十七《司马相如列传》《索隐》引虞喜《志林》。
② 《汉书》卷八十八《儒林传·房凤传》。
③ 《汉书》卷八十四《翟方进传》。
④ 《汉书》卷八十四《翟方进传》载："是时宿儒有清河胡常，与方进同经。常为先进，名誉出方进下，心害其能，论议不右方进。"颜师古注"不右"为"毁短也。"
⑤ （清）永瑢等：《四库全书总目》卷十六《韩诗外传提要》。

第二章 政治沉浮：汉代穀梁学

而古训旧典，往往而在，所谓六艺之支流也"①。《春秋繁露》"虽颇本《春秋》以立论，而无关经义者多，实《尚书大传》、《（韩）诗外传》之类"②。如《韩诗外传》是一部由 360 则轶事、道德说教、伦理规范以及实际忠告等内容组成的杂编，每则以一句《诗经》文句作结论，以支持政事或论辩中的观点，故其书对《诗经》既不是注释，也不是阐发。我们仅以《韩诗外传》的内容就可推考《穀梁外传》的性质、体例和内容，也是引用《穀梁传》的文句来谈轶事、讲道德、说伦理等，从我们在第一章论述《穀梁传》的诠释特点和思想内容来看，这个对《穀梁外传》体例和内容特点的推测是大体成立的。

《（春秋）议奏》 汉宣帝甘露三年（前 51）三月"诏诸儒讲五经同异，太子太傅萧望之等平奏其议，上亲称制临决焉"③。五经诸儒围绕各经传家法、师法的争议上奏章进行辩论，经过名儒大臣和汉宣帝的判决形成五经经义的定案，于是这些通过奏章辩议的文字各自汇编成书，就形成五经《议奏》。我们从《汉书·艺文志·六艺略》文献著录来看，《尚书》类："《议奏》四十二篇。宣帝时石渠论。"《礼》类："《议奏》三十八篇。石渠。"《春秋》类："《议奏》三十九篇。石渠论。"《论语》类："《议奏》十八篇。石渠论。"其他经的《议奏》可能失载。为避异书同名所引起的混乱，《春秋》类"《议奏》三十九篇"可酌定书名为《春秋议奏》。《春秋议奏》久佚致其内容难知，我们可从《汉书·儒林传》记载中寻其端倪：汉宣帝石渠阁会议中，《春秋》经是要"平《公羊》、《穀梁》同异，各以经处是非"，所"议三十余事"，名儒萧望之和二传学者共十一人各以《穀梁传》《公羊传》经义对辩，"多从《穀梁》"④，即《穀梁传》《公羊传》围绕《春秋》经文有不同解说，最终三十余事大多数采纳了《穀梁传》的答案，这符合我们在前面所引郑玄《六艺论》"《穀梁》善于经（《春秋》）"的评价。

---

① （清）永瑢等：《四库全书总目》卷十二《尚书大传提要》。
② （清）永瑢等：《四库全书总目》卷二十九《春秋繁露提要》附案语。
③ 《汉书》卷八《宣帝纪》。
④ 《汉书》卷八十八《儒林传·瑕丘江公传》。

第二节　东汉穀梁学的演变特点

一　东汉穀梁学的传授

（一）东汉穀梁学的衰微

东汉建立以后，《穀梁传》不立博士。汉章帝时，虽选拔学者修习《穀梁传》，选举学有所成者为郎，但不为《穀梁传》立学官，因此东汉时期《穀梁传》一直处于私学不兴的地位。见于史载的《穀梁传》学者稀少，仅尹敏兼善"《穀梁》"[①]，贾逵"兼通五家《穀梁》之说"[②]，均非专门名家。

东汉诸帝虽踵袭西汉宣帝扶持穀梁学的政策，但光武帝首开不成功的尝试[③]，所设十四博士独让《穀梁传》缺席[④]。接着，汉章帝建初八年（83）十二月，诏曰："《五经》剖判，去圣弥远，章句遗辞，乖疑难正，恐先师微言将遂废绝，非所以重稽古，求道真也。其令群儒选高才生，受学《左氏》、《穀梁春秋》、《古文尚书》、《毛诗》，以扶微学，广异义焉。"[⑤] 汉章帝以"网罗遗逸，博存众家"的保护政策，虽受学生员"皆擢高第为讲郎，给事近署"，但"不立学官"[⑥]，对穀梁学的恢宏壮大没有实质意义。因此，到东汉中后期，《穀梁传》罕见"通人"，以致汉安帝延光二年（123）正月，"诏选三署郎及吏人能通《古文尚书》、《毛诗》、《穀梁春秋》，各一人"[⑦]。汉灵帝光和三年（180）六月，"诏公卿

[①] 《后汉书》卷七十九上《儒林列传·尹敏传》，中华书局点校本 1962 年版。
[②] 《后汉书》卷三十六《贾逵传》注："五家谓尹更始、刘向、周庆、丁姓、王彦等，皆为《穀梁》。"注中所言尹更始、刘向、周庆、丁姓均为《穀梁传》学者，王彦其事迹不详，不知注者之说何所本？
[③] 贾逵上汉章帝条奏有："至光武皇帝，奋独见之明，兴立《左氏》、《穀梁》，会二家先师不晓图谶，故令中道而废。"见《后汉书》卷三十六《贾逵传》。
[④] 《后汉书》卷一百一十五《百官志》"太常"条载博士十四人：《易》四，施、孟、梁丘、京氏；《尚书》三，欧阳、大小夏侯氏；《诗》三，鲁、齐、韩氏；《礼》二，大小戴氏；《春秋》二，《公羊》严、颜氏。
[⑤] 《后汉书》卷三《肃宗孝章帝纪》。
[⑥] 《后汉书》卷七十九上《儒林列传序》。
[⑦] 《后汉书》卷五《孝安帝纪》。

举能通《古文尚书》、《毛诗》、《左氏》、《穀梁春秋》各一人,悉除议郎"①,几无应征者。

(二) 东汉穀梁学衰微的原因

我们考察历史文献,东汉穀梁学衰微的原因大致有三点。

1. 失去制度性保障

东汉建立,重设十四博士,《春秋》博士仅《公羊传》严、颜二家,《穀梁》被夺席,无常设授学的学官制度,必沦为在野私学而为人所轻,以致成"微学"而屡屡被统治者视为保护的对象。

2. 学派自身的学术旨趣与时代主流学术不同调

自西汉末期哀帝、平帝以后,统治阶级内部矛盾尖锐,刘汉天下为各种势力所觊觎,言灾异,谈阴阳,或造作图谶②,以制造"天命在己"的假象,特别是以"多异义可怪之论"③ 的公羊学正与此合拍,得到统治者更多的眷顾。东汉建立者光武帝"善谶",于中元元年(56)宣布图谶于天下,"及显宗(汉明帝)、肃宗(汉章帝)因祖述焉。自中兴之后,儒者争学图纬,兼复附以妖言"④。说明谶纬在东汉时代掌握了学术的"话语霸权"。光武帝虽有提拔《穀梁传》的意愿,但《穀梁传》先师"不晓图谶,故令中道而废"⑤。我们在前面论述到《穀梁传》"善于经",即能发扬《春秋》对权力者强烈的抗议和批判精神⑥,因此,绝对不会迎合东汉统治者的需要。

3. 来自公羊学派的打压

《公羊传》因有严、颜二博士,故大师辈出,生徒众多。他们利用学术资源,常向《穀梁传》发难。章帝建初四年(79),公羊学者李育在白虎观会议"以《公羊》义难贾逵,往返皆有理证,最为通儒"⑦。贾逵必以五家《穀梁》学应对,在学理上处于下风。另公羊学大师何休"与其

---

① 《后汉书》卷八《孝灵帝纪》。
② 《后汉书》卷五十九《张衡列传》载,张衡上书有"则知图谶成于哀平之际也"之语。
③ (汉)何休:《春秋公羊传解诂·序》。
④ 《后汉市》卷五十九《张衡列传》。
⑤ 《后汉书》卷三十六《贾逵传》。
⑥ 《史记》卷一百三十《太史公自序》云:孔子作《春秋》"是非二百四十二年之中,以为天下仪表,贬天子,退诸侯,讨大夫,以达王事而已矣"。
⑦ 《后汉书》卷七十九下《儒林列传·李育传》。

师博士羊弼，追述李育意以难二传（引者注：《左传》《穀梁传》），作《公羊墨守》、《左氏膏肓》、《穀梁废疾》"①。郑玄起而驳辩，"乃发《墨守》，针《膏肓》，起《废疾》"，郑氏本属《公羊》阵营，何休叹为"康成入吾室，操吾矛，以伐我乎！"② 正如后人所说，因郑玄"谬托（《穀梁传》）主人"，不明家法，"甚或毁弃章服，改从敌人（《公羊传》）"，反"使（《穀梁传》）本义因以愈湮"③。

二　穀梁学与左传、公羊学的争议

（一）白虎观会议经今古文学之争

东汉初设立十四博士，随着时间的推移，经学学派分化愈演愈烈、经说日趋歧异，使学者无所适从，统治阶级的意识形态需要一定程度的统一。汉章帝时，在校书郎杨终的建议下，建初四年（79），仿照西汉宣帝石渠阁会议召开白虎观会议。广平王刘羡与诸儒丁鸿、楼望、成封、桓郁、贾逵、鲁恭、魏应、刘羡、李育、淳于恭、杨终、班固等将、大夫、博士、议郎、郎官及诸生、诸儒，"论定《五经》同异于北宫白虎观，使五官中郎将魏应主承制问难，侍中淳于恭奏上，帝亲称制临决"④。

这次会议的论辩情况，《后汉书》卷三十六《贾逵传》有较翔实的记录。贾逵认为《左传》大义有优于《公》《穀》二传之处。他从《左传》中摘出 30 件体现出君臣正义、父子纪纲的史事，归纳《左传》的特点有二：其一，"《左氏》义深于君父，《公羊》多任于权变"，并反复强调"《左氏》崇君父，卑臣子，强干弱枝，劝善惩恶，至明至切，至直至顺"；其二，《左传》以图谶"明刘氏为尧后"，《左传》有明文，"《左氏》以为少昊代黄帝，即图谶所谓帝宣也。如令尧不得为火，则汉不得为赤"，论证汉朝建立得统之正。

贾逵还论证统治者应该重视《左传》的理由：其一，《春秋》三传不

---

① 《后汉书》卷七十九下《儒林列传·何休传》。
② 《后汉书》卷三十五《郑玄传》。
③ 廖平：《起起穀梁废疾·序》，李耀仙主编《廖平选集》（下），巴蜀书社 1998 年版，第 90 页。
④ 《后汉书》卷三十七《丁鸿传》。

同，为了保存先王之道，故"先帝博观异家，各有所采"；其二，《左传》对《春秋》"其所发明，补益实多"，要求汉章帝"复留意废学，以广圣见，庶几无所遗失矣"。贾逵论说虽得到汉章帝的赞同和支持。但《公羊》学者李育在白虎观会议上以《公羊》义辩难贾逵，双方往返皆有理证，称为通儒。

这次会议持续一个月，对许多问题有了标准解答，统一了五经经义。会议结果由班固编写成《白虎通》，又称《白虎通义》或《白虎通德论》。今本《白虎通》分43篇，每篇有若干子目，集中讨论政治、经济、宗教、文化以及社会生活的各种问题。在《白虎通》中，凡涉及《春秋》之处，大多采用《公羊传》之义，间采《穀梁》之说，绝不用《左传》之义，说《公羊》学说仍是《春秋》学的主流，《左传》学在东汉中期的影响尚微。

（二）何休与郑玄《春秋》三传长短之争

何休（129—182），字邵公，任城樊人（今山东兖州市）。《后汉书》卷七十九下《儒林列传·何休传》说他属于公羊学学者，"与其师博士羊弼，追述李育意以难二传，作《公羊墨守》、《左氏膏肓》、《穀梁废疾》"。郑玄师事第五元先，始通《公羊春秋》等，又从东郡张恭祖受《左氏春秋》等，他对何休的三部著作针锋相对，"乃发《墨守》，针《膏肓》，起《废疾》。休见而叹曰：'康成入吾室，操吾矛，以伐我乎！'"[1] 指责《公羊传》的失误，以此动摇人们对《公羊传》的信仰，维护《左传》《穀梁传》的经说。两人的论战在社会上引起了巨大影响，晋人王嘉《拾遗记》卷六记载说"京城谓康成为'经神'，何休为'学海'"[2]。两人争论的后果，因郑玄回答何休义据通深，古文经学于是更为学理显明，提高了《左传》的地位，此后学者言《春秋》学，大多以《左传》为宗主。后世针对何休、郑玄《春秋》三传之学的纷争，也各树宗主，党同伐异。如服虔的《春秋左氏膏肓释疴》、刘逢禄的《发墨守评》《箴膏肓评》《穀梁废疾申何》、廖平的《起起穀梁废疾》等，形成《春秋》三传何、郑之争新的学术系谱。

---

[1] 《后汉书》卷三十五《郑玄传》。
[2] （晋）王嘉：《拾遗记》卷六《后汉》，明汉魏丛书本。

三 《穀梁废疾》《起废疾》的解经特点

(一) 何休《穀梁废疾》的书名与卷数

何休所撰《穀梁废疾》三卷,这里有书名、卷数两个问题,略作探究。

1. 《穀梁废疾》书名的含义

何休的《公羊墨守》《左氏膏肓》在《后汉书》注中都有解释:《公羊墨守》"言《公羊》义理深远不可驳难,如墨翟之守城也",《左氏膏肓》:"《说文》曰:'肓,隔也;心下为膏。'喻《左氏》之疾不可为也。"① 而《穀梁废疾》之书名无说。"废疾"一词最早见《周礼》言"小司徒之职":"以辨其贵贱老幼废疾,凡征役之施舍……"郑玄注:"废疾者,癃病也。"②《周礼》"族师"亦有相似职掌:"以辨其贵贱老幼废疾可任者及其六畜车辇",郑玄对"废疾"注释更详:"废疾,谓废于人事疾病,若今癃不可事者也。"③ 关于"癃"或"癃病",《汉书》"年老癃病,勿遣"。颜师古注:"癃,疲病也。"④ 又《荀子》"知其吉凶妖祥伛巫跛击之事"杨倞注:"击,读为觋,男巫也。古者以废疾之人主卜筮巫祝之事,故曰伛巫跛觋。"⑤ 伛、跛均为人之身体残疾。因此"废疾"指身体患有丧失劳动能力的残疾。所以,何休命名《穀梁废疾》的含义应该是批评《穀梁传》解释《春秋》有一定缺失和不足,这从何休《左氏膏肓》批评《左传》解《春秋》的缺点和不足已达到无可救药的程度,所以从《左氏膏肓》多达10卷的篇幅(当然除了《左传》与《穀梁传》本身字数悬殊外)也可知《穀梁传》解经的问题少于《左传》。

2. 《穀梁废疾》卷数

据《隋书·经籍志》著录:"《春秋穀梁废疾》三卷,何休撰。"此

---

① 《后汉书》卷三十五《郑玄传》。
② 《周礼注疏》卷十一《小司徒》。
③ 《周礼注疏》卷十二《族师》。
④ 《汉书》卷一下《高帝纪下》。
⑤ 杨倞注:《荀子》卷五《王制》。

第二章　政治沉浮：汉代穀梁学

本之外，另有"《春秋穀梁废疾》三卷，何休撰，郑玄释，张靖笺"①。应是郑玄攻击何休《穀梁废疾》所作的《起废疾》，从著录信息来看，两书应是单独别行。至唐宋之时，《旧唐书·经籍志》《新唐书·艺文志》所著录者只有"《穀梁废疾》三卷郑玄释，张靖笺"，何休《穀梁废疾》单本已经失传。到清代，《四库全书总目》著录《起废疾》一卷，载何休、郑玄辩驳《穀梁传》经义四十余条，是从诸书所引掇拾成编，不知出自何人之手？有人题为"宋王应麟辑"，无明显的证据。《起废疾》辑本一卷，"虽视原书（何休《穀梁废疾》、郑玄《起废疾》）不及什之一二，而排比荟萃，略存梗概"②。于此可见何休《穀梁废疾》的概貌。

关于何休《穀梁废疾》对《穀梁传》质疑问难的全部内容及其特点，因该书已亡佚，无法得知其详情。但郑玄的《起废疾》乃缘何休《穀梁废疾》而生，实际上形成了两书合二为一的情形，而《起废疾》有后世辑本，其内容与特点将在下一子目作探讨。

（二）郑玄《起废疾》的流传与何、郑论辩的特点

1. 《起废疾》书名及其流传

（1）关于《起废疾》书名

如上所述，郑玄针对何休《公羊墨守》《左氏膏肓》《穀梁废疾》三书，"乃发《墨守》，针《膏肓》，起《废疾》"③，从语法来说，"乃"为副词，《墨守》《膏肓》《废疾》为书名，可作宾语，"发、针、起"在副词"乃"之后应为动词作谓语，因此"发《墨守》，针《膏肓》，起《废疾》"可解释为揭发《公羊墨守》的不足、针砭《左氏膏肓》的深层错误、将《穀梁废疾》起死回生。因此，从这个分析来看，后人对《后汉书·郑玄传》的书名标点以及《清史稿·艺文志》的书名标点均作"《起废疾》"并不确，故《隋书·经籍志》"《春秋穀梁废疾》三卷，何休撰，郑玄释，张靖笺"④，《旧唐书·经籍志》"《春秋穀梁废疾》三卷，何休作，郑玄释，张靖箴"⑤，《新唐书·艺文志》"《穀梁废疾》三卷，

---

① 《隋书》卷三十二《经籍志一》。
② 永瑢等：《四库全书总目》卷二十六《〈箴膏肓〉〈起废疾〉〈发墨守〉提要》。
③ 《后汉书》卷三十五《郑玄传》。
④ 《隋书》卷三十二《经籍志一》。
⑤ 《旧唐书》卷四十六《经籍志上》。

郑玄释，张靖笺"①，均表明郑玄是在何休《穀梁废疾》原书的基础上所作的辩护性解释，并没有另作《起废疾》一书，故后世习见的《起废疾》书名，实属"郢读燕说"，这一书名虽为学术界约定俗成之误，但也反映了该书的内容与实质。

（2）《起废疾》的流传

《隋书》，新、旧《唐书》所著录《（春秋）穀梁废疾》三卷，何休撰，郑玄释，张靖笺（或箴），有两个问题可作探讨。

其一，张靖《穀梁废疾笺》。该书的何休《穀梁废疾》原文、郑玄辩护性解释下文详作探讨。此处将张靖及其笺注可略为考证。张靖的生平，因《晋书》并无张靖专传，现在无法确定《晋书》所载"礼官参议博士张靖"②是否与笺注《穀梁废疾》的张靖为同一人。我们从《隋书·经籍志》记载"《穀梁传》十卷，晋堂邑太守张靖注"，可知张靖任堂邑太守和为《穀梁传》作注这两个重要信息，确信张靖为《穀梁传》学者。张靖所撰《穀梁传注》在新、旧《唐书》的著录中为"《（穀梁传）集解》十一卷"③，书名卷数有所不同。从这些重要信息判定张靖为《穀梁废疾》作笺注是确凿的。我们现在已无法了解张靖《穀梁废疾笺》的详细内容，杨士勋《春秋穀梁传注疏》引张靖《笺废疾》一条④，吉光片羽甚足宝贵。

其二，《起废疾》卷数。《隋书》，新、旧《唐书》均将《起废疾》作三卷，到清代，《四库全书总目》著录《起废疾》一卷，是从《春秋穀梁传注疏》《礼记疏》等书所引辑佚成编，录载何休、郑玄辩驳《穀梁传》经义四十余条，略存郑玄《起废疾》梗概。

2. 《起废疾》何休、郑玄论辩的特点

《起废疾》辑佚共41条，按其完整程度来统计，"何休问，郑玄释"完整的有32条，只有"郑玄释"的9条；按春秋十二公来统计，隐公4条、桓公2条、庄公8条、僖公12条、文公4条、宣公3条、成公1条、

---

① （宋）欧阳修：《新唐书》卷五十七《艺文志》，中华书局点校本1975年版。
② （唐）房玄龄：《晋书》卷二十《礼志中》，中华书局点校本1974年版。
③ 《旧唐书》卷四十六《经籍志一》"《春秋穀梁传》十二卷，唐固注"下有"又十一卷，张靖集解"。《新唐书》卷五十七《艺文志一》："张靖《（春秋穀梁传）集解》十一卷。"
④ 《春秋穀梁传注疏》卷五，庄公十八年三月"日有食之"疏引张靖《策（笺）废疾》云："立八尺之木，不见其影。"

襄公 3 条、昭公 2 条、哀公 1 条、不明 1 条，其辑佚材料主要来自于《春秋穀梁传注疏》所引，于此可知庄公、僖公《穀梁传》文解经争议问题较多。

我们从现有《起废疾》辑本内容来分析何休、郑玄论辩的特点：

第一，何休《穀梁废疾》主要对《穀梁传》解释《春秋》"自相反"（自相矛盾）入手予以责难。

隐公元年十二月，公子益师卒，《穀梁传》："大夫日卒，正也；不日卒，恶也。"何休指出："《公羊》以为日与不日为远近异词，若《穀梁》云益师恶而不日，则公子牙及季孙意如何以书日乎？"何氏首先给出《公羊传》"三世异辞"的观点，认为公子益师卒不记日是因为时间久远，不认可《穀梁传》"日卒、不日卒"与"正、恶"有关；接着，以《穀梁传》"日卒，正也；不日卒，恶也"义例为标准，指出公子牙、季孙意如两位鲁国恶人为何卒书日？攻击《穀梁传》的自相矛盾。针对何休的疑难，郑玄解释道："公子牙庄公弟，不书弟，则恶明也，故不假去日；季孙意如则定公所不恶，故亦书日。"郑氏先回避何休关于"日卒、不日卒"是否与"正、恶"有关，他在这里重点谈"不书日"、"不书弟"均可表达"恶"的方式，可适用于不同对象，对公子益师"不日"是恶，公子牙"不书弟"是恶。因此，从辩论技巧来说，郑玄属于转移话题。

僖公十八年五月戊寅，宋师及齐师战于甗，齐师败绩。《穀梁传》："战不言伐，客不言及。言及，恶宋也。"何休《穀梁废疾》说："战言'及'者，所以别客主直不直也。故文十（三）[二]① 年晋人、秦人战于河曲两不直，故不云'及'。今宋言'及'，明直在宋，非所以恶宋也。即言'及'为恶，是河曲之战为两善乎？又《穀梁》以河曲不言'及'，略之也，则自相反矣。"何休在这里运用逻辑学里的"反证法"来责难《穀梁传》。《穀梁传》自己的标准是："及"分主客方（战争施加者与遭受者），用"及"分别"直"与"不直"（非正义与正义、施暴者与遭受者）。文公十二年晋国与秦国在河曲交战，由于双方都不正义，所以《春秋》不用"及"字，由此反过来僖公十八年宋国与齐国在甗之战应是"两善"（都是正义方），由此反证"言及，恶宋（不是正义方）"是不成

---

① 据《春秋穀梁传注疏》卷十一，文公十二年十二月戊午"晋人秦人战于河曲"。

立的,指出《穀梁传》是"自相反",即是自相矛盾的。郑玄辩护说:"及"字只别主客,不分直与不直,直与不直"自在事而已",即根据史实本身来判断,"兵不义则主人直,庄二十八年春卫人及齐人战,卫人败绩是也"①。齐国为称霸实施兼并战争,所以卫国是正义的。

第二,郑玄《起废疾》以"因事见义"与"辞同事异"加以辩护。

针对庄公四年夏"纪侯大去其国"《穀梁传》的解说"大去者,不遗一人之辞也,言民之从者四年而后毕也。纪侯贤而齐侯灭之。不言灭,而曰大去其国者,不使小人加乎君子",何休质疑称:"《春秋》:楚世子商臣弑其君,其后灭江、六,不言大去?又大去者,于齐灭之不明,但知不使小人加乎君子,而不言灭,纵失襄公之恶,反为大去也?"何休在这里提了两个问题:第一,同样属于小人之君的楚商臣灭江、六二国为何不称"大去其国"?第二,齐襄公灭亡纪国,应该直接书"灭"使其吞灭他国的罪恶大白于天下,书"纪侯大去其国",反而失去批评齐襄公灭他国罪恶的目的。郑玄对何休问题的回应如下:"商臣弑其父,大恶也,不得但为小人;江、六之君又无纪侯得民之贤,不得变灭言大去也。元年冬,齐师迁纪;三年,纪季以酅入于齐;今纪侯大去其国,是足起齐灭之矣。即以变'灭'言'大去'为纵失襄公之恶,是乃经(《春秋》)也,非《(穀梁)传》也。且《春秋》'因事见义',舍此以灭人为罪者自多矣。"郑玄从五个层面回应了何休的问题:第一,楚世子商臣不仅是小人,还是弑君父的大恶人;第二,江、六之君不如纪侯这么贤能,值得国民与他一齐流亡;第三,从《春秋》历史记载脉络顺序来看,齐襄公灭纪国是事实;第四,是《春秋》原文记载"纪侯大去其国",似乎"变'灭'言'大去'为纵失襄公之恶",而不是《穀梁传》的解说;第五,郑玄还提出了一个《穀梁传》解经"因事见义"的重要原则,即根据史实的实际情况来表达褒贬之义。

僖公二十五年夏,"宋杀其大夫",《穀梁传》"其不称名姓,以其在祖之位,尊之也",何休《穀梁废疾》对此反驳说:"曹杀其大夫亦不称名姓,岂可复以为祖乎?"郑玄针对何休的问题解释说:"宋之大夫书名姓,礼公族,有罪刑于甸师氏,不与国人,虑兄弟也,所以尊异之,孔

---

① (汉)郑玄:《起废疾》,清后知不足斋丛书本。

第二章 政治沉浮：汉代穀梁学

子之祖孔父累于宋殇公而死，今骨肉在其位而见杀，故尊之，隐而不忍称名氏，若罪大者名之而已，使若异姓，然此乃祖之疏也。曹杀其大夫，自以无大夫不称名氏耳。《春秋》辞同事异者甚多，隐去即位以见让，庄去即位为继弑，是复可以此例非之乎？"郑玄坚持"辞同事异"的原则，是指曹所杀大夫没有姓名的原因在于曹国为子爵没有权力册封大夫，并不因为是孔子的祖先。郑玄甚至引用《公羊传》"美恶不嫌同辞"之说来表明同类事件虽用辞相同但其褒贬不同，体现了"《春秋》无达辞，从变从义，而一以奉人"[①]，体现了要根据情况变化与主观意图来理解《春秋》的经文。

综上所述，从西汉至东汉，春秋穀梁学经历了从私学—官学—私学演替过程，在这一过程中西汉官学兴盛，东汉官学则不振，这一切源于学术与政治之间的紧密关联而形成的内在互动，正如梁启超所论"中国之学术思想，常随政治为转移"[②]。这种转移，多少干预了学术的正常发展，春秋公羊学在汉代的兴盛是以牺牲学术个性为代价的，如西汉董仲舒在《春秋繁露》对公羊学"神学化"的改造与东汉公羊学对光武帝"好谶纬"的紧密呼应[③]，而春秋穀梁学则坚持"善于经"的特点，忠于《春秋》的原典精神，故而其政治地位不能不受制于统治者的好恶而转换。所以，《春秋穀梁传集解》作者范宁以为"废兴由于好恶，盛衰继之辩讷"，《春秋穀梁传注疏》作者杨士勋认为"道有升降，在乎其人，不复论其得失"[④]，均能得其意蕴。

---

① （汉）董仲舒：《春秋繁露》卷三《精华》。
② 梁启超：《论中国学术思想变迁之大势》，《饮冰室合集》（文集之七），中华书局1989年版，第38页。
③ （汉）郑玄《六艺论》有"《公羊》善于谶"之断语。
④ （晋）范宁：《春秋穀梁传序》，载《春秋穀梁传注疏》卷首，北京大学出版社1999年版，第10—11页。

第三章　注疏大兴：晋唐时期穀梁学

第一节　魏晋南北朝隋唐注疏学的兴盛

一　魏晋至隋唐《穀梁传》的传授

(一) 魏晋南北朝《穀梁传》的传授

魏晋南北朝隋唐时期，形成注疏和研究《春秋穀梁传》的第二个高潮。《穀梁传》的兴废与统治者的政策之间呈现共振而互动的关系。

曹魏文帝曹丕黄初五年（224）四月，"立太学，制五经课试之法，置《春秋穀梁》博士"①。西晋时，《穀梁传》范宁注立为国子监经学，然"《穀梁》，但试读文，而不能通其义"②。当时学者只是学习《穀梁传》章句，对其注解并没有进一步发挥。东晋元帝即位，"方修学校，简省博士，置《周易》王氏、《尚书》郑氏、《古文尚书》孔氏、《毛诗》郑氏、《周官》《礼记》郑氏、《春秋左传》杜氏服氏、《论语》《孝经》郑氏博士各一人，凡九人，其《仪礼》、《公羊》、《穀梁》及郑《易》皆省不置"。太常寺大臣荀崧以为不可，上疏请求增设四博士，晋元帝下诏，以"《穀梁》肤浅，不足置博士"③。究其原因，不仅是由于《穀梁传》解经较少发挥大义，而且也与当时重视玄谈有关。南朝宋设国子祭酒一人，国子博士二人，国子助教一人。由助教分掌《穀梁》等十经教学，"宋世若不置学"，国子学名存实亡④。至北朝时，"《公羊》、《穀梁》

---

① （晋）陈寿：《三国志》卷二《文帝纪》，中华书局点校本1959年版。
② 《隋书》卷三十二《经籍志一》。
③ 《晋书》卷七十五《荀崧传》。
④ （南朝梁）沈约：《宋书》卷三十九《百官志上》，中华书局点校本1974年版。

二传，儒者多不措怀。"① 南朝齐以《穀梁传》麋信《注》为国学教本②。后赵武帝石虎虽昏虐无道，而颇慕经学，遣国子博士诣洛阳写石经，校中经于秘书。其国子祭酒聂熊注《穀梁传》，"列于学官"③。

可见，魏晋南北朝《穀梁传》的官方传授不同王朝与政权存在差异，在大多数政权没有将《穀梁传》作为官学来扶持，影响其进一步发展。

（二）隋唐《穀梁传》的传授

东晋南北朝时期《春秋》学的《穀梁传》范宁注、《公羊传》何休注、《左传》服虔与杜预注都被立为国学，此一格局至隋朝时发生改变。隋朝的学校系统有国子监、太学、四门学、书算学。隋文帝仁寿元年（601）六月，隋文帝因"国学胄子，垂将千数，州县诸生，咸亦不少。徒有名录，空度岁时，未有德为代范，才任国用。良由设学之理，多而未精。今宜简省，明加奖励"。于是国子学唯留学生七十人，太学、四门及州县学并废④。隋炀帝继位以后，改变其父轻儒政策，"复开庠序，国子郡县之学，盛于开皇之初。征辟儒生，远近毕至，使相与讲论得失于东都之下，纳言定其差次，一以闻奏焉"⑤。隋与前朝一样设置五经博士⑥，《春秋》以《左传》为博士，以杜预《左传集解》为官方解说，因此《左传》服虔解说、《公羊传》及"《穀梁》浸微，今殆无师说"⑦。《穀梁传》不仅在官方不受重视，而且民间学者治学所重者在《左传》，而忽视《穀梁传》。如张冲覃思经典，撰《春秋义略》，"异于杜氏七十余事"⑧，其所学应以《左传》为主。刘焯少时与刘炫结盟为友，受《左传》于郭懋当⑨，二人号称儒学精博，然在刘炫的自述中："《周礼》、

---

① （唐）李百药：《北齐书》卷四十四《儒林传序》，中华书局点校本1972年版。
② （南朝梁）萧子显：《南齐书》卷三十九《陆澄传》，中华书局点校本1972年版。
③ 《晋书》卷一百〇六《石季龙载记上》。
④ 《隋书》卷二《高祖杨坚下纪》，同书卷二十六《百官志序》所载"暨仁寿间，遂废天下之学，唯存国子一所，弟子七十二人"与此同，而同书卷七十五《刘炫传》"开皇二十年，废国子四门及州县学，唯置太学博士二人，学生七十二人"与上述不同，时间要早一年。
⑤ 《隋书》卷七十五《儒林传序》。
⑥ 《隋书》卷二十六《百官志上》。
⑦ 《隋书》卷三十二《经籍志一》。
⑧ 《隋书》卷七十五《儒林传·张冲传》。
⑨ 《隋书》卷七十五《儒林传·刘焯传》。

《礼记》、《毛诗》、《尚书》、《公羊》、《左传》、《孝经》、《论语》孔、郑、王、何、服、杜等注，凡十三家，虽义有精粗，并堪讲授。《周易》、《仪礼》、《穀梁》，用功差少。"① 刘炫对《穀梁传》的研读也用功较少，所以其所著《春秋攻昧》十卷、《春秋述议》二十卷，《穀梁传》在这两部书中的比重不会太大。

唐行科举制，以国子学教授《穀梁传》经学，《穀梁传》是作为独立一经加以教授的九经之一，还把《论语》《孝经》《老子》作为兼经来学习②。当时是以范宁的《春秋穀梁传集解》为"教授正业"，即作为教授诸生的教材。因为《穀梁传》为小经，经生以一岁半为功程，"每岁终，考其学官训导功业之多少为之殿最"③。考试时为"《三传》科"，《穀梁传》问大义三十条，策皆三道，义通七以上、策通二以上为第④。由于唐代科举重诗赋，以进士科为重，明经科反而不为学者所重。

有鉴于此，唐玄宗开元十六年（728）国子祭酒杨瑒向皇帝汇报了明经科存在的问题："窃见今之举明经者，主司不详其述作之意，曲求其文句之难，每至帖试，必取年头月日，孤经绝句。且今之明经，习《左传》者十无二三，若此久行，臣恐左氏之学废无日矣。……又《周礼》、《仪礼》及《公羊》、《穀梁》殆将废绝，若无甄异，恐后代便弃。"这里有三个问题：第一，明经考试题目形式偏颇；第二，《左传》为大经，研习者较少，会导致《左传》学被废弃；第三，《穀梁传》等四经也将废绝。为了解决这些问题，他提出改革建议："臣望请自今已后，考试者尽帖平文，以存大典。望请能通《周、仪礼》、《公羊》、《穀梁》者，亦量加优奖。"杨瑒的建议得到唐玄宗的采纳，于是下令"明经习《左氏》及通《周礼》等（引者注：《仪礼》《公羊传》《穀梁传》）四经者，出身免任散官"，成为一项法定的制度⑤。这项制度并没有一直执行，至唐代宗大

---

① 《隋书》卷七十五《儒林传·刘炫传》。
② （唐）李林甫：《唐六典》卷二十一载："凡教授之经，以《周易》《尚书》《周礼》《仪礼》《礼记》《毛诗》《春秋左氏传》《公羊传》《穀梁传》各为一经，《孝经》《论语》《老子》学者兼习之。"明刻本。
③ 《旧唐书》卷四十四《职官三》。另《唐六典》卷二十一作"每岁终，考其学官训导功业之多少而为之殿最"，多一"而"字。
④ 《新唐书》卷四十四《选举志上》。
⑤ 《旧唐书》卷一百八十五下《杨瑒传》。

历元年（766），国子司业归崇敬奏请"近世明经，不课其义，先取帖经，颛门废业，传受义绝。请以《礼记》、《左氏春秋》为大经，《周官》、《仪礼》、《毛诗》为中经，《尚书》、《周易》为小经，各置博士一员。《公羊》、《穀梁春秋》共准一中经，通置博士一员。博士兼通《孝经》、《论语》，依章疏讲解。德行纯絜、文词雅正、形容庄重可为师表者，委四品以上各举所知，在外给传，七十者安车蒲轮敦遣"。将《穀梁传》提升为中经，设置博士加以讲授，并执行荐举和蒲车安行，其改革建议有复古之嫌，"故无施行者"①。

可见，魏晋至隋唐时期《穀梁传》的官学地位时兴时废，大多数统治者通过设立官学制度来强化《穀梁传》的讲授，总体来说一定程度上培养了研究人才和积累了一些学术成果，对促进官方和民间学者对《穀梁传》注疏之学的发展起了一定推动作用，特别是在学界所称"汉唐经学"之间的魏晋南北朝，掀起了中国古代《穀梁传》诠释学史的第二个高峰时期。此正如清代皮锡瑞所言："夫汉学重在明经，唐学重在疏注；当汉学已往，唐学未来，绝续之交，诸儒倡为义疏之学，有功于后世甚大。"②

二 魏晋至隋唐《穀梁传》注疏学的兴盛

（一）注疏学兴盛的原因

1. 统治者的倡导

魏晋南北朝时期最高统治者重视经学。梁武帝萧衍少而笃学，虽万机多务，常通宵苦读，手不释卷。因此他于儒学玄学造诣甚深，著述丰富，所撰著作有《制旨孝经义》，《周易讲疏》及六十四卦，《系辞上下》《文言》《序卦》等义，《乐社义》《毛诗答问》《春秋答问》《尚书大义》《中庸讲疏》《孔子正言》《老子讲疏》，共二百余卷，"正先儒之迷，开古圣之旨"③。其经学义疏作品《隋书·经籍志》有著录"《周易系辞义

---

① 《新唐书》卷一百六十四《归崇敬传》。
② （清）皮锡瑞著，周予同注：《经学历史》六《经学分离时代》，中华书局1959年版，第186页。
③ （唐）姚思廉：《梁书》卷三《武帝纪下》，中华书局点校本1973年版。

疏》一卷，梁武帝撰"、"《孝经义疏》十八卷，梁武帝撰"可证。北周太祖宇文泰雅好经术，其子周明帝宇文毓敦尚学艺，他亲至山东，礼遇当时博通《五经》的儒学大师熊安生，于是"天下慕向，文教远覃。衣儒者之服，挟先王之道，开黉舍延学徒者比肩。励从师之志，守专门之业，辞亲戚甘勤苦者成市"①。南齐太祖文惠太子萧长懋从其父学《左传》，礼接文士，于齐武帝永明三年（485），萧长懋于崇正殿讲《孝经》，周颙替其撰写成《孝经义疏》。永明五年，"太子临国学，亲临策试诸生"②。

南朝梁学者刘之遴受梁武帝著《周易》《尚书》《礼记》《毛诗》义疏的影响，"乃著《春秋大意》十科，《左氏》十科，《三传同异》十科，合三十事以上之，高祖大悦"③。南朝陈经学家沈文阿少习家学，研精章句，又博采先儒异同，"自为义疏，治《三礼》、《三传》"。累迁国子助教、五经博士④。同朝经学家郑灼勤于读经，尤明《三礼》，因家贫，"抄义疏以日继夜，笔毫尽，每削用之"⑤。

北朝儒学大师亦颇有经学义疏之作。史称北朝"诸儒如权会、李铉、刁柔、熊安生、刘轨思、马敬德之徒多自出义疏。虽曰专门，亦皆粗习也"⑥。其中，北周熊安生为儒学宗主，刘焯、刘炫等著名经学家皆其门人，所撰"《周礼义疏》二十卷、《礼记义疏》四十卷、《孝经义疏》一卷，并行于世"⑦。北魏硕儒徐遵明在北方授徒，著有"《孝经》、《丧服》、《论语》、《诗》、《书》、《礼》、《易》、《左氏春秋》大义"，学者乐逊师从徐氏学习⑧。徐遵明门下高足弟子还有北齐李铉，二十三岁便隐潜治学授徒，"撰定《孝经》、《论语》、《毛诗》、《三礼义疏》及《三传异同》、《周易义例》合三十余卷"。弟子门人众多，北方能言经者，多出其

---

① （唐）令狐德棻：《周书》卷四十五《儒林传序》，中华书局点校本1971年版。
② 《南齐书》卷二十一《文惠太子长懋传》。
③ 《梁书》卷四十《刘之遴传》。
④ （唐）姚思廉：《陈书》卷三十三《沈文阿传》，中华书局点校本1972年版。
⑤ 《陈书》卷三十三《郑灼传》。
⑥ 《北齐书》卷四十四《儒林传序》。
⑦ 《周书》卷四十五《儒林传·熊安生传》。
⑧ 《周书》卷四十五《儒林传·乐逊传》。

第三章 注疏大兴：晋唐时期穀梁学

门。① 北周沈重学业该博，为当世儒宗，多所撰述，其行于世者，有《周礼义》三十一卷、《仪礼义》三十五卷、《礼记义》三十卷、《毛诗义》二十八卷、《丧服经义》五卷，"咸得其指要"②。

可见，魏晋南北朝统治者兴学重儒的举措，甚至亲讲儒学，御撰经学注疏，激励了当时学者们的重儒治经活动，"魏晋六朝虽世变多故，士耽经解者不绝，义疏、讲疏能名其家，南北各有派别"③，所以当时大儒辈出，经学注疏成果丰富。

2. 时代学术风气的转变

魏晋南北朝隋唐时期，随着《穀梁传》等官方经学的枝叶稀疏，民间学者对《穀梁传》注疏的禁锢放松，会通诸家之说以截断众流的时机成熟。这缘于当时学风的转轨，民国时期学者包鹭宾揭橥其中的原因说：

> 南北经学，虽趣尚互殊，而诸儒治经之法则大抵相同。盖汉人治经，以本经为主，所为传注，皆以解经。魏晋以来，则多以经注为主，其所申驳，皆以明注。即有自为家者，或集前人之注少所折衷，或隐前人之注迹同攘善。其不依旧注者，则立意与前人为异者也。至南北朝则所执者，更不出汉魏晋诸家之外，但守一家之注而诠解之，或旁引诸说而证明之，名为经学，实则注学，于是传注之体日微，义疏之体日起矣。④

包氏从学术的内在理路阐明了义疏学产生的逻辑机理。我们还可从深层的历史原因来分析，其一魏晋南北朝时期天下分离，官方对学术的控驭没有两汉时紧张，故学风自由，学者可以突破《穀梁传》解经与前辈学者的权威，撰写新注新疏；其二魏晋南北朝天下纷争，学者报国无门，多优游林下，致力于藏诸名山的学术事业；其三当时佛经义疏学对儒家经学注疏的体例有所影响。此正如前辈学者所论："惟皇侃《论语义疏》

---

① 《北齐书》卷四十四《儒林传·李炫传》。
② 《周书》卷四十五《儒林传·沈重传》。
③ （清）齐召南：《宝纶堂诗文钞》卷五《古经解钩沉序》，光绪刻本。
④ 包鹭宾：《经学通义初稿》第五章第五节"义疏学之创始"，载《包鹭宾学术论著选》，华中师范大学出版社2005年版，第74页。

引《论释》以解'公冶长章',殊类天竺《譬喻经》之体。殆六朝儒学之士,渐染于佛教者至深,亦尝袭用其法义诂孔氏之书耶?"① 这些推动了以注疏为特色的经学繁荣。

(二)魏晋至隋唐《穀梁传》注疏学的兴盛

魏晋南北朝时期"南北诸儒,既同重讲经,故诸经义疏,于时为盛"②。《穀梁传》的注疏在此时也达到极度兴盛,有众多民间学者从事《穀梁传》的注解和讲授。

三国吴会稽人唐固修身积学,为儒家学者,"著《国语》、《公羊》、《穀梁传》注,讲授常数十人"③。孙权称帝,授唐固议郎,大臣名将陆逊、张温、骆统等皆拜他为师。

晋武帝时刘兆安贫乐道,潜心著述,数十年不出门庭。因《春秋》一经而三家殊途,诸儒是非之议纷然,互为仇敌,"乃思三家之异,合而通之",作《春秋调人》七万多字,论三传大义不合之处,按其长短来通盘疏解。又撰《春秋左氏全综》,将《公羊传》《穀梁传》解经成果一并纳入④,开后世"会通三传"诠释《春秋》的方法。徐邈勤行励学,博涉多闻,为晋武帝讲经,虽不口传章句,主要是解释文义,标明思想主旨,不仅撰《五经音训》,而且"所注《穀梁传》,见重于时"⑤。太原郭琦从小就注重德行修身,还博学多识,擅长经学和天文五行,除作《天文志》《五行传》之外,其所"注《穀梁》、《京氏易》百卷"⑥。其学识为人所重,不仅教授乡人经学,还被晋武帝任命为佐著作郎。

除了上述学者及其著述外,魏晋南北朝时期南北方学者纷纷撰写《穀梁传》注疏以及《公羊、穀梁传》会通的注疏,这些著作绝大多数已经散佚,但在魏晋南北朝目录学著作和《隋书》,以及新、旧《唐书》的《经籍志》《艺文志》中有著录,现将其主要著作汇集如表3-1:

---

① 陈寅恪:《杨树达论语疏证序》,载《金明馆丛稿二编》,读书·生活·新知三联书店2009年版,第263页。
② 包鹭宾:《经学通义初稿》第五章第五节"义疏学之创始",载《包鹭宾学术论著选》,第75页。
③ 《三国志》卷五十三《阚泽传附唐固传》。
④ 《晋书》卷九十一《儒林传·刘兆传》。
⑤ 《晋书》卷九十一《儒林传·徐邈传》。
⑥ 《晋书》卷九十四《隐逸传·郭琦传》。

第三章 注疏大兴：晋唐时期穀梁学

表 3-1

书名	作者	朝代	卷数	出处	备注
《穀梁传注》	唐固	三国吴	13	《三国志·唐固传》、《隋书·经籍志》	《旧唐书·经籍志上》作 12 卷
《春秋穀梁传注》	糜信	三国魏	12	《隋书·经籍志》	《新唐书·艺文志一》作"麋信"
《穀梁传注》	张靖	晋	10	《隋书·经籍志》	《旧唐书·经籍志上》作《集解》11 卷
《春秋穀梁废疾笺》	张靖	晋	3	《隋书·经籍志》	
《春秋穀梁传注》	徐乾	晋	13	《隋书·经籍志》	梁朝本
《穀梁传注》	郭琦	晋		《晋书·郭琦传》	
《春秋穀梁传集解》	胡讷①	晋	10	《隋书·经籍志》	至隋亡
《春秋穀梁传注》	程阐	晋	16	《隋书·经籍志》	
《春秋穀梁传注》	孔衍②	晋	14	《隋书·经籍志》	
《春秋穀梁传注》	徐邈	晋	12	《隋书·经籍志》	
《春秋穀梁传义》	徐邈	晋	10	《隋书·经籍志》	
《答春秋穀梁义》	徐邈	晋	3	《隋书·经籍志》	
《春秋穀梁传音》	徐邈	晋	1	《旧唐书·经籍志上》	
《春秋穀梁传训》	孔君揩	晋	5	《隋书·经籍志》	残缺、梁有 14 卷本
《春秋穀梁传集解》	范宁	晋	12	《隋书·经籍志》	梁有《穀梁音》1 卷，至隋亡
《春秋穀梁传例》	范宁	晋	1	《隋书·经籍志》	
《春秋穀梁传》张、程、孙、刘四家《集解》		晋	4	《隋书·经籍志》	残缺
《穀梁传义》	蔡邕	晋	3	《旧唐书·经籍志上》	
《问穀梁义》	薄叔玄		2	《隋书·经籍志》	梁有 4 卷本

---

① 范宁《春秋穀梁传序》有"释《穀梁传》者虽近十家"之说，杨士勋《疏》加以详说："近十家者，魏晋已来注《穀梁》者，有尹更始、唐固、麋信、孔演、江熙、程阐、徐仙民、徐乾、刘瑶、胡讷之等，故曰近十家也。"《隋志》与杨《疏》人名有"孔衍"与"孔演"之异。笔者以为，前者当为"孔衍"，"演"涉音同而误。

② 范宁《春秋穀梁传序》有"释《穀梁传》者虽近十家"之误，杨士勋《疏》加以详说："近十家者，魏晋已来注《穀梁》者，有尹更始、唐固、麋信、孔演、江熙、程阐、徐仙民、徐乾、刘瑶之、胡讷之等，故曰近十家也。"《隋志》与杨《疏》人名有"胡讷"与"胡讷之"之异。笔者以为"之"字为衍文。

续表

书名	作者	朝代	卷数	出处	备注
《春秋公羊、穀梁传》	刘兆	晋	12	《隋书·经籍志》	
《春秋穀梁传集解》	沈仲义	晋	10	《旧唐书·经籍志上》	
《春秋公羊穀梁左氏集解》	刘兆	晋	11	《旧唐书·经籍志上》	
《春秋公羊穀梁二传评》	江熙	晋	3	《旧唐书·经籍志上》	
《穀梁春秋注》	聂熊	后赵		《晋书·石季龙载记上》	列于学官
《穀梁春秋注》	孔默之	宋		《宋书·孔默之传》	
《公羊穀梁文句义》	崔灵恩	梁	10	《梁书·崔灵恩传》	
《春秋穀梁传注疏》	杨士勋	唐	13	《旧唐书·经籍志上》	《新唐书·艺文志一》作《穀梁疏》12 卷

上述著作，除范宁《春秋穀梁传集解》①外，其余均失传，但在同时代和后世学者的著作有部分引用，清代学者马国瀚、黄奭、王仁俊、王谟等从各书中加以辑佚，虽残篇断简亦见其崖略，由于本书的第七章第四节有详细研究，故为避内容重复，此处从略。当然范宁的《春秋穀梁传集解》，是在与其他著作竞争中胜出的。东晋孝武帝时《穀梁传》有麋信注与范宁《集解》，国子博士陆澄认为"范（宁《集解》）善，便当除麋（信《注》）"，但尚书令王俭以为"《穀梁》小书，无俟两注，存麋略范，率由旧式"②。但由于范宁《集解》学术价值大，唐朝将其作为科举考试的定本，杨士勋为范宁《春秋穀梁传集解》作《疏》，因此范宁、杨士勋的《春秋穀梁传注疏》成为十三经之一，我们将在下一节重点对《春秋穀梁传注疏》的诠释方法、思想诠释、义例归纳和文献引用的特色等方面进行重点研究。

---

① 历代学者称范宁所作《春秋穀梁传集解》或为"范《集解》"，或为"范《注》"，二者均可，本书中并列使用此二说。
② 《南齐书》卷三十九《陆澄传》。

第二节 《穀梁传》范注杨疏思想的层累诠释

范宁《春秋穀梁传集解》、杨士勋《春秋穀梁传疏》是所处时代穀梁学的代表作。这体现在三个方面：其一，二人的注疏思想义理层累演进，构建了春秋穀梁学的思想体系；其二，《春秋穀梁传注疏》引据的书籍种类和数量丰富，特点突出；其三，范宁注解《春秋穀梁传》，归纳和制定出了不少义例。在研究这些问题之前，先对范宁、杨士勋撰写《春秋穀梁传注疏》的过程进行简要的研究。

一 范宁、杨士勋《穀梁传注疏》的撰写

（一）范宁家世与杨士勋的生平

1. 范宁之家世

据《晋书》所载，范宁的家世可上溯至曾祖范晷。范晷，字彦长，南阳顺阳人。历官至冯翊太守时，很有政治才能，"善于绥抚，百姓爱悦之"。转任雍州刺史，由于氐羌内侵，造成田桑失收，百姓困弊，范晷"倾心化导，劝以农桑，所部甚赖之"①。西晋惠帝时升迁为左将军，卒于官。其长子范广，晋元帝时为堂邑令，"大旱，米贵，广散私谷振饥人，至数千斛，远近流寓归投之，户口十倍"。次子范稚，从小知名，为大将军掾，英年早逝，遗下幼子范汪。

范汪，字玄平，六岁时东晋南迁过江，寄居外家，寡母又丧，仍布衣蔬食，好学不倦，遂博学多通，善谈名理。范汪为征西将军庾亮佐吏十有余年，先后任中书侍郎，东阳太守，"在郡大兴学校，甚有惠政"。范汪又辅佐权臣桓温平蜀，未接受其推荐的职务，另任中领军、本州大中正、都督五州军事、安北将军、徐兖二州刺史，后因桓温北伐，范汪因失职被免为庶人。范汪在隐居吴郡期间，与门生故吏及其子孙"从容讲肆"②，并撰写大量著作，其中有《祭典》（三卷）、《尚书大事》（二十

---

① 《晋书》卷九十《范晷传》。
② 《晋书》卷七十五《范汪传》。

卷)、《范氏家传》(一卷),并精围棋艺论,兼善医方,均有著述传世。有子二人:长子范康早卒无传,次子为范宁,另有从子范邵也无传。

范宁,字武子。在父亲严格教育下,从小治学笃实,于经书多所通览,崇尚儒学。在他生活的时代,玄学盛行,"越名教而任自然",以王弼、何晏为代表的玄学家,"蔑弃典文,不遵礼度,游辞浮说,波荡后生,饰华言以翳实,骋繁文以惑世。搢绅之徒,翻然改辙,洙泗之风,缅焉将坠。遂令仁义幽沦,儒雅蒙尘,礼坏乐崩,中原倾覆",导致西晋灭亡,其"罪过桀纣"[1],范宁成为批评玄学的重要学者。在桓温当权之时,范宁及其子弟被禁锢,桓温去世才担任余杭县令时,同他父亲范汪一样兴学重儒,"在县兴学校,养生徒,洁己修礼,志行之士莫不宗之。期年之后,风化大行。自中兴已来,崇学敦教,未有如宁者也"。范宁频繁升迁至中书侍郎,对朝廷建新庙、辟雍、明堂等制提出中肯的建议,也直言不讳地批评专权乱政的会稽王司马道子及其党羽中书令王国宝(范宁的亲外甥),因此,他被二人陷害,降职为豫章太守。虽受此政治打击,范宁不仅积极向皇帝上书关心时政,而且还在豫章郡大兴校舍,改革教育制度,扩大生员学额限制,广泛招来郡内四姓子弟以及远近学生千余人,考课《五经》。他不仅捐献自己的俸禄助学,还派人去交州采掘磐石以供教学需要,并修建"学台,功用弥广"。范宁虽"所务惟学",但仍被江州刺史王凝之向朝廷奏报进行诬告,给范宁强加"肆其奢浊,所为狼藉"的罪名:具体为扩建城门城楼,私立下舍七所,不仅自置家庙,还严威郡属十五县立宗庙社稷,"准之太庙,皆资人力,又夺人居宅,工夫万计"等,范宁的儿子天门太守范泰辞职为父亲辩诬,但范宁仍被因罪免官。此后,他隐居丹徒勤奋研究经学,终年不休,所以著述丰富,有《尚书注》(十卷)、《古文尚书舜典》(一卷)、《礼杂问》(十卷)、《春秋穀梁传》(十二卷)、《春秋穀梁传例》(一卷)[2],另有《范宁集》(十六卷)、《范宁启事》(三卷)[3]。

范宁有子三人。长子范凯生平事迹史书无载,仅《隋书·经籍志》

---

[1] 《晋书》卷七十五《范宁传》。
[2] 《隋书》卷三十二《经籍志一》。
[3] 《隋书》卷三十五《经籍志四》。

著录《范凯集》（八卷），任广平太守①。次子范雍事迹唯见于《宋书·裴松之传》一条：宋太祖元嘉三年（426）诛司徒徐羡之等，"分遣大使，巡行天下……员外散骑常侍范雍、司徒主簿庞遵使南兖州"②。三子范泰，字伯伦。东晋时，以太学博士任谢安、司马道子二府参军，后历官天门太守、黄门郎、御史中丞、侍中、度支尚书、散骑常侍、司空等十余职。南朝宋建立，建议兴国学，又任国子监祭酒、侍中等职。范泰"博览篇籍，好为文章，爱奖后生，孜孜无倦"③。著有《古今善言》（二十四卷）。范泰有子五人：长子范昂，"早卒"；次子范暠，为宜都太守；三子范晏，任侍中、光禄大夫；四子范晔，任太子詹事等职，因牵连进彭城王刘义康谋反案被杀，以撰写《后汉书》知名；五子范广渊，擅长作文，为宋孝武帝谋臣，后与范晔同时被杀④。

可见，范宁家族五代生活任职于西晋、东晋、南朝宋等朝代，其家族是一个重视教育、重视儒家文化的世家，在经史领域都有流传后世的学术贡献；同时，家族成员身历显宦，政绩显著，但也因不向权贵逢迎而屡遭打击的清流世家。

2. 杨士勋的生平

杨士勋的生平事迹，据《四库全书总目》卷二十六《春秋穀梁传注疏提要》指出："士勋始末不可考，孔颖达《左传正义序》称与故四门博士杨士勋参定，则亦贞观中人。"贞观年间，孔颖达为国子祭酒，唐太宗因儒学多门，章句繁杂，令孔颖达与诸儒撰正《五经义疏》。孔颖达在《春秋正义序》中称："虽课率，庸鄙仍不敢自专，谨与朝请大夫国子博士臣谷那律、故四门博士臣杨士勋、四门博士臣朱长才等对共参定。"⑤这里有两个问题值得考定。

第一，杨士勋的职官。

如孔颖达所称，在《春秋正义序》中杨士勋的官职为"故四门博士"，与朱长才"四门博士"多一"故"，表明此时杨士勋已去世。但在

---

① 《隋书》卷三十五《经籍志四》。
② （南朝梁）沈约：《宋书》卷六十四《裴松之传》，中华书局点校本1959年版。
③ 《宋书》卷六十《范泰传》。
④ 同上。
⑤ （唐）孔颖达：《春秋正义序》，载《春秋左传正义》卷首。

宋代官方目录《崇文总目》中《春秋穀梁疏》作"唐国子四门助教杨[士]勋撰"①，陈振孙《直斋书录解题》②著录作者职官信息同样为"唐国子四门助教杨士勋"，且在清代藏书家丁丙所见宋刻本《监本附音春秋穀梁注疏》亦"题国子四门助教杨士勋撰"③。那么，杨士勋的职官是"四门博士"还是"国子四门助教"？据《旧唐书·职官志四》唐代设国子监，下分国子、太学、四门、律、书、算六学。其中四门学设博士三人、助教三人、直讲四人、大成二十人，学生五百人。四门博士为"正七品上"，助教为"从八品上"，直讲无品级，"掌佐博士、助教之职"；大成为"通四经业成，上于尚书吏部，试登第者，加阶放选也"④。即学生中成绩优异者，可推荐吏部考选官职。因此，"国子四门助教"就是国子监下属的四门学助教，四门博士比四门助教高一品两级。据新、旧《唐书》所载，欧阳詹、李仲言均任职过"国子（监）四门助教"⑤。

　　四门助教的职掌是什么？柳宗元撰《四门助教厅壁记》中说："助教之职，佐博士以掌鼓箧、榎楚之政令。"据宋人韩醇训诂："《学记》：'入学鼓箧，孙其业也；榎、楚二物，收其威也。'鼓箧击鼓警众，乃发箧出所治经业。榎，古雅切，稻也，楚荆也，二者所以朴挞犯礼者。"⑥可见，四门助教的职掌就是督查惩处四门学生违礼行为。

　　四门学教官的升迁路径如何？我们可从唐史中找到答案。秦州天水人尹思贞受学于国子博士王道珪，其《春秋》经学水平最高。因除丧不仕，被举荐为国子大成等级后，"迁四门助教"⑦。又据《新唐书》，苏州吴县人归崇敬治礼学考取明经科，调任国子直讲。"天宝中，举博通坟典科，对策第一，迁四门博士。"⑧可知，四门助教、四门博士均可作为升迁之职。同时，从《春秋穀梁传疏》的署名"国子四门助教"与《春秋

---

① （宋）王尧臣：《崇文总目》卷二"《春秋》类"条，丛书集成初编本1937年版。
② （宋）陈振孙：《直斋书录解题》卷三"《春秋穀梁传疏》十二卷"条，四库全书本。
③ （清）丁丙：《善本书室藏书志》卷三，光绪刻本。
④ 《旧唐书》卷四十四《职官三》。
⑤ 《新唐书》卷二百〇三《欧阳詹传》："与（韩）愈友善。（欧阳）詹先为国子监四门助教，率其徒伏阙下，举愈博士。"《旧唐书》卷十七下《文宗纪下》大和九年九月"壬辰，召国子四门助教李仲言对于思政殿，赐绯"。
⑥ （宋）韩醇：《诂训柳先生文集》卷二十六《四门助教厅壁记》，四库全书本。
⑦ 《新唐书》卷二〇〇《尹思贞传》。
⑧ 《新唐书》卷一百六十四《归崇敬传》。

左传正义》的"四门博士"的不同,反映了两个事实:一是杨士勋以"四门助教"的教职撰写《春秋穀梁传疏》在前,以"四门博士"的教职参定《春秋左传正义》在后;二是从"四门助教"到"四门博士"的不同,反映了杨士勋官职的升迁。

第二,杨士勋在《春秋左传正义》撰写中的作用。

前文孔颖达《春秋正义序》称,《春秋左传正义》稿成后,孔颖达"不敢自专",与杨士勋等三人"对共参定",即杨士勋是参与对《春秋左传正义》书稿的审核修改。所以,《新唐书》称《春秋左传正义》为"孔颖达、杨士勋、朱长才奉诏撰"①,此说表明杨士勋是奉诏参与撰写,与"对共参定"的作用不同。由于杨士勋的生平事迹失载,"奉诏撰写"与"对公参定"何者最准确?但都不能抹杀杨士勋对《春秋左传正义》成书的贡献。

从上面的钩稽考证来看,杨士勋虽籍贯、生卒年月、字号不详,但他撰写《春秋穀梁传疏》之后,又参与孔颖达《春秋左传正义》的"参定";同时还撰写《春秋公穀考异》(五卷)②,比较《穀梁传》《公羊传》的差异,但该书在清代朱彝尊撰写《经义考》时已失传③,所以无法进行深入研究。

(二)《春秋穀梁传注疏》的成书

1. 范宁《春秋穀梁传集解》的成书

(1)"研讲六籍"的成员

东晋穆帝升平五年(361),范汪因得罪桓温被免职,携带家眷南归留居吴郡,组织子孙及门生故吏研读经典。范宁《春秋穀梁传序》自述:"升平之末,岁次大梁,先君北蕃回轸,顿驾于吴,乃帅门生故吏、我兄弟子侄,研讲六籍,次及三传。"这是以范汪为核心构建的家族门人式的经学研读共同体。根据杨士勋疏可确定具体成员:

"先君":范汪;

---

① 《新唐书》卷五十七《艺文志一》。
② (元)脱脱:《宋史》卷二百〇二《艺文志一》,中华书局点校本1976年版。
③ (清)朱彝尊:《经义考》卷一百七十六:"杨氏士勋《春秋公穀考异》,《宋志》五卷,佚。"

"我兄弟"：范宁、兄范康（从上知其早卒，是否为其他兄长？史书未见）、从弟范邵；

"子侄"：范凯、范雍、范泰及侄子女（？）①；

"门生故吏"：江熙、徐邈。二人生平略述如下：

江熙，字太和，济阳人，历任仪礼博士、兖州别驾②。著作有《春秋公羊穀梁二传评》（三卷）③、《毛诗注》（二十卷）、《集解论语》（十卷）④。

徐邈，东莞姑幕（今山东诸城）人。他勤行励学，博涉多闻。历任中书、前卫率、领本郡大中正、骁骑将军等职。徐邈与范宁朝中共事，曾谏止范宁任豫章太守期间"欲遣十五议曹下属城采求风政，并吏假还，讯问官长得失"之举。徐邈著述丰富《隋书·经籍志》著录《五经音》（十卷）⑤；《论语音》（二卷）、《庄子音》（三卷）⑥；《楚辞音》（一卷）、《徐邈集》（九卷）⑦。在经学成果中，徐邈尤以《穀梁传》学为长，"所注《穀梁传》，见重于时"⑧，计有《春秋穀梁注》（十二卷）、《春秋穀梁传义》（十二卷）、《春秋穀梁音》（一卷）三书。⑨

（2）撰写《春秋穀梁传集解》的原因

范宁从《穀梁传》诠释史的角度认识到，从西汉到魏晋南北朝，注解《穀梁传》有尹更始、唐固、糜信、孔演、江熙、程阐、徐仙民、徐乾、刘瑶、胡讷之等十家，"皆肤浅末学，不经师匠。辞理典据，既无可观，又引《左氏》《公羊》以解此传，文义违反，斯害也已"⑩。这里谈及撰写《春秋穀梁传集解》的两个原因。

---

① 《尔雅》第四《释亲》："女子谓晜（昆）弟之子为侄。"《释名》："姑谓兄弟之女曰侄。"
② （唐）陆德明：《经典释文》卷一，中华书局1983年版。
③ 《旧唐书》卷四十六《经籍志上》。
④ 《隋书》卷三十二《经籍志一》。
⑤ 《隋书》卷三十二《经籍志一》著录有《周易音》一卷、《古文尚书音》一卷、《毛诗音》二卷、《礼记音》三卷、《春秋左氏传音》三卷、《五经音》十卷。据统计，前五书之和为10卷，实为《五经音》10卷。故前五书为分部，后书为总称，并非是著有六书。此与陈寿所著《三国志》分《魏书》《吴书》《蜀书》三部相类。
⑥ 《隋书》卷三十四《经籍志三》。
⑦ 《隋书》卷三十五《经籍志四》。
⑧ 《晋书》卷九十一《徐邈传》。
⑨ 《旧唐书》卷四十六《经籍志上》。
⑩ （晋）范宁：《春秋穀梁传序》，载《春秋穀梁传注疏》卷首。

第三章　注疏大兴：晋唐时期穀梁学

第一，所述尹更始以下十家《穀梁传注》，注释浅显，没有见识，师承无门，不是精心之作。

由于十家《穀梁传》注解绝大多数全书失传，仅见辑佚各书所引用之残本，无法核实范宁对十家的评断是否准确。但根据杨士勋疏中所言，范宁"以注《穀梁》者，皆不经师匠，故偏论之。或当方便注《穀梁》，故言其短也"①，点明范宁指出前辈学者注释《穀梁传》的种种严重不足，是为了给自己注解《穀梁传》提供充足的理由，这有失偏颇。因为十家《穀梁传》注解并非一无所取，在范宁《春秋穀梁传集解》中有所引用，可见这些著作的大概，所谓"范宁记魏晋以后言《穀梁》者，有尹更始、糜信、江熙、徐仙民、徐乾等十家，今皆略见于其注，所谓《集解》者，信乎柳子厚言'出汗牛马入充栋宇者也'，然《公羊》书成于何休，《穀梁》书聚于范宁，其为说虽多，而大略可见"②。

第二，各家所注，没有旁征博引，而且引用《左传》《公羊传》的解说来注释《穀梁传》，导致对传文不利的经义，这对《穀梁传》学术地位造成危害。

范宁在《春秋穀梁传序》中论及《春秋》三传之长短，并提出对三传解说不同之处，要"弃其所滞，择善而从"，即要会通三传，此说得到后世学者的纷纷赞赏，宋代叶梦得以为"范宁虽主《穀梁》，知三家之皆不得正，以为传以通经为主，传有殊说，不得不弃所滞，择善而从，盖得之矣"③。郑樵也认为："三家之传，各有所长，亦各有所短，取其长而舍其短，学者之事也。大抵有《公》《穀》然后知笔削之严，有《左氏》然后知本末之详，学者不可不兼也，使圣人之经传之至今，三子之力也。"④ 均认同范宁的见解，所以范宁指责前辈学者注解《穀梁传》引用《左传》《公羊传》的解说对《穀梁传》有害的说法，显然违背了自己"会通三传"的诠释原则。

（3）《春秋穀梁传集解》的写作方式

---

① （唐）杨士勋：《春秋穀梁传序》疏，载《春秋穀梁传注疏》卷首。
② （宋）叶梦得：《春秋考》卷三《统论》，四库全书本。
③ 同上。
④ （宋）郑樵：《三传各有得失》，载（明）唐顺之《新刊唐荆川先生稗编》卷十三，万历九年刻本。

范宁在《春秋穀梁传序》归纳集解《穀梁传》的写作方式："于是乃商略名例，敷陈疑滞，博示诸儒同异之说……乃与二三学士及诸子弟各记所识，并言其意。……今撰诸子之言，各记其姓名，名曰《春秋穀梁传集解》。"① 此可分别为三种写作方式。

第一，商略名例。

范宁总结《穀梁传》的略例百余条，在《春秋穀梁传集解》中时有"传例曰"，四库全书馆臣推论为"或士勋割裂其文，散入注疏中欤？"② 对于"传例"的问题，下文将作详细研究。

第二，敷陈疑滞，广泛列举诸儒异同。

范宁对于《春秋》三传本经文字的差异、《穀梁传》与《左传》《公羊传》的不同解说，以及历代学者对同一经传问题的不同理解，均"援汉、魏、晋各家之说甚详"③；甚至对于自己所不能决断者，以"宁所未详"④ 以示慎重。关于《春秋穀梁传集解》引用文献的特点，下文将重点予以分析。

第三，学士及诸子弟的见解。

除上述注《穀梁传》十家之说外，还有范宁及子侄、徐邈、杜预、何休、郑玄、薄氏等学者的解说，开创了一种新的集解经传的形式："'集解'者，撰集诸子之言以为解，故曰集解。杜预云：'集解者，谓集解经传。'与此异也。"⑤

范宁经过沉思积年，在父亲范汪、堂弟范邵，儿子范凯、范雍相继去世之后，终于撰述完成《春秋穀梁传集解》一书。范宁坚持会通三传、包容众说、实事求是的诠释原则，所以在《春秋》三传的解说代表中，"杜预屈经以伸传，为《左氏》功臣；何休引纬以汩经，为《公羊》罪人；范宁彻圣经、诘众传，传《穀梁》之学为最善"⑥。所以，宋代吕大圭在比较《春秋》三传何休、杜预、范宁的注解优缺点后，指出："何、

---

① （晋）范宁：《春秋穀梁传序》，载《春秋穀梁传注疏》卷首。
② （清）永瑢等：《四库全书总目》卷二十六《春秋穀梁传注疏提要》。
③ （清）阮元：《十三经注疏校勘记序（十三篇）》之《春秋穀梁传注疏校勘记序》，《揅经室集》一集卷十一，四部丛刊本。
④ 在《春秋穀梁传注疏》中标注"宁所未详"有18条。
⑤ （唐）杨士勋：《春秋穀梁传序》疏，载《春秋穀梁传注疏》卷首。
⑥ （清）吴省钦：《白华后稿》卷十六《乾隆五十七年江西乡试策问》，嘉庆刻本。

范、杜三家各自为说,而说之缪(谬)者莫如何休《公羊》之失。……愚观三子之释传,惟范宁差少过,其于《穀梁》之义有未安者,辄曰'宁未详',盖讥之也。而何休则曲为之说,适以增《公羊》之过尔,故曰'范宁,《穀梁》之忠臣;何休,《公羊》之罪人也。'"①

2. 杨士勋《春秋穀梁传疏》的撰写

唐太宗贞观年间,孔颖达主持《五经正义》编撰,出于"五经"名号,孔颖达"为《左氏》经传作疏,而不取《公》《穀》氏,其同僚杨士勋疏之,遂行于世"②。杨士勋为范宁《春秋穀梁传集解》作疏,是属于唐太宗谕旨,还是个人的学术兴趣与追求,已无从得知。

杨士勋《春秋穀梁传疏》不及孔颖达《春秋左传正义》翔实完备,其原因在于:一方面学者们研究《左传》的成果多,研究《穀梁传》的成果少,所以可资凭借的材料少;另一方面,《左传》成于众人之手,《春秋穀梁传注疏》出于杨士勋一人,缺乏他人协助,"详略殊观,固其宜也"③,所以详略不同,可以理解。杨士勋在范宁《春秋穀梁传集解》十二卷的基础上撰写《春秋穀梁传疏》,篇幅增加到二十卷,不仅花费了大量的时间和心血,而且"杨士勋《疏》分肌擘理,为《穀梁》学者未有能过之者也"④。

从上可见,范宁家族及杨士勋两个时代的学者们接力完成了《春秋穀梁传注疏》,使其立足于《十三经注疏》体系之林,这些学术群体撰写的经学注疏成果形成了丰富的经学诠释理论:"如杜预注《左传》,何休学《公羊》,范宁解《穀梁》,何晏、赵岐之于《论》《孟》,郭璞之于《尔雅》,邢昺之于《孝经》,或合,或不合,间有之,而要之皆不可谓无当也。而疏之者,则唐孔颖达、贾公彦、杨士勋,宋孙奭、邢昺之流,其微词奥论,往往有得于解经之法,而见采于宋儒者,盖注疏家非出于一人之臆见私说也。"⑤ 在唐宋之际经学注疏方法变革中起了承上启下的历史作用,"以传说经"的汉唐经学注疏与宋元明时期的"以臆说经"成

---

① (明)朱荃宰:《文通》卷二十六《三传短长》,天启刻本。
② (元)郝经:《陵川集》卷二十八《春秋三传折衷序》,四库全书本。
③ (清)永瑢:《四库全书总目》卷二十六《春秋穀梁传注疏提要》。
④ (清)阮元:《十三经注疏校勘记序(十三篇)》之《春秋穀梁传注疏校勘记序》,《揅经室集》一集卷十一。
⑤ (明)陈懿典:《陈学士先生初集》卷二十五"《十三经注疏》"条,万历刻本。

了两个不同时代的学术符号。

二 《穀梁传》范注杨疏的诠释方法

(一) 层累诠释法

什么是"层累性诠释"？这一名词与学术方法，来自于近代"古史辨"学者顾颉刚提出的"层累地造成的古史"[①] 学说，其理论实质是"时代愈后，其所记愈前；文物愈无征，其记载愈多：学术史之进展方式与古代史固无殊也"[②]。这段话既揭示中国上古史记载与古史传说造成演进的规律，也论及中国古代学术史发展的理路，颇具方法论意义。

1. 传统经典的层累性解释

在中国古代经典的思想意义也是在不断注疏中得以发展的。因为孔子在整理儒家经典文献之时，将"述而不作"作为"讲学"原则[③]，后世学者对"述而不作"有所阐释："然则述也者，述其义也，述其志也。……圣人之道日新而不已，譬诸天度愈久而愈精，各竭其聪明才智以造于微，以所知者著焉，不敢以为述也，则庶几其述者也。"[④] 强调后世学者对于圣人的经典思想要竭尽所能地不断阐发创新。因为儒道经典文本中"《周官》、《尚书》、《礼》、《礼记》、《孟子》、《老子》之属，皆经、传、说、记，七十子之徒所论"[⑤]，晚清学者皮锡瑞理解为"言有经，即有传与说记也"[⑥]，晚清民国学者康有为主张"传、记"是解释"经"，"说"是解释"传、记"的[⑦]，两位学人均认为儒家文献经历代学者的层累解读，层

[①] 顾颉刚：《古史辨》第一册，上海古籍出版社1982年版，第60页。
[②] 顾颉刚：《春秋研究讲义案语》之《经典释文序录案语》，载《中国古籍研究》（第一卷），上海古籍出版社1996年版，第239页。
[③] 《论语·述而》："子曰：'述而不作，信而好古，窃比于我老彭。'""子曰：'德之不修也，学之不讲，闻义不能从，不善不能改，是吾忧也。'"
[④] （清）焦循：《雕菰集》卷七《述难一》，道光岭南节署刻本。
[⑤] 《汉书》卷五十三《河间献王刘德传》。《老子》虽为道家经典，据《史记》卷六十三《老子韩非列传》所言"世之学老子者则绌儒学，儒学亦绌老子"，儒道学者相互论难排击。
[⑥] （清）皮锡瑞：《经学通论》三《三礼》"论《周官》当从何休之说，出于六国时人，非必出于周公，亦非刘歆伪作"条，光绪思贤书局刻本。
[⑦] 康有为《孔子改制考·六经皆孔子改制所作考》解此："孔子所作谓之经，弟子所述谓之传，又谓之记，弟子后学展转所口传谓之说。"中华书局1958年版，第244页。

累地发展成为一套庞大的思想文本体系。此正如朱熹所说:"大抵圣贤之言,多是略发个萌芽,更在后人推究,演而伸,触而长,然后得圣贤本意。不得其意,则从那处推得出来。"① 因此,经典所言只是一种精神要义,需要后世读者循着这一精神所开启的方向继续探索,反观自己时代风潮,融入一些新的元素,充实和发展义理。朱熹、皮锡瑞、康有为等历代学者的上述认识,较为充分地揭示了中国古代经学注疏的层累诠释法。

2. 现代中外学者的层累性解释法

关于经典文本的解读,当今学者引进西方的经典诠释学来研究中国传统经学,其方法与朱熹的"推究"方法具有相通之处。台湾学者黄俊杰指出以诠释者比较复杂的思想系统,来解释经典中比较素朴的思想,而形成一种以今释古的印象。他表述道:"经典中 A 思想要素,原来比较素朴,但是到了不同时代的诠释者手上,被置于 ABCDEF 的思想脉络中重新诠释,因此具有不同的'脉络性'(contextuality),而且其涵义也更形丰富。"黄氏将其称为由于注释者思想的"历史性"所形成的"隧道效应"②。香港中文大学教授郑良树以《春秋》"春王正月"为例,论析了历代学者后来层累衍生的种种新说,"实际上,它们也只是神秘的《春秋》的诠释者,就如后世不断层累的各种说法一样,有所局限,也有所附会"③。两位学者所论皆属创见,体现了经学诠释中的一般法则,即开放性和层累性。儒学经典文本与诠释的关系,反映为中国历史传统与现实的关系,通过对历史传统作当代诠释,来实现价值的叠加和转换。

《春秋穀梁传》因"善于经",受到历代学者的注疏和研究。从《春秋》到《春秋穀梁传》,再由《春秋穀梁传集解》到《春秋穀梁传注疏》,是先后相承、层层推衍的思想体系。我们在前面详细论述了《春秋》《穀梁传》的原典思想,这些思想就是通过不断的解读和推衍得以丰富和发展。

---

① (宋)黎靖德编:《朱子语类》卷六十二《中庸第一章》,第1512页。
② 黄俊杰:《孟学诠释史中的一般方法论问题》,原系氏著《孟学思想史论》(卷二)之第二章,《中国哲学》第二十二辑《经学今诠初编》第22—60页转载,辽宁教育出版社2000年版。
③ 郑良树:《论〈春秋〉"春正月"记时例》,《中华文史论丛》2002年第2辑。

（二）会通三传

我们在前面多次谈到《春秋》三传各自的特点与不足，既有门户之见，也有持平之见。范宁在《春秋穀梁传序》中就对三传有所论定："《左氏》艳而富，其失也巫；《穀梁》清而婉，其失也短；《公羊》辩而裁，其失也俗。若能富而不巫，清而不短，裁而不俗，则深于其道者也"①，《左传》辞美事丰而多言占卜鬼神祸福，《穀梁传》辞清义婉而言意难周，《公羊传》善于识断而俗说伤正，"三传虽说《春秋》，各有长短"②。三传解说《春秋》，站在各自言说立场，"臧否不同，褒贬殊致"，这会导致"巫、短"，因此，范宁提出"凡传以通经为主，经以必当为理"，对于《春秋》三传不同的解说，需要抛弃滞碍难通之处，择善而从，达到"据理以通经"的解经目标③，所以杨士勋主张"言圣人之经，以必中为理。其理既中，计无差二，而三传殊说，故范氏（宁）言不得不择善而从之"④。

我们会看到范宁、杨士勋在注疏《穀梁传》时，十分注意抛弃门户之见。桓公九年冬曹伯使其世子射姑来朝，《穀梁传》认为"使世子伉诸侯之礼而来朝，曹伯失正矣"，从曹世子来鲁国出使该遵行何种礼节问题上，《左传》以"曹大（太）子来朝，宾之以上卿，礼也"⑤。显然曹世子代曹伯而来，子行父政，所以杨士勋疏认为"《公羊》以为世子不合朝，惟《左氏》以为得行朝礼"⑥，从中可以看出《穀梁传》《公羊传》与《左传》不同，最终以《左传》的解说为准。庄公十六年十二月"会齐侯、宋公、陈侯、卫侯、郑伯、许男、曹伯、滑伯、滕子同盟于幽"，《穀梁传》认为"同者，有同也，同尊周也"，《公羊传》认为"同欲也"，《左传》认为"同盟于幽，郑成也"，《春秋》三传所同者，如杨士勋疏所认同者："此云同盟者，'同尊周也'，见三传意各异也，所谓'同

---

① （晋）范宁：《春秋穀梁传序》，载《春秋穀梁传注疏》卷首。
② （唐）杨士勋：《春秋穀梁传序》疏，载《春秋穀梁传注疏》卷首。
③ （晋）范宁：《春秋穀梁传序》，载《春秋穀梁传注疏》卷首。
④ （唐）杨士勋：《春秋穀梁传序》疏，载《春秋穀梁传注疏》卷首。
⑤ 《春秋左传正义》卷七，桓公九年冬"曹伯使其世子射姑来朝"传。
⑥ 《春秋穀梁传注疏》卷四，桓公九年冬"曹伯使其世子射姑来朝"传疏。

尊周也'者，诸侯推桓为伯使翼戴天子，即是尊周之事。"① 所以在解说《穀梁传》之时，需要将《春秋》三传加以综合考量，才能得出实事求是的结论，所以有学者以为"三传同归于圣经（《春秋》）之奥"②。

（三）通观经传

在范宁、杨士勋注疏《穀梁传》的时候，对于《春秋》经文同一类史实的解说坚持要通观《春秋》与《穀梁传》全体来加以解说的原则，文公十四年六月"公会宋公、陈侯、卫侯、郑伯、许伯、曹伯、晋赵盾。癸酉，同盟于新城"，《穀梁传》认为同盟的目的是为了"外楚"，即"攘夷"，杨士勋则通观《春秋》经传，对春秋时期的同盟之会进行分析：

> 《春秋》书同盟非一，传或有释，亦有不释，就不释之内辞又不同。所以然者，庄公之世，二幽之盟，于时楚国未强，齐桓初霸，直取同尊周室而已，故传云"同尊周也"。及邵陵首止之后，楚不敢与争，襃大齐桓，故不复言同。当文公时楚人强盛，而中国畏之。今同盟详心外楚，不复直能尊周室而已，故传释之云"同外楚也"。断道书"同"，传云"外楚也"，则清丘亦是外楚，故传省文也。举断道以包上下，则虫牢、马陵、蒲之与戚，柯陵、虚杆之类，亦是省文可知。同盟鸡泽复发传者，楚人转盛，中国外之弥甚，故更发之，则戏盟及京城重丘之等亦其义也。平丘又重发外楚之文者，平丘以下中国微弱，外楚之事尽于平丘。从此以后不复能外，故发传以终之也。③

本条杨士勋疏文分析《春秋》所载242年同盟目标的变化，可以看出齐桓公"同尊周"、晋文公"同外楚"的阶段性特征，此为"二伯消息升

---

① 《春秋穀梁传注疏》卷五，庄公十六年十二月"会齐侯、宋公、陈侯、卫侯、郑伯、许男、曹伯、滑伯、滕子同盟于幽"传疏。
② （清）翁方纲：《经义考补证》卷七《杜氏（预）春秋释例》条，乾隆刻本。
③ 《春秋穀梁传注疏》卷十一，文公十四年六月"公会宋公、陈侯、卫侯、郑伯、许伯、曹伯、晋赵盾。癸酉，同盟于新城"传杨士勋疏。

降之道也"①。闵公元年春王正月，杨士勋对于《穀梁传》"继弑君，不言即位，正也"的解说从全传来分疏："复发传者，以非父非君，嫌异，故发之。僖公又发之者，兄之后弟义异，故重发之。文公继正之始，故发传以明之。成公不发传者，蒙之可知，故不发也。襄、昭发传者，昭公即位承子野之卒，嫌其非正，故发传以明之。昭继子野，传言'继正'，嫌襄公与之异，故亦发传。父子同有'继正'之文，所以相发明也。或以襄非嫡夫人之子，嫌非正，故发传。案襄四年'夫人姒氏薨'，彼注云：'成公夫人、襄公母也。'明非为母贱而发传也。"②分析了鲁国闵公以下六君书"继弑君"的不同原因，反映了《春秋》与《穀梁传》情况的复杂性，所以要对《穀梁传》经传的前后差异作出正确的解说，范宁、杨士勋的注疏则从全部《春秋》经传的角度进行分析阐释，以期对《春秋穀梁传注疏》的诠释特点进行归纳和分析。

三 《穀梁传》范注杨疏思想的层累诠释

本部分重点考察《春秋穀梁传集解》《春秋穀梁传注疏》对《穀梁传》进行解读时，思想是如何层累性演进的？我们在第一章第一、第二节已经揭示《穀梁传》的诠释原则和经学思想的几个方面，强调《春秋》"尊王攘夷"所形成的政治思想、阐发"尊亲纲常"的伦理思想，以及"著以传著，疑以传疑"的实录特点的史学思想。围绕这三点，《春秋穀梁传集解》（以下简称《集解》）、《春秋穀梁传注疏》（以下简称杨《疏》）层累地进行阐释，将春秋穀梁学的思想进一步加以申发和完善。

（一）政治思想

春秋穀梁学的政治思想主要有两方面。

1. 以民为本的思想

从《尚书》"民惟邦本，本固邦宁"③，到《孟子》"民为贵，社稷次

---

① 廖平：《穀梁春秋经传古义疏》卷五，文公十四年六月"公会宋公、陈侯、卫侯、郑伯、许伯、曹伯、晋赵盾。癸酉，同盟于新城"廖平疏。
② 《春秋穀梁传注疏》卷六，闵公元年春"王正月"传杨士勋疏。
③ 《尚书·五子之歌》。

第三章 注疏大兴：晋唐时期穀梁学

之，君为轻"①，民本思想是儒家秉持的重要政治思想。春秋穀梁学也把民本思想作为评价史实和人物的标准。

隐公五年十有二月，宋人伐郑，围长葛。《穀梁传》："伐国不言围邑，此其言围，何也？久之也。"《春秋穀梁传集解》解释道："宋以此冬围之，至六年冬乃取。古者师出不逾时，重民之命，爱民之财，乃暴师经年，仅而后克，无仁隐之心，而有贪利之行，故围伐兼举以明之。"②持久的战争必对民众的生命和财产造成损失，《集解》的作者从《传》围邑"久之"推衍出"重民"、"爱民"的思想。

桓公十四年十有二月，宋人以齐人、蔡人、卫人、陈人伐郑。《穀梁传》说："以者，不以者也。民者，君之本也。使人以其死，非正也。"传者从训诂角度解读语词"以"内蕴，"以"就是驱使，齐国、蔡国、卫国、陈国的民众迫于宋人的压力出兵伐郑国，本来民众是国君统治天下的基础，但让其赴死地，因此是不正当的。这是第一层解读。《集解》进一步加以发挥："不以者，谓本非所得制，今得以之也。刺四国使宋专用其师，轻民命也。"③讥刺齐、蔡、卫、陈四国将民众交予宋国实现其个人目的，这是轻视人民生命的行为。

"以民为本"是《春秋》和春秋穀梁学最重要的政治思想，正如晚清学者江慎中指出："贵民重众，为《春秋》最大之义，而《左氏》《公羊》皆无其说，惟《穀梁》有之，此穀梁子之卓出二家而独有千古者也。"④因为"（周）平（王）（鲁）桓（公）以降，诸侯力征，贵族暴横，压制之风日甚，遂不知民之为贵，而倒行逆施，以犬马土芥视之，穀梁子、孟子生当其时，特为此穷原反本，盖欲提为君者而警之，并呼为民者而觉之也"⑤。可见，民本思想的产生是与春秋战国特定的历史背景相联系的，并具有推及后世的政治意义。魏晋时期与春秋战国相似，都是中国历史上战乱频仍的时代，统治者为了各自的私欲，轻起战争，贱视生命，使生灵涂炭，《穀梁传》《集解》加入时代因素，要求"重

---

① 《孟子·尽心上》。
② 《春秋穀梁传注疏》卷二，隐公五年十二月"宋人伐郑，围长葛"传范宁注。
③ 《春秋穀梁传注疏》卷四，桓公十四年十二月"宋人以齐人、蔡人、卫人、陈人伐郑"传范宁注。
④ 江慎中：《春秋穀梁传条指》卷下，载《国粹学报》第73期。
⑤ 同上。

民"、"爱民",以民为本,反对"轻民命",因此,这一政治思想成为数千年来为政者不能不正视的问题。

2. 贤君政治的思想

春秋穀梁学从总结政治得失,剖析政权兴亡的原因出发,把君主贤愚与政治的清浊联系起来。桓公十四年正月,无冰,冬季无冰,特别是北方地区,将使土地的墒情下降,从而影响农业生产。《穀梁传》解释说:"无冰,时燠也。"传者仅将无冰归结为天气温暖,这应是实际原因,但深层次的原因并未揭示。《集解》把天(气候)的异常与国君的政治行为相联系进行第二次解读:"皆君不明去就,政治舒缓之所致。《五行传》曰:'视之不明,是谓不哲,厥咎舒,厥罚常燠。'"君主不耳聪目明就不贤哲,上天必会以灾异示警和惩戒,这是儒家十分借重的以天(上帝)的权威宰制王权的一种手段,也就是常说的"天人合一"的思想。杨《疏》进一步把鲁桓公弊政加以缕陈,以丰富"皆君不明去就,政治舒缓之所致"的具体内容,以增加说服力:"盖为桓公暗于去就,不达是非,外不能结好邻国,内不能防制夫人,又成乱助篡,贪赂废祀,以火攻人,反与伐战",此等均是不能去就,政教舒缓,故又引《洪范五行传》曰:"视之不明,是谓不哲。"阐明人君愚暗,察视不明,"是谓不昭哲也。其咎过在于舒缓,其天降谴罚,常在时燠也"①。

具体来说,桓公二年正月,宋国督弑杀其国君与夷,三月,桓公会同齐侯、陈侯、郑伯乘宋国之乱,取其大鼎,是谓"成乱助篡"。桓公三年九月,桓公夫人姜氏到齐国与齐侯私通,是谓"内不能防制夫人"。桓公七年二月,鲁军以火攻邾国咸丘城,是谓"疾其以火攻也"②。桓公八年正月己卯,烝。五月丁丑,烝。烝祭当在冬季举行,但桓公却推迟到春、夏二季行礼,故《穀梁传》相继批评道:"春兴之,志不时也"、"烝,冬事也。春夏兴之,黩祀也,志不敬也"③,此为"贪赂废祀"。桓公八年秋,伐邻国邾;十二年十二月,鲁与郑国联合伐宋,但鲁郑却在宋国内讧,双方"不和"④,是谓"外不能结好邻国"。以上的史事说明

---

① 《春秋穀梁传注疏》卷四,桓公十四年正月"无冰"范宁注杨士勋疏。
② 《春秋穀梁传注疏》卷三,桓公七年春二月己亥"焚咸丘"传。
③ 《春秋穀梁传注疏》卷四,桓公八年春正月己卯"烝"、夏五月丁丑"烝"传。
④ 《春秋穀梁传注疏》卷四,桓公十二年十二月"及郑师伐宋;丁未,战于宋"传。

鲁桓公为人愚暗，为政不英明，不是一个贤君。因此，杨《疏》说鲁桓公"是谓不昭哲"，可谓中肯的评价。

僖公二十二年十一月己巳朔，宋公及楚人战于泓，宋师败绩。《穀梁传》分析宋襄公失败的原因，指出"礼人而不答"、"爱人而不亲"、"治人而不治"是宋襄公的为政之过①，又不顾自身实力不足，与强大的楚国交战而招致失败。《集解》加以进一步分析："道有时，事有势，何贵于道？贵合于时。何贵于时？贵顺于势。宋公守匹夫之狷介，徒蒙耻于夷狄，焉识大通之方，至道之术哉！"②认为宋襄公不顺从时势，逞匹夫之勇，不识大体和统治术。杨《疏》把"至道之术"理解为道家的为治精神，他说："老子至道之人，犹曰'以政治国，以奇用兵'，今宋襄国弱于楚，而行敌战之礼，故《传》讥其师败身伤，《注》谓之不识至道之术也。"③其中"以政治国，以奇用兵"，《老子》原文作"以正治国，以奇用兵"，即治国要守正道，而用兵则可讲求计谋，故汉代郑玄以为"当观敌为策，倍则攻，敌则战，少则守。今宋襄公于泓之战违之，又不用其臣之谋而败，故徒善不用贤良，不足以兴霸主之功。"④故宋襄公可归入暗主之列。

定公八年冬，盗窃宝玉大弓。宝玉又称封圭，大弓是周武王的戎弓，周公受赐，藏于鲁国，使后代子孙不忘周德，也是王权的象征。《穀梁传》只就"盗"字加以训释："非其所以与人而与人，谓之亡。非其所取而取之，谓之盗。"但并没有说明宝玉大弓失窃的原因。杨《疏》更进一层解读："或说非其所以与人谓之亡，是梁伯所行也。梁伯受国于天子，不能抚其民人而自失之。夫国之利器，不可以示人，权之可守，焉得虚假？君贪色好酒，耳目不能聪明，上无正长之治，大臣背叛而国外奔，因若自灭，故谓之亡，此可以应其义。"⑤从国器失窃引申出政权失守，

---

① 《春秋穀梁传注疏》卷九，僖公二十二年十一月己巳朔"宋公及楚人战于泓，宋师败绩"传。
② 《春秋穀梁传注疏》卷九，僖公二十二年十一月己巳朔"宋公及楚人战于泓，宋师败绩"传范宁注。
③ 《春秋穀梁传注疏》卷九，僖公二十二年十一月己巳朔"宋公及楚人战于泓，宋师败绩"杨士勋疏。
④ 《春秋穀梁传注疏》卷九，僖公二十三年五月庚寅"宋公兹父卒"传范宁注。
⑤ 《春秋穀梁传注疏》卷十九，鲁定公八年冬"盗窃宝玉大弓"杨士勋疏。

其主要原因在于国君贪色好酒，闭塞视听，既得不到大臣的辅佐，又得不到民众的拥戴，必自取灭亡。

总之，从《春秋》冬季无冰、宋师之败、盗窃宝玉大弓等具体史事，《集解》、杨《疏》在《穀梁传》基础上，层累性地解读出国君的愚暗必影响政治的清明，反映了春秋穀梁学对"贤君"政治的理性诉求。

（二）伦理思想

《春秋》包含丰富的伦理思想，正如《庄子》所说"《春秋》以道名分"，运用礼法制度将人进行分类，从而规定其政治地位和社会地位。《春秋》的伦理思想，主要有"书尊及卑，《春秋》之义也"①，"《春秋》之义，内大夫可以会诸侯，公不可以盟外大夫，所以明尊卑、定内外也"②，"君子不以亲亲害尊尊，此《春秋》之义也"③，"《春秋》之义，用贵治贱，用贤治不肖，不以乱治乱也"④，表现为尊卑和贵贱的等级划分。因此，司马迁强调："夫不通礼义之旨，至于君不君，臣不臣，父不父，子不子。夫君不君则犯，臣不臣则诛，父不父则无道，子不子则不孝。此四行者，天下之大过也。以天下之大过予之，则受而弗敢辞。故《春秋》者，礼义之大宗也。"⑤ 春秋穀梁学在恪守《春秋》伦理精髓的前提下，又抒发出一些新的伦理精神。

1. 三纲思想

庄公元年三月，夫人姜氏私奔到齐国。《春秋穀梁传》以为"人之于天，以道受命；于人也，以言受命。不若于道者，天绝之也。不若于言者，人绝之也。臣子大受命"。所受之命为何？《集解》指出："臣子则受君父之命，妇受夫之命。"杨《疏》将其具体分疏为：

> 天之道，臣事君，子事父，妻事夫也。夫者妻之天，故曰"人之于天，以道受命"，谓事夫之道也。臣子之法，当受君父教令，故

---

① 《春秋穀梁传注疏》卷三，桓公二年正月戊申"宋督弑其君与夷及其大夫孔父"传。
② 《春秋穀梁传注疏》卷五，庄公九年春"公及齐大夫盟于暨"传范宁注。
③ 《春秋穀梁传注疏》卷十，文公二年八月丁卯"大事于大庙，跻僖公"传。
④ 《春秋穀梁传注疏》卷十七，昭公四年秋七月"楚子、蔡侯、陈侯、许男、顿子、胡子、沈子、淮夷伐吴。执齐庆封杀之"传。
⑤ 《史记》卷一百三十《太史公自序》。

曰"于人也,以言受命,不若于道者,天绝之也",谓文姜杀夫,是不顺于道,故天当绝之。"不若于言者,人绝之也",谓臣子不顺君父之命,则君父当绝。"臣子大受命",谓君父既绝天人,臣子受君父之命,故不得不贬也。①

杨士勋将"臣事君,子事父,妻事夫"这一三纲思想上升至"天道"的高度,说明其权威宰制性是神圣不可冒犯的。凡不遵循三纲的行为必遭到春秋穀梁学的严厉批评。鲁庄公夫人姜氏弑夫私奔,不遵守事夫之道,"故不得不贬也"。如果君臣之间不按规则行事,必得到"君不君,臣不臣"的评语。此见于宣公十五年,王札子杀召伯、毛伯,《穀梁传》解说道:"两下相杀,不志乎《春秋》,此其志,何也?矫王命以杀之,非忿怒相杀也,故曰以王命杀。以王命杀,则何志焉?为天下主者,天也,继天者,君也,君之所存者,命也。为人臣而侵其君之命而用之,是不臣也;为人君而失其命,是不君也。君不君,臣不臣,此天下所以倾也。"② 臣事君,就是要尊重君主的权威,而君主也不能轻易将王命假借于人,否则由三纲思想所建构的伦理大厦必将倾颓,从而导致政权的位移。

2. 忠孝观

宣公二年九月乙丑,晋赵盾弑其君夷皋。晋灵公为政荒暴,执政大臣赵盾进谏不听从,于是出亡至边境,赵穿弑杀晋灵公夷皋,而赵盾反而蒙"弑君"的恶名。何故?晋史臣董狐说:"子为正卿,入谏不听,出亡不远。君弑,反不讨贼,则志同,志同则书重,非子而谁?"作为正卿就必须忠于自己的职责,就像儿子须为父母尽孝道,因此《穀梁传》曰:"于盾也,见忠臣之至;于许世子止,见孝子之至。"赵盾实际上并非忠臣,鲁昭公十九年许世子不为父许悼公尝药导致其父误服药而亡,许世子也不是孝子,所以《集解》说:"盾以亡不出竟,反不讨贼,受弑君之罪,忠不至故也。止以父病,不知尝药,受弑父之罪,孝不至故也。"杨《疏》更强调这两件史事的普世意义:"《春秋》必加弑于此二人者,所

---

① 《春秋穀梁传注疏》卷五,庄公元年三月"夫人孙于齐"杨士勋疏。
② 《春秋穀梁传注疏》卷十二,宣公十五年六月"王札子杀召伯、毛伯"传。

以见忠孝之至故也。忠孝不至，则加恶名，欲使忠臣睹之，不敢惜力，孝子见之，所以尽心，是将来之远防也。"①

定公四年十一月庚午，蔡侯以吴子及楚人战于伯举，楚师败绩。吴楚之战的起因，按《穀梁传》记载，是楚国伍子胥的父亲被楚王所杀，伍子胥挟弓持矢到吴国请吴王阖庐为其复仇，阖庐赞扬伍子胥"大之甚！勇之甚！"《集解》针对"大"、"勇"加以解释说："子胥匹夫，乃欲复仇于国君，其孝甚大，其心甚勇。"复仇于国君似乎不忠，与为父复仇之大孝有所窒碍难以两存。杨《疏》的解读与此大体相近："子胥之复仇，违君臣之礼，失事主之道，以匹夫之弱，敌千乘之强，非心至孝，莫能然也。得事父之孝，非敬长之道，故曰'其孝甚大'。若夫子胥父欲被诛，窜身外奔，布衣之士，而求干列国之君，吐弓矢之志，无疑难之心，故曰'其心甚勇'。"因此，作为当事人的伍子胥为吴王兴师伐楚感到不安："臣闻之，君不为匹夫兴师。"杨《疏》解读了伍子胥内心的矛盾与困惑：

> 夫资父事君，尊之非异，重服之情，理宜共均。既以天性之重，降于义合之轻，故令忠臣出自孝子，孝子不称忠臣……而忠孝不得并存。传不善子胥者，两端之间，忠臣伤孝子之恩，论孝子则失忠臣之义。《春秋》科量至理，尊君卑臣，子胥有罪明矣。君者臣之天，天无二日，土无二王。子胥以藉吴之兵，戮楚王之尸，可谓失矣。虽得壮士之偏节，失纯臣之具道，传举见其非，不言其义，盖吴子为蔡讨楚，申中国之心，屈夷狄之意，其在可知。②

作为臣子，要分担不同的社会角色，对国君要尽忠，对父母要尽孝。按"三纲"的内在要求，忠孝应等量齐观，甚至二者能完美合一。但实际上忠臣的地位往往高于孝子伦常，甚至二者发生冲突，所谓"忠臣出自孝子，孝子不称忠臣……而忠孝不得并存。传不善子胥者，两端之间，忠臣伤孝子之恩，论孝子则失忠臣之义"，因此，在现实生活中要求"家国

---

① 《春秋穀梁传注疏》卷十二，宣公二年九月乙丑"晋赵盾弑其君夷皋"杨士勋疏。
② 《春秋穀梁传注疏》卷十九，定公四年冬十一月庚午"蔡侯以吴子及楚人战于伯举，楚师败绩"杨士勋疏。

不能两全"而"移孝作忠"。

可见,"三纲"与"忠孝"之间有着紧密的内在关联,三纲是根本,是核心,忠孝是形式和表征,二者构成了春秋穀梁学的伦理价值体系。

(三) 史学思想

春秋穀梁学的史学思想,具体表现为:

1. 实录笔法

桓公二年三月,公会齐侯、陈侯、郑伯于稷,以成宋乱。宋国之乱,见前所述。《春秋穀梁传》认为鲁国乘人之危,"于内之恶,而君子无遗焉尔",不应该隐讳不载,但这涉及自己母国国君的声誉而应加以隐讳。在两难的情况下,《春秋穀梁传集解》这样处理:"宋虽已乱,治之则治。治乱成不,系此一会。若诸侯讨之,则有拨乱之功;不讨,则受成乱之责。辞岂虚加也哉!《春秋》虽为亲尊者讳,然亦不没其实,故纳鼎于庙,跻僖逆祀,及王室之乱,昭公之孙,皆指事而书。"① 要求不隐瞒事实,"指事而书",即按实际史事记载,这是南董"直书"精神的继承。春秋穀梁学又进一步阐释为"实录"的史学思想。

桓公五年正月甲戌、己丑,陈侯鲍卒。《穀梁传》发现这条史事有疑问:"鲍卒,何为以二日卒之?《春秋》之义,信以传信,疑以传疑。陈侯以甲戌之日出,己丑之日得,不知死之日,故举二日以包也。"传者尊重这种疑惑不清的事实,故《集解》以为"明实录也",是按事实记录。这是如何造成的?杨《疏》解读道:"既云'信以传信,疑以传疑',则是告以虚事。而注云'实录'者,告以实则以一日卒之,告以虚则二日卒之。二者皆是据告,而即是实录之事。"② 即陈国两次通报国君之卒日,鲁国史书据实记录。这种"实录"精神在《春秋》所载庄公七年四月"夜中,星陨如雨"的传释中再次得到体现。《春秋穀梁传》说:"其陨也如雨,是夜中与?《春秋》著以传著,疑以传疑。中之幾也,而曰夜中,著焉尔。"在这种复杂的天气情况下,要准确判断流星雨发生的具体时间是十分困难的,正如《集解》以为这是"明实录也。……星既陨如

---

① 《春秋穀梁传注疏》卷三,桓公二年三月"公会齐侯、陈侯、郑伯于稷,以成宋乱"传范宁注。
② 《春秋穀梁传注疏》卷三,桓公五年正月甲戌、己丑"陈侯鲍卒"杨士勋疏。

雨，中微难知，而曰夜中，自以实著尔，非亿（臆）度而知"。时间的判定有一定标准，这个标准据杨《疏》揭示："谓《经》以何事而知其夜中者，以失星变之始，而录其已陨之时，揆度漏刻，则正当夜中矣。"①《穀梁传》、《集解》、杨《疏》一步步求证，"夜中，星陨如雨"确系实录。

　　2. 褒贬惩劝的功能

　　《春秋》之成书，按《集解》说法是："鲁政虽陵迟而典刑犹存，史策所录，不失常法，其文献之实足征，故孔子因而修之，事仍本史，而辞有损益，所以成详略之例，起褒贬之意。若夫可以寄微旨而通王道者，存乎精义穷理，不在记事少多，此盖修《春秋》之本旨。"② 这段材料包含的信息十分丰富，其一鲁国旧史是按一般史书之法载事；其二孔子依据旧史修《春秋》，史事一仍其旧，但文辞有所增损，通过详略的例法以体现褒贬的意蕴，即"假笔削以行权"或"《春秋》书法"；其三孔子所编《春秋》有微言大义，寄予孔子儒家的"王道"思想。孔子的损益史料具体表现为："仲尼修《春秋》，亦有改旧义以见褒贬者，亦有因史成文以示善恶者。其变之也，不蓦有三：为齐桓讳灭项之类，是改旧也；其梁以自灭为文，郑弃其师之徒，是因史之文也。"③ 这与孟子的表述"其事则齐桓、晋文，其文则史。孔子曰：'其义则丘窃取之矣'"④ 相符，将义、事、文三者结合以体现褒贬惩劝功能，而且这种褒贬惩劝功能具有警示来世的史学意义："桓虽不君，臣不得不臣，所以极言君父之恶，以示来世者，桓既罪深责大，若为隐讳，便是长无道之君，使纵以为暴，故《春秋》极其辞以劝善惩恶也。"⑤ 范宁《春秋穀梁传序》将这种褒贬惩劝的史学意义提高到无以复加的程度："举得失以彰黜陟，明成败以著劝诫，拯颓纲以继三五，鼓芳风以扇游尘。一字之褒，宠逾华衮之赠。片言之贬，辱过市朝之挞。德之所助，虽贱必申。义之所抑，虽贵必屈。故附势匿非者无所逃其罪，潜德独运者无所隐其名，信不易之

---

① 《春秋穀梁传注疏》卷五，庄公七年四月"夜中，星陨如雨"杨士勋疏。
② 《春秋穀梁传注疏》卷九，僖公三十二年冬十有二月己卯"晋侯重耳卒"范宁注。
③ 《春秋穀梁传注疏》卷九，僖公十九年冬"梁亡"杨士勋疏。
④ 《孟子·离娄下》。
⑤ 《春秋穀梁传注疏》卷三，桓公二年七月"纪侯来朝"杨士勋疏。

宏轨，百王之通典也。先王之道既弘，麟感而来应。因事备而终篇，故绝笔于斯年。成天下之事业，定天下之邪正，莫善于《春秋》。"以史文寄予道德评价彰显了春秋穀梁学史学思想鲜活的生命力。

综上所述，基于《春秋》原典思想与《穀梁传》经学思想的基础，《集解》、杨《疏》层累地解读《春秋》的政治、伦理和史学思想，具体形成了倡导民本和贤君的"王道"政治思想，以三纲和忠孝为内核、家国同构但以尊君为"天道"的伦理思想，以及以实录和褒贬惩劝为"书法"的史学思想。由于范注杨疏比较忠实地传达孔子作《春秋》的意旨，成为《春秋》的解人而受到人们的肯定。同时，这些思想也成为后世学者进一步解读和阐释春秋穀梁学思想的基础。

第三节 《春秋穀梁传注疏》的文献学特色

由于《春秋穀梁传》的注与疏联系紧密，对其所引书合并梳理与统计。现按四部分类法举列如下。凡所引古籍，皆依《隋志》与两《唐志》列出书名，能考见具体篇名者亦将篇目列出。

一 征引文献书名、篇目考录

(一) 经部文献

1. 《易》类

《易》本经引用《坤卦》《坎卦》《解卦》《鼎卦》《归妹卦》《文言》《系辞》《说卦》。此外，引用京房《易传》、《易经》王弼注、《易经》马融注。

2. 《书》类

《尚书》本经引用《舜典》《禹贡》《洪范》《金縢》、六誓、七诰、《周官》《顾命》。此外，引用《尚书传》《书·序》及孔安国注。

3. 《诗》类

《诗》本经引用《风》《雅》《颂》三类。其中，《国风》类引用《邶风》之《谷风》、《周南》之《麟之趾》、《卫风》之《简兮》等，《雅》类有《大雅》之《抑》《韩奕》，《小雅》之《白驹》《节南山》

《小弁》《桑扈》《角弓》等，《颂》类有《周颂》之《噫嘻》。此外，引用子夏《诗序》、《毛诗传》、陆机《毛诗义疏》。

4. 《礼》类

三《礼》引用最多。其中，《周礼》类有《天官》之《大宰职》《玉府》，《地官》之《小司徒》及《小司徒职》《媒氏》，《春官》之《大宗伯》及《大宗伯职》，《夏官》之《司马》《校人》，《秋官》之《司盟》《大行人》及《大行人职》，《冬官》之《考工记》。

《仪礼》类有《士冠礼》《士昏礼》《士丧礼》《士虞记》。

《礼记》类有《曲礼下》《檀弓》《王制》《月令》《曾子问》《礼器》《郊特牲》《明堂位》《丧服（小）记》《杂记上》《丧大记》《祭法》《祭义》《祭统》《哀公问》《中庸》《玉藻》等。

另外，还引用《大戴礼》，郑玄注《礼记》及《少仪》、王肃注《礼记》、杜预《丧服要集》，《司马法》、《礼经》纬书之《礼纬》《稽命徵》等。

5. 《春秋》类

《春秋》类引用的书籍有：

《左传》之属有《左传》、郑玄注《左传》、贾逵注《左传》、服虔注《左传》、郑玄《箴膏肓》、杜预《春秋左传集解》、刘炫《春秋左氏传述义》、《春秋左氏说》。

《公羊传》之属有《公羊传》、何休《春秋公羊传解诂》。

《穀梁传》之属有《穀梁说》、刘向《穀梁传注》、麋信《穀梁传注》、刘兆《春秋公羊穀梁传解诂》、江熙《春秋公羊穀梁二传评》、徐乾《春秋穀梁传注》、徐邈《春秋穀梁传义》、范宁《春秋穀梁传集解略例》、范宁《春秋穀梁传集解别例》、薄氏《春秋穀梁传集解薄氏驳》、范氏《春秋穀梁传集解范氏答》、何休《穀梁废疾》、郑玄《释废疾》、张靖《笺废疾》。

《春秋》纬书之《春秋纬》《春秋考异邮》《感精符》《春秋说元命包》《文要钩》。

6. 《孝经》类

《孝经》类引用《孝经说》、纬书之《援神契》。

7. 五经总义类

五经总义类引用如下书籍：《白虎通》、郑玄《六艺论》、许慎《五经异义》、刘表《五经章句》、谯周《五经然否论》、陆德明《经典释文》。

8. 四书类

四书类引用《中庸》,《论语》之《八佾》《雍也》《子罕》《乡党》《先进》《颜渊》《宪问》《子张》,《孟子》之《滕文公上》《告子下》。

9. 小学类

小学类引用训诂之属有《尔雅》之《释器》《释宫》《释亲》等、郭璞《尔雅注》,字书之属有许慎《说文》、吕忱《字林》、《字书》、张揖《字诂》,韵书之属有李登《声类》、吕静《韵集》、陆德明《史记音义》。

(二) 史部文献

史部引用正史类:《史记》之《周本纪》《齐世家》《鲁世家》《楚世家》《孔子世家》《(六国)年表》、《汉书》之《高祖纪》《食货志》《五行志》《艺文志》、李奇《汉书·艺文志》注、《晋书·范宁传》。别史类有《世本》、《(逸)周书》之《籴匡解》《谥法(解)》、《(孔子)三朝记》,杂史类引用了《国语》之《周语》《楚语》。

(三) 子部文献

子部引用《老子》、《庄子》、《尸子》、邹衍《邹子始终》、《管子》、《吕氏春秋》及高诱注、《荀子》、《本草》、《孔丛子》。

(四) 集部文献

只引用扬雄《剧秦篇》。范宁《春秋穀梁传序》杨士勋《疏》有"旧解引扬雄《剧秦篇》曰:'当秦之世,海水群飞。'"此当出自《扬雄集》之《剧秦美新》篇。

由上所述,《春秋穀梁传注疏》引用经史子集四部总共87种书籍。其中,经部引用的书籍最多,因为经学为中国传统学术的主体,而史子集部引书较少,特别是集部。汉至魏晋南北朝时期,经学训诂之学发达。《春秋穀梁传》的注释训诂在这一时期的成果也极多。在所引用的87种书籍中,有关《春秋穀梁传》笺注的书籍相当部分失传,赖《春秋穀梁传注疏》保存了一些内容。正如钱大昕《跋范氏穀梁集解》所云:"范武子《穀梁集解》,于先儒董仲舒、京房、刘向、许慎、何休、杜预皆举其姓名,惟郑康成称君而不名,范氏世习郑氏学故也;徐邈、江熙、徐乾、郑嗣四人，与范同时……考《隋书·经籍志》有徐邈《穀梁传义》十二卷，徐乾《穀梁传注》十三卷，其余诸家皆失传，赖范氏书得存一二耳。徐邈书，杨氏作疏屡引之。"① 经杨士勋《疏》以后，二徐的《春秋穀梁传》注到宋代也失传②。其他，如陆机《毛诗义疏》、范宁《春秋穀梁集解略例》《春秋穀梁传集解别例》、薄氏《春秋穀梁传集解薄氏驳》、范氏《春秋穀梁传集解范氏答》、张靖《笺废疾》、刘表《五经章句》、谯周《五经然否论》、《（孔子）三朝记》以及纬书、小学类书等等也失传。因此，范宁、杨士勋的《春秋穀梁传注疏》对保存古籍有重大的历史功绩。

当然，我们也应该认识到范《注》杨《疏》对文献有一定保存之功，但自唐政府组织颁定的《五经正义》，以官方的政治权威宣布所定经书的正统性以后，其他各家注、疏就自然失传了，正如刘师培《国学发微》指出："《正义》之学，乃专守一家举一废百之学也"，"故自有《正义》而后六朝之经以失传，且不惟六朝之说废，即古学之存于六朝旧疏者，亦随之而竟泯！况《正义》之书，颁之天下，凡试明经，悉衷《正义》，是《正义》所折衷者，仅一家之注；而士民之所折衷者，又仅一家之疏。故学术定于一尊，使说经之儒不复发挥新义，眯天下之目，锢天下之聪"③。

二 征引文献的特色

《春秋穀梁传注疏》所引书的种类、内容都极有特点，值得研究。

（一）多引三礼类

因为《春秋》之义以道名分，《礼》能定名分，所以"《礼》能节人"，即调节人与人之间的关系。春秋之时，周天子衰微，"礼乐征伐之诸侯出"，这样必出现大量违背和破坏礼法的事件，正如《孟子·滕文公下》所说："世衰道微，邪说暴行有作，臣弑其君者有之，子弑其父者有

---

① （清）钱大昕：《潜研堂文集》卷二十七，四部丛刊本。
② 《宋史》卷二百〇二《艺文志一》，著录有范宁《穀梁传》十二卷、杨士勋《春秋穀梁疏》十二卷。
③ 刘师培：《国学发微》，宁武南氏校印本，第37页。

第三章　注疏大兴：晋唐时期穀梁学

之。孔子惧，作《春秋》。"要求统治者能"克己"以"复礼"。《春秋》强调礼，《春秋穀梁传》也从礼法的角度来阐释《春秋》，而《春秋穀梁传注疏》更广引三礼对《春秋》经传进行疏解，如《周礼》类有《天官》之《大宰职》《玉府》，《地官》之《小司徒》及《小司徒职》《媒氏》，《春官》之《大宗伯》及《大宗伯职》，《夏官》之《司马》《校人》，《秋官》之《司盟》《大行人》及《大行人职》，《冬官》之《考工记》。《仪礼》类有《士冠礼》《士昏礼》《士丧礼》《士虞记》。《礼记》类有《曲礼下》《檀弓》《王制》《月令》《曾子问》《礼器》《郊特牲》《明堂位》《丧服（小）记》《杂记上》《丧大记》《祭法》《祭义》《祭统》《哀公问》《中庸》等。另外，还引用《大戴礼》、郑玄注《礼记》及《少仪》、王肃注《礼记》、杜预《丧服要集》、《司马法》、《礼经》纬书之《礼纬》《稽命徵》等，体现了该书"重礼"的特色。因此，历代学者均重视对《春秋穀梁传》《春秋穀梁传注疏》这一特色的总结和研究。如清人侯康《穀梁礼证》、柳兴恩《穀梁大义述》及张慰祖《补阙》、廖平《穀梁经传古义疏》等都是这方面的代表作。

（二）引作者名、书名、篇名不统一

《穀梁传注》作者麋信，《春秋穀梁传注疏》有时作糜信，有时作麋信，从《隋书·经籍志》考察应作"麋信"。《春秋公羊穀梁二传评》作者江熙，有作江熙，有作江淵。按《旧唐书·经籍志》《新唐书·艺文志》作"江熙"。此是作者名不统一。如《春秋》纬书之一《春秋考异邮》，或作《春秋考异邮》，或作《春秋说考异邮》，或作《考异邮》。这是所引书名不一的情况。另如所引用的《尚书·洪范》《洪范·五行传》《五行传》，《礼记·檀弓》《礼·檀弓记》《檀弓》，《礼记·明堂位》《明堂位》《明堂》等等，均是篇名不一。甚至范宁、杨士勋在引用材料时，只提及人名，或者只说明该材料出自何书，这说明注疏时的体例并不十分严谨。

（三）会通三传，以定是非，见异同，补缺略

《春秋》三传，《公羊》《穀梁》二传属今文经，《左传》属古文经，家法不同；《公羊》《穀梁》解经分属二师，师法各异。有的学者批评《春秋穀梁传注疏》解经引用《公羊传》《左传》，不重家法师法，为例不纯。虽

· 109 ·

然，我们从范宁《春秋穀梁传序》中看到对"释《穀梁传》者虽近十家，皆肤浅末学，不经师匠。辞理典据，既无可观，又引《左氏》、《公羊》以解此传，文义违反，斯害也已"的批评，但范宁指出《春秋》三传"文同而义异者甚众，故不可以一方求之"①，故杨士勋说范宁"注广引《公羊》、《左氏》者，以证国氏不同之意，并明褒贬殊致也"②。杨士勋《春秋穀梁传疏》中也直接指明"同说儒家，三传各异，俱述经旨，而理味有殊也"；"三传虽说《春秋》，各有短长"③。"是三传之说各异也。"④ "是三传异说。"⑤ "是三传异也。"⑥ 可见，范宁、杨士勋引用《左传》《公羊传》意在说明三传解经的差异性和各自的特色。可分两种情况。

1. 三传解经不同

桓公五年春正月甲戌、己丑，陈侯鲍卒，杨士勋《疏》认为"《公羊》以为鲍之狂，故甲戌日亡，己丑日死。孔子疑之，故以二日卒之。此传（《穀梁传》）之意，言陈侯辟病，以甲戌日出，己丑之日得之，不知死之日，故举二日以包之。《左传》以为再赴，故两日并书，是三传异说。"⑦ 三传对陈侯之卒两书卒日提出不同的解说，说明三家皆有各自的理由。

2. 三传文本各异

桓公十五年五月公会齐侯于蒿，范宁《集解》："蒿，《左氏》作艾，《公羊》作鄗。"⑧《穀梁传》"蒿"与《公羊传》"鄗"同属今文，因音同而字异，《左氏》之"艾"与《穀梁传》之"蒿"一属古文，一属今文，因义近而字异。另外，《春秋穀梁传注疏》中还有范宁针对《穀梁传》缺传的经文、杨士勋对范宁《春秋穀梁传集解》未注的经传文分别引用《左传》《公羊传》进行补充。这样，就使《春秋穀梁传注疏》更加完善。因为从东汉的郑玄至唐代的《五经正义》，今古文家法与各家师法逐渐融合、综合，《春秋穀梁传注疏》会通三传正是适应了这一学术潮流。

---

① 《春秋穀梁传注疏》卷一，隐公二年九月"纪履緰来逆女"范宁注。
② 《春秋穀梁传注疏》卷一，隐公二年九月"纪履緰来逆女"杨士勋疏。
③ （唐）杨士勋：《春秋穀梁传序》疏，载《春秋穀梁传注疏》卷首。
④ 《春秋穀梁传注疏》卷三，桓公元年三月"郑伯以璧假许田"杨士勋疏。
⑤ 《春秋穀梁传注疏》卷三，桓公五年春正月甲戌、己丑"陈侯鲍卒"杨士勋疏。
⑥ 《春秋穀梁传注疏》卷三，桓公六年九月丁卯"子同生"杨士勋疏。
⑦ 《春秋穀梁传注疏》卷三，桓公五年正月甲戌、己丑"陈侯鲍卒"杨士勋疏。
⑧ 《春秋穀梁传注疏》卷四，桓公十五年五月"公会齐侯于蒿"传范宁注。

第三章 注疏大兴：晋唐时期榖梁学

（四）所引文献与今本的不同

1. 全引之文与流传至今的文本比较有文字差异

隐公元年秋七月天王使宰咺来归惠公仲子之赗，《庄子》外篇《外物》原文："徐别其颊，无伤口中珠。"杨士勋《疏》引作"《庄子》云：'徐徐别其颊，无伤口中珠。'"① 僖公元年冬十月壬午公子友帅师，败莒师于郦，获莒挐，《老子》五十七章原文："以正治国，以奇用兵。"杨士勋《疏》引文作"以政治国，以奇用兵"②。哀公十四年春西狩获麟，《论语·子罕》原文："凤鸟不至，河不出图，吾已矣夫。"杨士勋《疏》引文作"凤鸟不至，河不出图，吾已矣乎"③。这是一字之异。庄公元年十月王使荣叔来锡桓公命，《周礼·春官·大宗伯》原文："以九仪之命，正邦国之位，壹命受职，再命受服，三命受位，四命受器，五命赐则，六命赐官，七命赐国，八命作牧，九命作伯。"杨士勋《疏》引文作"以九仪之命，正邦国之位，一命受职，再命受服，三命受位，四命受器，五命受则，六命赐官，七命赐国，八命作牧，九命作伯"④。襄公十一年春王正月作三军，《周礼·夏官·司马》原文："万有二千五百人为军，王六军，大国三军，次国二军，小国一军，军将皆命卿，二千有五百人为师。"范宁《注》引文作"万有二千五百人为军。王六军，大国三军，次国二军，下国一军，其将命卿。二千五百人为师"⑤。这是多字之差异。

2. 节引原文

隐公八年秋七月庚午，宋公、齐侯、卫侯盟于瓦屋，《周礼·秋官·司盟》原文："掌盟载之法。凡邦国有疑会同，则掌其盟约之载。"杨士勋《疏》引文作"掌盟载之约"⑥。在范宁《春秋榖梁传序》中，《孟子·滕文公上》原文作"当尧之时，天下犹未平，洪水横流"，杨士勋《疏》引文作"当尧之世，洪水横流"⑦。哀公十二年春，用田赋，《孟子·告子下》

---

① 《春秋榖梁传注疏》卷一，隐公元年秋七月"天王使宰咺来归惠公仲子之赗"杨士勋疏。
② 《春秋榖梁传注疏》卷七，僖公元年冬十月壬午"公子友帅师，败莒师于郦，获莒挐"杨士勋疏。
③ 《春秋榖梁传注疏》卷二十，哀公十四年春"西狩获麟"杨士勋疏。
④ 《春秋榖梁传注疏》卷五，庄公元年十月"王使荣叔来锡桓公命"杨士勋疏。
⑤ 《春秋榖梁传注疏》卷十五，襄公十一年春王正月"作三军"传范宁注。
⑥ 《春秋榖梁传注疏》卷二，隐公八年七月庚午"宋公、齐侯、卫侯盟于瓦屋"杨士勋疏。
⑦ （唐）杨士勋：《春秋榖梁传序》疏，载《春秋榖梁传注疏》卷首。

原文："欲轻之于尧、舜之道者，大貉小貉也。欲重之于尧、舜之道者，大桀、小桀也。"杨士勋《疏》引文作"重之于尧舜，大桀小桀。轻之于尧舜，大貉小貉"①。

3. 意引原文

即只引原文的大意，文字与原文有较大差异。宣公二年秋九月乙丑，晋赵盾弑其君夷皋，范宁《注》："礼：……君赐之环，则还；赐之玦，则往。"杨士勋《疏》："'君赐之环则还，赐之玦则往'，荀卿书有其事。"②查《荀子》二十七《大略》："绝人以玦，反绝以环。"则范《注》所引则只是其大概。哀公十二年春，用田赋，《孟子·滕文公上》原文："夏后氏五十而贡，殷人七十而助，周人百亩而彻，其实皆什一也。"范宁《注》引文作"周谓之彻，殷谓之助，夏谓之贡，其实一也"③。哀公十四年春，西狩获麟，《论语·子罕》原文："文王既没，文不在兹乎？"杨士勋《疏》引文作"文王既没，其为文之道，实不在我身乎"④。

（五）引用谶纬文献

隐公三年春王二月己巳，日有食之，范宁引京房《易传》作注解："日者阳之精，人君之象。骄溢专明，为阴所侵，则有日食之灾。不救，必有篡臣之萌。其救也，君怀谦虚下贤，受谏任德，日食之灾为消也。"⑤庄公七年夏四月辛卯，夜中，星陨如雨，范宁引刘向曰："陨者象诸侯陨坠，失其所也。又中夜而陨者，象不终其性命，中道而落。"⑥成公十六年春王正月，雨木冰，杨士勋引刘向云："冰者阴之盛，木者少阳，卿大夫之象。"并加以解释："此是人将有害，则阴气胁木，木先寒，得雨而冰也。"⑦昭公二十有五年夏，有鸜鹆来巢，杨士勋引刘向曰："去穴而巢。此阴居阳位，臣逐君之象也。"⑧京房、刘向均是善"推阴阳言灾异"⑨，对《春秋》

---

① 《春秋榖梁传注疏》卷二十，哀公十二年春"用田赋"杨士勋疏。
② 《春秋榖梁传注疏》卷十二，宣公二年秋九月乙丑"晋赵盾弑其君夷皋"杨士勋疏。
③ 《春秋榖梁传注疏》卷二十，哀公十二年春"用田赋"传范宁注。
④ 《春秋榖梁传注疏》卷二十，哀公十四年春"西狩获麟"杨士勋疏。
⑤ 《春秋榖梁传注疏》卷一，隐公三年春二月己巳"日有食之"传范宁注。
⑥ 《春秋榖梁传注疏》卷五，庄公七年夏四月辛卯"夜中，星陨如雨"传范宁注。
⑦ 《春秋榖梁传注疏》卷十四，成公十六年春王正月"雨木冰"杨士勋疏。
⑧ 《春秋榖梁传注疏》卷十八，昭公二十五年夏"有鸜鹆来巢"杨士勋疏。
⑨ 《汉书》卷七十五《眭弘传》。

经文中自然灾异与人事相联系进行唯心的解释。范宁、杨士勋注疏中还引用了一些谶纬方面的书籍，如《礼经》纬书《稽命徵》，《春秋》纬书《春秋考异邮》《感精符》《春秋说元命包》《文要钩》，《孝经》纬书《援神契》等，对其中的唯心主义成分不批判，反而持肯定的态度。文公三年秋，雨螽于宋，《穀梁传》说："外灾不志，此何以志也？曰，灾甚也。其甚奈何？茅茨尽矣。著于上见于下谓之雨。"杨士勋《疏》说："《公羊》与《考异邮》皆云：'螽死而坠于地。'故何休'螽犹众也，死而坠者，象宋群臣相残害也'云云，'上下异之云尔'。今《穀梁》直云'茅茨尽矣，著于上见于下谓之雨'，与谶违，是为短。郑玄云：'《穀梁》意亦以宋德薄，后将有祸，故螽飞在上，坠地而死。言茅茨尽者，著甚之验，于谶何错之有乎？'是郑意以雨螽于宋，亦为将祸之应也。"[①]《穀梁传》将"雨螽于宋"解释为虫灾严重，符合事实，而杨士勋引用《公羊传》《春秋考异邮》以及郑玄的解说，将自然的灾异与人事的祸福作牵强附会的关联，肯定谶纬之说。两晋至隋唐，图谶之书，已受到人们的批判和扫荡，而范《注》、杨《疏》还引用谶纬书籍来注疏《春秋穀梁传》，因此，其历史观、学术观是落后的。

综上所述，《春秋穀梁传注疏》所引的书籍是极丰富的，在今天多数古籍失传的情况下，它保存文献之功是不可抹杀的。另外，它引用的书籍或材料，也有极大特点，如与传世文本之间的差异值得研究，特别是一些节引或引其大意的材料，我们今天作辑佚时，或者前人从《春秋穀梁传注疏》中所辑佚出的材料，在引用或使用时均应该持审慎的态度。

第四节 《春秋穀梁传注疏》注例研究

一 例法的产生

范宁《春秋穀梁传序》说："孔子因鲁史而修《春秋》"，鲁史旧文为策书，史事之书与不书，均有"史官之法"[②]，即载事必有一定的例法。宋

[①] 《春秋穀梁传注疏》卷十，文公三年秋"雨螽于宋"杨士勋疏。
[②] 《汉书》卷三十《艺文志》。

代程颐探讨《春秋》例法产生的原因："大率所书事同而辞同，后人因谓之例。"① 其中日月时是最重要的例法，宋代学者崔子方探讨产生的原因：

> 《春秋》之法，以为天下有中外，侯国有大小，位有尊卑，情有疏戚，不可得而齐也。是故详中夏而略外域，详大国而略小国，详内而略外，详君而略臣，此《春秋》之义，而日月之例所从生也。著日以为详，著时以为略，又以详略之中而著月焉，此例之常也。②

不仅如此，后世学者用天文学知识来类比《春秋》的例法，如清代卢文弨说："《春秋》者之有例也，犹夫观天者之有法也。"③ 洪兴祖表达了相同的意见："《春秋》本无例，学者因行事之迹以为例，犹天本无度，治历者即周天之数以为度也。"④ 说明《春秋》的例法是学者根据史事记载归纳的结果。所以，要研究《春秋》必须要掌握其例法。《穀梁传》在传释《春秋》时十分重视这个特点。

由于《穀梁传》解释《春秋》，传例随文而发，散见而互出，所以范宁在集解《穀梁传》时，为了指导注释工作，"乃商略名例"，据杨士勋疏称：范氏"别为《略例》一百余条"⑤。我们现在从《春秋穀梁传注疏》中看不见如杜预《春秋经传集解》那样所总结的"五十凡"，因此，《四库全书总目》推测"《自序》中有'商略名例'之句，疏称宁'别有《略例》百余条'，此本不载。然注中时有'传例曰'字，或士勋割裂其文，散入注疏中欤？"⑥ 其所言是否属实，还须进行研究。

二 例法分类

我们通过考察，可发现范宁、杨士勋《春秋穀梁传注疏》中所涉及

---

① （宋）程颐：《程氏经说》卷五《春秋》"隐四年二月戊申卫祝吁弑其君完"传，四库全书本。
② （宋）崔子方：《春秋本例序》，载《春秋本例》卷首，四库全书本。
③ （清）卢文弨：《抱经堂文集》卷二《春秋五测序》，丛书集成初编本。
④ （清）钟文烝：《春秋穀梁经传补注》卷首《论经》。
⑤ （晋）范宁：《春秋穀梁传序》，载《春秋穀梁传注疏》卷首。
⑥ （清）永瑢等：《四库全书总目》卷二十六《春秋穀梁传注疏提要》。

第三章 注疏大兴：晋唐时期穀梁学

的例法有三类，列举如下，并略作分析：

（一）传例

传例曰："灭国有三术，中国日，卑国月，夷狄时。"

传例曰："及者何，内为志焉尔。"

传例曰："当国以国氏，卑者以国氏，进大夫以国氏。"

传例曰："斩树木、坏宫室曰伐。"

传例曰："外盟不日。"

传例曰："诸侯时葬，正也。月葬，故也。日者忧危最甚。不得备礼葬也。"

传例曰："取，易辞也。"

传例曰："公往时，正也。"

传例曰："往月，危往也。"

传例曰："纳者，内弗受也。日之，明其恶甚也。"

传例曰："致君者，殆其往而喜其反。"

传例曰："雩，得雨曰雩，不得雨曰旱。"

传例曰："不日，疑战也。"

传例曰："归为善，自某归次之。"

传例曰："大夫出奔反，以好曰归，以恶曰入。"

传例曰："不期而会曰遇，遇者，志相得也。"

传例曰："凡城之志，皆讥。"

传例曰："获者，不与之辞。"

传例曰："莅，位也。内之前定之盟谓之莅，外之前定之盟谓之来。"

传例曰："侵时而此月，盖为溃。"

传例曰："逃义曰逃。"

传例曰："以国氏者，嫌也。"

传例曰："以者，不以者也。"

传例曰："天子大夫称字。"

《疏》：传例："凡弑君书日以明正。"

传例曰："称国以弑其君，君恶甚矣。"

《疏》：传例："将卑师众曰师，将尊师少言将。"

传例曰:"诸侯正卒则日,不正则不日。"

传例曰:"言日不言朔,食晦日。"

传例曰:"失德不葬";"君弑,贼不讨不葬,以罪下也";"日卒,时葬,正也"。

传例曰:"国曰灾,邑曰火。"

传例曰:"已伐而盟。复伐者,则以伐致。盟不伐者,则以会致。"

传例曰:"称人以杀,为杀有罪。"

传例曰:"大夫不日卒,恶也。"

传例曰:"盟不日者,渝盟恶之也。"

传例曰:"恶事不致,公会夷狄伐齐之丧,而致之何也?"

传例曰:"微杀大夫谓之盗。"

从上面 37 条材料可以看出:

1. "传例"是《穀梁传》在传释《春秋》时所确定的例法,由范宁在注中具体加以归纳总结,一般来说是《穀梁传》在解释《春秋》时的传文原话。如"及者何?内为志焉尔"是隐公元年三月公及邾仪父盟于眛的传文;"致君者,殆其往而喜其反"是桓公二年冬公至自唐的传例;"得雨曰雩,不得雨曰旱"是僖公二十一年夏大旱的传例;"大夫出奔反,以好曰归,以恶曰入"是庄公九年夏齐小白入于齐的传文,等等,所以这些也是范宁从《穀梁传》传文中总结出的传例。

2. "传例"几乎是范宁注解《穀梁传》时的注语,而杨士勋在义疏范宁《春秋穀梁传集解》是较少引用"传例",仅有两条。

(二) 注例

表 3-2

	例目	统计
日例	1. 凡卿大夫盟,信之与不,例不日;公卿之盟书日;卑者例不书日;外盟不日;平不日。2. 夫人薨,例日。3. 弑君日与不日,从其君正与不正之例也。4. 败例日与不日,皆与战同。5. 内灾例日。6. 内女卒例日。7. 执例日。	7
月例	1. 桓弑逆之人,出则有危,故会皆月之。2. 执大夫无罪者月。3. 诸侯出奔例月。	3

第三章 注疏大兴：晋唐时期穀梁学

续表

	例目	统计
时例	1. 会例时。2. 伐例时。3. 遇例时。4. 讨贼例时。5. 围例时。6. 城例时。7. 聘例时。8. 凡有所归，例时。9. 大水例时。10. 有年例时。11. 蒐狩例时，而此月者，重公失礼也。12. 外相如不书，过我则书，例时。13. 蒐阅例时。14. 执大夫有罪者例时。15. 筑例时。16. 外灾例时。	16
日月时例	1. 赗例时，书月，以谨其晚。2. 入例时，恶甚则日，次恶则月。3. 不亲逆则例月，重录之。亲迎（逆）则例时。4. 大国篡例月，小国时。5. 失礼宗庙，功重者月，功轻者时。6. 来朝例时；月者，谨其无礼。7. 失礼，祭祀例日。得礼者时。	7
其他例	1. 附庸之君，未王命，例称名。 2. 君杀大夫例不地。 3. 外大夫例不书卒。 4. 依例，将尊师少称将，将卑师众称师。	4
合计		37

分析上面的材料，我们得到如下结论：

1. 这些例目均是范宁注解《穀梁传》时从《春秋》经文归纳所得，大部分注于《春秋》经文之后，以作为注解《穀梁传》的指导；杨士勋在作《春秋穀梁传注疏》时，也引用这些传目来作疏释《穀梁传》及其范宁注文。

2. 从所列例目来看，有关"日、月、时"的传目占近百分之九十的比例。我们可归纳出以下特点。

（1）孔子修《春秋》"假日月以定历数"①，即通过日月时来表达春秋十二公的纪年。这反映了《春秋》作为编年体史书，"记事者，以事系日，以日系月，以月系时，以时系年，所以纪远近、别同异也"②的特点，即非常强调时间性这一要素。所以，崔子方认为"圣人之书，编年以为体，举时以为名，著日月以为例，《春秋》固有例也，而日月例盖其本"③。唐代啖助以为"《公》《穀》多以日月为例，或以书日为美，或以为恶。……故

---

① 《汉书》卷三十《艺文志》。
② （晋）杜预：《春秋左氏传序》，载《春秋左传正义》卷一。
③ （清）纳兰性德：《涪陵崔氏〈春秋本例〉序》，载《通志堂集》卷十二《经解序三》，上海古籍出版社1979年版。

知皆穿凿妄说也"①，宋代刘敞批评《穀梁传》"窭于日月"②，大体缘于此。

（2）范宁说《穀梁》皆以日月为例"，但范宁所总结的日、月、时之例，时例多，月例少，亦有兼言日月时者，所以宋代学者程颐"或日或不日，因旧史也。古之史记事简略，日月或不备。《春秋》因旧史，有可损，而不能益也"③。日、月、时不完全，有鲁史本身的原因，也有孔子的主观目的，据杨士勋解释说："此传凡是书经皆有日月之例者，以日月相承，其事可悉，史官记事，必当具文，岂有大圣修撰而或详或略？故知无日者，仲尼略之，见褒贬耳。"④ 即通过日、月、时的有无，来表达褒贬目的。

（三）范氏"略例"

范宁"商略名例"注解《穀梁传》，四库馆臣怀疑杨士勋将其散入注疏中。我们考察《春秋穀梁传注疏》，将其收集如下（前为《春秋》经文，后为杨士勋疏语）：

（1）桓公八年十月，祭公来，遂逆王后于纪。《疏》：依范氏《略例》，凡有十九"遂"事，传亦有释之者，亦有不释者，此是例之首。

（2）桓公九年春，纪季姜归于京师。《疏》：范氏《略例》云："逆王后有二者，以书逆王后，皆由过鲁。若鲁主婚而过我，则言归。若不主婚而过我，则直言逆。"

（3）庄公十年三月，宋人迁宿。《疏》：范《略例》云："凡迁有十，亡迁有三者，齐人迁阳，宋人迁宿，齐师迁纪是也。好迁有七者，邢迁夷仪，卫迁帝丘，蔡迁州来，许迁于叶，许迁于夷，许迁白羽，许迁容城是也。余迁皆月，许四迁不月者，以其小，略之如邑也。迁纪不月者，文承月下，蒙之可知也。"

（4）庄公二十年夏，齐大灾。《疏》：范例云："灾有十二，内

---

① （唐）陆淳：《春秋集传纂例》卷九，丛书集成初编本。
② （宋）王应麟：《困学纪闻》卷六《左氏传》。
③ （宋）程颐：《程氏经说》卷五，《春秋》"隐元年十二月公子益师卒"传。
④ 《春秋穀梁传注疏》卷一，隐公元年三月"公及邾仪父盟于眛"杨士勋疏。

第三章 注疏大兴：晋唐时期穀梁学

则书日，外者书时，国曰灾，邑曰火。"内则书日，新宫、御廪之类是也。其外则时者，则"宋大水"、"齐大灾"之等是也。

（5）僖公九年七月乙酉，伯姬卒。《疏》：范氏《别例》云："内女卒葬例有六，葬有三，卒亦有三。卒者此文一也；僖十六年鄫季姬二也；成八年杞叔姬三也。葬者，庄四年葬纪伯姬，三十年葬纪叔姬，襄三十年宋葬共姬是也。"

（6）僖公十五年十一月壬戌，晋侯及秦伯战于韩。获晋侯。《疏》：范《别例》云："凡书获有七：谓莒挐一也，晋侯二也，华元三也，蔡公子湿四也，陈夏啮五也，齐国书六也，麟七也。"

（7）文公六年闰十月，闰月不告月，犹朝于庙。《疏》：范氏《别例》云："书不告朔有三，皆所以示讥耳。则此文，一也；公四不视朔，二也；襄二十九年，公在楚，三也。"

（8）文公九年三月，夫人姜氏至自齐。《疏》：范氏例云："夫人行有十二，例时，此致而书月者，盖以非礼而致，故书月以刺之，余不书月者，当条皆有义。"

（9）文公九年九月癸酉，地震。《疏》：范例云"地震五，例日"。

（10）宣公元年夏，晋放其大夫胥甲父于卫。《疏》：范《别例》云："放大夫凡有三，晋放胥甲父一，昭八年楚放公子招二，哀二年蔡人放公孙猎三也。"

（11）宣公三年正月，郊牛之口伤。《疏》：范氏《别例》云凡三十五。范既总为例，则言"之"者，并是缓辞也。

（12）成公元年三月，作丘甲。《疏》：范《别例》云："作例有六，直云作者三，云新作亦三也。云作三者，谓作丘甲，一也；作三军，二也；作僖公主，三也。云新作三者，谓新作南门，一也；新延厩，二也；新作雉门及两观，三也。言作者不必有新，言新则兼作也。"

（13）成公九年十一月，楚公子婴齐率师伐莒。庚申，莒溃。《疏》：范《别例》云："凡溃者有四，发传有三。"

（14）成公十年春，卫侯之弟黑背率师侵郑。《疏》：故范准例言之，称弟之例有四意，齐侯之弟年来聘，郑伯使其弟御来盟，为接

· 119 ·

我称弟；卫侯之弟专，为罪兄称弟；陈侯之弟招，恶之称弟；叔肸及卫侯之弟黑背，为贤称弟，是有四也。

（15）成公十七年九月，晋侯使荀䓨来乞师。《疏》：范《别例》云："乞师例有三。"三者不释，从例可知也。乞例六者，乞师五，乞盟一，并为之六。

（16）昭公八年秋，蒐于红。《疏》：范氏例云："蒐狩书时，其例有九。书狩有四，言蒐有五。"

（17）昭公三十一年四月丁巳，晋侯使荀栎唁公于乾侯。《疏》：范例云："唁有三，吊失国曰唁。"

（18）定公元年九月，立炀宫。《疏》：范例云："宫庙有三者，三者文有详略。详略见功有轻重：丹楹功少，故书时；刻桷功重，故录月。"

（19）定公十五年九月，滕子来会葬。《疏》：范例云会葬四，案经有三……诸侯自相会葬……天子之会葬……天子之大夫来会葬。

（20）定公十五年九月丁巳，葬我君定公。雨，不克葬。戊午，日下稷，乃克葬。《疏》：范例云"克例有六"，则数何文以充之？解，郑伯克段一，不克纳二，雨不克葬三，日中不克葬各二，是谓四，通前二为六也。

（21）哀公十二年五月甲辰，孟子卒。《疏》：范例：夫人薨者十，而书葬者十。……即桓公夫人文姜一，庄公夫人哀姜二，僖公之母成风三，文公之母声姜四，宣公之母顷熊五，成公之母穆姜六，成公之嫡夫人齐姜七，襄公之母定姒八，昭公之母归氏九，哀公之母定弋十。十者并书葬，其隐公夫人从夫之让，昭公夫人讳同姓，二者皆不书葬也。

从上述的文献材料分析看出：

1. 这些是范宁根据《春秋》同类纪事经文而总结的例法，统计出具体的次数，范宁或杨士勋列举出每条史事，并分析其异同。这些例法不出现在《春秋穀梁传》的经传注文之中，而是被杨士勋引用到义疏文字中，说明范宁总结的这些例法极有可能单独别行。所以，杨士勋的义疏为保存这些成果具有重大的学术贡献。

2. 这些例法的名称多样，有"范氏《略例》"、"范《略例》"、"范例"、"范氏《别例》"、"范《别例》"、"范氏例"等。"略例"是从"商略名例"简省而来，"别例"是别行之例，其他则为二者的简称。这些名称的差异，是杨士勋随意称引的结果。

3. 上述例法包括遂例、逆王后例、迁国例、灾例、夫人卒葬例、获例、告朔例、夫人行例、地震例、放大夫例、之例、作例、溃例、称弟例、乞例、蒐狩例、唁例、会葬例、克例、夫人薨葬例。其中，"遂"为"继事之辞也"，"之"是"缓辞也"，除二者是虚词外，其余均是实词，反映一定的历史活动。它们少数与日月时相关，多数与时间无关。

三 例法研究

杨士勋在疏释《春秋穀梁传集解》时，对范宁的例法充分理解的基础上，提出了一系列解释经传例法的名词与术语。主要分为以下两方面。

（一）经例、众例、常例、变例、异例、内外例

1. 经例

经例，就是《春秋》经文记载历史所使用的例法，即上述的"注例"部分。襄公十一年七月，楚人执郑行人良霄，杨士勋《疏》称："案经例执大夫皆称人而执，未有称公侯者。"

2. 众例

众例，是从相同史事中归纳出的通用之例，即上面的"略例"。昭公十一年四月丁巳，楚子虔诱蔡侯般，杀之于申。《穀梁传》问："何为名之也？"范宁注释说："据诸侯不生名。"杨士勋疏解道："十六年楚子诱戎蛮子杀之，不名，所以不据之，以明于例。而总云'诸侯不生名'者，以传于郑伯髡原之卒，亦言诸侯不生名者，又恐华戎异例，故注以广问众例言之。"说明诸侯生前不称名，这是古代《曲礼》所言的基本礼制，也是《春秋》《穀梁传》通行的记事方法。

3. 常例

常例，就是《春秋》《穀梁传》通常遵循的例法，即上面所述的"传例"、"例"。庄公二十三年夏，萧叔朝公。萧为微国，也是鲁国的附

属，所以杨士勋注疏说："书名者，附庸常例。"① 僖公元年十月公子友帅师败莒师于郦，获莒挐。《穀梁传》提出疑问："内不言获，此其言获，何也？"杨士勋回答说："获者不与之辞，内不言获，乃是常例。"范宁《穀梁传》注解所总结的其他例日、例月、例时等等之例法，均是常例。

如果与"常例"不同又有三种情况。

4. 与常例相违背就是"变例"

昭公九年四月，陈火。按《穀梁传》传例"国曰灾，邑曰火"，陈既为国，当记以"灾"，为何书为"火"？杨士勋《疏》解释说："陈灭不可以比全国，故以邑录之。既以邑录之，则不得与国同文，国邑文既不同，传宜显变例，故云'国曰灾，邑曰火'。"陈国之灾不是全国性的，所以《春秋》以城邑之灾相待，以显与常例"国曰灾，邑曰火"的变化。《穀梁传》中凡言"与常例违"、"非正"、当例日而例时或例月，当载地而"不地"者等等情况，均是杨士勋所认为的"变例"。

5. 中国与夷狄不同就是华夷异例

《史佚之志》记载说："非我族类，其心必异。"② 中国自古以来就非常强调"华夷之辨"，在《春秋》记载中原之国与夷狄之国的例法就有差异。宣公十五年六月癸卯，晋师灭赤狄潞氏，以潞子婴儿归。《穀梁传》解释说："灭国有三术：中国谨日，卑国月，夷狄不日。"襄六年《穀梁传》所载与此大体相同："中国日，卑国月，夷狄时。"均说明中原国家与夷狄之国灭亡的纪时方式有差异。隐公二年春公会戎于潜。《穀梁传》认为"会者，外为主焉尔"，表明鲁隐公受邀赴会。隐公九年冬公会齐侯于防，《穀梁传》再次说"会者，外为主焉尔"，为何重复"发传"？杨士勋解释道："重发传者，嫌华戎异（例）故也。"③ 正如范宁注所说原因"会戎，危公也"④，而与齐侯相会相对安全，故此二传例有别，属于典型的"文同而义异者"⑤。昭公十六年春"楚子虔诱戎蛮子杀之"与昭公十一年四月"楚子虔诱蔡侯般杀之于申"不同，《穀梁传》范宁注认为

---

① 《春秋穀梁传注疏》卷六，庄公二十三年夏"萧叔朝公"传。
② 《春秋左传正义》卷二十六，成公四年秋"公至自晋欲求成于楚而叛晋"传。
③ 《春秋穀梁传注疏》卷二，隐公九年冬"公会齐侯于防"杨士勋疏。
④ 《春秋穀梁传注疏》卷一，隐公二年春"公会戎于潜"传范宁注。
⑤ 《春秋穀梁传注疏》卷一，隐公二年九月"纪履緰来逆女"传范宁注。

"楚子不名，戎蛮子非中国故"①，因此"华戎异例"。

6. 鲁国与其他国不同就是内外之例

范宁认为"《春秋》尊鲁"②，杨士勋将其理解为"《春秋》以鲁为主"③，或者更进一步说"《春秋》内鲁"④，这反映了"仲尼书经，内外有别。既内外别，则亲疏尊卑见矣"⑤。不仅体现亲疏尊卑，而且"外内之意别，故传辨彼我之情也"⑥，即可分清鲁国与其他国家之间的差异。如上面"例"表中所见的"内灾例日"、"外灾不书"、"外大夫例不书卒"等均表现为内外的分别。庄公十三年冬，公会齐侯，盟于柯，范宁注称"公盟例日，外诸侯盟例不日"，时间的准确性体现了内外盟会的差异。襄公十四年四月己未，卫侯出奔齐，范宁认为诸侯出奔当例月，因卫侯结怨于民而被迫出逃，所以记日"以著其恶"。然杨士勋认为昭公二十五年九月乙亥，"公孙（逊）于齐"，按范宁之说，鲁昭公出奔记日也是"明公之恶也"，但实际上鲁昭公是被鲁公室三桓所逐，所以"或可详内，不可以外例准之"⑦，杨士勋的分析是正确的。

（二）起例、蒙例、比例、依例、违例

我们在上文谈到的例法，是通过何种方式形成的？又比如当例日而例月例时，当书而又不书，为什么会出现这些变化？杨士勋在作注疏时对此作了较详细的总结。

1. 起例

起例，即《穀梁传》或范宁注第一次提出例法。隐公十年六月壬戌，公败宋师于菅。《穀梁传》提出"内不言战"⑧，杨士勋认为"公败宋师，起例之始"⑨。隐公二年春，公会戎于潜。《穀梁传》引申经文说：鲁公

---

① 《春秋穀梁传注疏》卷十八，昭公十六年春"楚子虔诱戎蛮子杀之"范宁注。
② 《春秋穀梁传注疏》卷六，庄公三十一年六月"齐侯来献戎捷"范宁注。
③ 《春秋穀梁传注疏》卷七，僖公二年九月"齐人、宋公、江人、黄人盟于贯"杨士勋疏。
④ 《春秋穀梁传注疏》卷十，文公元年秋"公孙敖会晋侯于戚"杨士勋疏。
⑤ 《春秋穀梁传注疏》卷十四，成公九年七月"晋栾书帅师伐郑"杨士勋疏。
⑥ 《春秋穀梁传注疏》卷一，隐公元年三月"公及邾仪父盟于眛"杨士勋疏。
⑦ 《春秋穀梁传注疏》卷十五，襄公十四年四月己未"卫侯出奔齐"杨士勋疏。
⑧ 《春秋穀梁传注疏》卷二，隐公十年六月壬戌"公败宋师于菅"传。
⑨ 《春秋穀梁传注疏》卷四，桓公十年十二月丙午"齐侯、卫侯、郑伯来战于郎"杨士勋疏。

应邀赴会，当"知者虑，义者行，仁者守。有此三者，然后可以出会"，否则有一定危险。桓公十八年正月，鲁桓公与齐侯相会，四月桓公夫人姜氏与齐侯于齐国谋杀鲁桓公。《穀梁传》再次阐发"知者虑，义者行，仁者守。有此三者备，然后可以会矣"的传文，所以杨士勋推论说："桓无三臣之策而出会齐侯，身死于外，故重起例明其不可。"①

2. 蒙例、比例、依例

蒙例、比例、依例大体相同，当《穀梁传》与范宁注起例之后，其后相同史事的传、注依从同一的例法。僖公十一年八月，大雩。《穀梁传》认为雩例月为正常情况，旱例时则为正常情况。为什么这样加以区分？杨士勋认为"旱必岁穷，非一月之事故也"，以僖公二十一年夏大旱为例，《穀梁传》有"旱，时，正也"的例法，所以宣公七年秋大旱，"亦蒙例可知"为正常。

僖公二十五年四月，宋杀其大夫。《穀梁传》范宁注引用郑玄《释废疾》说："《春秋》辞同事异者甚多，隐去即位以见让，庄去即位为继弑，是复可以比例非之乎？"

襄公二年六月庚辰，郑伯睔卒。晋师、宋师、卫甯殖侵郑。范宁注有"不书晋、宋之将，以慢其伐人之丧"，杨士勋指出："依例，将尊师少称将，将卑师众称师。"可见，晋宋两国出兵最多，因此三人虽同有伐丧之罪，或名或师，可知称师者罪重，称名者罪轻。

3. 违例

杨士勋认为《穀梁传》及其范宁注所确定的均为常例，凡与常例不符或相违背，被称为违例，当然我们在《春秋穀梁传注疏》中还可看到相"乖"、相"异"等皆属于此类。

庄公二十三年春，公至自齐。按《穀梁传》之传例："致月，有惧焉尔"，那么记以时则不危惧，"嫌与例乖"。庄公二十四年八月丁丑，夫人姜氏入。《穀梁传》再言传例："入者，内弗受也。"杨士勋认为："重发传者，嫌夫人与他例异故也。"庄公二十八年三月甲寅，齐人伐卫，卫人及齐人战，卫人败绩。《穀梁传》对此书法产生疑问："其称人以败，何也？"杨士勋根据桓公十三年二月己巳及齐侯、宋公、卫侯、燕人战，宋

---

① 《春秋穀梁传注疏》卷一，隐公二年春"公会戎于潜"杨士勋疏。

第三章 注疏大兴：晋唐时期穀梁学

师、宋师、卫师、燕师败绩的《穀梁传》"战称人，败称师"的传例，认为"故发违例之问也"①。僖公十八年五月戊寅，宋师及齐师战于甗，齐师败绩。按《穀梁传》的传例："战不言伐，客不言及"，所以杨士勋认为："战伐不并举，此上有伐文，今又言战，是违常例也。又伐人者为客，受伐者为主，此言及齐师，是亦违常例也。"

综上所论，范宁、杨士勋对总结春秋穀梁学的例法作了开创性的工作。他们所归纳的"传例"、"注例"、"略例"之间有区别也有联系。它们之间的区别：首先，是形式有差异。"传例"是《穀梁传》传释《春秋》时的原文，涉及《春秋》载事的书法，偏重于《春秋》"义"的方面；"注例"是范宁根据《春秋》记载史事遣词用语的差异确立具体的例法及其变化，偏重于《春秋》"文"的方面；"略例"是对《春秋》所载同类史事进行综合分析，言其异同，偏重于《春秋》"事"的方面。其次，它们在《春秋穀梁传注疏》中的位置不同。"传例"和"注例"存在于范宁《春秋穀梁传集解》之中，而"略例"被保留在杨士勋《春秋穀梁传注疏》里。所以，《四库全书总目》认为范宁所总结的例法被杨士勋"散入疏中"的观点并不完全确切。它们之间的联系：首先是它们全部与《春秋》经文有关，其次三者均为范宁所总结。杨士勋对范宁所确定的例法作了更进一步的发挥，特别是在范宁"文同而义异"基础上提出"经变文以示义"②的解释例法原则，对后世具有重要的启示意义③。所以宋代学者吕大圭认为，"范宁，《穀梁》之忠臣"④，清代阮元赞叹"杨士勋《疏》分肌擘理，为穀梁学者未有能过之者"⑤，对他们的贡献作了较高之评价。

---

① 《春秋穀梁传注疏》卷六，庄公二十八年三月甲寅"齐人伐卫"传。
② 《春秋穀梁传注疏》卷五，庄公十年三月"宋人迁宿"杨士勋疏。
③ 宋元之际学者赵汸《春秋集传序》论述"笔削之义有八"，其"三曰变文以示义。《春秋》虽有笔有削，而所书者皆从主人之辞，然有事同而文异者，有文同而事异者，则与夺无章而是非不著于是。有变文之法焉，将使学者即其文之异同详略以求之，则可别嫌疑，明是非矣"。对范宁、杨士勋之说有所继承。
④ （宋）吕大圭：《春秋五论》，载《春秋或问》附，四库全书本。
⑤ （清）阮元：《十三经注疏校勘记序（十三篇）》之《春秋穀梁传注疏校勘记序》，《揅经室集》一集卷十一。

第四章 疑经驳传：宋元明时期穀梁学

第一节 宋代穀梁学

一 啖赵《春秋》学派开启新学风

（一）新学风出现的原因

唐代中期开始，经学出现新变化："明经三《礼》、三《传》及《毛诗》《尚书》《周易》等，并圣贤微旨，生人敬业。今明经所习，务在出身，咸以《礼记》文少，人皆竞读；《周礼》经邦之轨则，《仪礼》庄敬之楷模，《公羊》《穀梁》历代宗习，今两监及州县，以独学无友，四经殆绝。"[1] 因为帖经专考记诵，口试空衍义理，导致"毁弃传注，凿空立论，经学之衰，遂益发不可问矣。利禄使然，视汉立博士而适得其反也"[2]。可见，由于明经试士所产生的制度性缺陷导致中唐时期有学者对官方儒学产生疏离。在《春秋》学领域，出现以啖助开其端，赵匡、陆淳加以发展的新春秋学派。

（二）《春秋》经学的新特点

啖助，字叔佐，唐赵州人。唐玄宗天宝（742—755）年间末，曾历任临海尉、丹杨主簿。啖助博通经学，尤长于《春秋》。他研治《春秋》及三传，好标新立异，所论多异于先儒，"考三家短长，缝绽漏阙，号《集传》"[3]，"是开通学之途，背专门之法矣"[4]。啖助以《春秋》学教授

---

[1] （唐）杜佑：《通典》卷十五《选举三》。
[2] 包鹭宾：《经学通义初稿》第六章第五节"唐代经学之始衰"。
[3] 《新唐书》卷二百《儒学传下·啖助传》。
[4] （清）皮锡瑞：《经学历史》七《经学统一时代》，第215页。

第四章 疑经驳传：宋元明时期穀梁学

弟子，弟子知名者有赵匡（字伯循，山西河东人），赵匡又传授陆淳（后避唐宪宗讳改名"质"，字伯冲，江苏吴县人）、卢庇①，特别是陆淳"少师事赵匡，匡师啖助，助、匡皆为异儒，颇传其学，由是知名"②。陆淳父子搜录啖助散佚著作，并请赵匡加以损益，编纂为《春秋集传纂例》《春秋集传微旨》《春秋集传辩疑》，因此学术界称为"啖赵《春秋》"③。啖赵春秋学派总的特点是不依傍《春秋》三传，按照自己对《春秋》经义的理解进行注释和综合研究，"自名其说"④。同一时期，卢仝撰《春秋摘微》"解经（《春秋》）不用（三）传，然旨意甚疏"⑤，这一注解《春秋》的变化引起好友韩愈"《春秋》五传束高阁，独抱遗经究终始"⑥的评价。啖助、赵匡、卢仝所开创《春秋》著述的新特点，使得《新唐书》作者从经学历史演变的角度表达不同看法：

> 《春秋》《诗》《易》《书》，由孔子时师弟子相传，历暴秦，不断如系。至汉兴，划挟书令，则儒者肆然讲授，经典浸兴。左氏与孔子同时，以《鲁史》附《春秋》作《传》，而公羊高、穀梁赤皆出子夏门人。三家言经，各有回舛，然犹悉本之圣人，其得与失盖十五，义或缪误，先儒畏圣人，不敢辄改也。啖助在唐，名治《春秋》，摭诎三家，不本所承，自用名学，凭私臆决，尊之曰"孔子意也"，赵、陆从而唱之，遂显于时。呜呼！孔子没乃数千年，助所推著果其意乎？其未可必也。以未可必而必之，则固；持一己之固而倡兹世，则诬；诬与固，君子所不取。助果谓可乎？徒令后生穿凿诡辨，诟前人，舍成说，而自为纷纷，助所阶已。⑦

啖、赵的新春秋学不仅批评《春秋》三传，而且主观地对孔子《春秋》经义"凭私臆决"，《新唐书》作者以"固（想当然）"、"诬（误导）"

---

① 《旧唐书》卷一百五十五《窦群传》："学《春秋》于啖助之门人卢庇者。"
② 《旧唐书》卷一百八十九下《陆质传》。
③ （清）惠士奇：《半农春秋说》卷二，四库全书本。
④ 《新唐书》卷二百《儒学传下·啖助传》。
⑤ （宋）晁公武：《郡斋读书志》卷一下《春秋摘微》条，四部丛刊三编本。
⑥ （唐）韩愈：《昌黎先生文集》卷五《寄卢仝》，上海古籍出版社2013年版。
⑦ 《新唐书》卷二百《儒学传下·啖助传》。

这一严厉的措辞加以批评,当然是从官方学术立场来加以评骘的,我们可以看出这一学派对新的治学风气的开启。

从啖赵解《春秋》援经攻传,到卢仝《春秋摘微》解经不用传,这样就与汉至唐的经学注疏之学愈离愈远,"汉人、宋人说经殊旨,鸿沟东西,大约在李唐限断,然卢仝、啖赵《春秋》开弃《(三)传》之宗"①。唐代中期现出汉学与宋学分野的趋势。这一学术新的转变,引起宋代学者的关注:"大抵啖赵以前,学者皆颛门名家,苟有不通,宁言[经]②误,其失也固陋;啖赵以后,学者喜援经系传,其或未明,则凭私臆决,其失也穿凿,均之,失圣人之旨,而穿凿者之害为甚。"③ 甚至现代学者也有相同意见:"此皆以己意说经者也,盖自大历而后,经学新说日昌,初则难疏,继则难注,既则难传,终乃离传言经,开宋人变古创新之绪。"④ 这样,古今学者都认识到唐代中期《春秋》学新变化导致宋代学者弃三传解《春秋》,以臆说经,论辩《穀梁传》等短长。

二 北宋穀梁学

宋人治春秋学崇尚新奇,始于宋仁宗庆历年间。据时人说:"自汉儒至于庆历间,谈经者守训故而不凿。《七经小传》出而稍尚新奇矣。至《三经义》行,视汉儒之学若土梗。"⑤ "新奇"主要表现为不信《春秋》三传,尤其"不信《公》、《穀》家日月褒贬之例"⑥,这样就出现"读《春秋》未知十二公,已谓三传可束之高阁"⑦,轻视三传的学术局面。北宋治《春秋》袭唐人啖赵春秋派学风最早者为孙复,史称孙氏"学《春秋》,著《尊王发微》十二篇,大约本于陆淳,而增新意"⑧。《春秋

---

① (清)余萧客:《古经解钩沉》卷一上《序录·例》,四库全书本。
② (宋)晁公武:《郡斋读书志》卷一下《春秋微旨》脱"经"字,据(元)马端临《文献通考》卷一百八十二《春秋集传纂例辨疑》补。
③ (宋)晁公武:《郡斋读书志》卷一下《春秋微旨》条。
④ 包鹭宾:《经学通义》第六章第五节《唐代经学之始衰》。
⑤ (宋)王应麟:《困学纪闻》卷八《经说》。
⑥ (清)皮锡瑞:《经学历史》八《经学变古时代》,第250页。
⑦ (宋)王应麟:《困学纪闻》卷八《经说》。
⑧ (元)脱脱:《宋史》卷四百三十二《孙复传》,中华书局1976年版。

尊王发微》"屏置百家,自得褒贬之意"①,由此开启宋代舍《三传》而直接推见《春秋》经义的治学范式,故"自宋孙复以后,说《春秋》者,名为弃《传》从《经》,实则强《经》以从己,支离迂谬,于褒贬之旨多乖"②。其中的代表学者有孙觉、刘敞、崔子方、叶梦得等。

(一)孙觉《春秋传》遵《穀梁传》

孙觉(1028—1090),字莘老,江苏高邮人,为"宋初三先生"之一胡瑗高足,中进士,历官宋仁宗、神宗、哲宗等朝,反对熙丰变法。所著《春秋经解》十三卷③,其《自序》说:"《三传》之说,未可质其后先,但《左氏》多说事迹,而《公羊》亦存梗概,陆淳以谓'断义即皆不如《穀梁》之精'。今以三家之说校其当否,而《穀梁》最为精深。且以《穀梁》为本者,其说是非褒贬,则杂取《三传》及历代诸儒、唐啖赵陆氏之说,长者从之,其所未闻即以所闻安定先生(其师胡瑗)之说解之云。"④据统计,在《春秋》三传中,孙觉直接引用《左传》解说216条、《公羊传》249条、《穀梁传》303条。可见,孙觉《春秋经解》诠释《春秋》以《穀梁传》为主,再辅之以《左传》《公羊传》以及后代学者的成果。

对《穀梁传》解说给予肯定态度。庄公二十二年七月丙申"及齐高傒盟于防",对于为何省略不称"庄公"?《穀梁传》认为"不言公,高傒伉也",表明齐国以一大夫与鲁庄公分庭抗礼,"耻之,故不书公"⑤。孙觉在疏解这条经文时,指出:"于是时齐威(桓)方伯,而其国强大,以臣敌君,则高傒罪也。公虽有屈尊之罪,然见逼于强大,比之求盟小国之臣,罪差杀尔。故没公不书,以明国君之尊,大夫不得抗也;明书高傒以著盟公之罪焉。《公羊》曰'讳与大夫盟'。按:不书公,所以深罪高傒,谓之讳非也。《穀梁》之说是也。"⑥从僖公二年十月开始至三

---

① (宋)魏安行:《跋》,载《春秋尊王发微》附录,通志堂经解本。
② (清)永瑢等:《四库全书简明目录》卷三《御纂春秋集解解题》。
③ 《宋史》卷四十四《孙觉传》有"《春秋传》十五卷",不知是否与《春秋经解》为同一书?
④ (宋)孙觉:《春秋经解·序》,通志堂经解本。
⑤ 《春秋穀梁传注疏》卷六,庄公二十二年七月丙申"及齐高傒盟于防"传范宁注。
⑥ (宋)孙觉:《春秋经解》卷四,庄公二十二年七月丙申"及齐高傒盟于防"解。

年五月鲁国长达半年多干旱无雨,六月下雨,按《春秋》"常事不书"①的书法,"六月,雨"被记载的原因,据《穀梁传》解说:"雨云者,喜雨也。喜雨者,有志乎民者也。"表彰鲁僖公对天降甘霖感到欣喜的"爱民"思想。所以,孙觉在比较《春秋》三传的解说时指出:"《左氏》曰:'不曰旱,不为灾也',此说虽通解《春秋》之义,然于僖公未明也。《公羊》曰:'上雨而不甚也',然则首时之文又何也?惟《穀梁》以为闵雨,《春秋》缘人君爱民之心而书之,比之二传,近而可训,且当以《穀梁》为据也。"②《左传》强调半年以上无雨没造成"旱灾",《公羊传》认为虽下雨未造成"洪灾",都不如《穀梁传》"喜雨爱民"的解说立意高,更符合《春秋》书法原意,所以孙觉《春秋经解》认为本条经文应该以《穀梁传》的解说为依据。文公二年二月丁丑"作僖公主",孙觉认为文公为僖公"不时而作主,非礼可知矣",这一结论的依据是什么呢?《春秋经解》列举《春秋》三传的解说,《公羊传》强调"久丧",《左传》所说为"不时",但未提出依据,《穀梁传》认为时间延后,其礼制依据是"立主,丧主于虞,吉主于练,作僖公主,讥其后也",孙觉根据"僖公之卒至是十有五月,为虞主乎?则五月之期亦已久矣;为练主乎?则小祥之期又已过矣。不时而作主,非礼可知矣",孙氏从解经的有理有据角度来比较,"三家之义,《穀梁》最为得之"③。其他,如"三传之说,《穀梁》为优乎"④、"《穀梁》之说,其最精欤"⑤,等等,都对《穀梁传》的解说加以肯定。

有持批评意见者。庄公三年正月"溺会齐师伐卫",孙觉依据《公羊传》溺为"未命之大夫",因此认为《穀梁传》的"其不称公子,何也?恶其会仇雠而伐同姓,故贬而名之也"为"穿凿也"⑥。庄公十一年五月戊寅"公败宋师于鄑"《穀梁传》"其日,成败之"为"妄矣",原因在于"案《公梁》以日月为例,以不日者为疑战,日者为成败,日月之例

---

① 庄公二十四年夏"公如齐逆女"《穀梁传》"亲迎,恒事也,不志",与桓公四年正月"公狩于郎"《公羊传》"常事不书"为同一说法,故借用之。
② (宋)孙觉:《春秋经解》卷六,僖公二年六月"雨"解。
③ (宋)孙觉:《春秋经解》卷七,文公二年二月丁丑"作僖公主"解。
④ (宋)孙觉:《春秋经解》卷七,文公十三年七月"大室屋坏"解。
⑤ (宋)孙觉:《春秋经解》卷七,文公十六年五月"公四不视朔"解。
⑥ (宋)孙觉:《春秋经解》卷三,庄公三年正月"溺会齐师伐卫"解。

第四章　疑经驳传：宋元明时期穀梁学

既已不通，又经言败者直为内辞尔，不可谓成不成也"①。还以闵公二年八月辛丑"公薨"《穀梁传》"之说非"②。僖公十六年正月"六鹢退飞过宋都"《穀梁传》"五石六鹢之辞不设，则王道不亢矣"为"偏说也"③，认为《穀梁传》的解说偏颇。另外如《穀梁传》"盖失之矣"④、"《公羊》《穀梁》皆不得其义"⑤、"《穀梁》之说疏矣"⑥，直接指出《穀梁传》解说的各种不足。

也有有暗中引用《穀梁传》解说者。隐公五年九月考仲子之宫，初献六羽，孙复认为"鲁僭用天子礼乐"，显然是承《穀梁传》"始僭乐"之说。桓公二年四月从宋国攫取郜大鼎纳于太庙，《穀梁传》认为："桓内弑其君，外成人之乱，受赂而退，以事其祖，非礼也，其道以周公为弗受也。"孙觉《春秋经解》的"威（桓公）弑逆之人受督弑逆之赂，以事于周公之庙，可谓甚矣"⑦，其说与《穀梁传》的解说相同。

（二）刘敞权衡《春秋》三传

刘敞（1019—1068），字原父，江西临江军新喻人。宋仁宗庆历年间进士，官至集贤院学士、判南京御史台，宋神宗熙宁元年卒，享年五十一。刘敞也是研究《春秋》的专家，著作有《春秋权衡》《春秋传》《春秋意林》《春秋释例》。他自述为学次第："始焉《权衡》以平三家之得失；然后集众说，断以己意，而为之《传》；《传》所不尽者，见之《意林》；其《传》用《公》《穀梁》文体说《例》凡四十九。"⑧ 其专研《穀梁传》的主要著作在《春秋权衡》中。《春秋权衡》十七卷，其中，《左传》七卷，《公羊传》六卷，《穀梁传》四卷。通观该书权衡《穀梁传》的内容，均是针对《穀梁传》的不足而予以驳论。其主要方面有：

1. 商榷大义

隐公元年正月。《穀梁传》曰："虽无事，必举正月，谨始也。"刘敞

---

① （宋）孙觉：《春秋经解》卷三，庄公十一年五月戊寅"公败宋师于鄑"解。
② （宋）孙觉：《春秋经解》卷五，闵公二年八月辛丑"公薨"解。
③ （宋）孙觉：《春秋经解》卷六，僖公十六年正月"六鹢退飞过宋都"解。
④ （宋）孙觉：《春秋经解》卷十，襄公九年冬"楚子伐郑"解。
⑤ （宋）孙觉：《春秋经解》卷十一，昭公九年冬"楚人及吴战于长岸"解。
⑥ （宋）孙觉：《春秋经解》卷十三，哀公十四年春"西狩获麟"解。
⑦ （宋）孙觉：《春秋经解》卷二，桓公二年四月"取郜大鼎于宋，戊申纳于太庙"解。
⑧ （宋）陈振孙：《直斋书录解题》卷三《春秋权衡》。

说："按此实有事者，以见隐公让，故不书公即位尔，何谓无事乎？"① 僖公二年五月，虞师晋师灭夏阳。《穀梁传》曰："虞无师，其曰师，何也？以其先晋，不可以不言师也。"刘敞《春秋权衡》评论道："非也。假令书虞人晋师者，岂不益见其罪乎？《春秋》之例，主兵者序上，盖恶用兵也。岂曰以国大小为序乎？若诚以国大小为序者，如《穀梁》说可矣。如不以国大小为序，又何必妄解哉？"②

2. 订正旧训

隐公元年五月，郑伯克段于鄢，《穀梁传》曰："克者何？能也。何能也？能杀也。"③ 刘敞《春秋权衡》以为："非也。未有一字转相训诂而可并两义者也。诬也已甚矣。"④ 僖公十五年九月己卯晦，震夷伯之庙，《穀梁传》曰："晦，冥。震，雷也。夷伯，鲁大夫也。"⑤ 刘敞《春秋权衡》对以上解说持不同意见："晦，冥也，安知非晦朔之晦乎？又曰夷伯，鲁大夫也，说者因谓夷谥伯字也，亦非也，吾于《左氏》既言之矣。"⑥

3. 质疑义例

时、日、月、名、地等是《穀梁传》特别强调的凡例，刘敞《春秋权衡》对此颇不认同。隐公元年十二月，公子益师卒，《穀梁传》说："大夫日卒，正也；不日卒，恶也。"⑦《春秋权衡》以为"非也。公孙敖、仲遂、季孙意如岂正者乎？而皆日；叔孙得臣不闻有罪，而反不日，皆妄也"⑧。关于《穀梁传》"日"与"不日"、"正"与"恶"之间是否顺达的问题，何休《穀梁废疾》早已质疑于前，而郑玄起而释之，其说难以自圆。⑨ 刘敞在《公羊传》的基础上扩而张之，从正反举例来指出

---

① （宋）刘敞：《春秋权衡》卷十四《穀梁第一》。
② （宋）刘敞：《春秋权衡》卷十五《穀梁第二》。
③ 《春秋穀梁传注疏》卷一，隐公元年五月"郑伯克段于鄢"传。
④ （宋）刘敞：《春秋权衡》卷十四《穀梁第一》。
⑤ 《春秋穀梁传注疏》卷八，僖公十五年己卯晦"震夷伯之庙"传。
⑥ （宋）刘敞：《春秋权衡》卷十六《穀梁第三》。
⑦ 《春秋穀梁传注疏》卷一，隐公元年十二月"公子益师卒"传。
⑧ （宋）刘敞：《春秋权衡》卷十四《穀梁第一》。
⑨ 《春秋穀梁传注疏》卷一《疏》引："何休云：'……若《穀梁》云益师恶而不日，则公子牙及季孙意如何以书日乎？'郑君释之曰：'公子牙，庄公弟，不书弟，则恶明也，故不假去日。季孙意如，则定公所不恶，故亦书日。'"

《穀梁传》"卒日"例的矛盾。

隐公三年十二月癸未,葬宋缪公。《穀梁传》曰:"日葬,故也,危不得葬也。"《春秋权衡》以为"非也。宋缪公之葬有何危邪?《春秋》日葬者多,不必皆有危也。但欲以日月为例,而不知理有不可者"①。可见,以日月为例,在道理上多少有不能通释全书的局限性,故刘敞直陈《穀梁传》"窘于日月"②。

刘敞所论,关涉如何理解《春秋》及《三传》所归纳的"义例"的问题。《公羊传》以为"《春秋》贵贱不嫌同号,美恶不嫌同辞"③,董仲舒《春秋繁露》指出"《春秋》无通辞"④、"《春秋》无达辞"⑤,均指出"例"是变例,而不是定例。范宁在《春秋穀梁传集解》中也说:《春秋》及《穀梁传》"文同而义异者甚众,故不可以一方求之"⑥,说明《春秋》与《三传》中所归纳出来的"义例"均不能严格规范所有的经文或传文,需要以变通的观点和结合具体的语境来分析,才符合《春秋》与《穀梁传》"辞微指博"的特点。可知,刘敞《春秋权衡》对《穀梁传》的批评有正确之处,也有持论偏激之处。《四库全书总目》评价刘敞《春秋权衡》时说:"惟于敞则推渊源之正,盖敞邃于礼,故是书进退诸说,往往依《经》立义,不以(孙)复《尊王发微》之义为断制,此亦说贵征实之一验也。"⑦看来扬之过高,并不全属事实。

(三)叶梦得谳定《春秋》三传

叶梦得(1077—1148),字少蕴,江苏吴县人。宋哲宗绍圣四年(1097)进士,历官宋徽宗、钦宗、高宗三朝,宋高宗绍兴十八年(1148)卒。叶梦得也是研究《春秋》的专家,其主要著作有《春秋传》《春秋考》《春秋谳》《春秋指要总例》《石林春秋》等。其《春秋谳》中有专门研究《穀梁传》的部分。

---

① (宋)刘敞:《春秋权衡》卷十四《穀梁第一》。
② (宋)王应麟:《困学纪闻》卷六《左氏传》。
③ 《春秋公羊传注疏》卷三,隐公七年王三月"滕侯卒"传。
④ (汉)董仲舒:《春秋繁露》卷二《竹林》。
⑤ (汉)董仲舒:《春秋繁露》卷三《精华》。
⑥ 《春秋穀梁传注疏》卷一,隐公二年九月"纪履緰来逆女"传注。
⑦ (清)永瑢等:《四库全书总目》卷二十六《春秋权衡提要》。

《春秋谳》之作，叶梦得《自序》说："凡啖赵之论三家之失为《辨疑》，刘氏（敞）广啖赵之遗为《权衡》，合二书正其差误而补其疏略，目之曰《谳》。"[①] 可见，叶书之作是在前人成果的基础上进一步加以发展和完善，与啖、赵、刘敞的治学特点是一脉相承的。关于《春秋谳》，《宋史·艺文志》作三十卷[②]。据叶梦得自记："《左传》四百四十二条，《公羊》三百四十条，《穀梁》四百四十条。"[③] 元至明初皆有传本，其书大部散入《永乐大典》中，原书失传。清代修《四库全书》，将其从《永乐大典》中辑出，并参考元末明初经学家赵汸《学春秋辨疑》，加以检核，"《左传》缺九十条，《公羊》缺六十五条，《穀梁》缺八十四"，已非原帙，但大体已具，四库馆臣将其编为《左传谳》十卷、《公羊谳》《穀梁谳》各六卷，共二十二卷，改名为《春秋三传谳》[④]。该书的主要内容是"抉摘三《传》是非，主于信《经》不信《传》，犹沿啖助、孙复之余波，于《公羊》《穀梁》多所驳诘，虽《左传》亦据传末'韩魏反而丧之'之语，谓智伯亡时《左氏》犹在，断以为战国时人，昌言排击"[⑤]。对三《传》均有批驳，这是其信《春秋》不信三《传》的反映。

《春秋穀梁传谳》的体例，与刘敞《春秋权衡》有所差异，就是先列经文，次全列《穀梁传》文，最后是作者自己的驳语。隐公元年春王正月，《穀梁传》以"谨始"解"王正月"，叶梦得《春秋穀梁传谳》以为：

> 《春秋》谨始在王不在正月，事在正月则书王正月，事不在正月而在二月，则书王二月，庄二年葬陈庄公是也。在三月则书王三月，庄十二年纪叔姬归于酅之类是也。未有正月无事而举之者，惟有通一时无事则书正月以见王，庄五年之类是也。此年正月公实即位，

[①] （宋）叶梦得：《春秋谳·序》，载（清）朱彝尊《经义考》卷一百八十三。
[②] 《宋史》卷二百〇二《艺文志一》。
[③] （清）永瑢等：《四库全书总目》卷二十七《春秋三传谳提要》。
[④] 同上。另（清）缪荃孙、吴昌绶、董康《嘉业堂藏书志》卷一《经部·春秋类》："《春秋三传谳》二十二卷，宋叶梦得撰。《宋艺文志》本三十卷。今《左传》为十卷，《公》《穀》各六卷，盖辑自《（永乐）大典》，较原本佚去二百三十余条，非完书也。"所载与《四库提要》同。
[⑤] （清）永瑢等：《四库全书总目》卷二十七《春秋三传谳提要》。

第四章　疑经驳传：宋元明时期穀梁学

不得为无事，特以正公，故不书，与庄五年不类，此正《经》之大义，乃以谨始言之，非也。其下自见三月盟邾仪父，若正月无事，则自当以三月首时见王，此言施之于庄五年曰一时虽无事，必举王正月以谨始乃可尔。不言即位以为公志可矣，然非《春秋》成之以恶桓也。《春秋》立王者大法以示天下后世必举重者见焉，岂区区以一人为褒贬哉？隐让桓之过，正《春秋》所当治，故不书即位以见其志，《传》既知《春秋》不成人之恶，而以隐为不正矣，乃以恶桓而成之，是以桓而废天下之大法也，可乎？①

作者首先批评了《穀梁传》"正月"书"王"以"谨始"的观点，认为当以具体情况而定，这有一定道理。他又指出，不言隐公即位并非成桓公之恶，而是通过不书即位治隐让桓之过，这是王者之大法。其实，《穀梁传》的议论不仅有恶桓公之意，且已隐含对隐公的批评，认为隐让桓是"废天伦，而忘君父以行小惠"的"小道"，不仅正隐治桓，也治隐之"不正"②。可见，叶梦得对《穀梁传》的批评得失两兼。

《春秋穀梁传谳》"以决狱之法治《春秋》"③，因此对《穀梁传》的"例"提出的反对意见最多：

隐公元年十二月，公子益师卒。
《穀梁传》：大夫日卒，正也；不日卒，恶也。
《春秋穀梁传谳》：益师之恶，于三《传》皆无见，《穀梁》何由知之？见内大夫多日卒，故直推之以为例尔。以此见《公羊》《穀梁》以日月为例，皆未尝见事实，而特以《经》文妄意之，审此为信。则公子牙盖将篡君者，季孙意如亲逐昭公者，而牙书七月癸巳卒，意如书六月丙申卒，谓之无恶，可乎？④

---

① （宋）叶梦得：《春秋穀梁谳》卷一，隐公元年春"王正月"。
② 《春秋穀梁传注疏》卷一，隐公元年春"王正月"传。
③ （清）缪荃孙、吴昌绶、董康：《嘉业堂藏书志》卷一《经部·春秋类》，北京图书馆出版社2008年版。
④ （宋）叶梦得：《春秋穀梁谳》卷一，隐公元年十二月"公子益师卒"。

庄公十年二月，公侵宋。

《穀梁传》：侵时，此其月，何也？乃深其怨于齐，又退侵宋以众其敌，恶之，故谨而记之。

《春秋穀梁传谳》：侵例，或时或月，本不齐，《传》见书时者多，故从以为定例。然内侵，如定六年二月侵郑，八年正月侵齐之类；外侵，如僖四年会齐侯诸国侵蔡，十二月会齐人等侵曹之类，皆不为说，何恶之有？①

成公十六年秋，曹伯归自京师。

《穀梁传》：不言所归，归之善者也。出入不名，以为不失其国也。归为善，自某归次之。

《春秋穀梁传谳》：此亦不知归例而妄言之也，说已见前。不言所归，嫌与诸侯有奉者同辞，不可言自京师归于曹尔？且曹伯在王法所当诛者，王不能正而归之，尚安得为善乎？出入不名，公子喜时不当为君，曹内无君也。自某归，《传》例但见其有奉非非善恶之说，若卫侯郑自楚归于卫，楚公子比自晋归于楚之类，是安得为善，可以蔡季一人为例而概推之哉？②

此外，定公八年春王正月，公侵齐，公至自侵齐。二月，公侵齐，范宁以为"未得志故"③，僖公四年春王正月，公会齐侯、宋公、陈侯、卫侯、郑伯、许男、曹伯侵蔡，蔡溃，《穀梁传》以"不土其地，不分其民，明正也"④，表明有一定原因，叶梦得均不结合《穀梁传》的具体情况来分析，一概加以批评。正如《四库全书总目》所论："虽辨博自喜，往往有澜翻过甚之病。于《经》旨或合或离，不能一一精确，而投之所向而无不如志，要亦文章之豪也。惟古引《春秋》以决狱，不云以决狱之法治《春秋》，名书以《谳》，于义既为未允，且左氏、公羊、穀梁，皆前代经

---

① （宋）叶梦得：《春秋穀梁谳》卷三，庄公十年二月"公侵宋"。
② （宋）叶梦得：《春秋穀梁谳》卷五，成公十六年秋"曹伯归自京师"。
③ 《春秋穀梁传注疏》卷十九，定公八年二月"公侵齐"传范宁注。
④ 《春秋穀梁传注疏》卷七，僖公四年春王正月"公会齐侯、宋公、陈侯、卫侯、郑伯、许男、曹伯侵蔡，蔡溃"传。

师，功存典籍，而加以推鞫之目，于名尤属未安，是则宋代诸人藐视先儒之锢习，不可以为训者耳。"① 对叶梦得片面批评《春秋》三传的做法，提出了批评。

三 南宋穀梁学

南宋时，治《春秋》学者有胡安国、高闶、吕祖谦、陈傅良、程公说、张洽、吕大圭等人，朱熹也论及春秋穀梁学。但真正对《穀梁传》进行专门研究的学者及著作较少，仅见郑绮有所论著。据《宋史》载：郑绮"善读书，通《春秋穀梁》学"②。其学得自家传，以《春秋》为宗，独好《穀梁传》，"撰《穀梁合经论》三万言"③。时人揭傒斯称其"多发摘微词"④，对《穀梁传》的微言大义有所研讨。惜该书已佚，不能详究其内容。其他学者的《春秋》学著作，虽非专家之学，但多引《穀梁传》之说以治《春秋》。

（一）胡安国《春秋传》信从《穀梁传》

胡安国（1074—1138），字康侯，号青山，谥号文定，福建建宁军崇安人。他师从北宋理学家程颐之友朱长文等，宋哲宗绍圣四年（1097）进士，历官宋哲、徽、钦、高宗四朝。胡安国精于《春秋》，为宋高宗侍讲《春秋》，绍兴五年（1135）受命纂修《春秋传》，书成，宋高宗谓"深得圣人之旨"⑤。可见，胡安国是南宋著名的《春秋》学者，是《春秋》义理派的代表。宋代《春秋》义理派由程颐开其端，其弟子刘绚（字质夫）"广其意"，至胡安国"其说大明"⑥。胡氏代表作是《春秋传》，是奉宋高宗之命而撰。胡安国潜心《春秋》二十余年，以为"天下事物无不备于此。每叹曰：'此传心要典也。'"⑦ 有学者以为，胡安国完全站在理学家的立场上，把《春秋》说成是"传心之要典"，这样的理

---

① （清）永瑢等：《四库全书总目》卷二十七《春秋三传谳提要》。
② 《宋史》卷四百五十六《郑绮传》。
③ （清）朱彝尊：《经义考》卷一百八十六《春秋十九》，录晏穆所撰墓志。
④ （清）甘鹏云：《经学源流考》卷六，甘氏家藏丛稿崇雅堂聚珍版印行本。
⑤ 《宋史》卷四百三十五《胡安国传》。
⑥ （清）朱彝尊：《经义考》卷一百八十五，张九成语。
⑦ 《宋史》卷四百三十五《胡安国传》。

解，在此前的《春秋》学者中是很难看到的①。该书的内容，"其传《春秋》，其事按《左氏》，其义取《公》《穀》之精者，采孟子、庄周、董仲舒、王通、邵尧夫、程明道、张横渠、程正叔之说以润色之"②。元末明初梁寅评价说："信《公》《穀》之过，求褒贬之详，未免蹈先儒之谬，此胡康侯之失也。"③胡安国书中虽采用《穀梁传》的大义，但考察其注解，并无专门研究《穀梁传》的内容。以胡安国为代表，南宋时期《春秋》学的研究大多以自抒胸臆为主流，而不是围绕三《传》立说。

（二）朱熹论评《春秋》三传

朱熹（1130—1200），字元晦，一字仲晦，安徽徽州婺源人。绍兴十八年（1148）中进士，历仕宋高、孝、光、宁宗四朝。朱熹是南宋著名理学家，故对《春秋》学用力不多，他认为"《春秋》难理会"，所以"平生不敢说《春秋》"④。但事实并不完全如此，朱熹虽没有解《经》和研究三《传》的专著，但他在与弟子和友朋论学中都发表了对《春秋》经传以及对前人注解三《传》的意见。这些见解不同于流俗，极具个性。他评价《穀梁传》的内容如下。

其一，认为《穀梁传》是义理之学。朱熹说《春秋》三传"得一个源流"，是同源的，"只是渐渐讹舛"，最后三《传》异流。《左传》以曾见国史，考事颇精，只是不知大义，而《公羊传》《穀梁传》考事甚疏漏，然义理却精。因此，"以三《传》言之，《左氏》是史学，《公》《穀》是经学"⑤。由于《穀梁传》（包括《公羊传》）是经学，故"《公》《穀》专解经，事则多出揣度"，"《春秋》制度大纲，《左传》较可据，《公》《穀》较难凭"⑥。可见，朱熹对属于经学的《穀梁传》以其不"考事"而颇致不满之意。按《穀梁传》并非完全不载事，在解经中也记有三十余条史事和典制，因而朱熹的意见有偏颇之处。

---

① 赵伯雄：《春秋学史》第七章"宋元明《春秋》学（下）"，山东教育出版社2004年版，第502页。
② （宋）晁公武：《昭德先生郡斋读书志》卷一下《胡安国〈春秋传〉解题》，四部丛刊本。
③ （清）朱彝尊：《经义考》卷一百八十五，梁寅语。
④ （宋）黎靖德：《朱子语类》卷八十三《春秋·纲领》。
⑤ 同上。
⑥ 同上。

第四章 疑经驳传：宋元明时期榖梁学

其二，对《榖梁传》的评价。具体如下：

（弟子）问："《公》《榖》如何？"（朱子）曰："据他说亦是有那道理，但圣人当初无此等意。"

《公》《榖》虽陋，亦有是处，但皆得于传闻，多讹谬。

（弟子）问："《公、榖传》大概皆同？"曰："所以林黄中说，只是一人，只是看他文字疑若非一人手。"或曰："疑当时皆有所传授，其后门人弟子始笔之于书。"曰："想得皆是齐鲁间儒，其所著之书，恐有所传授，但皆杂以己意，所以多差舛。其有合道理者，疑是圣人之旧。"

《公》《榖》甚不好，然又有甚好处。

《榖梁》虽精细，但有些邹搜狭窄。

《榖梁》又较黠得些。①

从"但圣人当初无此等意"与"疑是圣人之旧"、"甚不好"与"又有甚好处"的对立来看，朱熹对《榖梁传》的评价是矛盾的。他还说"或有解《春秋》者，专以日月为褒贬，书时、月以为贬，书日则以为褒，穿凿得全无义理！"②显然对《榖梁传》书法义例之论，持明显的批驳态度。

其三，是对《榖梁传》的具体内容有评述。《榖梁传》认为隐公让位桓公为"不正"③，宣公十八年冬十月壬戌，公薨于路寝，《榖梁传》其寝为"正"④，朱熹认为"(《榖梁传》)序隐公逊国，宣公逊其侄处，甚好"⑤。另有弟子问"《榖梁》释'夫人孙于齐'，其文义如何？"朱熹说："'始人之也'，犹言始以人道治桓公也。命，犹名也，犹曰'若于道'，'若于言'，天人皆以为然，则是吾受是名也。'臣子大受命'，谨受所受命之名而已。大抵齐鲁之儒多质实，当时或传诵师说，见理不明，故其言多不伦。《礼记》中亦然，如云：'仁者右也，义者左也'，道他不是，

---

① 以上并见（宋）黎靖德：《朱子语类》卷八十三《春秋·纲领》。
② 同上。
③ 《春秋榖梁传注疏》卷一，隐公元年春"王正月"传。
④ 《春秋榖梁传注疏》卷十二，宣公十八年冬十月壬戌"公薨于路寝"传。
⑤ （宋）黎靖德：《朱子语类》卷八十三《春秋·纲领》。

· 139 ·

不得。"① 均表达了对《穀梁传》不同的认识。

(三) 陈傅良《春秋后传》依据《穀梁传》

陈傅良（1137—1203），字君举，号止斋，浙江温州瑞安人。中宋孝宗淳熙间进士，历官宋孝、光、宁宗三朝，官至宝谟阁待制、中书舍人兼集英殿修撰，为永嘉事功学派代表性人物。陈傅良撰有《春秋后传》《左氏章指》等著作。其《春秋后传》中多引用《穀梁传》之说。元代赵汸《春秋集传·自序》于宋人治《春秋》学者最推崇陈傅良，"称其以《公》《穀》之说参之《左氏》，以其所不书实其所书，以其所书推其所不书，得学《春秋》之要，在三《传》后卓然名家"②。据笔者统计，《春秋后传》引用有关《穀梁传》的内容达107条。其中，隐公9条，桓公9条，庄公22条，闵公1条，僖公23条，文公12条，宣公9条，成公3条，襄公4条，昭公10条，定公3条，哀公2条。分以下四种情况：

其一，"《穀梁》有传"或"有《穀梁传》"。在《春秋》经文之下标明"《穀梁》有传"或"有《穀梁传》"，表明陈傅良完全依从《穀梁传》，但并不抄出《穀梁传》的文字，仅给读者提供线索。

其二，"本《穀梁》"、"本（或从）《穀梁传》例"，表示部分取《穀梁传》或传例。

其三，《穀梁传》"非是"，即否定其说。在大多数情况下，陈傅良《春秋后传》是赞同《穀梁传》的解说的，有时也持反对意见。

其四，也取范宁《集解》之说。定公十四年秋"大蒐于比蒲，邾子来会公"，陈傅良认为邾子与鲁定公相会的地点是"会公于比蒲也"，他的依据"从《穀梁》范宁注"③。

从上可以看出两宋时期的《春秋》学继承了唐代中期弃传说经的传统，"盖不信三《传》之说，创于啖助、赵匡，其后析为三派：孙复《尊王发微》以下，弃传而不驳传者也；刘敞《春秋权衡》以下，驳三《传》之义例者也；叶梦得《春秋谳》以下，驳三《传》之典故者也。"④

---

① （宋）黎靖德：《朱子语类》卷八十三《春秋·经（传附）》。
② （清）永瑢等：《四库全书总目》卷二十七《春秋后传提要》。
③ （宋）陈傅良：《春秋后传》卷十一，定公十四年秋"邾子来会公"传。
④ （清）永瑢等：《四库全书总目》卷二十八《春秋三传辨疑提要》。

虽然这些学者及其著作显示出不同的风格，但均以"疑经驳传"为目标，成为一个时代《春秋》学的特色。

第二节　元明时期穀梁学

一　元代穀梁学

清人皮锡瑞《经学历史》视元代与明代为"经学积衰时代"①。但实际上，元代儒学仍得到统治者的看重，学者以学术自任，所谓"元兴百年，上自朝廷内外名宦之臣，下及山林布衣之士，以通经能文显著当世者，彬彬焉众矣"②。当时研究《春秋》的学人不乏名家，家铉翁③、程端学、赵汸等是重要的代表，其中家铉翁、程端学对《穀梁传》颇有研究。

（一）家铉翁《春秋详说》取《穀梁传》大义

家铉翁（约1213—1297），号则堂，四川眉州人。南宋末期历官常州知州、大理少卿、户部侍郎、枢密院等数职，宋亡，不降不仕元朝。家铉翁其学"邃于《春秋》"④，元朝初年于河间讲授《春秋》，并著有《春秋详说》三十卷。家氏所得力处在于指出《穀梁传》（包括《公羊传》）的政治意义："其大条贯炳如日星，三代而下有国有家者，所恃以扶纲常植人极，皆《春秋》之大法而《公》《穀》所传也。当汉家盛时，经生学士立乎人之本，朝决大谋议，往往据依《公》《穀》，其有功于世教甚大。"⑤ 元明时期，明确从扶持纲常和有功世教的角度来论述《穀梁传》者，家铉翁无疑是第一人。家铉翁在具体论述中对《穀梁传》的内容或赞同或否定，均根据实际语境而定。

赞同者。隐公元年不书公即位，家氏以为"《春秋》十二公，或书即

---

① （清）皮锡瑞：《经学历史》九《经学积衰时代》，第274—290页。
② （明）宋濂：《元史》卷一百八十九《儒林传序》，中华书局点校本1976年版。
③ 家铉翁《春秋详说》三十卷，《四库全书》将其归入宋人之作。然据《春秋详说·自序》说是书作于"北行之后"，又龚璛《跋》："至元丙子（元世祖至元十八年，1276）宋亡，则堂先生（家铉翁自号）归置诸瀛者十年，率成此书。"故家氏此作应归入元代。
④ 《宋史》卷四百二十一《家铉翁传》。
⑤ （元）家铉翁：《春秋详说·纲领·评三传上》，四库全书本。

位，或不书即位，处于圣人之特笔，所以垂法后世，义各不同。隐公不书即位，惟《穀梁》的圣人之意。……愚意此《春秋》垂世之法，穀梁子得之孔门高弟述之为传，千古一大条贯也"。不仅直接肯定《穀梁传》，他还对三《传》关于本条经文的解说进行比较：《左传》之"不书即位，摄也"，《春秋详说》认为"亦事之实也"，而《公羊传》之"桓幼而贵，隐长而卑"，"子以母贵，母以子贵"必"误后世为甚"，家铉翁说："此则三《传》之得失，而《穀梁》之义无以加矣"①。十分认同《穀梁传》对"不书即位"的解释。桓公二年三月，公会齐侯、陈侯、郑伯于稷，以成宋乱，《穀梁传》释"以"字："以者，内为志焉尔，公为志乎？成是乱也。"家铉翁认为《穀梁传》的阐释"深得圣人之意，圣人于鲁之大恶不得为之讳也。"《春秋详说》分析道："于内之恶，而君子无遗焉尔。四国为会于稷以成宋乱，而《春秋》责鲁之意居多；则为此会者，鲁志也。……夫宋之乱已成，而《春秋》书'会于稷以成宋乱'者，何哉？盖督虽弑君冯之位未定也。今三国为此会，将以谋宋而徼利。"② 一针见血指出鲁成宋乱图利的目的，此后四月鲁果攫取宋郜大鼎纳于太庙。可见《穀梁传》用"以"字特曝鲁之恶于天下，家铉翁《春秋详说》沿此进一步发论，其分析是颇有道理的。

否定者。隐公元年三月，公及邾仪父盟于眛，关于"及"字之意，《穀梁传》作"内为志"，即鲁国为主盟。但家铉翁说："愚意谓'及'字之义，所施不同。《春秋》有以尊及卑之'及'，此及邾仪父盟与及莒人盟于浮来之类是也；有两尊者相为'及'，公及齐侯盟于落姑是也；有两微者之'及'，及宋人盟于宿是也；有强国之卑以伉尊而为'及'者，及高傒盟、及阳处父盟是也。要当随事而观，以求圣人之意，《穀（梁）》一断之曰'内为志'，则拘矣。鲁，望国也，何求于附庸小国？及即位之始，及仪父为盟，必非鲁有求于邾，此仪父愿内附于鲁，或修先君之好，而求为此盟耳。推是，以观其他，可以类见，必以例拘，恐失圣人褒贬之意。"③ 家铉翁认为"及"的用法和意义具有多样性，当"随事而观"，

---

① （宋）家铉翁：《春秋详说》卷一，隐公元年春"王正月"。
② （宋）家铉翁：《春秋详说》卷三，桓公二年二月"公会齐侯、陈侯、郑伯于稷，以成宋乱"。
③ （宋）家铉翁：《春秋详说》卷一，隐公元年三月"公及邾仪父盟于蔑"。

即根据具体情景来分析，不能以一概全，否则必拘牵不通。显然，家氏以《穀梁传》之说为非。隐公八年七月庚午，宋公、齐侯、卫侯盟于瓦屋，《穀梁传》曰："外盟不日，此其日，何也？诸侯之参盟于是始，故谨而日之也。"家铉翁说："愚谓《穀梁》谨日之说拘矣。"① 这与宋代刘敞评《穀梁传》"窘于日月"之说大体相近。

从总的情况来看，家铉翁认为《穀梁传》"其义备"②，因为其义理完备，《春秋详说》多所取法，故《春秋详说》对《穀梁传》求同者的比例大于存异。

（二）程端学辨疑《春秋》三传

程端学（1278—1334），字时叔，号积斋，浙江鄞县（今宁波）人。元英宗至治元年（1321）进士，授仙居县丞，后改国子监助教，迁翰林国史院编修官。程端学"通《春秋》"③，著有《春秋本义》三十卷，《春秋三传辨疑》二十卷，《春秋或问》十卷。据《续文献通考》载其学术经历："端学慨《春秋》一经未有归宿之旨，因遍索前代说《春秋》者凡百三十家④，折衷异同，湛思二十余年，作《本义》以发圣人之经旨，作《辨疑》以讨三《传》之疑似，作《或问》以校诸儒之异同。"⑤ 形成系统著作，《春秋本义》是针对《春秋》本文阐发其精神，《春秋三传辨疑》是对三传的批评，而《春秋或问》则是裁定前代学者的异同。其大要"以程朱之论考正三《传》、胡氏之得失，以为合于程朱之论则合于经之旨矣。故用三《传》、胡氏之有合者为《本义》，诸说之合者亦附见焉；其相戾者为《辨疑》以正之；又摘诸说之害经者为《或问》，以明所以去取之由。庶几士之读此经者，既可因程朱以得孔子作经之微旨，又所以仰遵设科许用之初意，其网罗之博，采择之精，当世诸老亦许其有裨此经而补朱子之所未注者云"⑥。可见，程端学有总结前代的志向。

---

① （宋）家铉翁：《春秋详说》卷二，隐公八年七月庚午"宋公、齐侯、卫侯盟于瓦屋"。
② （宋）家铉翁：《春秋详说》卷一，隐公二年十二月乙卯"夫人子氏薨"。
③ 《元史》卷一百九十《程端学传》。
④ 《四库全书总目》以为"所采自《三传》而下凡一百七十六家，卷首具列其目，《宁波府志》及《千顷堂书目》均称所采一百三十家，未喻其故也"。不同意130家之说。但据笔者统计，共有179家，故176家与130家之说均误。
⑤ （清）嵇璜：《续文献通考》卷一百五十三《经籍考·经·春秋》。
⑥ （元）程端礼编：《程氏家塾读书分年日程纲领》卷一，四部丛刊本。

在三书中，《春秋三传辨疑》是对《穀梁传》用力最多的著作。其体例，据《四库全书总目》说："是书以攻驳三《传》为主，凡端学以为可疑者，皆摘录经文传文而疏辨于下，大抵先存一必非传之心，而百计以求其瑕类，求之不得，则以不可信一语以概之。概不信三《传》之说盖创于啖助赵匡。（按韩愈《赠卢仝诗》有'《春秋》三传束高阁，独抱遗经究终始'之句，仝与赵同时，盖亦宗二家之说者，以所作之《春秋摘微》已佚，今据现存之书，惟称啖赵。）其后析为三派：孙复《尊王发微》以下，弃传而不驳传者也；刘敞《春秋权衡》以下，驳三《传》之义例者也；叶梦得《春秋谳》以下，驳三《传》之典故者也。至于端学乃兼三派而用之，且并以《左传》为伪撰，变本加厉，罔顾其安，至是而横流极矣。"① 按此说法，孙复一派与刘敞、叶梦得二派有所抵牾，所以程端学兼孙、刘、叶三家之长的说法大概不确，但兼取《春秋三传谳》《春秋权衡》之体例应是属实的，即对《穀梁传》的解说、义例与典故均有所评论。程端学《春秋三传辨疑》中引用《穀梁传》解说达到 992 次，仅次于《左传》。对《穀梁传》的解说除引用其说外，又给予批评者，甚至有的评价甚低。

批判性评价。隐公二年春，公会戎于潜。《穀梁传》曰："会者，外为主焉尔。知者虑，义者行，仁者守。有此三者，然后可以出会。会戎，危公也。"此段解说，既有义例，又有典故。程端学《春秋三传辨疑》引刘敞《春秋权衡》说："会者，外为主焉尔，非也。若令内为主者，可曰'公及戎于潜'乎？愚谓会及之说，当随事而观，不可执此以例彼，亦不可懵然而无别。如此会者，直为会尔，非外为主也。知者虑，义者行，仁者守，然后可以出会，乃战国相会之善谋，而非春秋会戎之大义。"② 既言"会"例之不可信，又指出"知者虑，义者行，仁者守"典故时代的错置。隐公二年十月，伯姬归于纪。《穀梁传》曰："礼：妇人谓嫁曰归，反曰来归，从人者也。妇人在家制于父，既嫁制于夫，夫死从长子，妇人不专行，必有从也。伯姬归于纪，此其如专行之辞，何也？曰：非专行也，吾伯姬归于纪，故志之也。其不言使，何也？逆之道微，无足

---

① （清）永瑢等：《四库全书总目》卷二十八《春秋三传辨疑提要》。
② （元）程端学：《春秋三传辨疑》卷一，隐公二年春"公会戎于潜"条，四库全书本。

第四章　疑经驳传：宋元明时期穀梁学

道焉尔。"《穀梁传》"内鲁"、"以鲁为主"，故虽鲁公之女归纪之小事也获记载。程端学《春秋三传辨疑》对此例有不同意见，他引啖赵之说："啖氏曰：'凡内女归嫁为夫人则书，但言归而不云逆者，知是来逆，常事不书也。'赵氏曰：'据桓公逆夫人于讙下云，夫人姜氏自至齐，亦以专行为辞，则《穀梁》此例不成矣。'"①即以《穀梁传》"内女归"例为不可信。僖公十四年六月，季姬及缯子遇于防，使缯子来朝。《穀梁传》认为"来朝者，来请己也。朝不言使，言使，非正也，以病缯（引者注：《公羊传》《左传》作'鄫'）子也"，程端学《春秋三传辨疑》以为"鄫子为女子所使而朝，又不正之甚者，非朝本正而言使然后非正也"，所以"鄫子为季姬之使者而来朝，则是经易而解者反难也，既无益于经，又造疑于人，焉用解？《公》《穀》如此类多矣"②，彻底否定《穀梁传》的价值。

对《穀梁传》解说评价甚低者。隐公四年秋，翚帅师会宋公、陈侯、蔡人、卫人伐郑。《穀梁传》解释说："翚者何也？公子翚也。其不称公子何也？贬之也。何为贬之也？与于弑公，故贬也。"程端学引叶梦得的解说予以驳斥："《穀梁》盖不知大夫未三命不以氏见之法，故妄言之。且是时翚未弑公，安得预贬之？"③叶梦得从礼制、历史两个角度批评《穀梁传》"妄言"。僖公二十五年十二月，公会卫子莒庆盟于洮。程端学综合前人的意见来评价《穀梁传》："《穀梁》曰：'莒无大夫，其曰莒庆何也？以公之会目之也。'赵氏（匡）曰：'凡事接于鲁，虽非命卿皆书名，《穀梁》不达，故妄穿凿也。'刘氏（敞）曰：'直云卫子莒人，岂不可乎？在《春秋》之中此类多矣，何独至于庆也而目之乎？向令但会莒庆而无卫子，谓之目犹有可诿。今卫子之外，又目庆也，吾知《穀梁》之说必将窘于此，而莒无大夫之说不可复恃矣。'"④显然程端学认可前人对《穀梁传》此条解说"穿凿"、"窘乏"的不足。僖公二十八年五月，

---

①　（元）程端学：《春秋三传辨疑》卷一，隐公二年十月"伯姬归于纪"条。
②　（元）程端学：《春秋三传辨疑》卷八，僖公十四年六月"季姬及鄫子遇于防，使鄫子来朝"条。
③　（元）程端学：《春秋三传辨疑》卷一，隐公四年秋"翚帅师会宋公、陈侯、蔡人、卫人伐郑"条。
④　（元）程端学：《春秋三传辨疑》卷九，僖公二十五年十二月"公会卫子莒庆盟于洮"条。

· 145 ·

僖公与诸侯践土会盟后"朝于王所",《穀梁传》"朝不言所。言所,非其所也"的解说,遭到程端学"何不观一句之大体、一事之大义,而独就'所'上生义?且又曰'朝不言所',非善学《春秋》者也"①的贬评。对齐侯使弟《穀梁传》的解说"妄意之耳"②、庄公夫人宗妇觌礼的《穀梁传》解说"种种失言矣"③、成公二年齐师败绩《穀梁传》"曰日,其悉也"之说为"无理之甚"④,等等,这些评价虽不多,但也反映了程端学比刘敞、叶梦得等对《穀梁传》解说的批评措辞有过之无不及。

二 明代穀梁学

明代的经学也并非一片空白。《四库全书》所收录以及《明史·艺文志》、朱彝尊《经义考》所著录的经学著作仍有不少。明人治春秋学,在轻视《穀梁传》的道路上与宋元学者无别。除李舜臣专门研究《穀梁传》外,还有一些学者的著述涉及《穀梁传》及其注疏,反映了明朝《穀梁传》学的一些特色。

(一) 李舜臣论《穀梁传》三例

李舜臣 (1545—1598),字懋卿,山东青州乐安人。明世宗嘉靖二年 (1523) 进士,历官户部主事、江西提学佥事、南京国子监司业、尚宝卿、太仆卿等职。李舜臣居南京之时,"日惟闭门读书,考究六艺"⑤,其具体的读书内容及治学过程为:"取《易》《诗》《书》《仪礼》《礼记》《左传》,分日读之,每六日一易。初,苦汉唐人注疏难入,已,知其指归在《尔雅》,《尔雅》本六书,乃质以篆隶、《广韵》及陆德明《音义》,有所纂述,功未竟,及是益键户穷探。乃著《易卦辱言》《尚书说》《诗序考》《春秋左传考例》《穀梁三例》《易诗书三经考》《古文考》《籀文考》诸书,一时经学文士未有出其右者。"⑥据《青州府志》

---

① (元) 程端学:《春秋三传辨疑》卷九,僖公二十八年五月癸丑"公朝于王所"条。
② (元) 程端学:《春秋三传辨疑》卷二,隐公七年夏"齐侯使其弟年来聘"条。
③ (元) 程端学:《春秋三传辨疑》卷六,庄公二十四年八月戊寅"大夫宗妇,觌用币"条。
④ (元) 程端学:《春秋三传辨疑》卷十三,成公二年六月癸丑"齐师败绩"条。
⑤ (明) 过庭训:《本朝分省人物考》卷九十七《李舜臣》,天启刻本。
⑥ (清) 张廷玉:《明史》卷三百八十四《李舜臣传》,中华书局1974年版。

第四章 疑经驳传：宋元明时期穀梁学

对李舜臣的著作著录甚详，有《毛诗出比》《左传读》《礼经读》《六经音》以及《户部集》《符台集》①，其中《易封辱言》《春秋左传考例》《穀梁三例》《愚谷集》也被《明史·艺文志》著录②。从李舜臣的著述来看，其治学的领域主要偏重于经学，治学路径从识字审音的小学入手，治学的方法显示出考据学的倾向，故"亦足见其文有根柢也"③。

《穀梁三例》④是专门研究《穀梁传》的著作，在《四库全书总目》著录时即称"今未见"，朱彝尊《经义考》也著录为"未见"，可知此书在清代已无传本。

李舜臣文集中保存有《穀梁三例·自序》全文："三者，时、月、日也。自穀梁氏与公羊氏之说《春秋》，皆以时、月、日起例，然辟之织，穀梁氏为益精尔。夫日详于月，月详于时。今考之经，其或日者，果非无以是？故或例时而月，或例月而日，毫忽之察，信非如穀梁氏，其孰能与于此，故曰于彼乎？于此乎？是以并考载焉。"⑤ 强调以时、月、日为例，是《穀梁传》与《公羊传》的重要特点，但李舜臣指出《穀梁传》重视"时、月、日"之例，在这点上比《公羊传》更加精密。正如我们在前面的研究中指出，"时、月、日"的有无，关乎《穀梁传》褒贬评价，所以李氏的《穀梁三例》抓住了《穀梁传》研究中一个重要的内容。但由于其书未流传于后世，故对其详细内容无法进行深入研究。

（二）童品辨疑《春秋经传辨疑》

童品（约1436—?），字廷式，号慎斋，浙江兰溪人。明孝宗弘治九年（1496）进士，官兵部主事。成化、弘治间学者，仅有《春秋经传辨疑》一卷传世。其书主疑传不疑经，《自序》说："《春秋》一经，裁自

---

① 嘉靖《青州府志》卷十七《艺文》，嘉靖刻本。其中《六经音》，在《四库全书总目》卷一百七十二《愚谷集提要》中作《六经直音》。
② 《明史》卷九十九《艺文志四》。
③ （清）永瑢等：《四库全书总目》卷一百七十二《愚谷集提要》。
④ 甘鹏云：《经学源流考》卷六，台北：广文书局1966年版。
⑤ （明）李舜臣：《愚谷集》卷六《穀梁三例序》，四库全书本。朱彝尊《经义考》卷二百〇一载《穀梁三例自序》文字有删节，可作校勘："三例者，时、月、日也。《穀梁》与《公羊氏》说《春秋》皆以时、月、日起例，然譬之组织，《穀梁氏》为益精尔。夫日详于月，月详于时。今考之经，其或日者，果非无以是？故或例时而月，或例月而日，毫发之察，非《穀梁氏》，其孰能与于此乎？"

圣心，游夏不能赞一辞，不易读也。何以得其疑而辨之乎？盖圣人之经，词义严正，本末详明，固无可疑，因传而有所疑耳。曷为因传而有所疑？《左氏》得本末之详，不能无附会之诬；《公》《穀》得义例之精，不能无穿凿之弊。"学者于三《传》何所取？童品赞同宋儒程颐之说："因传以考经之事实，因经以别传之真伪。"① 故童氏论辨三《传》之疑："于《三传》异同者，大旨多主《左氏》而驳《公》《穀》。"②

隐公元年三月，公及邾仪父盟于蔑（"蔑"从《左传》，《公羊传》《穀梁传》作"昧"）。《春秋经传辨疑》对《公羊》《穀梁》二传关于"及"的解释加以否定：

> 及，犹与也，兼词也。《公羊》曰："及，犹汲汲也。"《穀梁》曰："及者何？内为志焉耳。"胡氏曰："我所欲为及。"遂以"及"之一字为褒贬，窃恐圣人大意但记公与邾仪父会于蔑而已，初未尝以"及"之一字寓"汲汲"、"内为志"、"我所欲"之意也。且文公二年书及晋处父盟，《左传》言晋人以公不朝，使阳处父盟公以耻之，此岂有"汲汲"、"内为志"、"我所欲"之意耶？况《经》书"及"者非一。如宋督弑其君与夷及其大夫孔父；公及夫人姜氏会齐侯于阳谷；叔孙豹及诸侯之大夫及陈袁侨盟；季孙行父帅师城诸及防；齐高固及子叔姬来之类，皆兼词也。以此例之，则"及"之一字恐不必深泥也。公、穀《春秋》不免有穿凿之弊者，类如此。或以弑君及其大夫之"及"，为"累及"之"及"，亦未然也，姑质所疑，以俟知者。③

童品认为"及"仅是虚词用法，不含褒贬之义，以《穀梁传》释"及"为"内为志"、"累及"之意为穿凿，不合孔子《春秋》的原意。

当然，《春秋经传辨疑》并非一概主《左传》而驳《公羊》《穀梁》二传。隐公三年四月辛卯，尹氏卒。"尹氏"，《穀梁传》与《公羊传》均认为是"天子之大夫"，而《左传》以"尹氏"为"君氏"，释为"我

---

① （明）童品：《春秋经传辨疑·自序》，四库全书本。
② （清）永瑢等：《四库全书总目》卷二十八《春秋经传辨疑提要》。
③ （明）童品：《春秋经传辨疑》卷上。

君之氏"，即隐公夫人声子。童品指出："《公羊》《穀梁》皆以为尹氏为天子之大夫，胡氏（安国）从之，啖氏（助）、杨氏、刘氏（敞）辨《左氏》之误，明矣。窃疑《春秋》三传，惟《左氏》得事实之详，若此传者，不知传讹尹氏为君氏，故词废而义不通如此。其余与经不同者，果可尽信也哉？"① 他还以为，《左传》与《春秋》不同之处也值得可疑。可见，他不同意前人所谓左氏亲见国史并与孔子同时而绝对可信的看法。

（三）熊过《春秋明志录》辨驳《穀梁传》

熊过（1506—1580），字叔仁，号南沙，四川富顺人。嘉靖八年（1529）进士，官至礼部祠祭司郎中。熊过所撰《春秋明志录》十卷，其内容为："多采撮旧解，各加辨驳。大旨在于信经不信传。"② 具体来说：其中"于《公》《穀》及胡安国《传》俱有所纠正，而《左氏传》为尤多"③。据统计，熊过《春秋明志录》中引用《穀梁传》解说达到150余次，有的颇中肯綮，也有言过其实之处。

持肯定意见者。庄公三年正月，溺会齐侯伐卫。熊过引各家解说："《公羊传》曰'溺，吾大夫之未命者也'，孙氏《发微》'朔在齐，故溺会伐卫，谋纳朔也'，《穀梁》以为'会仇伐同姓'④，是已。"⑤ 在三家的比较中，认为《穀梁传》的解说正确。僖公二十七年冬，楚人、陈侯、蔡侯、郑伯、许男围宋，其他国君称爵，而为何楚国"称人"？对于这一问题，熊过提出自己的看法："晋伯之兴，皆以救宋却楚，故晋人之言曰'成伯安疆自宋始'⑥，季氏谓'宋，中国之枢'是也，陈、蔡、郑、许皆楚道所由，曹、卫道少远，则为楚声援，绝宋通晋矣。围宋之役，传曰'楚子及诸侯围宋'，宋公孙固如晋告急，然则实'楚子'也而微其辞，经本误文也。《公羊子》曰'执宋公，故终僖公之篇贬'，啖子正之

---

① （明）童品：《春秋经传辨疑》卷上。
② （清）永瑢等：《四库全书总目》卷二十八《春秋明志录提要》。
③ （明）熊过《春秋明志录·自序》，载《春秋明志录》卷首，《四库全书》本。
④ 《穀梁传》原文作"恶其会仇雠而伐同姓"。
⑤ （明）熊过：《春秋明志录》卷三，庄公三年正月"溺会齐侯伐卫"条。
⑥ （清）陈立：《公羊义疏》卷三十二引韩献子之言曰："成伯安疆自此始。"清经解续编本。

是也,然啖子信《穀梁》'人楚子以人诸侯'①,信斯言也。是圣人以礼望蛮荆,而薄责于中国也。"②在综合论述的基础上,充分肯定《穀梁传》的解说。

赞同中又有否定者。隐公五年九月"考仲子之宫",熊过对《穀梁传》的解说详加评价:"案:《穀梁》'考'训为'成',是已。然又谓'成之',又继以'成之为夫人',是其意不谓成仲子之宫,而成仲子之为夫人,则失之矣。又谓仲子为惠公之母,而以'子祭孙止'为说,如果惠公之母,则得其一义,若据《左氏》为惠公之妾,则又失之。"③即依据《左传》的史实来判定《穀梁传》的解说得失参半。对僖公九年冬晋里克杀其君之子奚齐,对于《穀梁传》"其君之子云者,国人不子也。国人不子,何也?不正其杀世子申生而立之也"的解说,熊过认为"《穀梁》之言弥近理而实非也。夫奚齐虽庶孽,献公虽杀申生,奚齐非献公之子乎?且经书曰'里克杀其君之子',正责其杀其君之子也。若曰'国人不子',而曰'其君之子',则是圣人赏其杀而与之辨也。且卓亦庶孽,亦国人之所不子者,经书曰'弑其君',何也?"④他指出《穀梁传》的解说看似合理,其时与历史实情不合。

持批评态度者。隐公七年三月滕侯卒,根据"礼,诸侯不生名","卒则称名"的原则,滕侯不名的原因是什么?熊过以为"盖同盟名于载书,朝会名于要约,聘告名于简牍,赵氏(匡)所谓'卒赴则按而纪也,久而或亡,则焉所据乎?'⑤谓世久近似是也",认为是由于时间久远而滕侯名字失载,因此以《穀梁传》"滕侯无名,少曰世子,长曰君,狄道

---

① 对于"《公羊子》曰'执宋公,故终僖公之篇贬',啖子正之是也,然啖子信《穀梁》'人楚子以人诸侯'",可参见陆淳《春秋集传辨疑》卷六原文:"《公羊》曰:'此楚子也,其称人何?贬。曷为贬?为执宋公贬,故终僖之篇贬。'啖子曰:'凡褒贬各于其事,岂有终篇贬乎?故《穀梁》义是。'"
② (明)熊过:《春秋明志录》卷五,僖公二十七年冬"楚人、陈侯、蔡侯、郑伯、许男围宋"条。
③ (明)熊过:《春秋明志录》卷一,隐公五年九月"考仲子之宫"条。
④ (明)熊过:《春秋明志录》卷八,僖公九年冬"晋里克杀其君之子奚齐"条。
⑤ 赵匡之说无载,(唐)陆淳所撰《春秋集传辨疑》为啖助、赵匡之说,在卷一中原文为:"啖子曰:按附庸之君以及外裔皆有名,况滕国文王之子孙,虽至微弱岂无名乎?又后诸侯卒有不书名者(薛伯等是),岂皆无名乎?"

也，其不正者名也"为"臆如也"①，即是一种无根据的臆说。桓公二年正月戊申，宋督弑其大夫与夷及其大夫孔父。《穀梁传》解说："孔父先死，其曰及何也？书尊及卑，《春秋》之义也。"熊过《春秋明志录》指出："君名于上，臣不可字"，故《穀梁传》"以善孔父书字，违经义也"②。

严厉苛责者。襄公十年春，公会晋侯、宋公、卫侯、曹伯、莒子、邾子、滕子、薛伯、杞伯、小邾子、齐世子光，会吴于柤。夏五月甲午，遂灭傅（偪）阳。《穀梁传》的解说："会又会，外之也。遂，直遂也；其曰遂何？不以中国从夷狄也。"本来是晋悼公率领中原 12 国联合吴国灭小国傅阳，以打通西向进攻楚国的大门。《春秋》及三传将吴楚视为夷狄之国。我们在第一章论述过《穀梁传》"遂，继事也"这一书法的含意，就是中国诸侯国先会合再与吴国会师，继之灭傅阳，即通过"会又会"形式先"外吴"以"攘夷"，以此来讳言中国诸国听命于吴国（"中国从夷狄"）的耻辱。但熊过认为："安又春为会矣，留吴师逾时灭一小国哉？且中国诸侯俱会，何必假吴之力而后能师？其谓《春秋》不书吴与，若不以中国诸侯从吴人灭弱小者？是《穀梁》之陋，《春秋》易简，得失是非在当时耳，《春秋》岂为曲意讳之哉？"③ 熊氏认为有《穀梁传》曲意解经"之陋"。

其他各处对《穀梁传》文字或义旨，引《春秋》《左传》经传文以及唐宋学者的著述加以批驳，成为熊过批评春秋穀梁学的立论依据。熊氏该书总的特点是：有些论述"多出臆断，用思太过之失，然其得解之处往往词旨平允，大义炳然，究非他家摭拾空谈者比"。故时人卓尔康评价《春秋明志录》："颇出新裁，时多微中，亦《春秋》之警策者。"④

（四）杨于庭《春秋质疑》疑信《穀梁传》

杨于庭（？—约1595），字道行，安徽全椒人。万历八年（1580）进士，官至兵部职方司郎中。杨于庭所撰《春秋质疑》二卷，该书之

---

① （明）熊过：《春秋明志录》卷一，隐公七年三月"滕侯卒"条。
② （明）熊过：《春秋明志录》卷二，桓公二年正月戊申"宋督弑其大夫与夷及其大夫孔父"条。
③ （明）熊过：《春秋明志录》卷九，襄公十年五月甲午"遂灭偪阳"条。
④ 以上二则材料见《四库全书总目》卷二十八《春秋明志录提要》。

旨"以胡安国《传》意主纳牖，褒讳抑损不无附会，于《春秋》大义合者十七，不合者十三。又于《左氏》《公》《穀》或采或驳，亦不能悉当。……议论多精确可取，固非妄攻先儒肆为异说者比也。"① 该书对《穀梁传》的内容，或采其说以证己说，或驳其疑、摘其纰。

引证《穀梁传》解说并给予肯定。隐公元年不书即位，《春秋质疑》有如下解说："隐、桓均之乎庶，而隐公兄也，桓公弟也，立庶以长，桓公安得立，隐公又安得成先君之志，而欲与桓哉？礼：人子从治命，不从乱命。先君之欲与桓，乱命也；从乱命，而遂以与桓。"从杨于庭立说的依据来看，以"《穀梁》之言是也"。对于这条经文的解释，杨于庭不仅在这里表达赞同的立场，而且还在本卷《附录》里对《春秋》三传进行比较后再次强调了自己支持《穀梁传》的态度："有文在手'为鲁夫人'，《左氏》之诬也；'桓幼而贵，隐长而卑'，《公羊》之舛也。然则隐何以不书即位？曰吾从《穀梁》。"② 隐公三年三月天王崩，秋，武氏子来求赗，《春秋质疑》以"周虽不求，鲁不可以不归。鲁虽不归，周不可以求之。求之为言得不得未可知之辞也，交讥之"的《穀梁传》解说为"得其旨矣"③。昭公三十一年冬，黑肱以滥来奔，对于"黑肱"的身份，《春秋质疑》认为"不系之邾"，是因为"《穀梁》以为'别乎邾'者，是也"④。上面的这些解说，杨于庭均赞同《穀梁传》的传意。

但我们也应看到杨于庭《春秋质疑》对《穀梁传》解说的指责。对于隐公元年间的史事，《穀梁传》释邾仪父之"父"为"男子之美称"，杨于庭认为"失其旨矣"；《穀梁传》释"郑伯克段于鄢"之"克"为"杀"，杨于庭认为"无据"；《穀梁传》释仲子"为惠公之母、孝公之妾"，他认为"非之非也"。隐公二年无侅帅师入极，杨氏认为《穀梁传》以极"不称氏者，灭同姓"为"非也"⑤。对于桓公年间的史实，《春秋质疑》批评《穀梁传》"桓不书王、书王为正宋公与夷、曹伯终生之卒"以及孔父"父，字也，不名，孔子为祖讳也"这两条传文"皆曲

---

① （清）永瑢等：《四库全书总目》卷二十八《春秋质疑提要》。
② （明）杨于庭：《春秋质疑》卷一，隐公元年"春王正月"条及《附录》，四库全书本。
③ （明）杨于庭：《春秋质疑》卷一，隐公三年秋"武氏子来求赗"条。
④ （明）杨于庭：《春秋质疑》卷十一，昭公三十一年冬"黑肱以滥来奔"条。
⑤ （明）杨于庭：《春秋质疑》卷一《附录》。

说也"；蔡人杀陈佗，指责《穀梁传》"佗淫于蔡，蔡人不知其为陈君也而杀之"的说法"舛矣"；杨于庭认为"焚咸丘，鲁地也，书焚，讥掩群也"，所以认为《穀梁传》以为"邾娄之邑"之说为"非也"①。庄公九年九月在齐桓公施压下鲁国逼迫在本国避难的齐公子纠（鲁女之子）自杀，《穀梁传》认为百十之邑可以逃难隐死，"以千乘之鲁，而不能存子纠，以公为病矣"，批评鲁庄公无情无义，杨于庭则从"道义"角度来立论："纠不系之齐，不当立也。《穀梁》以为当可纳而不纳，齐变而后伐，故恶内也，非也。"②认为齐公子纠不是齐国法定继位者，鲁庄公不应该庇护齐公子纠，所以《穀梁传》对鲁庄公的批评不正确。

杨于庭《春秋质疑》对《穀梁传》的批评态度，与宋代学者"刘敞之流，名为弃《传》从《经》，所弃者特《左氏》事迹，《公羊》《穀梁》月日例耳。其推阐讥贬，少可多否"③的治经特点几乎相同。

（五）王介之《春秋四传质》质疑《穀梁传》

王介之（1606—1686），字石崖，湖南衡阳人，晚明清初间学者。王介之撰《春秋四传质》二卷，是书"取三《传》及胡安国《传》异同，断以己意"，以四传"各成其说，而断以义，则胡氏精而《公》《穀》尤正质；以事，则《左氏》有征而可信也"④。据统计，《春秋四传质》引用胡安国传98次、《左传》65次、《公羊传》62次、《穀梁传》54次，从引用次数反映了上述评说的准确性。

对《穀梁传》解说加以肯定。文公四年夏，逆妇姜于齐。王介之《春秋四传质》舍《左传》、《公羊传》、胡安国《传》而从《穀梁传》："妇姜之迎，四传之说各异，而《穀梁》为允。"王氏指出："迎在三年之外，岂念旧恶而重贬之？且称妇者，责姜氏之辞也。不孝在（文）公，非姜氏之不顺，又何诛焉？于是而知《穀梁》'礼成乎齐'之说得之矣。"⑤因鲁文公婚媾齐姜在父丧三年之后，且已在齐国成礼，故不含贬义。鲁襄公二十六年卫甯喜、公子专弑杀国君剽，拥戴专之兄衎回国继

---

① （明）杨于庭：《春秋质疑》卷二《附录》。
② （明）杨于庭：《春秋质疑》卷三《附录》。
③ （清）永瑢等：《四库全书总目》卷二十六《春秋类一·序》。
④ （清）永瑢等：《四库全书总目》卷二十八《春秋四传质提要》。
⑤ （明）王介之：《春秋四传质》卷上，四库全书本。

位为卫献公，二十七年卫献公衎却将外逃晋国的同谋甯喜以"弑君"罪处死，作为弑君同党卫侯弟专也外逃至晋国而终生不归。对于卫侯弟专的外逃，《穀梁传》认为卫献公失信于甯喜不公正（"不直"），所以专是为失信的兄长卫献公而逃，此举"合乎《春秋》"。王介之在充分解说经意后认为"穀梁子曰'是亦弑君者也，以鱄（专）为喜之党也'，其论正也"。这是对《穀梁传》的肯定。但王介之又以《穀梁传》"鱄之去，合乎《春秋》"之说误解为"《春秋》其奖乱之书，以与闻乎弑君者为合耶？变文书'弟'，使与秦鍼、宋辰等，盖恶其守私要而忘亲背君以逃也"①，为何说王介之是"误解"呢？我们可以从郑玄与何休的辩论中找到答案："甯喜虽弑君之家，本专与约纳献公尔。公由喜得入，己与喜以君臣从事矣。《春秋》拨乱重盟约，今献公背之，而杀忠于己者，是献公恶而难亲也。献公既恶而难亲，专又与喜为党，惧祸将及，君子见几而作，不俟终日。微子去纣，孔子以为三仁。专之去卫，其心若此，合乎《春秋》，不亦宜乎？"②所以卫献公有约在先，失信杀同党于后，所以卫专并不是如王介之所言"忘亲背君以逃"。

当然，《春秋四传质》也有对《穀梁传》提出批评者。宣公二年九月乙丑，晋赵盾弑其君夷皋。《穀梁传》明知弑夷皋者赵穿，然以史书"晋赵盾弑其君夷皋"为"过在下也"，并阐发大义："于盾也，见忠臣之至；于许世子止，见孝子之止。"对于片面强调忠孝大义而不顾史事的做法，王介之《春秋四传质》颇不以为然，议论道："法者，先王以明刑弼教，本乎天理人情而用之者也。罪不可容则法不可赦，情有可原则法亦存疑。《春秋》，天子之事，以天子之法奉天而持天下之平，亦此而已矣。弑君者覆载不容之恶，宫官弗赦之刑也，举而加之一人之身，则必其亦膺显戮无可矜宥者，而后铁之钺之，污之潴之，而不伤君子之仁恕，恶有称为良大夫皎然事外而使当酷刑者也？赵盾弑君，穿操刃而盾实指使之，其罪在盾而无可辞也明甚。"然后指责《穀梁传》说："穀梁氏曰：'于盾，见忠臣之至，于许止，见孝子之至'③，忠孝之不至，而即陷以不赦之辟，则宋督、楚䇿亦将曰：'吾亦与忠孝不至者均也'，特不能为大舜、比干

---

① （明）王介之：《春秋四传质》卷下，鲁襄公二十七年夏"卫侯之弟专出奔晋"条。
② 《春秋穀梁传注疏》卷十六，襄公二十七年夏"卫侯之弟专出奔晋"杨士勋疏。
③ 《穀梁传》原作"于盾也，见忠臣之至；于许世子止，见孝子之至"。

第四章 疑经驳传：宋元明时期穀梁学

而已，《春秋》成而乱臣贼子奚惧哉？"①《穀梁传》不顾历史事实，而以曲笔书法发论，反而达不到惩戒后世的目的，王介之的批评是正确的。

对于《穀梁传》曲意解经的批评，还体现在庆父"鲁难"问题上。庄公有三个弟弟：庆父（又称共仲）、季友、叔牙，三个儿子：世子般、子启、子申。庄公病亡，掌握军政大权的庆父与叔牙密谋篡位自立，并与庄公夫人哀姜私通弑杀世子般，季友杀掉叔牙，庆父畏罪出逃至齐国，季友为避祸也带着子申逃到邾国。子启立为闵公后，季友、庆父先后回国，庆父再弑闵公后出逃莒国，季友立公子申为僖公，又向莒国行贿迫使庆父回国途中自杀。《春秋》对季友记录为"季子来归"，《穀梁传》解释其书法："其曰季子，贵之也。其曰来归，喜之也。"范宁注对其意义有所揭示："季子贤大夫，以乱故出奔，国人思之，惧其遂去不反，今得其还，故皆喜曰：'季子来归'。"王介之主观认为《穀梁传》是这样诠释季友的出逃：

> 力不胜，讨不可伸，姑隐忍外避而观衅焉。外有大国之援，内系国人之望，而后贼可必讨，而宗社可安。此庆父再弑，而季子姑出以避之，及其反而天讨行焉，莫能御也，贤者之用心也密，而大义则固昭然共白，始终一讨贼之心而已。

所以他并不认同《穀梁传》称季友为"贤大夫"，批评《穀梁传》曲意说经"三致意焉"："力不胜，讨不可伸，隐忍外避"是《穀梁传》"说也曲以深"；"以不探其情而诛庆父"，《穀梁传》"必曲折而为之说"；季友不该放纵庆父连弑二君："然则诛庆父于弑般之日，虽救般之弗及，而再弑闵公之恶遏矣，何为弗遏而使卜齮之刃无忌而发乎？若夫狱有所归，而首恶免焉，尤党贼者之邪说，君子所恶久矣。甚哉，穀梁氏曲折以求深！自诩以析义之精而不知其罔，适以成乎诐淫之辞而已矣。"②所以王介之认为季友弑君"首恶"之罪可免，但他也是庆父弑君的帮凶（"党贼"）。王介之没有从季友与庆父之间力量悬殊，季友自身难保的情况来

---

① （明）王介之：《春秋四传质》卷下。
② （明）王介之：《春秋四传质》卷上，闵公元年"春王正月、公薨"条。

· 155 ·

分析，所以对《穀梁传》"贤季友"的用意不理解，甚至上升到道德谴责，实属对古人的苛刻。

综上可见，中唐以后啖赵春秋学派突破专家之学，采取轻视《春秋》三传自出新解的治学范式，开启了宋代《春秋》学新风。学者们以己意说《经》，驳《经》驳《传》，出现刘敞《春秋穀梁传权衡》、叶梦得《春秋穀梁传谳》、胡安国《春秋传》等逢《传》必驳的著作，否定《穀梁传》的价值。元明二代涉及《穀梁传》的著述，从总体来说与两宋无别，或疑《经》驳《传》，或信《经》驳《传》，均据具体情况而定。由于不完全以《左传》的史实为基础和《公羊》《穀梁》二传的义理为依归，其对《春秋》的解读主观性较强。正如清代四库馆臣所说："然宋孙复以来说《春秋》者，务以攻击三《传》相高，求驾乎先儒之上，而穿凿烦碎之弊日生。元延祐以后说《春秋》者，务以尊崇胡传为主，求利于科举之途，而牵就附合之弊亦遂日甚。"[①]

宋元明学者们对《穀梁传》及其汉唐章句注疏并不在意，直接从《春秋》发论，由于论说缺少一定的文献依据，故出现解释《春秋》经传不符合经典原义，甚至穿凿不通的学术弊病，这与前人"信而有征"、"实事求是"的治学精神相离异，导致春秋穀梁学研究的总体水平难以提高。

---

① （清）永瑢等：《四库全书总目》卷二十九《春秋平义提要》。

第五章 汉学复兴：清代穀梁学（上）

第一节 清代穀梁学研究概论

一 清前期汉宋兼采的穀梁学

（一）清前期经学的复兴

1. 清统治者倡导经学

清初统治者们实行"稽古右文"政策，重视汉文化传统，提倡对儒学的研习。清世祖（顺治帝）认识到"经术为本"的治国理念："今天下渐定，朕将兴文教，崇经术，以开太平。"① 清圣祖（康熙帝）认为"治天下以人心风俗为本，欲正人心、厚风俗，必崇尚经学"②。同时他还说"不通《五经》《四书》，如何能讲性理？"③ 可见，康熙帝的学术思想体现出经学与理学的结合，也就是"汉宋学兼采"④。实行重汉学的具体政策："诏举博学鸿儒，修经史，纂图书，稽古右文，润色鸿业，海内彬彬向风焉。"⑤ 清世宗（雍正帝）亦指出："自古修己治人之道，载在经书。帝王御宇膺图，咸资典学。"⑥ 这些看法，均体现出清初最高统治者对经学意蕴和作用的高远认识。

清代前期帝王们对经学加以重视，领衔御纂《春秋传说汇纂》和

---

① 《世祖章皇帝圣训》卷五《兴文教》，四库全书本。
② 《清圣祖实录》卷二百五十八"康熙五十三年四月乙亥"条，中华书局影印本1985年版。
③ 《康熙起居注》，康熙五十四年十二月初一日，中华书局1984年版。
④ （清）皮锡瑞：《经学历史》十《经学复盛时代》。
⑤ 赵尔巽：《清史稿》卷一百四十五《艺文志序》，中华书局1977年标点本。
⑥ 《世宗宪皇帝圣训》卷四《圣学》，四库全书本。

《日讲春秋解义》等《春秋》学著作，通过汇纂和重视汉唐宋元明各代学者解说《春秋》的成果，以此作为官方经学的典范，必然对经学的复兴有所促进。史料称："我大清开国以来，御纂诸经为之启发，由此经学昌明，轶于前代，有证注疏之疏失者，有发注疏之所未发者，亦有与古今人各执一说以待后人折衷者。"① 对民间学者经学研究风气的形成也有促进作用："圣祖、世宗、高宗三朝，钦定御纂诸经，揭日月而章云汉，于是海内承学之士憬然于圣教所先，群以圣经为首务，而又殿本库书布在寰宇。凡优游盛世者，咸得悉其智能，窥仰美富，家纂户述，流风益昌，本朝经学之隆跨唐躐汉，非夫圣人培植深而嘉惠厚，其奚及此？"② 此言不虚。

2. 清初学者对考据学的开辟

清初学术是对明代学风的反动。明代学术的特点，一以科举时文相尚，"其弊庸陋谫僿，至有不能举经史名目者"③。二为讲学之风复盛，"明人讲学，袭《语录》之糟粕，不以《六经》为根柢，束书不读，但从事于游谈"④，学者延续了宋元"讲学家空谈性命，不论训诂"⑤ 的弊端，使"汉唐传注从是束之高阁"⑥，学风空疏成为有明学术的时代特性。明末清初，顾炎武、黄宗羲、王夫之、颜元、阎若璩、胡渭、毛奇龄等诸大师，提出经史考证之学，身体力行，学术风气为之转移。"三大儒"顾、黄、王以明朝遗民身份步武晚明经世思潮，其治学带有明显的以学术经世的特点，利用经史依据来与反清复明运动暗相呼应。

与志存经世的学者不同，阎若璩、胡渭、毛奇龄、李塨开辟新的治学门径。阎若璩辨《古文尚书》之伪，引经据典证实东晋梅赜伪造《古文尚书》的疑案变成定谳，"考证之学，则固未之或先矣"⑦。胡渭著

---

① （清）阮元：《皇清经解序》，载《皇清经解》卷首，诂经精舍本。
② （清）王先谦：《皇清经解续编序》，载《皇清经解续编》卷首，南菁书院刻本。
③ （清）阮元：《揅经室二集》卷七《毛西河检讨全集后序》，中华书局1993年版，第543页。
④ （清）江藩：《清朝汉学师承记》卷八《黄宗羲》，中华书局1983年版，第126页。
⑤ 同上。
⑥ （清）阮元：《诂经精舍文集》卷前录孙星衍《诂经精舍题名碑记》，中华书局1985年版，第1页。
⑦ （清）永瑢等：《四库全书总目》卷十二《古文尚书疏证提要》。

《易图明辨》对宋代图书《易》学进行了严厉的批判和清算，起了正本清源的作用，使《易》学研究逐渐向汉代《易》学转移。毛奇龄主张"说经贵有据"，治经力辟宋人旧说，辅以"汉儒之说经"①，对《易》《诗》《周礼》《春秋》《大学》等经书前人所附加的讹误伪说进行考辨，因此"自明以来，申明汉儒之学，使儒者不敢以空言说经，实奇龄开其先路"②。所以，在这些开风气之先的经学家的引领下，造就了乾嘉汉学兴盛的局面。

3. 乾嘉汉学的兴衰

乾隆初，惠栋潜心经术，穷究汉《易》学，先后撰为《易汉学》《周易述》《古文尚书考》《九经古义》《左传补注》诸书，惠栋使"汉学之绝者千有五百余年，至是而粲然复章矣"③。继承惠栋以训诂治经的传统，对小学、礼经、算术、舆地之学皆深通，提出了"故训明则古经明"的著名主张："故训明则古经明，古经明则贤人圣人之理义明，而我心之所同然者乃因之而明。贤人圣人之理义非它，存乎典章制度者是也。"④钱大昕之学，博涉文字、音韵、训诂、天文历算、地理、氏族、金石诸学，尤以史学的成就最著。经惠、戴、钱及其后学的推广壮大，以及清廷开四库馆设立汉学家"大本营"，朱筠、毕沅、阮元的置幕延揽学人为汉学护法，以考据为特征的"汉学"已如日中天："乾嘉以来，朝士宗尚汉学，承学之士，翕然从风，几若百川之朝东瀛，三军之随大纛。"⑤嘉庆间，阮元抚浙、抚粤创建诂经精舍、汉学堂，"奉汉儒许、郑两先师栗主于其中，使学者读许、郑之书，通晓古言，推明古制，即训诂名物以求义理，而微言大义存其中矣"⑥。并编刻《经籍纂诂》《清经解》"专宗汉学"，以为治经者科律。

---

① （清）毛奇龄：《春秋毛氏传》卷三十六，清经解本。
② （清）永瑢等：《四库全书总目》卷六《易小帖提要》。
③ （清）钱大昕：《潜研堂文集》卷三十九《惠先生栋传》，四部丛刊本。
④ （清）戴震：《戴震集》卷十一《题惠定宇先生授经图》，上海古籍出版社1980年版，第213页。
⑤ （清）陈康祺：《郎潜纪闻（初笔）》卷六《唐确慎公理学》，中华书局1984年版，第128页。
⑥ （清）俞樾：《重修诂经精舍记》，载于陈谷佳等《中国书院史资料》中册，浙江教育出版社1998年版，第1392页。

在汉学大盛的局面下，汉学的弊端和衰微随之而至。"汉学"之名有与讲理学的"宋学"立异的用意。吴派再传弟子江藩作《国朝汉学师承记》《国朝宋学渊源记》以分"汉"、"宋"名书，即遭到皖派后学龚自珍以及桐城学人方东树的"质疑"和"商榷"①。的确，学者们在"汉学"的旗帜下，"守一家之偏，蔽而不通"②，将学问畸形化，"琐碎章句，至老死不休"③、"汉学诸人，言言有据，字字有考，只向纸上与古人争训诂形声。传注驳杂，援据群籍，证佐数百千条。反之身己心行，推之民人家国，了无益处，徒使人狂惑失守，不得所用"④。脱离义理、脱离现实成为汉学的两大弊端，汉学已在人们的批判中走出乾嘉时代。

（二）清前期穀梁学成果

1. 顾炎武《日知录》中的穀梁学

顾炎武（1613—1682），字宁人，江苏昆山人。明末清初，参加抗清斗争，后隐居北方，倡导经世致用之治学，著述丰富。

顾炎武《日知录》中有研究《穀梁传》的内容。具体来说，隐公在位十一年，除元年书"正月"外，其他十年均无正月，《穀梁传》解释说："隐十年无正，隐不自正也。元年有正，所以正隐也。"⑤而顾炎武认为："隐十年无正者，以无其月之事而不书，非有意削之也。《穀梁》以为'隐自正'者，凿矣。"⑥这一认识亦见于"陨石于宋五"条，以为《穀梁传》之说不通有二。其一，《春秋》载僖公十六年正月戊申朔，"陨石于宋五。是月，六鶂退飞，过宋都。"《穀梁传》解释"宋五"的数字在后，为"散辞"，以表明陨石散于宋之四境，得之耳闻；而"六鶂"的数字在先，为"聚辞"，得之目击，故二者数字表达方式有异。顾炎武以为"且如'陨石于宋五'，'六鶂（引者注：《左氏》《公羊》作鷁）退飞过宋都'，此临文之不得不然，非史云'五石'，而夫子改之

---

① （清）龚自珍：《定庵文集补编》卷三《与江子屏笺》，四部丛刊本。（清）方东树：《汉学商兑》卷下，读书·生活·新知三联书店1998年版。
② （清）姚鼐：《惜抱轩文集》卷六《复孔㧑约论禘祭文》，四部丛刊本。
③ （清）程晋芳：《勉行堂文集》卷一《正学论》四，黄山书社2012年版。
④ （清）方东树：《汉学商兑》卷中之上。
⑤ 《春秋穀梁传注疏》卷二，隐公十一年冬十一月壬辰"公薨"传。
⑥ （清）顾炎武著，黄汝成集释：《日知录集释》卷四，"隐十年无正"条，上海古籍出版社2014年版，第105页。

第五章 汉学复兴：清代穀梁学（上）

'石五'，史云'鹢六'，而夫子改之'六鹢'也"①。即不是孔子笔削，而是当时史官的实际记载。

此外，对《穀梁传》谬误之处亦有指正。庄公三十一年六月，齐侯来献戎捷。《穀梁传》释"戎"为"菽也"，范宁注菽为"豆"②。对"戎"为"菽"之说，顾炎武《日知录》考其史源：

> 似据《管子》桓公"北伐山戎，得冬葱及戎菽，布之天下"而为之说。桓公以戎捷夸示诸侯，岂徒一戎菽哉？且《生民》之诗曰："蓺之荏菽，荏菽旆旆。"《传》曰："荏菽，戎菽也。"《尔雅》："戎菽谓之荏菽。"（亦作茙菽。《列子》："北宫子既归，进其茙菽，有稻粮之味。"）则自后稷之生，而已蓺之，不待桓公而始布矣。③

"戎菽"见于《管子》之文，杨士勋《疏》已先揭之④，顾炎武考证的目的，说明戎菽这种粮食作物在原始社会已开始种植，故春秋时期已不足为贵，而庄公以齐侯所献之常物"戎菽"来夸示诸侯，似乎不合理，因此，顾氏隐含之意就是释"戎"为"菽"有误。其实，此疑问早已见于杨士勋《疏》⑤，但顾炎武又引用了《诗经》《尔雅》《列子》等经子材料使"戎"非"菽"更有说服力。

通过上面的分析可见，顾炎武的春秋穀梁学研究，走的是史学研究的路径。他引证丰富的经史诸子材料，利用音韵训诂等方法，纠正《穀梁传》中的谬误，体现了顾炎武"博学于文"的治学风格。不过，他在辩说中也引用了宋代学者（如刘敞）的意见，说明他还未脱离宋人的影响。

---

① （清）顾炎武著，黄汝成集释：《日知录集释》卷四，"陨石于宋五"条，第105页。
② 《春秋穀梁传注疏》卷六，庄公三十一年六月"齐侯来献戎捷"传范宁注。
③ （清）顾炎武：《日知录》卷四，"戎菽"条，第105页。
④ 《春秋穀梁传注疏》卷六，庄公三十一年杨士勋《疏》："案《管子》云'出戎菽及冬葱，布之天下'，则以戎为豆也。"
⑤ 《春秋穀梁传注疏》卷六，庄公三十一年杨士勋《疏》："'戎菽'也者，旧解谓顺经意而惜齐侯，故《传》依违其文，释之为菽。其实宋是中国，故捷不系国。戎是夷狄，故系之戎也。……旧解以为依违其文，恐失《传》旨。僖二十一年《传》云：'其不曰宋捷，何也？不与楚捷于宋也。'范云：'据庄三十一年齐侯来献戎捷。'据彼《传》及《注》意，则似不以戎为豆。今疑不敢正，故两载之。"

2. 俞汝言《春秋四传纠正》

俞汝言（1614—1679），字石吉，浙江秀水（今嘉兴）人。参加反清复明运动，失败后隐居乡野，"研精经史之学……晚专治《春秋》"①，成为清初研治春秋学的重要学者。其主要著作有《春秋平议》十二卷、《春秋四传纠正》一卷。其《春秋四传纠正》主要论辩《春秋》三传与胡安国《传》中的不合理之处。

涉及《穀梁传》的内容，隐公四年二月卫祝吁弑其君完、九月卫人杀祝吁于濮、十二月卫人立晋，《穀梁传》解此："卫人者，众辞也。立者，不宜立者也。晋之名恶也，其称人以立之，何也？得众也。得众，则是贤也。贤则其曰不宜立，何也？《春秋》之义，诸侯与正而不与贤也。"② 卫晋虽贤得众被公推为新君，但按继承顺序不该得位，而《穀梁传》按《春秋》之义"诸侯与正而不与贤"，片面强调礼法而忽视公共意志，所以俞汝言《纠正》说："罪卫人擅置其君，罪晋专有其国"是"执理而近于迂"③。其他驳《穀梁传》之处有近 30 条，有时未免自蹈臆测，或颟顸其说，不脱宋明人凿空立论、自出新见的说经积习。然六类之弊"大抵皆立义正大，持论简明"，四库馆臣高度评价其"言言皆治《春秋》者之药石，亦可谓深得经意者矣"④。虽有夸大之处，但从系统性、理论性指出《穀梁传》等《春秋》三传弊端，俞汝言超过了前人的认识。

3. 张尚瑗《穀梁折诸》

张尚瑗（1657—1731），字宏蘧，江苏吴江人。他初从朱鹤龄求学，讲习《春秋》之学。朱鹤龄作《读左日抄》，张尚瑗亦作《读三传随笔》，积累既久，卷帙遂多，至康熙五十一年（1712）乃排纂而成《春秋三传折诸》四十四卷，其中《左传》三十卷，《公羊》《穀梁》二传各七卷。

《春秋三传折诸》卷首列"先正评说"，收录《汉书·艺文志》、《宋

---

① （清）朱彝尊《经义考》卷二百〇八《春秋四传纠正》引"缪泳曰"。
② 《春秋穀梁传注疏》卷二，隐公四年二月"卫祝吁弑其君完"、九月"卫人杀祝吁于濮"、十二月"卫人立晋"传。
③ （清）俞汝言：《春秋四传纠正》"二、执理而近于迂"，昭代丛书本。
④ （清）永瑢等：《四库全书总目》卷二十九《春秋四传纠正提要》。

第五章 汉学复兴：清代穀梁学（上）

书·礼志》、范宁《春秋穀梁传序》、马端临《文献通考》、晁公武《郡斋读书志》、朱熹《朱子语类》、王应麟《困学纪闻》、赵汸《春秋集传》、黄泽《春秋经解》等书所载有关《穀梁传》传授和评论，是《穀梁传》研究史的一个缩影。从卷一至卷七则是列举历代学者对《穀梁传》文的解说或评价，并附以他本人的评说。如对隐公元年春王正月的《穀梁传》所释之文，其"虽无事，必举正月，谨始也"引刘向《说苑》以解之，"《春秋》贵义不贵惠"引黄泽《春秋经解》以为"正论"，"则是成父之恶也"引宋杨时之说"隐之不即位，其使远矣"。而对"可谓轻千乘之国"，则自为解说：

> 春秋之世，犹有轻千乘之国者七人焉，曰鲁隐公、宋穆公、公子目夷、曹子臧、吴季札、卫子郢、楚子西也。隐公、穆公师周公，子臧、季札师夷齐，子郢、子西又师臧与札。望以为隐公而不为者，晋武帝也；命之为穆公而负约者，唐太宗也。唐太宗踵负刍之谋，明成祖袭阖庐之辙，皆子臧、季札之罪人。①

从"轻千乘之国"一语，引出有此行为者七人，分析其差异，并指出效仿他们的后来者，可谓内容丰富，这正切合诠释学中的所谓"隧道效应"②。

张尚瑗所引材料有的也与《穀梁传》无关。文公六年十月，晋杀其大夫阳处父，《穀梁传》有"故士造辟而言，诡辞而出"③一语，张尚瑗引《晋书·羊祜传》"入则造膝，出则诡辞"④之相似语，又引唐许敬宗、李义府用事、奏事"多俟仗下，于御座前屏人密奏事，以险诐相倾"⑤之类似史事，但与《穀梁传》之本义关联度不大。四库馆臣指出：

---

① （清）张尚瑗：《春秋三传折诸》之《穀梁折诸》卷一"可谓轻千乘之国"条，四库全书本。
② 黄俊杰：《孟学诠释史中的一般方法论问题》，原系氏著《孟学思想史论》（卷二）之第二章，《中国哲学》第二十二辑《经学今诠初编》第22—60页转载，辽宁教育出版社2000年版。
③ 《春秋穀梁传注疏》卷十，文公六年十月"晋杀其大夫阳处父"传。
④ 《晋书》卷三十四《羊祜传》。
⑤ （清）张尚瑗：《春秋三传折诸》之《穀梁折诸》卷四"故士造辟而入诡辞而出"条。

"惟其书贪多务得，细大不捐，每据摭汉魏以下史事与传文相证，往往支离曼衍。如因卫懿公好鹤，遂涉及唐元宗舞马之类，不一而足，与经义或渺不相关，殊为芜杂。"① 正反映了《穀梁折诸》的这个缺点。

张尚瑗的《穀梁折诸》一书取材广，凡先儒训诂、经师授受、微言大义多见于其中，只是疏于剪裁和组织，所以显得虽体大而思不精。该书在学术史上的意义，主要是为后来学者研究穀梁学史提供了丰富的材料，"蒐罗荟粹尤为摭实之言，过而存之，视虚谈褒贬者固胜之远矣"②。

4. 惠栋《穀梁古义》

惠栋（1691—1758），字定宇，江苏元和人。其祖父惠周惕"邃于经学"，著《易传》《春秋三礼问》。父亲惠士奇兼治经史，撰《易说》《礼说》《春秋说》等，其《春秋说》"事实据《左氏》，论断多采《公》《穀》，大致出于宋张大亨《春秋五礼例宗》、沈棐《春秋比事》，而典核过之"③。

惠栋自幼勤奋好学，"于经、史、诸子、稗官野乘及七经毖纬之学，靡不津逮"④。吴派汉学由其祖孙三代发展日益恢宏。惠栋最精者在两汉易学，撰《周易述》一编，使"汉学之绝者千有五百余年，至是而粲然复章矣"⑤。他也治《春秋》学，继承乃父惠士奇之余绪，专在"汉学"一路上发展。除撰写《春秋左传补注》外，杂引古人释九经之旧解为《九经古义》十六卷，其第十五卷专详《穀梁传》。其主要内容如下。

（1）辨授受之源

关于《穀梁传》与《春秋》、穀梁赤与子夏以及穀梁赤以后师承等关系，历来成为聚讼不休的学术问题。惠栋作了如下研究。

第一，穀梁赤与子夏的关系。惠栋先引《孝经说》中孔子"吾志在《孝经》，行在《春秋》；以《春秋》属商，《孝经》属参"之言，对子夏传孔子《春秋》之学加以认可，这是惠栋立论的前提。接着，他发现东汉应劭《风俗通》"穀梁为子夏门人"与杨士勋《春秋穀梁传集解序疏》

---

① （清）永瑢等：《四库全书总目》卷二十九《三传折诸提要》。
② 同上。
③ 《清史稿》卷四百八十一《惠士奇传》。
④ 《清史稿》卷四百八十一《惠栋传》。
⑤ （清）江藩：《清朝汉学师承记》卷二《惠栋》。

第五章 汉学复兴：清代穀梁学（上）

"受经于子夏"之不同，究竟是"弟子"或是"门人"，惠栋按断如下：从东汉桓谭《新论》所言穀梁赤撰《穀梁传》在《左传》"行世百余年后"，认为穀梁赤不是得自子夏亲传。他表明理由："古人亲受业者，称弟子；转相授者，称门人，则穀梁子于子夏，犹孟子之于子思。"① 又以三国魏麋信注《穀梁传》所说穀梁赤"与秦孝公同时也"之语作为旁证，表明《穀梁传》之作当在战国中期。

第二，荀子与《穀梁传》的关系。杨士勋《春秋穀梁传注疏序疏》言《穀梁传》的传授："穀梁为经作传，传孙卿，卿传鲁人申公，申公传博士江翁。"对于这份传授名单历来有争议，惠栋关注荀子②是否为传人问题。他首先确定荀子是齐湣、襄时（前301—前264）人，在时间上可以与穀梁赤构成师承关系。其次，在《荀子》一书中找到若干内容，"皆本《穀梁》之说，其言传孙卿，信矣"③。惠栋这一致思路径，后来启发了清末民初学者刘师培，刘师培因之撰写《〈穀梁〉〈荀子〉相通考》加详其说。

第三，"《穀梁》善于经"。《穀梁传》隐公元年"成人之美，不成人之恶"，僖公二十二年"过而不改，是之谓过"，二十三年"不教民战，则是弃其师"之传文，均见于孔子《论语》。惠栋认为，据郑玄《论语序》，孔子弟子仲弓、子夏等撰辑"仲尼微言"以成《论语》，子夏将孔子之微言私淑于门人穀梁赤。另外，《穀梁传》所载又与孔子所作《仪礼》《礼记》诸经内容相合者亦多。故惠栋引郑玄《六艺论》所云"《穀梁》善于经"之说，以表明《穀梁传》与孔子《春秋》密切的关系。

以上三点，均是穀梁学中的重大问题。以严谨的态度系统探讨《穀梁传》产生时代、传人以及《穀梁传》与《春秋》关系等问题，在清代惠栋应是第一人，后人的研究只是在其基础上进一步加详而已。

（2）集古义

惠栋《穀梁古义》辑录了部分前人有关《穀梁传》的诂训遗文，还旁引其他材料来略作分析和辨识。除文公、定公、哀公外，其他九公均

---

① （清）惠栋：《九经古义》卷十五《穀梁古义》，清经解本。
② 荀子，本名荀况，又名荀卿，据《汉书》卷三十《艺文志》颜师古注："本曰荀卿，避宣帝讳，故曰孙。"
③ （清）惠栋：《九经古义》卷十五《穀梁古义》。

有条文。其主要内容有：

第一，辨音读。

经学的构成体系，由经、传、注、疏四个层次组成，在每一次转换中，音韵、训诂、义理是主要内容。惠栋在清代中期"汉学"运动中，躬亲其役，对汉学"识字审音"的基本治学规范颇为熟稔。在《穀梁古义》中，多有辨音读的材料。略微摘引如下：

> 隐元年《传》："《春秋》贵义不贵惠，信道不信邪"。《注》："信，申字，古今所共用。"韦昭《国语注》云："信，古伸字。"《士相见礼》注云："古文伸作信。"（康成《儒行》注云："信，读如屈伸之伸。"假借字也。信或为身。）

> 四年，卫祝吁。《释文》云："《左氏》、《公羊》及《诗》作州吁。"案："州"有"祝"音，故或作"祝"，声之误也。

> 庄元年，夫人孙于齐。《传》云："孙之为言，犹孙也。"《注》云："孙，孙遁而去。"非也。《公羊传》云："孙者何？孙，犹孙也。"何休曰："孙，犹遁也。"栋案："遁"，读如"循"，《释文》音"徒困反"，非也。《今文尚书》云："五品不训"（《后汉书》），"训"读为"驯"（《周礼注》），《书》亦或作"驯"（《史记》）。"驯"与"循"同音。循，犹巡也；巡，犹遁也。古"逡巡"字，皆作"逡遁"（见《仪礼注》），又作"逡循"（顾炎武论之详矣）。是"循"与"遁"同，又与"孙"通。

> 闵元年《经》，盟于洛姑。《释文》云："一本作路姑。"案：路、洛同音。《汉书》扬雄《校猎赋》："尔乃虎路三嵕，以为司马。"晋灼曰："路，音洛。"

> 僖三年，公子季友如齐莅盟。《传》云："莅者，位也。"郑氏《易·需·彖》云："位乎天位"，上"位"字，读如"涖"，"涖"与"莅"同。

从引录的材料可看出，惠栋通过辨识音读，或指明《穀梁》传、注音韵的依据，或证他训之误，或引申辗转为训，这一路数颇能反映乾嘉学者的治学特色。

第二，断异说。

对于《穀梁传》注疏的歧异处，惠栋也能加以裁断。移录两条：

> （隐八年《经》："我入邴"）《注》："周有千八百诸侯，尽京师之地，不足以容，不合事理。"《疏》云："凡《孝经说》。"栋案："诸侯有大功盛德于王室"已下，皆采许叔重《五经异义》之文，《疏》言见《孝经说》，非也。

> 宣八年，葬我小君顷熊。《疏》云："案文十八年注云'宣母敬嬴'，此云顷熊者，一人有两号故也。"栋谓"顷"声近"敬"，"熊"声同"嬴"，二传由口授，故字异而音同，而云一人有两号，非也。

对于第一条《疏》文的错误，是杨士勋失察，而惠栋亲加检核，他的断语是正确的。第二条，惠栋所言可备一说。"顷熊"与"敬嬴"是否"字异音同"，还需进一步考查。

从惠栋的《穀梁古义》不采唐以后的材料看，他在回归汉唐的道路上步履坚实，对前人的错误也能援据加以裁断。

5. 其他学者的《穀梁传》研究

这一时期其他学者的著作中也多涉及《穀梁传》的内容。

(1) 姜兆锡《公穀汇义》

姜兆锡（1666—1745），字上均，江苏丹阳人。康熙二十九年（1690）举人，乾隆元年（1736）被荐充三礼馆纂修官。姜兆锡生平勤博，数十年用心于性理经学，凡先圣先儒的经典注疏，都能集其成，所撰五经诸子著述 13 种 115 卷，其中《春秋》学著作有《春秋参义》《春秋事义慎考》《公穀汇义》三种。

其一，《春秋参义》。

该书 12 卷。其内容以胡安国《春秋传》为宗，对于胡《传》其中所解不稳妥之处，引朱熹之言"以正之"，即"宗朱"以"批胡"①。该书卷首有《纲领》33 条，引述前代学者的议论，于孔孟之说题曰"特标"，于诸儒题曰"汇辑"、"汇录"，惟于《朱子语录》六则题曰"遵录"，"其宗旨可以概见云"，逐渐汇入清初《春秋》学"弃胡""宗朱"的学术潮流。

其二，《春秋事义慎考》。

该书 14 卷。其内容分上、中、下三《考》，共 12 卷，而附以《考前》《考后》各 1 卷。《考上》有《纪时》《系名》2 类；《考中》有《正位》《祀典》《灾荒之属》等 23 类；《考下》有《事词通义》《衍文》《误文》等 11 类；《考前》有《圣经本末》《圣治本末》等 7 类；《考后》有《传有经无》1 类。书中每类各条皆分析辨论，大旨在于羽翼胡安国《春秋传》，"然《春秋》一书古今聚讼，胡氏曲为之解已多抵牾"，姜兆锡又从而"割裂分配，弥繁琐而失当也"②。

其三，《公榖汇义》。

该书 12 卷。姜兆锡认为《春秋》三传解经特点不同，《左传》主于纪事，而《公羊》《穀梁》二传主于发义，三传各有优缺点，胡安国认为"事莫备于《左氏》，例莫明于《公羊》，义莫精于《穀梁》，或失之诬，或失之乱，或失之凿"③。但姜兆锡肯定《穀梁传》《公羊传》"正终以正始、贵道不贵惠之属，固卓乎道义之权衡、圣哲之轨范"④的政治伦理价值，因此，他汇编《穀梁》《公羊》二传异同之处，别白其是非，他批评《穀梁传》《公羊传》不足之处有三：

第一，关于"时月日"书法问题。《穀梁》《公羊》二传之中，有月当书日之文，间有逸文，而"诬为异例，则支"；月有书时之文，乃指首

---

① （清）永瑢等《四库全书总目》卷二十九《御纂春秋直解提要》："揭胡安国《传》之傅会臆断，以明告天下。"雍乾时期，官方规定科考"其后《春秋》不用胡《传》，以《左传》本事为文，参用《公羊》《穀梁》"（赵尔巽《清史稿》卷一百〇八《选举志三》）。清代康熙学者张自超著《春秋宗朱辨义》以标宗旨，相关清代前期春秋学"宗朱"的内容，参见文廷海《清前期《春秋》学研究的特点》，《求索》2016 年第 7 期。

② （清）永瑢等：《四库全书总目》卷三十一《春秋事义慎考提要》。

③ （宋）王应麟：《困学纪闻》卷六《左氏》。

④ （清）姜兆锡：《自序》，载《公榖汇义》卷首，四库全书存目本。

第五章 汉学复兴：清代穀梁学（上）

时，而"臆为异义，则紊"，这些都是"混其文为害，而义随之也"①。

第二，关于文字"衍夺"问题。如"赤归曹"而连"郭"，"偃纳燕"而牵"阳"，且唐为"阳"，又增为"阳生"；"朱"为"东"，又幻为"东国"，此又"皆窜其文为害，而事随之，义亦随之也"②。

第三，关于义例褒贬问题。如公子翚、公子招而谓"豫贬于前"，公子臧、公叔术而谓"延赏于后"，祭仲党奸谋蔑国君而"美之曰行权"，叔术背王命奸国母而"推之曰贤行"，以及婴齐以弟继兄，卫辄以子拒父，"又皆事与义胥害而害义弥大也"③。

可见，姜兆锡从《春秋》的"事、文、义"三要素出发，指出《穀梁传》与《公羊传》存在的不足，他"于三家褒贬之例无所偏主，颇足以资参考"，书中"驳二传之事迹，往往并《左氏》而驳之，则终不出宋人臆断之学也"④。

（2）邵晋涵《穀梁正义》

其一，"博学工文"的学术人生⑤。

邵晋涵（1743—1796），字与桐，又字二云，号南江，浙江余姚人。乾隆三十六年（1771）中进士，诏征入四库全书馆参与编修史部文献，后历任翰林院编修、侍讲及詹事府左中允等职，并为日讲起居注官，校石经《春秋》三传，卒于嘉庆元年（1796），享年五十四。邵晋涵虽年少以来多病，左眼微盲，仍"独善读书，数行俱下，寒暑舟车未尝顷刻辍业，于四部七录无不研究"⑥，因此"于学无所不通"⑦，尤擅长史学，对明史文献极为熟悉，"被讶为神人"⑧。生平著述繁富，有《尔雅正义》

---

① 《清文献通考》卷二百一十五《经籍考》载姜兆锡《公穀汇义自序》，浙江古籍出版社2000年版。
② 同上。
③ 同上。
④ （清）永瑢等：《四库全书总目》卷三十一《公穀汇义提要》。
⑤ 《清史稿》卷四百八十一《邵晋涵传》中载邵晋涵与章学诚论修《宋史》语："宋人门户之习，语录庸陋之风，诚可鄙也。然其立身制行，出于伦常日用，何可废耶？士大夫博学工文，雄出当世"，其"博学工文"虽誉宋代士人之语，乃为邵晋涵学术人生之体现。
⑥ （清）钱大昕：《潜研堂集》卷四十三《日讲起居注官翰林院侍讲学士邵君墓志铭》，嘉庆刻本。
⑦ （清）陈寿祺：《左海文集》卷七《南江诗文抄序》，清末刻本。
⑧ （清）江藩：《清朝汉学师承记》卷六《邵晋涵》。

《尔雅音义》《孟子述义》《穀梁正义》《韩诗内传考》《旧五代史考异》《皇朝大臣谥迹录》《方舆金石编目》《輶轩日记》《南江诗文稿》等四部著作十余种。

其二，《穀梁正义》存亡。

邵晋涵所撰《穀梁正义》等经史著作，"皆实事求是，为学者有益之书"①。这么一部有学术价值的书籍，有两个问题值得探讨：

该书是否完成？

据王昶所述，邵晋涵所著《尔雅正义》先已刊行，又有《孟子述义》《韩诗内传考》《穀梁正义》"诸书未成，皆藏稿于家，子秉华将汇而录之，以惠来者"②。钱林《文献征存录》所载也相同："所著又有《韩诗内传考》《皇朝大臣谥迹录》《方舆金石编目》《輶轩日记》《南江诗文集》，皆刊行。别有《孟子述义》《穀梁正义》，稿草藏于家。"③从这些记载来看，与邵晋涵已经刊行的书籍相比，《穀梁正义》还只是草稿，并未完成定稿，所以梁启超推测《穀梁正义》"像是未成"④。

其存亡情形如何？《穀梁正义》与《孟子述义》《韩诗内传考》在邵晋涵"卒后，皆佚不传"⑤，其同乡人钱泰吉也遗憾地记载说："邵学士尚有《孟子述义》《穀梁正义》《韩诗内传》，惜未见（见《潜研堂墓志铭》），近得《南江札记》四卷、《文抄》四卷（其子秉华所刊，邵氏《尔雅正义》）"⑥，由此可知《南江札记》《南江文抄》《尔雅正义》经过邵晋涵之子刊行流传下来，而《穀梁正义》因是草稿而未刊行，导致失传不见，所以不能睹其面貌，显然是穀梁学史上的憾事。

其三，《南江札记·穀梁传》条目分析。

虽邵晋涵《穀梁正义》书稿失传，但其所著《南江札记》卷一有疏证《穀梁传》14条，可窥一斑。

其中，隐公2条、桓公4条、庄公2条、闵公1条、僖公3条、宣公

---

① （清）江藩：《清朝汉学师承记》卷六《邵晋涵》。
② （清）王昶：《湖海诗传》卷三十二《邵晋涵》，嘉庆刻本。
③ （清）钱林：《文献征存录》卷八《邵晋涵》，咸丰刻本。
④ 梁启超：《中国近三百年学术史》，东方出版社1996年版，第225页。
⑤ （清）陈寿祺：《左海文集》卷七《南江诗文抄序》。
⑥ （清）钱泰吉：《甘泉乡人稿》卷七《曝书杂记上》，同治刻本。（清）钱泰吉：《曝书杂记》卷一，清别下斋丛书本。

1条、成公1条。邵晋涵引《白虎通义》3次、刘向《说苑》3次、刘向《新序》1次、刘向《洪范传》3次、《史记·鲁世家》裴骃《集解》引《穀梁传》说1次、《汉书·梅福传》颜师古注引《穀梁传》说1次。具体情形有：

一是引材料对《穀梁传》文字进行印证。隐公五年十二月宋军围长葛，至隐公六年冬宋人取长葛，《穀梁传》认为"久之也"，其经义是什么？邵晋涵引《白虎通义》之说："古者师出不逾时者，为怨思也。天道一时生，一时养人者，天之贵物也；逾时，则内有怨女，外有旷夫。"所以，从《白虎通义》的解说来看，围困长葛长达近一年，导致"逾时，则内有怨女，外有旷夫"，所以"久之"带有批评之义。

二是引其他材料来反驳《穀梁传》。隐公八年六月己亥，蔡侯考父卒，邵晋涵引《白虎通义·崩薨篇》之说："《春秋》曰'蔡侯考父卒'，《（穀梁）传》曰'卒，赴而葬，礼也'。诸侯薨，赴告邻国，何缘邻国欲有礼也？"① 所以不同意《穀梁传》的解说。

三是对《穀梁传》解说的补充说明。成公元年三月，作丘甲，《穀梁传》"古者有四民"，邵晋涵引刘向《说苑》"《春秋》曰：四民均则王道兴，而百姓宁。所谓四民者，士、农、工、商也"。正如《穀梁传》所解"丘甲，国之事也。丘作甲，非正也"。其"不正"的原因"百官具，农、工皆有职以事上"，四民均有自己的职业，只有均徭薄赋，百姓才能安宁，这是邵晋涵引用《说苑》的内容来对《穀梁传》"古有四民"解说的重要补充。

因此，邵晋涵《穀梁正义》的内容，或先抄于《南江札记》，其所记载的对《穀梁传》诠释条文，"足正范宁之失，而补其所遗"②，有较高学术价值。

(3) 洪亮吉《公羊穀梁古义》

洪亮吉（1746—1809），字稚存，江苏阳湖人。少孤贫力学，先后佐幕安徽学政朱筠、陕西巡抚毕沅校勘书籍，擅长词章考据舆地之学。乾隆五十五年（1790）中进士，授编修。后任贵州学政，以古学教士。嘉

---

① （清）邵晋涵：《南江札记》卷一《穀梁传》，光绪心矩斋丛书本。
② 王钟翰点校：《清史列传》卷六十八《邵晋涵传》，中华书局2016年版，第5526页。

· 171 ·

庆帝继位，参与撰修《清高宗实录》，因上书被免职流放伊犁。赦还家居十年而卒。洪亮吉与戴震、邵晋涵、王念孙、汪中等通古义之士游，乃立志穷经，"治经研求古义，不涉宋以后之说"①。精力过人，撰述繁富。于经深研《春秋左氏传》及小学、音训，于史精通地理。此外，《清朝汉学师承记》卷四所载，撰著之中尚有《公羊穀梁古义》二卷。然据支伟成《清代朴学大师列传》说："又辑三传古义，成《公羊穀梁》二卷。……惟《公穀古义》及《西夏国志》十六卷，稿佚未梓。"②《公羊穀梁古义》书稿已佚，所以具体内容无考。从其治学特点来看，该书大概与惠栋《穀梁古义》、邵晋涵《南江札记》所载相似。

以上是清初至乾嘉时期的春秋穀梁学的大致情况，前期主要是质疑《春秋》三传以及胡安国《传》中解说不合理之处，并提出自己的看法；至清代道咸以后则出现专门的《穀梁传》著作。从研究广度看，凡音韵、训诂、校勘、义理等均有涉及；从深度看，对《穀梁传》进行新的注疏、阐发新的经义和对《穀梁传》的传授史进行总结。这些穀梁学著作，虽然出现如前代学者所评价的"浮藻饾饤"③、"碎义琐辞"④之弊，但这一时期春秋穀梁学的研究成果也有力地推进了穀梁学的发展。

二 清中后期汉学特色的穀梁学

（一）清中后期学术的演变

乾、嘉以来，如日中天的汉学也弊端滋生。为克服弊端，学者需要在学术上寻找一新的突破口，宋学既已在不讲不议之列，西汉今文经学的复新，就成为道、咸以后新的治学方向。时人刘体智说："为西汉学者，以汉学对宋已大获全胜，无钻研余地，不得不别出一途以自见。"⑤同治时期梅毓在《续汉学师承记·商例》中说："国朝讲汉学者，盛于乾

---

① 徐世昌：《清儒学案》卷一百〇五《北江学案序》，中华书局2008年版，第4159页。
② 支伟成：《清代朴学大师列传》之《吴派经学家列传第四》，岳麓书社1986年版。
③ （清）魏源：《默觚下·治篇一》，《魏源集》上册，中华书局1986年版，第37页。
④ 赵尔巽：《清史稿》卷四百八十二《林伯桐传》。
⑤ （清）刘体智：《异辞录》卷三《〈公羊〉学者之异同》，中华书局1988年版，第159页。

第五章 汉学复兴：清代穀梁学（上）

嘉。迩年流风余韵，不绝如缕，强识博闻，虽世不乏人，而求其笃守汉学，无畔嗟之习者，往往难之。"① 作为今文经学之一的春秋道光年间阮元刻《清经解》，他感慨春秋穀梁学的衰微情形："世之治经者，多治《左氏》《公羊》，于《穀梁》慢之。故余整齐百家为《皇清经解》千四百卷，《左氏》《公羊》皆有专家，《穀梁》无之，心每歉然。"② 从上面的论述中，可知阮元所说大体与历史事实相符。但在不久之后，情况有较大的改观，出现了一系列春秋穀梁学的研究成果。

考察其原因，从社会史角度说，"随着在同一区域内以家族为基础的经学研究家学化的不断外延和拓展，逐渐形成了以师长为奠基人和以家学为核心的、具有鲜明地域特征的学术流派，并由这些地域性学派不断地向外传播和转移其地域位置。而这些不同的地域性学派的成员，在志同道合的气氛中酝酿新的课题或学术主张进行反复论证，特别是某种学术主张在一时未能得到社会认同的时候，仍被学派的成员作为共同的事业、理想和信念而坚持不懈"③。如同治年间，江都梅植之与刘文淇、包世臣、薛传均、刘宝楠、陈立辈为友，同试南京时，为"著书之约"，各自分任治经任务，均有成就。从学风上讲，"清代学者有些人有师承，有传授；而更多的人，全由自学成才，无师自通，谈不上有什么渊源。这和宋明学术界特别是理学诸儒的学风截然不同的地方。但是由于在同一地区，彼此影响，自然形成一种学术风气，这倒是客观存在，至为显要。如浙东、湖南、扬州、常州，都有各自的学风和宗尚"④。如咸、同时期，扬州学者王芑治《毛诗》，柳兴恩通《穀梁》，姚佩中治汉《易》，包世荣治《礼》兼以《礼》释《诗》，包慎言初治《诗》《礼》，继改治《公羊》，许桂林亦治《穀梁》、历数，丁晏遍说群经，"然均互相观摩，互相讨论，故与株守之学不同"⑤。由于学者们勇于担当，又相互提携、影响，共同促进了晚清春秋穀梁学的兴盛。穀梁学，也在这一学术潮流中获得大发展。

---

① （清）梅延祖：《续汉学师承记·商例》，《国粹学报》1905年第一卷第2期。
② （清）阮元《穀梁大义述叙》，载柳兴恩《穀梁大义述》卷首，皇清经解续编本。
③ 陈居渊：《本田成之〈中国经学史〉出版说明》，载本田成之《中国经学史》，上海书店出版社2001年版。
④ 张舜徽：《自序》，载《清儒学记》，齐鲁书社1991年版。
⑤ 刘师培：《近儒学术统系论》，《国粹学报》1907年第三卷第3期。

（二）清中后期穀梁学成果

1. 柳兴恩等人的春秋穀梁学①

柳兴恩（1795—1880），原名兴宗，字宾叔，江苏丹徒人。道光十二年（1832）举人。受业于阮元，初治《毛诗》，从毛公师荀卿，荀卿师穀梁赤这一学术承传中，对春秋穀梁学发生兴趣。道光二十年（1840）柳氏鉴于阮元刻《皇清经解》时《穀梁传》独缺专家之学，"乃发愤沉思，成《穀梁春秋大义述》三十卷。以郑《六艺论》云穀梁子善于经，遂专从善经入手，而善经则以属辞比事为据。事与辞则以《春秋》日月等名例定之"②。书成之后，得到阮元的赞誉。阮元说："余甚惜见之之晚也。亟望臧礼堂写定，授之梓人，补《学海》之缺文，与海内学者共之，是余老年之一快也。"③柳氏之作，是道、咸以后研究春秋穀梁学的重要著作之一。

许桂林（1779—1822），字同叔，江苏海州人。嘉庆二十一年（1816）举人。与兄乔林、石华齐名，有家学渊源。虽身处吴地，治学有皖派特色，所以支伟成《清代朴学大师列传》将其归入皖派经学家之列。他博综群书，日以诘经为事，治诸经皆有发明，尤精深于《易》，撰《易确》二十卷，谓"说经当以经为主，与经合者为是，与经违者为非"④。于《易》义实有独见。因《春秋》三传之中，治《穀梁传》者恒少，尤笃信《穀梁传》之学，成《春秋穀梁传时月日书法释例》一卷。其书有引《公羊传》互证者，有驳《公羊传》而专主者。孙星衍评价该书"条理精密，论辨明允"⑤，这是较早从义理角度研究春秋穀梁学的著述。

侯康（1798—1837），字君谟，广东番禺人。道光十五年（1835）举人。精研注疏，湛深经术，时人比之孔广森、汪中。与同里陈澧交游最久，在师友之间。侯康从《汉书·艺文志》"《春秋古经》十二篇，《经》十一卷（公羊、穀梁二家）"的记载得到启发，"以三《传》参校之，大

---

① 这些学者由于有存世的《穀梁传》学著作，后面章节加以翔实研究。
② 《清史列传》卷六十九《柳兴恩传》。
③ （清）阮元：《穀梁大义述叙》，载柳兴恩《穀梁大义述》。
④ 支伟成：《清代朴学大使列传》之《皖派经学家列传第六》。
⑤ 徐世昌：《清儒学案》卷一百一十《许桂林》。

第五章 汉学复兴：清代穀梁学（上）

要古经为优，《穀梁》出最先，其误尚寡；《公羊》出最晚，其误滋甚"①。乃取其意义可存者，加以疏通证明，著《春秋古经说》二卷。又以三《礼》治《穀梁传》，著《穀梁礼证》，未完帙，仅成二卷。侯康之书虽篇幅简短，但开辟了以礼学研究春秋穀梁学的新路，是清代中期以来"以礼代理"思潮观照下的产物②。

钟文烝（1818—1877），字子勤，浙江嘉善人。道光二十六年（1846）举人。候补知县，但绝意仕进，日事著述。钟文烝于学无所不通，"治经宗汉儒"③。其全力尤在春秋穀梁学，沉潜三十余年，成书《春秋穀梁经传补注》二十四卷。"其书网罗众家，折衷一是，其未经人道者，自比梅鷟之辨伪书，陈第之谈古韵略，引其绪以待后贤。"④ 该书规模极大，成就亦多，为晚清春秋穀梁学注疏派的代表作之一。

廖平（1852—1932），初名登廷，字旭陵，号四益；继改字季平，改号四译；晚年更号为六译。四川井研人。同治年间，张之洞督学四川时选入成都尊经书院，后得到公羊学者王闿运的指授，治学眼界由此而开阔。光绪十五年（1889），廖平会试成进士，钦点知县之职。但他以高堂亲老，不欲远出省外为由，请改教职，任龙安府（今四川平武）教授，历署射洪训导、绥定府（今四川达县）教授，被劾免职。复出后，继任尊经书院襄校，嘉定（今四川乐山）九峰书院、资州（今四川资中）艺风书院、安岳凤山书院山长等职。廖平"学有根柢，于古近经说无不窥"⑤，其治经先从春秋穀梁学入，杂治春秋穀梁内外学。光绪十一年（1885），廖平"集前后《穀梁》诸作，为《穀梁春秋内外编目录》，计

---

① 《清史列传》卷六十九《侯康传》。
② 清代中期以凌廷堪为首的皖派学者倡导"圣人之道，一礼而已矣。……礼之外，别无所谓学也"。"其所以节心者，礼焉尔，不远寻乎天地之先也；其所以节性者，亦礼焉尔，不侈谈夫理气之辨也"（《校礼堂文集》卷四《复礼》上、下），掀起"以礼代理"的学术潮流，至晚清陈澧、黄以周则演为"礼学即理学"之论，侯康与陈澧有师友之谊，则学术上互为濡染和浸润。
③ 支伟成：《清代朴学大师列传》之《皖派经学家列传第六》。
④ 《清史列传》卷六十九《钟文烝传》。
⑤ 章炳麟：《清故龙安府学教授廖君墓志铭》，《太炎文录续编》卷五之下，载《章太炎全集》（五），上海人民出版社1982年版。

三十七种共五十卷"①，成为道、咸以后研究春秋穀梁学成就较大的学者。其中，代表作《穀梁古义疏》颇有研究的价值。

江慎中（？—1909②），字孔德，号蟫盫，广东廉江人。年少时博览群书，广州广雅书院首选，深得两广总督张之洞器重。光绪十四年（1888）中举，于京中与翰林编修江标、叶炽昌、程秉钊等人的交情尤为深厚，后绝意科考，立志教育与著述。江慎中治学的重点在《春秋》三传。初喜《左传》，因其详于事而昧于义，又改治《公羊传》，而以《穀梁传》参证之。江慎中认为公羊、穀梁同出孔子弟子子夏之门，《公羊传》有"张三世"、"托新王"等思想，而《穀梁传》的思想未得到发抒。于是，他沉潜反覆，历更寒暑，专治《穀梁传》，"余穷二十余年之力，覃思而仅得之"，成《春秋穀梁传条例》《春秋穀梁传条指》二书。在治《春秋》三传之外，他还遍治群经，撰写《用我法斋经说》一卷③、《山渊阁斋学术流别论》一篇④，通论经学的有关问题。江慎中是近代治春秋穀梁学学者中会通中西的学者，代表了穀梁学的新气象。

2. 其他学者：周汉勋、梅毓父子、曹葛民

周汉勋（1805—1854），字叔绩，湖南新化人。咸丰元年（1851）举人。周汉勋以古学教授乡里，不仅"力尊汉学"考据典物，还"宗朱子"，谈心性。在治经方面，主张"破前人之训故，必求唐以前之训故，方敢用。违笺传之事证，必求汉以前之事证，方敢从"⑤。生平于《易》《诗》《礼》《春秋》《论语》《说文》《水经》等书，皆有撰述，凡二十余种，合二百余卷。其春秋穀梁学的成就是《穀梁传例》。但以上著作在同治二年，"土匪焚其居，俱毁于火"⑥。所以，关于《穀梁传例》的详细情况难以了解，然从其书名来看，应是研究《穀梁传》的义例，可与许桂林、柳兴恩等著作相互发明。

---

① 廖宗泽编：《六译先生年谱》卷二，载廖幼平编《廖季平年谱》，巴蜀书社1985年版。
② 《国粹学报》1910年第六卷第6期载江慎中之子江瑺所撰《通讯》，文中有"先君……不幸天不假年，于去岁春间弃养"，可知江慎中卒于光绪三十四年，即公元1909年。
③ （清）江慎中：《用我法斋经说》一卷，《国粹学报》印本。
④ （清）江慎中：《山渊阁斋学术流别论》一篇，载《国粹学报》1911年第七卷第8—13期。
⑤ 徐世昌：《清儒学案》卷一百六十七《叔绩学案·邹先生汉勋》。
⑥ 《清史列传》卷六十九《邹汉勋传》。

第五章 汉学复兴：清代穀梁学（上）

梅毓，字延祖，江苏江都人①。同治九年（1870）举人②。候补教谕。其父梅植之，字稽庵，通经术，工词章，与刘文淇、包世臣、薛传均、刘宝楠、陈立辈为友。梅植之与学友同试南京时，为"著书之约"。刘文淇分治《春秋左氏传》，梅植之分治《穀梁》，刘宝楠分治《论语》，陈立分治《公羊》。梅植之分治《穀梁传》后，"以《穀梁》师法最古，义往往与毛、荀合，拟作疏证"③。刘恭冕《刘恭甫家传》谈到梅植之的《穀梁传》疏证"未遑具稿"，《清代朴学大师列传》认为梅植之"疏《穀梁》，更止发凡起例而已"，《清儒学案》又认为梅毓"承先志拟为《穀梁正义》，创通条例"，三者所载梅植之治春秋穀梁学的史实有细微之别。综合以上说法，可知梅植之发凡起例在先，其子梅毓有所创新。梅毓继承乃父遗志，仅草创隐公一代"长编数卷"④，就不幸去世，没有完成疏证《穀梁传》的任务，成为学术史上的憾事。与梅毓父子治《穀梁传》相似，刘文淇三代治《左传》也未成功，其孙刘恭冕指出其中的原因：刘文淇"初为《左氏》长编数十巨册，晚年编辑成疏，甫得一卷，卒后其子孙赓续为之，亦仅至襄公四年。昔汉世公羊学盛行，而《穀梁》遭巫蛊之祸，《左氏》为诸儒所沮，二家遂衰。今二疏不幸皆未卒业，道之兴废，固有非人所能为力者耶！"⑤ 这种带有神学宿命论的观点不足为据，学术为天下之公器，非某一家、某一人之别业，学术之薪火可以家族、师弟相传，也可以其他方式相承。其后，钟文烝、廖平、江慎中等学者皆能赓续治穀梁学，完成前人未竟之业，可弥补梅氏父子的遗憾。

曹金籀，字葛民，号柳桥，浙江仁和人。道、咸时秀才。其父姓金，寄食曹家，曹家无子，收养为曹家后代。数十年后，金氏子孙无存，曹葛民父子又复姓曹，取名曹金籀。曹金籀治经深于春秋穀梁之学。他因当时《公羊春秋》有孔广森、张惠言、刘逢禄等学者著书以穷其奥，而

---

① 支伟成《清代朴学大师列传》以梅毓为江苏甘泉人，而《清儒学案》以为是江都人，《清史列传》与《清史稿》均作江都人，所以，支伟成之说有误。
② 支伟成《清代朴学大师列传》以梅毓中举之年为道光中，但据《清儒学案》《清史稿》《清史列传》等书记载，梅毓中举之年当为同治九年，而据《清史列传》等书知道光中举当为其父梅植之。
③ 徐世昌：《清儒学案》卷一百五十二《孟瞻学案·梅先生植之》。
④ （清）孙诒让：《籀庼述林》卷九《刘恭甫墓表》，民国五年刻本。
⑤ 徐世昌：《清儒学案》卷一百五十二《孟瞻学案·刘先生文淇·附录》。

《穀梁传》自汉以来"二千余年未有发明之者，闭户覃思，欲著《穀梁春秋释例》《穀梁春秋传微》各若干卷，发其由柄，寻其坠绪，以扶千古之绝学"①。又会通三《传》，取孔子弟子七十子之微言大义，仿董仲舒《春秋繁露》之例撰写论文16篇，题名《春秋钻燧》，共四卷。曹金籀的学术成果包括上述三种在内共三十种，总名《石室丛书》。除《春秋钻燧》为《清史稿》等书著录外，《穀梁春秋释例》《穀梁春秋传微》已不见，曹葛民的春秋穀梁学成就不得其详。

桂文灿（1823—1884），字子白、昊庭，广东南海人。早年师从陈澧，道光二十九年（1849）中举。同治元年（1862），进呈所著《经学丛书》。光绪九年（1883），选任湖北郧县知县，未及一年病逝。他精研经学，著述甚丰，有《朱子述郑录》《易大义补》《书古今文注》《毛诗传假借考》《周礼通释》《四书集注笺》《经学博采录》等46种200余卷。桂文灿专门撰写《穀梁善于经说》一文，根据《春秋》9条经文三传之异同，以考论其长短，其中得《春秋》经义最多者惟《穀梁传》，"郑君之说诚信而有征矣"②。

综上所述，从清初到乾、嘉中叶，再到道、咸以后的晚清，清代春秋穀梁学的发展轨迹几与清代学术的演化大体同步。清初，学者们治穀梁学与大师们倡导的"识字审音"治学套路相呼应，但仍有部分学者保持了与"宋学"若即若离的"折诸"、质疑经传的学风。乾、嘉间，春秋穀梁学创辟新路，在音韵训诂、文字校勘等方面有所成就，在义理的探讨上也有所突破。道、咸以后，在今文经学复新和"汉学"适度活跃的大背景下，春秋穀梁学迎来了大发展，其学者之众，治学路数之多，著作数量之大，以及学术成果水平及其价值之高，可谓前所未有。两千年来的穀梁学，终于达到了它的穴结期。

以上是对清代春秋穀梁学概况的简要勾勒，它的丰富内容、多方面成就，我们将在以下几章加以翔实、深入探讨。

---

① （清）桂文灿：《经学博采录》卷六《曹葛民》，华东师范大学出版社2010年版，第281页。
② （清）桂文灿：《穀梁善于经说》，《国粹学报》1911年第七卷第8—13期。

第二节　回归汉学的新注新疏

古书简奥，语言间的隔阂使后人理解不易。南宋郑樵说："古人之言所以难明者，非为书之理意难明也，实为书之事物难明也。"[1] 晚清学者陈澧亦有言："盖时有古今，犹地有东西，有南北。相隔远，则言语不通矣。地远，则有翻译；时远，则有训诂。有翻译，则能使别国如乡邻；有训诂，则能使古今如旦暮，所谓通之也，训诂之功大矣哉！"[2] 这与当代法国哲学家李克尔（Paul Ricoeur）在《诠释的冲突》（*Le Conflit des interprétations*）一书中所说异曲同工："所有诠释学的目的，都是要征服存在于经典所属的过去文化时代与诠释者本身之间的疏远和距离。借由克服这距离，使自己与经典的时代合一，注释者才能够使其意义为自己所有：他使陌生成为熟悉，也就是说，他使它属于他自己。这正是他透过理解他者而得到他所追求之自我理解的成长。因此，每一诠释学，无论外显的或隐含的，都是经由理解他者而有的自我理解。"[3] 中外学者所言揭示了训诂注疏在诠释古籍中的功用。汉魏隋唐时期是我国注疏之学最发达的阶段，其内容及方法在此时臻至完善，所以朱熹在《语孟集义序》中说："汉魏诸儒，正音读，通训诂，考制度，辨名物，其功博矣。"[4] 宋代以后，理学兴盛，学术由"汉学"转入"宋学"，学者直接从经学原典寻求义理，训诂注疏之学则被旁落。自明代中后期至清初，学者又以"故训明则古经明"的主张倡言"汉学"复兴。清代春秋穀梁学者在这一学术趋势的转换下，也开始回归汉唐，撰著《穀梁传》的新注新疏。其中最有学术价值的是钟文烝的《春秋穀梁经传补注》与廖平的《穀梁春秋古义疏》等。

---

[1]　（宋）郑樵：《通志》卷六十三《艺文略一》，四库全书本。
[2]　（清）陈澧：《东塾读书记》卷十一，上海古籍出版社 2012 年版，第 204 页。
[3]　[法] 保尔·李克尔：《诠释的冲突》，林宏涛译，台北：桂园图书公司 1995 年版，第 14—15 页。
[4]　（宋）朱熹：《晦庵先生朱文公文集》卷七十五《语孟集义序》，四部丛刊本。

一 钟文烝《春秋穀梁经传补注》的价值

(一) 撰写《春秋穀梁经传补注》的原因

《穀梁传》自东晋范宁《集解》、唐代杨士勋《疏》以后,鲜有学者对其再作新的注疏。钟文烝认为"范《注》之略而舛也,杨《疏》之浅而庞也。苟不备为补正,将令穀梁氏之面目精采永为左氏、公羊所掩,谓非斯文之阙事乎哉?"所以他发愤"宜有专门巨编发前人所未发者"①,这成为钟氏撰著《春秋穀梁经传补注》的目的。该书从道光二十五年(1845)至咸丰三年(1853)撰为草稿,咸丰九年(1859)修改为定本。同治二年(1863)作者又"修饰畅隽",至同治七年(1868)"增易又以千百条,然后疑滞疏漏渐渐免矣"。据钟文烝自述,《春秋穀梁经传补注》对《穀梁传》"详为之注,存豫章(引者注:范宁)之元文,撷助教(引者注:杨士勋)之要义。繁称广引,起例发凡,敷畅简言,宣扬幽理。条贯前后,罗陈异同。典礼有徵,训诂从朔。辞或旁涉,事多创通"②。对其书的写作目的略有揭示。钟氏还在致俞樾书信中详道其书的写作意图:

> 《穀梁》家学已微甚,私窃慨叹,专力成书,会萃见闻,折衷一是。于范《注》载其全,于杨《疏》撷其要,而一一指其违谬。于坠文佚注,则从他籍弋获,于二《传》、《国语》、《管》、《晏》、《史记》,则举其可相补备者,辨其大体乖刺者,于群经及唐以前诸古书,苟相出入,必备援证。于董、何、贾、服、韦、杜诸说及徐、孔二《疏》,与夫啖、赵以来百余《春秋》家,并诸杂著,一字可用,亦必摘采。有数说同者,则举其最先。有己说为昔人所已道者,则改从昔人。③

---

① (清)钟文烝:《春秋穀梁经传补注序》,载《春秋穀梁经传补注》卷首。
② 同上。
③ (清)沈善登:《穀梁补注书后》,载《清儒学案》卷一百八十一《子勤学案·沈先生善登》。

这段话中，他简要地勾勒出该书的内容和特点。从大处说，钟文烝的《春秋穀梁经传补注》有如下两点值得重点研究。

(二)《春秋穀梁经传补注》的经学思想

1. "《穀梁传》者,《春秋》之本义也"：推尊《穀梁传》

(1) 论《春秋》之本义

首先,《春秋》以"属辞比事见义"。

钟文烝撰"论《经》"冠于《春秋穀梁经传补注》卷首，专门对《春秋》进行论述。他认为孔子整理《春秋》，是对鲁史旧文重加剪裁来定春秋二百四十二年之是非，使其具有教化功能。《礼记·经解》述孔子之言："其为人也，属辞比事,《春秋》教也。"钟文烝对《春秋》"属辞比事"进行解释："属者，属合之。比者，比次之。《春秋》之义，是是非非，皆于其离合、比次、异同、详略之间见之，是其本教也。"[①] 进一步推勘"属辞比事"，其中"辞"（又称"词"）就是"文"，即孟子所言的"其文则史"，"事"就是具体历史事件，即孟子所言的"齐桓、晋文"称霸等大事。在"属辞"和"比事"之中，可见修史者所加的"大义"，这就是《孟子》中所谓"其义则丘窃取之矣"[②]。文、事、义三者的关系，文辞是形式，史事是内容，通过文辞来组织史事，以传达一定的大义。文、事与义是一种内外关系，所以钟文烝说："义者内之意，辞者外之言。"这一认识，精确不易。

孔子编修《春秋》，不是撰写新的史书，而是通过"修其辞以取其义也"，即"笔削见义"，笔削必以一定义法为依归。所以，钟文烝认为："君子修《春秋》，以史法为经法而例立，于是有变史例以为例者，于是有自变其例以为变例者，此其正名尽辞以当王法，岂不尤备乎哉?"[③] 他以程颐"大率所书事同则辞同，后人因谓之例。然有事同则辞异者，盖各有义，非可以例拘"[④] 之说为"切当"，是"英雄所见略同"而惬于心的赞许。钟氏以程氏"所谓'非可以例拘'者，今所谓'变例'是也"。

---

① （清）钟文烝：《论〈经〉》，载《春秋穀梁经传补注》卷首。
② 《孟子·离娄下》。
③ （清）钟文烝：《论〈经〉》，载《春秋穀梁经传补注》卷首。
④ （宋）程颐：《春秋传》，四库全书本。

因此，孔子于笔削之间有义例成为历来大多数学者的共识。

《春秋》载事一千八百余，为文一万六千五百余字①，钟文烝以为"义恉弘多，科条周委，至精至深，至纤至悉"②。这一评价，实际上略申司马迁《春秋》"其指数千"③之说。认为孔子《春秋》含义深刻，前人表达了共同的认识：

> 此之谓"作"（《孟子》）；此之谓"游、夏不能赞一辞"（《文选注》引《史记》），"改一字"（《公羊疏》引《春秋说》）；此之谓"其义窃取"；此之谓"见素王之文"（《汉书·董仲舒传》），"明素王之道"（《说苑》），"立素王之法"（《左传正义》引贾逵序）；此之谓"微"（《荀子》）；此之谓"推见以至隐"（《史记》）；此之谓"议而不辩"，此之谓"约而不速"（《荀子》）；此之谓"能系心于微而致之著"（《春秋繁露》）；此之谓"约其文辞而指博"（《史记》）；此之谓"杀史见极，平易正直"（《后汉书·班彪传》引"《传》曰"）；此之谓"立义创意，眇思自出于胸中"（《论衡》）。④

从说法不一的材料中，钟文烝认为"统而言之，大氐明于辨是非而严于正名分，本之以智，约之以礼，智崇礼卑，故其制作侔天地"⑤。将《春秋》的"修辞见义"抬到极高的地位。宋儒朱熹曾经认为，《春秋》仅仅直书其事，别无书法。钟文烝引陆龟蒙之说加以反驳："《春秋》，大典也。举凡例而褒贬之，非周公之法所及者，酌在夫子之心，故游、夏不能措一辞。若区区于叙事，则鲁国之史官耳，孰谓之《春秋》哉？"⑥

其次，《春秋》之"书法"及其读法。

孔子据鲁史旧文如何"属辞"或"修辞"，这就涉及《春秋》的

---

① 关于《春秋》字数，《史记·太史公自序》说："《春秋》文成数万"，杜预《春秋经传集解》引张晏之说为"万八千字"，《公羊传》徐彦《疏》引《春秋说》"孔子作《春秋》一万八千字"。而杨伯峻《春秋左传注·前言》考证应为"一万六千五百余字"。此说甚确。
② （清）钟文烝：《论〈经〉》，载《春秋穀梁经传补注》卷首。
③ 《史记》卷一百三十《太史公自序》。
④ （清）钟文烝：《论〈经〉》，载《春秋穀梁经传补注》卷首。
⑤ 同上。
⑥ （唐）陆龟蒙：《唐甫里先生文集》卷十八《复友生论文书》，四部丛刊本。

"书法"问题。关于《春秋》的"书法",杜预虽有"书"、"不书"、"如何书"之说,但未作学理上的阐发。元代黄泽对此有所论说:"史记事从实而是非自见,虽隐讳而是非亦终在。夫子《春秋》多因旧史,则是非亦与史同,但有隐微及改旧史处,始是圣人用意,然亦有止用旧文而自有意义者。"① 钟文烝认为黄泽所独得者,是《春秋》"史法经法之说也"②。

关于"史法经法"之说,黄氏仅言及《春秋》"史法"及"圣人之笔削",其弟子赵汸《春秋属辞》亦只说《春秋》有"属辞比事之教"和"笔削之旨"③。"史法"为黄泽所言,而"经法"并非出自黄泽之口。明代宋濂为赵汸《春秋属辞》撰写"序言",值得注意:

> 《春秋》,古史记也,夏商周皆有焉。至吾孔子,则因鲁国之史修之,以为万代不刊之经,其名虽同,其实则异也。盖在鲁史则有史官一定之法,在圣经则有孔子笔削之旨。自鲁史云亡,学者不复得见以验圣经之所书,往往混为一涂莫能致辩。所幸《左氏传》尚存鲁史遗法,《公羊》《穀梁》二家多举"书"、"不书"以见义。圣经笔削粗若可寻,然其所蔽者,《左氏》则以史法为经文之书法,《公》《穀》虽详于经义,而不知有史例之当言,是以两失焉尔。④

仔细分析宋濂这一段文字中"史法"、"经文之书法"的提法,可发现钟文烝"史法、经法之说"必滥觞于此⑤。所谓"经法",即"经文之书法"的省称。深追钟氏之言,"史法"就是黄泽所说"史记事从实而是非自见",宋濂所言"史官一定之法"、"史例"等语,"经法"则为黄氏体现"圣人用意"的"隐微及改旧史处",宋氏"孔子笔削之旨"、"经义"

---

① (元)赵汸:《春秋师说》卷上,四库全书本。
② (清)钟文烝:《论〈经〉》,载《春秋穀梁经传补注》卷首。
③ (元)赵汸:《春秋属辞自序》,载《春秋属辞》卷首。
④ (明)宋濂:《春秋属辞序》,载(元)赵汸《春秋属辞》卷首。
⑤ 笔者通观钟文烝《春秋穀梁经传补注》的著述风格,钟氏凡引前人之说,均一一指明出处,但于"史法经法"之说不言得自宋濂的启示,从钟文烝评断赵汸《春秋属辞》可知,他必定阅读过宋濂所写的《春秋属辞序》。因此,我们从文法和学术资源继承性来分析,钟说滥觞于宋说为不争的事实。

等语。所以,"史法"是外显的,而"经法"是内隐的。关于"史法"与"经法"的关系,赵汸《春秋属辞》将《春秋》经文分为"存策书之大体"、"假笔削以行权"、"变文以示义"、"辨名实之际"、"谨内外之辨"、"特笔以正名"、"以日月以明类"、"辞从主人"等八例,钟文烝以赵汸"欲举史法经法截然分之则非",他认为:

> 夫史法既变为经法,则其所遵用史法者亦皆经法而非史法,史法固不可不知,而亦不可过执也。此在《穀梁》"梁亡"一传本有端绪,何也?"梁亡,郑弃其师",义主正名,而文乃旧史,以此推之,则不论其文之加损不加损,而其义皆有所取,不计其与旧史本意同异何如也。说经者若必截分史法经法,而一一臆断其孰为策书本文,孰则圣人修改。无论其未必是,即使尽得之,亦将疑于仍旧者之无所取义,此说者之大蔽也。①

可知钟氏"史法经法"截然不分之说是不容商榷的。虽"史法"贵"真实","经法"贵"隐微",但如晋赵穿弑其君夷皋,而晋史狐书为"赵盾弑公",此与《春秋》所书"晋赵盾弑其君夷皋"相似,此处"史法"与"经法"合而为一。从春秋学史考察,董仲舒的"《春秋》无达辞"较为圆通,而宋人对《春秋》三传解经"拘"、"窘"的批评则颇为尖锐②,钟文烝"史法不可不知,而亦不可过执也"的观点,实为通达之论。

钟文烝在《春秋》"史法经法"不可过拘的基础上,提出了阅读《春秋》应该"中而权"③,需要变通看待,既有法又无定法。他从两个方面来加以阐明:

> 以一事之正变言之:如正月言公即位,正也;隐不言即位,变

---

① (清)钟文烝:《论〈经〉》,载《春秋穀梁经传补注》卷首。
② (宋)王应麟《困学纪闻》卷六《左氏传》:"《左氏》拘于赴告,《公羊》牵于谶纬,《穀梁》窘于日月,刘原父(引者注:原父,刘敞字)之言也。……《左氏》之失专而纵,《公羊》之失杂而拘,《穀梁》之失不纵不拘而失之随,晁以道(引者注:以道,晁公武字)之言也。"
③ 钟文烝从孔子"至于七十而从心所欲,不逾矩,则权道之备,而作《春秋》之年也。知礼者可与立,知《春秋》可与权"。

也；定以六月即位，尤变也，而言日，又变之正也；庄、闵、僖不忍言即位，亦变之正也；桓、宣言即位，则变之变也。公如京师，正也，而言月，正之变也；朝王，所变也，其日，变之变也；皆言朝，又变之正也。公大夫盟言日，正也，不日，变也；齐桓盟不日，则正也，其日，又正之正也。公亲逆女，正也，使人逆，变也；庄亲逆于齐，则亦变也，亲纳币，又变也；桓使人逆而又亲焉，始变终正也；文亲逆而速妇之，始正终变也。

以诸事之善恶、功罪、是非、真似言之：如正隐则纯其善矣，治桓则尽其恶矣；美齐桓之正则功多最少矣；讥晋文之谲则罪多功少矣。至如纪侯弃国、卫专避兄、荀息死不正、伯姬坐待火之类，似非而真是也。不见善人，思见有恒，不得中行，思得狂狷，此之谓也。宋襄守正非信，楚灵讨罪非义，曹世子从父非孝，臧武仲多智非道之类，似是而真非也。乡原乱德，为德之贼，居之似忠信，行之似廉洁，此之谓也。①

钟文烝认为以上"凡此皆中也，皆权也。语其大要，有宽严焉，有轻重焉"。在宽严、轻重之间均具《春秋》之义，要求学者"读《春秋》者当知其辞之深微隐约，而不可以史家之学求之"②。这些看法均发前人所未发，给学者以启示。

2. 论《穀梁传》

除论《春秋》之外，钟文烝还撰写《论〈传〉》一文于卷首，专论《穀梁传》。所论及的问题有：

（1）《穀梁传》的作者及其产生时代

《穀梁传》作者，如应劭《风俗通》、杨士勋《春秋穀梁传注疏》所言，"是穀梁子受业于子夏也"，如桓谭《新论》、麋信③《春秋穀梁传注》、陆德明《经典释文·序录》之言，"是穀梁子不及见子夏也"。钟文烝认为，麋信所谓穀梁与秦孝公同时"固无他据"，桓谭所谓获麟后百余年"必有据"，而应劭之说"亦非无因"。表面上看，似乎钟氏以"二

---

① （清）钟文烝：《论〈经〉》，载《春秋穀梁经传补注》卷首。
② 同上。
③ "麋信"与"糜信"均为一人，此处作"麋信"。

说"为并列而无定见，但他指出："盖穀梁受业于子夏之门人，因遂误以为子夏门人。……大氐穀梁子之于子夏、孟子之于子思，事同而时亦相近也。"① 钟文烝认同《穀梁传》作者穀梁赤为"子夏之门人"的弟子，大概与孟子的时代相近。他列出的证据之一，穀梁赤作《穀梁传》后传与荀卿，《荀子》言"天子以下庙数，赗、赙、含之义，诰誓、盟诅、交质子之文，诸侯相见，使仁者居守，以大上为天子"等内容，皆本《穀梁》之说。证据之二，《穀梁传》的内容与《论语》《毛诗》相合者亦不少。证据之三，《穀梁传》行文的"文句"与《易象、象传》"多与相似"。这些均表明了《穀梁传》与孔门后学及其时代的关系。

钟文烝还讨论《春秋》三传产生的时间先后。唐陆德明《经典释文·序录》以为左丘明受《经》于孔子，公羊高受之于子夏，穀梁赤为后代传闻，钟文烝毫不客气地认为陆氏"此言真瞽说也"②。桓谭《新论》谓："《左氏传》遭战国寖微，后百余年，鲁人穀梁赤为《春秋》，残略，多有遗失。又有齐人公羊高缘《经》作《传》，弥离其本事矣。"郑玄《释废疾》言："穀梁近孔子，公羊正当六国之亡。"钟文烝征引二说加以论述，认为"穀梁先于公羊明矣"③。另外，钟氏还从《左传》记载韩、魏灭智伯事有赵襄子谥，"在春秋后以五十余年"，那么《左传》之作又在其后。穀梁之学尤得《春秋》所传之正，而公羊之学距孔子更远，意义不备，或多乱说，因而认为"穀梁与左氏时代不甚相远，公羊则在其后，此无可疑者"④。钟文烝经过探索后所得到的结论，至今仍无确凿的依据予以证明。在钟文烝之前有顾炎武、惠栋、陈澧，之后有皮锡瑞、章炳麟，均对《春秋》三传产生的先后进行探讨，说明这是一个重要的学术问题。

（2）《穀梁传》的特点

第一，文风特点。《穀梁传》的文风特点，前人已有总结。范宁认为"《穀梁》清而婉，其失也短"⑤，柳宗元认为"参之《穀梁》氏以厉其

---

① （清）钟文烝：《论〈传〉》，载《春秋穀梁经传补注》卷首。
② 同上。
③ 同上。
④ 同上。
⑤ （晋）范宁：《春秋穀梁传序》，载《春秋穀梁传注疏》卷首。

第五章　汉学复兴：清代穀梁学（上）

气"①，二者评价似乎截然相对。在钟文烝看来，"清婉"与"气厉"应是相辅相成的："《穀梁》文章有二体，有详而畅者，有简而古者，要其辞清以淡，义该以贯，气以厉，意婉以平，征前典皆据正经，述古语特多精理，与《论语》《礼记》最为相似。至其解《经》之妙，或专释，或通说，或备言相发，或省文相包，或一经而明众义，或阐义至于无文。"②钟氏还在另一著作《乙闻录》中表达了同样的看法："昌黎之于《穀梁传》，尚其典训；子厚之于《穀梁传》，嗜其文辞。予谓文辞之峻厉固矣；而简淡之妙，亦诸书所未有，曰'桓德衰矣'，曰'功近而德远矣'，曰'诸侯始失正矣'，曰'晋赵武为之会矣'，此等俯仰世变，以单辞片语出之，解经则微而藏，论史则约而达。"③从以上两段引文对《穀梁传》文章风格的解析来看，其语言虽清淡，但其气势却是峻厉的，而且其解经的风格也具有多元化特点，可见钟氏的发掘和归纳颇为周详而准确。因而，相对清代其他研究春秋穀梁学的学者来说，钟文烝比他们更关注《穀梁传》的文章风格，这是他的《穀梁传》研究特点之一。

第二，内容特点。钟文烝通过研究后指出："《穀梁》多特言君臣、父子、兄弟、夫妇，与夫贵礼贱兵，内夏外夷之旨，明《春秋》为持世教之书也。《穀梁》又往往以心志为说，以人己为说，桓、文之霸曰信、曰仁、曰忌，僖、文之于雨曰闵、曰喜、曰不忧，明《春秋》为正人心之书也。持世教，易知也；正人心，未易知也。然而人事必本于人心，则谓《春秋》记人事即记人心可也。……故《春秋》非心学，亦心学也，唯《传》知之。"④此处钟氏虽言《春秋》是"持世教之书"、"正人心之书"，其实皆因《穀梁传》而来，所以他潜在的目的是强调《穀梁传》的教化功能，含有极强的理学卫道色彩。于此看出，钟文烝不是纯粹的汉学家。从其为学的进路中，可找到学术转换的痕迹："喜考据，引而之于理学。"因此，今人沈文倬认为钟文烝"俨然是一个主张汉、宋融合的经学家"⑤。清代中后期，学术界已有学者致力于汉宋兼采之学的提倡和

---

① （唐）柳宗元：《河东先生集》卷三十四《答韦中立论师道书》，宋刻本。
② （清）钟文烝：《论〈传〉》，载《春秋穀梁经传补注》卷首。
③ （清）钟文烝：《乙闻录》，光绪豫恕堂丛书本。
④ （清）钟文烝：《论〈传〉》，载《春秋穀梁经传补注》卷首。
⑤ 沈文倬：《钟文烝〈乙闻录〉——读未刊书记》，《社会科学战线》编辑部《古籍论丛》，福建人民出版社1982年版，第312—313页。

实践，钟文烝应是其中之一。

第三，《榖梁传》与《春秋》之关联。钟文烝认为，《春秋》的是非可依据《榖梁传》而定。他说："夫《春秋》之为事，非董狐、南史、左史、倚相、左丘明、司马迁、班固之事也。乃欲以据事直书求之，或以网罗浩博，考核精审求之，不亦浅乎？《春秋》之为道，非伯夷、伊尹、柳下惠之道也，况执后世儒生之见，哆口而议其义理，不亦偏且谬乎？故是己所是，非己所非，说愈多而愈无定，惟依据《榖梁传》则皆有以断之。或曰《榖梁传》何以必可据依也？曰商子有言曰：'先圣人为书而传之后世，必师受之，乃知所谓之名。不师受之，而人以其心意议之，至死不能知其名与其意。'愚之宗《榖梁》，亦宗其师受而已矣。"① 钟文烝主张，榖梁赤得到子夏之门人的传授，所以《榖梁传》可充当《春秋》的解释者。

除能以《榖梁传》定《春秋》之是非外，钟文烝还认为从《榖梁传》可看出孔子笔削《春秋》的依据："夫鲁史记之为信史也，其体严，其事重也。修之若无可修也，以义断之又甚难言也。而观于《榖梁传》，则述作新旧之间，去留加损之际，章之离合，句之繁约，字之先后，亦既一一精其义而深其文辞矣。"② 所以他十分推崇《榖梁传》，这成为他醉心于此，以至沉潜反复，用二十余年时间撰写《春秋榖梁经传补注》的重要原因。

2."正名而尽其辞，以明王道"：《春秋榖梁经传补注》的主体思想

（1）"正名尽辞"的内容

钟文烝指出"正名尽辞"思想的来源有二。其一，僖公十六年正月，陨石于宋五以及六鹢退飞过宋都，《榖梁传》引孔子曰："君子之于物，无所苟而已，石、鹢且犹尽其辞，而况于人乎？故五石六鹢之辞不设则王道不亢矣。"③ 其二，僖公十九年冬，梁亡，《榖梁传》解释曰："梁亡，郑弃其师，我无加损焉，正名而已矣。"④ 何为"正名"？何为"尽

---

① （清）钟文烝：《论〈传〉》，载《春秋榖梁经传补注》卷首。
② 同上。
③ 《春秋榖梁传注疏》卷八，僖公十六年正月"陨石于宋五"，"六鹢退飞过宋都"传。
④ 《春秋榖梁传注疏》卷九，僖公十九年冬"梁亡"传。

辞"？钟文烝从《庄子》"《春秋》以道名分"①、"《春秋》经世，先王之志，圣人议而不辩"②之说得到启发，认为："夫'道名分'者，即正名之谓也，'议而不辩'者，即尽辞之谓也。"③

"正名"、"议而不辩"又是什么呢？钟氏进一步加以阐发："道名分者，正名以顺言，顺言以成事。名之必可言，言之必可行也。议而不辩者，假事以明义，推见以至隐。"④ 正名的逻辑前提是因为周初一统，礼乐征伐自天子出，但至平王东迁，世衰道微，邪说暴行有作，臣弑其君者有之，子弑其父者有之，于是僭越名分的行为由非常变为经常和正常，以致使孔子发出"八佾舞于庭，是可忍也，孰不可忍也"⑤的责怒。因此，孔子通过《春秋》的编写来正名，如楚自称"王"而书为"子"等，这样才能"名正言顺"。孔子《春秋》的"正名"毕竟与历史事实不符，他的目的是通过正名来隐含"微言大义"，需要后人"推见至隐"，这样《春秋》就具有"经世"的功用。钟文烝认为"功用者，其审端在'正名'，其致力在'尽辞'，而其大效则极于可正，可变，可经，可权，可以别等衰，可以识时势，可以裁成庶政，可以治平四民，是何也？是经世之要务，不外乎三者而一于书法之异同、详略、先后、离合、婉直、微著求之，则是非之断无弗平，真似之界无或乱也，是《春秋》所以为圣笔，《穀梁》所以为真传。"⑥《春秋》的"正名尽辞"在《穀梁传》中得到诠释和体现，所以《穀梁传》的经学思想需要探索和研究。

钟文烝认为正名之"名"分为两类。一是专名，"曰义理，曰训诂，曰功用，专名也。"二是通名，"群经所同也，而统贯以异同、详略、先后、离合、婉直、微著诸书法，其密极于名字、日月之间，则通名也。《春秋》所独也，皆不可以不辩也"⑦。这是钟文烝弟子沈善登的总结，

---

① 《庄子·天下》。
② 《庄子·齐物论》。
③ （清）沈善登：《穀梁补注书后》，载《清儒学案》卷一百八十一《子勤学案·沈先生善登》。
④ （清）钟文烝：《论〈经〉》，载《春秋穀梁经传补注》卷首。
⑤ 《论语·八佾》。
⑥ （清）沈善登：《穀梁补注书后》，载《清儒学案》卷一百八十一《子勤学案·沈先生善登》。
⑦ 同上。

其划分颇为笼统含混,甚至归类不明,但为我们提供了理解钟文烝《春秋穀梁经传补注》思想的一条线索。

(2) "正名而尽其辞,以明王道"的具体内涵

钟文烝以《穀梁传》为"正人心"之书,因此在对《穀梁经传》进行补注的时候十分注重对义理的揭橥和阐发。归纳起来,就是以"王道"为"天道",强调"天人合一"的思想。

钟文烝认为《春秋》以隐公元年为始,以哀公十四年西狩获麟为终,全书的本旨是"正名而尽其辞,以明王道"。"正名尽辞、明王道"的思想是怎么体现出来的呢?钟氏接着论道:"隐无正,唯元年有正,《传》曰'谨始也',所以正隐也。桓无王,唯元年有王,《传》曰'谨始也',所以治桓也,此特标开宗要义也。开宗要义即冒全书,故孟子以《春秋》为'乱后之一治',谓之'天子之事',而引夫子'知我罪我'之言也。正名尽辞,以为之纲,正隐治桓,以弁其首,而《左氏》之三体五例,《公羊》之三科九旨,皆不足言矣。"① "正隐治桓"仅作为"明王道"的总纲,钟文烝还进一步对这一思想主旨加以申发。

庄公元年三月,夫人孙于齐,《穀梁传》以"人之于天也,以道受命;于人也,以言受命。不若于道者,天绝之也;不若于言者,人绝之也"。对桓公夫人姜氏奔齐进行谴责。钟文烝对"人之于天也,以道受命"加以理论化:

> 道者,天人之际,可言可行之名也。自天之人则曰自诚明,谓之性;自天人达天则曰自明诚,谓之教。性始之,教终之,道在其中矣。尧、舜性之,自诚明也,诚者天之道也;汤、武身之,自明诚也,诚之者人之道也。诚之者思诚也,身之者反之,谓反身而诚也。不明乎善则不诚其身,善者所性而有也。诚言乎自成也,道言乎自道也,皆大名也。若道与德对文,则道者若大路也,德者得善于身也。其纲,亲亲,仁也;尊贤,义也。其杀其等,礼所生也。其目,君臣也,父子也,夫妇也,昆弟也,朋友之交也,皆道也。所以行之者,知也,仁也,勇也,皆德也。言乎心之皆有,则曰仁

---

① (清) 钟文烝:《论〈经〉》,载《春秋穀梁经传补注》卷首。

第五章 汉学复兴：清代穀梁学（上）

也，义也，礼也，知也。言乎心所同然，则曰理也，义也。此夫子、子思、孟子之精言，而《传》之所指也。①

考察钟文烝这段文字的思想来源，虽出自孔子、思孟的思想②，但有其自身的创新。如"道者，天人之际，可言可行之名也"，颇具思辨色彩，"性始之，教终之，道在其中矣"，阐释了"性"与"教"之间的逻辑推进关系，并对"道"与"德"加以分殊，由"心"将二者加以统摄和关联。从《中庸》"天命之谓性，率性之谓道，修道之谓教"③的理论纲领看，钟文烝上文较多论述了"天道"。接着，他又对"天性"进行了研讨：

> 夫天生万物，莫不有性，故水性下，山性生，羽性轻，玉性坚，犬性守，牛性顺，马性健，而人性则善。善则仁义礼智，仁义礼智之心有所同然者谓之理义。今曰性即理也，不及在我在物之别，则语未足矣。人有性而情以见之，才以充之，形色以载之，或谓之天性，或谓之血气心知之性，各便文以为言。今必兼论性与气而分论天地之性、气质之性，则辞又费矣。且诸大儒之发明性善与《论语》三言终不合一，则后人安得无疑哉？周子以来，皆引《易系辞传》"一阴一阳之谓道，继之者善也，成之者性也"，先道次善而后及性，与《中庸》《孟子》所指各殊。其言"道"即《论语》之"天道"，《大戴礼·本命》言"分于道谓之命"者也，今不复繁文也。④

分析上面的材料，钟文烝将"善"作为人的天性，善有"仁义礼智"四个方面的内容，即孟子所言的"四端"⑤，四端为人人心中所具有，这是天经地义的，所以钟氏将其称为"理义"。他对宋明理学家的一些认识提出了不同意见。如认为人性与物性有别，不能笼统以"性即理也"言之；

---

① （清）钟文烝：《春秋穀梁经传补注》卷五，庄公元年三月"夫人孙于齐"注。
② 《论语》、《礼记·中庸》以及《孟子·公孙丑上》《滕文公上》《离娄上》《尽心上》《尽心下》等。
③ 《礼记·中庸》。
④ （清）钟文烝：《春秋穀梁经传补注》卷五，庄公元年三月"夫人孙于齐"注。
⑤ 《孟子·公孙丑上》。

人性具有普遍性而人情具有特殊性，不论是"天性"，还是"血气心知之性"均为不同语境下的表达方式，则分论"天地之性"与"气质之性"是无意义的。这一切皆源于宋明学者对《论语》"人之生也直"①、"性相近也，性相远也"、"唯上知与下愚不移"②的误读。钟文烝的这些看法不是随俗之言，有自己的创见。

闵公二年十二月，卫国被狄人所灭。僖公二年正月，以齐桓公为首的诸侯国在楚丘筑城，以便卫国迁都复国。《春秋》记为"城楚丘"。《穀梁传》解此："其不言卫之迁焉何也？不与齐侯专封也。其言城之者，专辞也。故非天子不得专封诸侯，诸侯不得专封诸侯。虽通其仁，以义而不与也。故曰仁不胜道。"按《穀梁传》的解释以专封诸侯为周天子的天道或大义，齐桓公为卫筑城复国，虽为仁义之举，但僭取了天子专封诸侯之权，所以"仁不胜道"。范宁《注》："仁，谓存亡国。道，谓上下之礼。"钟文烝对"仁不胜道"表达不同的看法：

《传》引古语，足上意也。《注》解"道"字，未尽其理。《荀子》曰："君子处仁以义，然后仁也；行义以礼，然后义也；制礼反本成末，然后礼也。三者皆通，然后道也。"然则道者，仁、义、礼之合，故仁不胜道。抑又论之，此道盖谓圣人之道，而专封与否，又非所计也。夫义所不得与者，专封也。窃意当日周既衰矣，卫既灭矣，设以圣人而为齐桓亦不过告王而封之，亦不必听其终灭。而在齐桓则谓之专封，在圣人则为道，亦论其心而已矣。《孟子》曰："五霸者，搂诸侯以伐诸侯，三王之罪人也"，以搂伐为罪，正犹以专封为非义。然而汤伐葛、文王伐崇伐密，岂有桀、纣之命哉？又如伊尹放大甲，《孟子》曰："有伊尹之志则可，无伊尹之志篡。"此论心不论事之明文也。《传》以专封为非义，又必曰"仁不胜道"，而后其说乃尽。《孟子》以搂伐为罪，他日又必曰"以德行仁者王"、"以力假仁者霸"，五霸假之也，小补之也，而后其说乃尽。以《论语》夫子之言求之，管仲之力，到今受赐。言仁也，管仲之器小哉；

---

① 《论语·雍也》。
② 《论语·阳货》。

第五章　汉学复兴：清代穀梁学（上）

言道也，孙绰解"器小"曰"有功有余而德不足"，是《孟子》"德力"之说，小补之义也。①

从上面的引文来分析，《穀梁传》与范宁《注》所据以置论的经典文本是《孟子》，以此作出齐桓公专封诸侯为"仁不胜道"行为的评价。而钟文烝则从《论语》和《荀子》中找到经典依据，认为齐桓公和管仲具有"存亡继绝"之功，要从"论心"，即主观愿望出发，作出齐桓公"城楚丘"为卫国复国是符合"圣人之道"的新的解释。正如德国著名哲学家伽达默尔所说："解释学过程的真正实现依我看来不仅包容了被解释的对象，而且包容了解释者的自我理解。""只有当文本所说的东西在解释者自己的语言中找到表达，才开始产生理解。"② 这里强调了经典文本的作用，以及个体的积极语言与理解程度的关联。钟文烝从自我理解出发，跳出固有之见，实现了对"仁不胜道"的真正理解。

哀公十四年春，西狩获麟，《穀梁传》解释："非狩而曰狩，大获麟，故大其适也。其不言来，不外麟于中国也。其不言有，不使麟不恒于中国也。"其传说未纠缠于左传家"文成致麟"或公羊家"《春秋》因麟作"。钟文烝更从广阔的历史视野来申发"王道"、"天道"、"天人合一"的思想主题，他说：

夫春秋之世，天道之变也；《春秋》之书，人道之至也；书成而麟至，则明天道变中有常，而天人之意合也。鲁隐让国而被弑无后，桓弑之而位定。文姜弑夫淫兄而令终，且子孙世国，季氏以盛。纪侯得民而灭，楚商臣弑父而强，卫宣姜以淫长世，宋共姬以贞燔死，此皆衰周运数，适丁极变而然。夫子无位，颜子短命，亦由是也。《春秋》拨乱世反诸正，以仁施人，以义治我，以智辨理，以礼正名，皆所以立人道而卒之精和圣制，遂致麟祥，与包牺之河图、舜文之凤鸟如出一轨，隐然有垂法百世之象，谓非天道可乎？南宫适问羿，羿不得其死，禹稷有天下而夫子不答，朱子以为即罕言命之

---

① （清）钟文烝：《春秋穀梁经传补注》卷六，僖公二年正月"城楚丘"注。
② ［德］汉斯-格奥尔格·加达默尔：《哲学解释学》，夏镇平、宋建平译，上海译文出版社1994年版，第57页。

意。窃谓胡安国引《孟子》："志壹则动气，气壹则动志"，天人感应，大略固如是矣。①

钟氏这段纵横捭阖之论颇见其思想的深邃，其言天道之变，就是春秋时期"礼乐征伐自天子出"这一周天子的传统权威，已向"礼乐征伐自诸侯出"，甚至自齐田氏、鲁季氏等公室出的转换，其实就是对"仁义礼智"的破坏。钟文烝所指称的"人道"其实就是"王道"，王道的实际内容就是"仁义礼智"。孔子修《春秋》的目的就是"拨乱世反诸正"，以"仁义礼智"行事，恢复周天子的传统权威，这样"天道"与"王（或人）道"合一。钟氏以为麟是王者之瑞，《春秋》以"获麟"绝笔，通过对获麟的"正名而尽辞"，"王道"因之而明，以此"垂法百世"，其普世价值不仅是孔子的理想，也成为钟文烝的理想。

（三）《春秋穀梁经传补注》的诠释学成就

1. 钟文烝《春秋穀梁经传补注》的诠释原则

清代中期学者钟文烝治《穀梁传》二十年，"乃知《（穀梁）传》之于《（春秋）经》实有如杜（预）所云'错综尽变'者"②，将"错综尽变"作为其补注《春秋穀梁》经传的重要原则，具体为"条贯前后，罗陈异同。典礼有征，训诂从朔。辞或旁通，事多创获"三条义例③，征引广博，记姓名者三百余家。

2. 《春秋穀梁经传补注》的诠释内容

钟文烝在《春秋穀梁经传补注》的"略例"中提出："凡《补注》之作，以征引该贯，学郑君《三礼注》；以探索精密，学朱子《四书章句集注》《或问》。虽不能至，心乡往之，求详也。""凡《春秋》中不决之疑，今悉决之，其未经人道者，窃比于梅鷟辩伪书、陈第谈古韵，皆可以俟后世，征实也。"④ 探索精密，学朱子《集注》《或问》，也就是对思想义理的阐发，已见上文的论述。学郑玄《三礼注》，就是"明训诂"、

---

① （清）钟文烝：《春秋穀梁经传补注》卷二十四，哀公十四年春"西狩获麟"注。
② （清）钟文烝：《论〈传〉》，载《春秋穀梁经传补注》卷首。
③ （清）钟文烝：《序》，载《春秋穀梁经传补注》卷首。
④ （清）钟文烝：《略例》，载《春秋穀梁经传补注》卷首。

第五章 汉学复兴：清代穀梁学（上）

"通典礼"，决不决之疑，就是"正谬误"。可见钟文烝自视甚高，对自己的著作充满自信和期待。

（1）明训诂

顾炎武在《述古》诗中说："六经之所传，训诂为之祖。"① 经典是通过历代学者的训释得到流传的，表明训诂在经学中的首要地位。《穀梁传》已有汉晋唐学者的章句、注疏，但范宁《注》是唯一保存至今的注，杨士勋又在范《注》的基础上作《疏》，从而成为穀梁学的正宗。钟文烝认为"苟非有范宁、徐邈阐明于前，杨士勋辈缵述于后，则《穀梁传》之在今日，几何不为十六篇《书》、三家《诗》之无征不信哉？吾于此叹唐人义疏之功大也"②。对范《注》杨《疏》保存《穀梁传》的历史意义，给予了高度评价。

范《注》杨《疏》由于某些原因，对《穀梁传》难以注疏，于是范宁以"宁所未详"，杨士勋采取阙而不疏，以示"绝训"。钟文烝出入群经古书，"荟萃见闻"，解决了前人的难题。

僖公三十一年四月，四卜郊，乃免牲，关于"四卜"之法，《穀梁传》及范《注》杨《疏》所言未详，钟文烝加以训释："四卜者：前月下辛，第四卜也；十二月下辛卜正月上辛，初卜也；不从则正月下辛卜二月上辛，二卜也；不从则二月下辛卜三月上辛，三卜也；又不从则当于三月上辛免牲而不郊。"③ 这样，为学者了解"卜郊免牲"提供了礼法依据。

襄公九年春，宋灾，《穀梁传》说："外灾不志，此其志何也？故宋也。"范宁注曰："故，犹先也，孔子之先宋人。"其深层次的原因并未揭明，钟文烝加以疏解：

> 文烝案：此即桓二年《传》所云"孔子故宋"，言以故国视宋也。庄十一年《传》及此《传》皆以外灾不志发义，而彼言王者之后，此言故宋者，两《传》之义互相备也。鲁史本以宋为王者后，

---

① （清）顾炎武：《亭林诗文集》诗集卷四，四部丛刊本。
② （清）钟文烝：《序》，载《春秋穀梁经传补注》卷首。
③ （清）钟文烝：《春秋穀梁经传补注》卷十二，僖公三十一年四月"四卜郊，乃免牲"注。

> 特志灾异，君子存而不削，又因以著故宋之义，明《经》中包此二旨，故与彼《传》各见之也。《春秋》之义，尊周亲鲁而故宋，夫子以为鲁事既婉而讳矣，则于宋讳祖之遇难可也，孔父不称名，而其后四杀大夫，因皆没其名姓是也。鲁事既详为录矣，则于宋详灾异之变宜也，志大水，志石鹢，志雨螽志灾是也。此实君子不忘故国之意，所以桓二年及此年两处发《传》也。①

钟氏所指出的孔子"不忘故国之意"，正指明了《春秋》记载宋灾的原因。

襄公二十一年十月庚子，孔子生，《穀梁传》与范宁《注》无文，杨士勋《疏》仅言："仲尼以此年生，故《传》因而录之。《史记·世家》云襄公二十二年生者，马迁之言，与经典不同者非一，故与此《传》异年耳。"《春秋》本为孔子所修，则不应自记生年。钟文烝认为：

> 此盖弟子既受《经》于圣人，退而教授，附记于《经》，以标显一家之制作。穀梁子作《传》时，所据《经》已有此句。《公羊》之《经》，出于口授，即是此本，惟《左氏》别有传授，故其《经》无此句，而获麟后则有续《经》三年事也。续《经》终孔子卒，称名，恒称也。此附记孔子生，称子，贵称也。凡王朝列国之臣，自列士大夫以上通以子为贵称，大夫以上又称夫子……孔子以鲁司寇而称子，又称夫子，犹此例也。孔门弟子面称其师，或曰子，或曰夫子，其私论之或言"自生民以来未有夫子"，或言"未有盛于孔子"；其追记师言，或称子，或称夫子，皆从大夫之贵称。②

此段增加的训释有三个方面的内容，其一说明了"孔子生"这一经文的来历，其二指明了三《传》的差异，其三分析了"孔子"名称的来历，使人们对孔子的问题有了大体的了解。

(2) 通典礼

---

① （清）钟文烝：《春秋穀梁经传补注》卷十九，襄公九年春"宋灾"注。
② （清）钟文烝：《春秋穀梁经传补注》卷二十，襄公二十一年十月庚子"孔子生"注。

第五章 汉学复兴：清代穀梁学（上）

《春秋》道名分，名分通过礼法典制来规定，所以"其杀其等，礼之所生"。《穀梁传》注《春秋》多言礼制，《春秋穀梁传注疏》中多引三礼以及其他典制书来注释《穀梁传》，但有语焉不详的情况，所以钟文烝继续对典礼进行通释，体现其扎实的文献功夫。

根据考察，钟文烝对下列典礼言之甚详。

立君之制：

隐公四年十二月，卫人立晋，《穀梁传》有"《春秋》之义，诸侯与正而不与贤也"。钟文烝对此进行注解："正者，谓世子、适子、长庶子也。贤，谓庶子之贤者也。无太子、适子则立长庶子，长幼钧则立贤，贤钧则卜。"这是周制，也是《春秋》之义。但钟文烝认为除了立正立贤的常经外，也有权变之法。他举例说："《春秋》宋缪公以弟继兄为正，齐昭公、惠公或继兄或继弟，皆为正，桓王以孙继祖为正，晋悼公以君之曾孙而亦为正，此皆时事之宜，不拘立子之限。晋悼公之兄无慧不立，卫灵公之兄有恶疾不立，则又周制变通之法也。""诸侯固然，天子亦然，不得以文王舍伯邑考而立武王为难，文王乃圣人之权，当创业之世，非常例矣。"[①] 钟文烝在经学注释上不是拘泥于成法，而看到历史变动不居的灵活性，其认识是正确的。

冕弁之制：

桓公三年九月，夫人姜氏至自齐，《穀梁传》引子贡之语"冕而亲迎，不已重乎"以释经，范宁《注》："冕，祭服"，其形制不详。钟文烝从《王制》《毛诗传》《白虎通》等言典制的今古文书籍中获得"冕"的形制："冕者，以版为干，三十升布覆之，玄表朱里，后高而前低，故曰冕。"《礼器》说："天子之冕朱绿藻，十有二旒；诸侯九，上大夫七，下大夫五，士三。"钟文烝指出，三旒之冕为天子上士所戴，而中士、下士及列国之士则皆以爵弁当冕："弁者，爵弁，即冕也。爵弁虽与冕类，但冕有旒垂前而低。《周礼》五冕者皆以旒数为别，爵弁则无旒，而前后平，故不得冕名，而从锐上合手之称曰弁。又以其雀头色曰爵，又以其用韦不用布谓之韦弁。"[②] 从钟氏的介绍中，人们得以了解冕、弁制作的

---

① （清）钟文烝：《春秋穀梁经传补注》卷一，隐公四年十二月"卫人立晋"注。
② （清）钟文烝：《春秋穀梁经传补注》卷三，桓公三年九月"夫人姜氏至自齐"注。

形状、材料、颜色以及冕、弁的差异。

丧服之制：

庄公元年秋，筑王姬之馆于外，《穀梁传》有"衰麻，非所以接弁冕也"的传文，范宁对此解释道："亲迎服祭服者，重婚姻也，公时有桓之丧。"杨士勋《疏》未对丧服进行解释，使人们对这一礼制感到陌生，应该说钟文烝最初对其也不熟悉，但他从《丧服经》中找到答案。从诠释学的角度来说，他对这一礼制由陌生变得熟悉起来：

> 《丧服经》曰："斩衰裳、苴绖、绞带、冠缨缨、菅履者"，父凡服上曰衰，下曰裳，男子衰与裳殊。此言衰，则该裳矣。麻，谓首要绖也。斩疏齐大小功布緦五服皆曰衰，其绖皆麻。言衰麻，犹言衰绖，此以配衰而足其文，非指衰之布为麻也。①

此言丧服虽是概略，使人们对丧服多少有所了解。

寝宫制：

庄公三十二年八月癸亥，公薨于路寝，钟文烝言寝制："《尔雅》曰：'路，大也。'路寝亦曰大寝，此君每日听政之寝，故为正寝。""平时恒寝于燕寝，或夫人之寝。""但天子诸侯及后夫人之燕寝，盖对路寝与正寝而言。"② 这样，使人们对寝制的类别有所了解。

其他如桓公四年正月，公狩于郎，钟文烝言"田制"③；桓公十八年十二月，葬我君桓公，钟氏言"谥法"④；闵公二年五月，吉禘于庄公，僖公八年七月，禘于大庙，钟氏言"禘祭"⑤；僖公十五年九月己卯晦，震夷伯之庙，钟氏言"庙制"⑥；僖公二十年五月，西宫灾，钟氏言"祢

---

① （清）钟文烝：《春秋穀梁经传补注》卷五，庄公元年秋"筑王姬之馆于外"注。
② （清）钟文烝：《春秋穀梁经传补注》卷八，庄公三十二年八月癸亥"公薨于路寝"注。
③ （清）钟文烝：《春秋穀梁经传补注》卷三，桓公四年正月"公狩于郎"注。
④ （清）钟文烝：《春秋穀梁经传补注》卷四，桓公十八年十二月"葬我君桓公"注。
⑤ （清）钟文烝：《春秋穀梁经传补注》卷八，闵公二年五月"吉禘于庄公"注；卷十，僖公八年七月"禘于大庙"注。
⑥ （清）钟文烝：《春秋穀梁经传补注》卷十，僖公十五年九月己卯晦"震夷伯之庙"注。

制"①；文公二年八月，大事于大庙，跻僖公，钟氏言"祫祭"②；襄公十一年正月，作三军，钟氏言"军制"③；襄公二十一年十月庚辰朔，日有食之，钟氏言"日食"④ 等典制。钟文烝均能根据具体文献，提纲挈领、实事求是地加以补注，使《春秋穀梁经传》得以较大程度的完善。

（3）正谬误

钟文烝在《春秋穀梁经传补注》中"于范《注》载其全，于杨《疏》撷其要，而一一指其违谬"，可见他对范《注》杨《疏》的学术价值持批评态度，凡范杨《注疏》中的谬误均予以纠正。

隐公元年三月，公及邾仪父盟于眛，《穀梁传》认为"仪，字也。父，犹傅也，男子之美称也"。范宁对此加以注释："傅，师傅。附庸之君未王命，例称名，善其结信于鲁，故以字配之。"钟文烝《补注》认为范《注》不确：

> 《注》释"傅"，非也。傅，读为"夫"。《毛诗传》曰："夫，傅相也。"郑君《郊特牲注》曰："夫或为傅。"明"夫"、"傅"古通用。《士冠礼记》"章甫"，郑以为表明丈夫。又云："甫或为父。"古书甫、父亦通用。《传》言"父犹傅"，犹曰"甫犹夫"。以其本非训而义相近，故言"犹"耳。《郊特牲》曰："夫也者，夫也。""夫"为男子美称，故春秋时人名，字多加"父"，名或加"夫"也。⑤

钟氏从古书"夫"、"傅"、"甫"、"父"多通用的情况中，认识到"父"、"傅"义近，是古代男子的美称，绝不是"师傅"一类官职。所以，范《注》不确，从而使"父犹傅"得到确解。

隐公四年二月戊申，卫祝吁弑其君完，无论是《左传》《公羊传》，

---

① （清）钟文烝：《春秋穀梁经传补注》卷十一，僖公二十年五月"西宫灾"注。
② （清）钟文烝：《春秋穀梁经传补注》卷十三，文公二年八月"大事于大庙，跻僖公"注。
③ （清）钟文烝：《春秋穀梁经传补注》卷十九，襄公十一年正月"作三军"注。
④ （清）钟文烝：《春秋穀梁经传补注》卷二十，襄公二十一年十月庚辰朔"日有食之"注。
⑤ （清）钟文烝：《春秋穀梁经传补注》卷一，隐公元年三月"公及邾仪父盟于眛"注。

还是《穀梁传》,有的版本作"弒",或作"殺",然钟文烝认为古无"弒",弒当作"殺",其理由是:

> 窃意古只有"殺"字,而上殺下或敌者相殺,读"殺",短言之。下殺上,读"殺",长言之。其字则皆从"殳","殺"声之字,穀梁、左氏《经》《传》所用字也。"弒"者,后出之字,从"殺"省"式"声,或又假借"試"字,亦"式"声,公羊《经》《传》所用也。凡六艺群书在《公羊》前者皆有"殺"无"弒"也,其参差混乱并《公羊》中字亦不画一者,皆写本、刊本之失也。

为何"弒"当作"殺"?钟氏认为《春秋》与三《传》中,如宋弒与夷、捷,晋弒卓,"皆有及大夫文",大臣杀大臣不当言"弒",故可明"殺""此字有两读,无两字"①。这样纠正前人因版本之误而造成的误说。

宣公十五年冬,蝝生,《穀梁传》:"蝝,非灾也。其曰蝝,非税亩之灾也。"范宁《注》谓:"凡《春秋》记灾未有言生者,蝝之言缘也,缘宣公税亩,故生此灾以责之。非,责也。"钟文烝对范氏的注解反驳说:"《注》说失之。言今所以志蝝事者,责其以税亩贪利之恶,而致此蝝,则足为灾,故志之也。责者,《经》责之。"②联系《春秋》上下文,本年"秋,螽",发生虫灾,冬"蝝生",虫灾程度加深,《春秋》接着又书"饥",因虫灾而爆发饥荒。因此,范宁释"蝝"为"缘"是错误的,钟文烝对此予以纠正。

钟文烝除致力于文献学上的创获外,还在《春秋穀梁经传补注》中总结《穀梁传》的解经特点。隐公九年三月庚辰,大雨雪,钟文烝在补注中说:"穀梁子为《经》作《传》,悉本夫子之意。"③隐公十一年十一月壬辰,公薨,钟氏在补注中认为:"桓公与公子翚弒隐公,《传》不如《左氏》《公羊》明言其事,但于前后略见之。《传》似此者多矣。以内之大事言之,如文姜、齐襄之杀桓公,哀姜、庆父之贼般,闵、季子之讨庆父,宣公、仲遂之杀恶、视,意如之出昭公,阳虎之窃国宝,《左

---

① (清)钟文烝:《春秋穀梁经传补注》卷一,隐公四年二月戊申"卫祝吁弒其君完"注。
② (清)钟文烝:《春秋穀梁经传补注》卷十六,宣公十五年冬"蝝生"注。
③ (清)钟文烝:《春秋穀梁经传补注》卷二,隐公九年三月庚辰"大雨雪"注。

第五章 汉学复兴：清代穀梁学（上）

氏》载其事甚详，《公羊》亦明述其事，独此《传》于《经》各当文下既不一言，其发《传》于他处者亦皆隐约其辞，而无记录事迹之语。若此者，何也？《传》之释《经》，主于明义，义明则止也。《经》文书法，简婉深微，其实《经》之当文及前后文未尝无以见之，故《传》亦于当文、前后文明其义所见而止，不复叙述事迹也。"《穀梁传》释《经》，其详是因为"盖作书时意有所到，偶然详之，或以当时习知其事，习闻其义，因备述于《传》"。其略是因为"皆隐约其辞，或没而不说，是其好从简略矣"。这就消除了桓谭所说"《穀梁》之书残略，多所遗失"①的误解。

综上论述，钟文烝《春秋穀梁经传补注》虽有的补注行文枝蔓，略显繁琐，偏离《穀梁传》主旨，也受时代和学派的局限，"有的注释也未能超越今古文学派的门户之见，有的甚至不相信科学"②。但从总体来说，无论从对《穀梁传》思想的发掘，或是对《穀梁传》文献学上的补充完善，均作出超出前人的成就。钟文烝弟子沈善登更具体评价其学术贡献：

> 小子乃今卒读先生之书，乃今敢举此书之辜较为读者告焉。有如"道"恒言也，先生辩之曰："天人之际，可言可行之名，则义理备而训诂在其中矣。"推此类于全书，则有若性命之原，死生之说，天人虚实之应，仁义人我之施，王霸勤怠之所以分，夷夏内外之所以辨，伊管之所以异术，儒墨之所以殊途，凡古今讲学家所谓反之于心而胥同，推之于事而无不曲当者，皆为之根据。雅故别白，其浅深而未尝有凿空过高之弊。

> 又如君子常称也，先生辩之曰："伊尹所谓君国子民，孔子所谓人之成名，则训诂明而义理亦在其中矣。"推此类于全书。凡古今考据家所持论斷斷者，若立君，若世卿，若田制、军制、庙制、宫寝之制，冕弁之制，丧葬祔练之制，祖祢昭穆之制；其小者，若形声、假借、近似、转讹，以至一名一物，一助字之用，亦莫不贯穿群籍，

---

① （汉）桓谭著，白兆麟校点：《新论》第九《正经》，黄山书社2018年版。
② 骈宇骞、郝淑慧：《春秋穀梁经传补注》"点校前言"，中华书局1996年版，第14页。

择精而语详，而其诸家聚讼之展转不可通者，若禘，若祫，若日食，若五等封地，六国年数之类，则又为之备论同异，闻疑载疑，不敢颛己是非，巧求其必合，又慎之至也。"①

沈氏全面地总结了钟文烝治学的特点和成绩，虽有所溢美，但与实际大体相符。所以光绪十五年（1889）翰林院编修王懿荣上奏说钟文烝《春秋穀梁经传补注》等"十三经说，灿然将备，折衷求是，远迈汉唐"。请求立为学官，"陆续刷行，颁行直省各学，嘉与士林，俾资讲习"②。其学术价值得到清朝统治者的肯定。可以说，对《穀梁》经传思想的深入挖掘和对《穀梁》经传注解的完善补充，这是钟文烝《春秋穀梁经传补注》新的特色。

二 廖平《穀梁春秋》内外学成就

（一）廖平经学的学术渊源

乾嘉时期，吴、皖各派"家研许、郑氏书，博名物，穷训诂，造述之宏，不可遍计而数也"③，而四川经"明季丧乱，学术衰颓"④，学者所从事的是八股时文及文章之学。据廖平自述："予幼笃好宋五子书及八家文。"⑤ 但后来廖平转而从事经学研究，这与两位人物对他的影响有关。一是张之洞。同治十二年（1873），张之洞来四川任提学使，创立尊经书院，择各府县高材生肄业。其教学方针是，"始以纪、阮之学为号召"⑥。具体说："经学必先求诸《学海堂经解》，小学必先求诸段注《说文》，史学必先求诸三史，总计一切学术必先求诸《四库提

---

① （清）沈善登：《穀梁补注书后》，载《清儒学案》卷一百八十一《子勤学案·沈先生善登》。
② （清）王懿荣：《胪陈本朝儒臣所撰经义请列学官疏》，载《皇朝经世文编续编》（第八十四辑）卷五《学术·文学编》，沈龙云主编《近代中国史料丛刊》，台北：文海出版有限公司1966年版。
③ 蒙文通：《议蜀学》，载廖幼平编《廖季平年谱》，第177页。
④ 蒙文通：《廖季平先生传》，载《廖季平年谱》，第98页。
⑤ 廖宗泽：《六译先生年谱》卷一，载《廖季平年谱》，第1页。
⑥ 蒙文通：《廖季平先生传》，载《廖季平年谱》，第98页。

第五章　汉学复兴：清代穀梁学（上）

要》。"另外，他还著《輶轩语》《书目答问》，"示蜀人以读书之法"①。在张氏的提倡下，"所取士多隽才，游其门者，皆私自喜得为学涂径"②，蜀地学风为之转捩。廖平初应童子试，为张之洞所赏识，中秀才，调入尊经书院。从此，治学路向为之一变，"丙子（1876）从事训诂文字之学，用功甚勤，博览考据诸书"③。二是王闿运。光绪四年（1878）王闿运来川任尊经书院山长。王闿运以辞章见长，亦治经，认为治经当由《礼》入，考三代制度以达于《春秋》微言，特别重《公羊》何氏学。在经学上，廖平深受王氏的影响。最开始他有志于《公羊》之学，常向王闿运请业至深夜，但不久转而专治《穀梁传》，"与湘绮稍异"④。光绪六年（1880）先成《穀梁先师遗说考》⑤，光绪七年（1881）开始注《穀梁春秋》，成书稿七卷。至光绪十年（1884）增订成《穀梁春秋古义疏》⑥十一卷，又撰成《起起穀梁废疾》一卷、《释范》一卷、《穀梁集解纠谬》二卷等著作数十种。光绪十一年（1885）八月，他将这些著述编为《穀梁春秋内外编目录》，计三十七种，共五十卷，系统总结其春秋穀梁内外学成就。

（二）《穀梁传》的外学成就

光绪十一年所编《穀梁春秋内外编目录》，据《廖季平年谱》记载，内编书一：《穀梁古义疏》十一卷。外编书十一：《起起穀梁废疾》一卷、《释范》一卷、《穀梁集解纠谬》二卷、《穀梁老师遗说考》四卷⑦、《穀梁大义详证》四卷、《穀梁传例疏证》二卷、《穀梁外传》二卷、《穀梁决事》一卷、《穀梁属辞》二卷、附《本末》一卷、《穀梁比事》二卷、

---

① 《清史列传》卷六十四《张之洞传》。
② 《清史稿》卷四百三十七《张之洞传》。
③ 廖宗泽：《六译先生年谱》卷一，载《廖季平年谱》，第1页。
④ 蒙文通：《廖季平先生传》，载《廖季平年谱》，第98页。
⑤ 《穀梁先师遗说考》"成书于光绪六年"说，见《廖季平年谱》，而据光绪十九年（1893）廖平所撰《重订穀梁春秋经传古义疏·自叙》"辛巳（引者注：光绪七年，1881）中春，痛微言之久陨，伤绝学之不竞，首纂《遗说》，间就传例，推比解之"。又提出"七年说"，恐是误记。
⑥ 该书各版本题名均为《穀梁古义疏》，但光绪十九年（1893）长沙本张预《序》及《凡例》作《穀梁春秋经传古义疏》，为行文方便，简称为《穀梁古义疏》，以免产生歧义。
⑦ 据《四川省古籍善本联合目录》卷一，《四益馆穀梁春秋外编》该书著录为《穀梁先师遗说考》，四川中心图书馆委员会编，1989年铅印本。

《穀梁（锁）［琐］语》四卷。表二十五：《穀梁日月时例表》、《穀梁七等进退表》、《穀梁笔削表》、《穀梁褒贬表》、《穀梁善恶表》、《穀梁十八国尊卑仪注表》、《穀梁一见例表》、《穀梁三言例表》、《穀梁内本国外诸夏表》、《穀梁内诸夏外夷狄表》、《穀梁尊大夷卑小夷表》、《穀梁名号中外异同表》、《穀梁诸侯列数隐见表》、《穀梁来往表》、《穀梁加损表》、《穀梁从史表》、《三传师说同源异流表》（三个表）、《左传变易今学事实传例礼制三表》（三个表）、《三传异礼异例异事三表》（三个表）①。据《四川省古籍善本联合目录》著录《四益馆穀梁春秋内外编》十二种书，为光绪十一年自刻本，虽公开刊行，然流传不广。廖平裔孙廖宗泽编《六译先生年谱》时，指出《穀梁集解纠谬》"此稿今佚"②，其他书也有可能不传。我们现在所能见到廖平春秋穀梁学著作只有三种，即内编《穀梁古义疏》③，外编《起起穀梁废疾》《释范》，廖宗泽《六译先生年谱》特别注明"此二书今存"④。

外编十一种书，加上二十五个表，构成了廖平的《穀梁春秋》外学。除《起起穀梁废疾》《释范》外，其余书大半不见，不能详细了解它们的内容。但廖氏的书（表）名均较直显，故能对其内容略作推测。如《穀梁集解纠谬》，《六译先生年谱》转述其作意：

> 又成《穀梁集解纠谬》二卷。以穀梁学专门大师如刘、尹诸子遗说，迄晋尚有专本，范氏不用旧义，以臆解《经》，又喜驳《传》，开唐宋舍传从经之弊。学无师法，又系子姓女聟（婿）而成。齐梁以下喜其文藻，又以顺文立解，不似何、贾简奥难诵，尊尚其书，而旧注遂亡。乃作此书以纠范氏之谬。先生于《公羊》何注有《商榷》，《左传》杜氏有《辨正》，范学较二家为劣，故名以《纠谬》。此稿今佚。⑤

---

① 廖宗泽：《六译先生年谱》卷一，载《廖季平年谱》，第32—33页。
② 同上书，第31页。
③ 有光绪二十六年湖南周文焕刻本、民国十三年渭南严谷荪刻本、民国十九年犍为张崇芳刻本共三种刊本。
④ 廖宗泽：《六译先生年谱》卷一，载《廖季平年谱》，第30页。
⑤ 廖宗泽：《六译先生年谱》卷一，载《廖季平年谱》，第30—31页。

廖氏批评了范宁臆解《春秋》、驳斥《穀梁传》、不懂师法的谬误，以及纵横辞藻、顺文说解的不足，所以他广采旧义、旧注以纠范《注》之谬。另如《穀梁（老）[先]师遗说考》，据当代学者黄开国研究："西汉先师主要指宣、元间的《穀梁》学者，今存较多的是刘向之说，散见于《说苑》、《新序》、《（烈）[列]女传》、《汉书·五行志》、《五经异义》、《世本》，廖平统计有数千条，他注《穀梁》多引其说。"① 其他如《穀梁大义详证》、《穀梁传例疏证》、《穀梁外传》、《穀梁决事》、《穀梁属辞》附《本末》、《穀梁比事》、《穀梁（锁）[琐]语》，或详《穀梁》大义，或疏证《穀梁传》例，或排比《穀梁传》史事，或言《穀梁传》书法以及研究《穀梁传》的心得。二十五个表则从各角度直观展现《穀梁传》的内容、特点以及与《左传》《公羊传》的异同。所谓《穀梁春秋》外学，可以这样理解，就是廖平撰写《穀梁古义疏》内学之外而进行的基础的、外围的工作。今人李耀仙在整理廖平著作时说"《（穀梁集解）纠谬》诸说，已纳入《（穀梁春秋）古义疏》书中"②，这表明廖平《穀梁春秋》外学的部分成果被吸收到《穀梁古义疏》内学中。

相对于《穀梁春秋》外学的其他著作来说，《起起穀梁废疾》《释范》由于公开刊布，为学界所知，二书是廖平《穀梁春秋》外学的代表性著作。

1. 《起起穀梁废疾》对何休、郑玄论争的辨析

《春秋》三传之中，《左传》为古文，《公羊传》《穀梁传》为今文，本为同源。西汉武、宣之时，《公》《穀》二传争立学官，虽有鲁学、齐学之分野，然更多受到政治因素的干预，而较少关涉学术优劣的争辩③。自刘歆执《左传》攻难其父刘向所习《穀梁传》，其后刘歆责让太常博士而掀起今古文经学之争④。东汉《公羊》大师之中，前有李育攻驳贾逵《左传》《穀梁》之学⑤，后何休又与其师羊祜追述李育意以难二传，作

---

① 黄开国：《国学大师评传——廖平》，百花洲文艺出版社1993年版，第33页。
② 李耀仙：《〈廖平选集〉（下册）内容评介——代序》，载李耀仙主编《廖平选集》（下册），巴蜀书社1998年版，第4页。
③ 参见本著"第二章 政治沉浮：汉代穀梁学"。
④ 《汉书》卷三十六《楚元王刘交传附刘歆传》。
⑤ 《后汉书》卷七十九下《儒林列传下·李育传》。

《公羊墨守》《左氏膏肓》《穀梁废疾》①。而兼通《左传》《公羊》二学的郑玄乃作《发墨守》《针膏肓》《起废疾》② 以驳难何氏，故何休有郑玄为"入室操戈"之叹③。这是历代学者所熟知的一桩学术公案。廖平对何、郑交争颇不以为然，他说：

> 何君自尊所习，乃以寻仇之戈，操于同室。郑君小涉《左》学，不习《穀梁》，乡邻私哄，何须被缨？乃谬托主人，日寻报复。驳许以外，更复攻何。生事之讥，其能免与？凡属讼讦之言，并为求胜而作。影射毛吹，有如谖愚。亦且内实不足，乃求胜语言，使或平心，都为剩语。何则制言儇薄，立义骄诬，不事言诠，乃呈嫉妒；郑则自负博通，攻坚奋诇，反旗倒戈，以相从事。客兵侨主，不复统制。甚或毁弃章服，改从敌人，欲群经皆有所作，使本义因以愈湮。④

廖平对何、郑均有批评，认为何休固守《公羊传》而攻难同属今文学的《穀梁传》，语言轻薄、义理错乱、不通训诂，而郑玄于《穀梁传》未习，乃"谬托主人"，自恃渊博，反而遵从《公羊传》之说，使《穀梁传》本义湮没不彰。他指出何、郑二人共同的特点是为攻讦对手，不重内证而"求胜语言"，吹毛求疵，有如乡野叫骂的废话（"剩语"）。所以，廖平《起起穀梁废疾》的撰著宗旨是："今者三《传》之学，唯求内理，不鹜旁攻。仁智异端，取裁所见。诚各寻其指归，莫不互有依据。同者从同，异者从异，似同而异，似异而同，改谬说而各正焉。别为十表，附说其本义。不敢小有左右于其间，以祛好辨之弊。至《公》《穀》同为今学，声气相感，神形多肖。何、郑所录，恒失本旨。今于各条之下，务申《传》旨，二君误说，间或正之。然惟求足明本传，不敢希胜《公羊》，少涉攻击之习。"⑤ 其主要旨趣是通过对三《传》内理的寻绎，求

---

① 《后汉书》卷七十九下《儒林列传下·何休传》。
② 《隋书·经籍志》《旧唐书·经籍志》《新唐书·艺文志》作《释废疾》。
③ 《后汉书》卷三十五《郑玄传》。
④ 廖平：《〈起起穀梁废疾〉序》，载《起起穀梁废疾》卷首。
⑤ 同上。

同存异,对何休、郑玄的误说进行辨正,使《穀梁传》的本旨得到申彰,这反映了廖平会通三《传》的学术开放性。

该书对何休《穀梁废疾》、郑玄《起废疾》论争加以辨析的意见,有如下几种。

(1) 何、郑之说皆误

文公四年十一月壬寅,夫人风氏薨,五年正月,王使荣叔归含且赗。《穀梁传》说:"含一事,赗一事也,兼归之,非正也。其曰且,志兼也。其不言'来',不周事之用也。赗以早,而含已晚。"批评天王以一使兼含、赗二事,办事不周,所以其行为"不正"。何休《穀梁废疾》认为:"礼,尊不含卑,不言'来'者,本不当含,故不责其晚。于义,《穀梁》为短。"指出风氏不当含,不应责其晚,故《穀梁传》之说不妥。郑玄《起废疾》引礼制加以反驳:天子"于二王后之丧,含为先,襚次之,赗次之。于诸侯含之、赗之,小君(夫人)亦如之。……京师去鲁千里,王室无事,三月乃含,故不言'来'以讥之。"廖平对何、郑之说皆不以为然,他说:

> 按:《公羊》以不言"来"为正例,《穀梁》以言"来"正例。天王使,惟此不言"来",余皆言"来",则《公羊》以不言"来"为正,于义为短。郑以三月含为讥,非《传》意。使不兼使,三月含不讥;兼使,虽旬日含亦讥。此明礼不兼使耳,意不主早晚也。①

何休认为风氏本不当含,故经文不用"来"字,而郑玄认为天王归含太晚,不用"来"字以示讥,均与《穀梁传》"其不言'来',不周事之用也"的解说不符合,故何、郑之说皆误。

(2) 何、郑之说两可

僖公二十三年五月庚寅,宋公兹父卒,《穀梁传》对经文加以解说:"不葬何也?失民也。其失民何也?以其不教民战,则是弃其师也。"首先看一看何休《穀梁废疾》、郑玄《起废疾》是如何攻守的:

---

① 廖平:《起起穀梁废疾》"文公篇",渭南严氏孝义家塾丛书本。

何曰:"所谓教民战者,习之也。《春秋》贵偏战,而恶诈战,宋襄公所以败于泓者,守礼,偏战也,非不教其民也。孔子曰:'君子去仁,恶乎成名?……造次必于是,颠沛必于是。'未有守正以败而恶之也。《公羊》以为不书'葬',为襄公讳。背殡出会,所以美其有承齐桓尊周室之美志。"

(郑)释曰:"教民习战而不用,是亦不教也。诈战,谓不期也。既期矣,当观敌为策,倍则攻,少则守。今宋襄公于泓之战,违之,又不用其臣之谋而败,故徒善不用贤良,不足以兴霸王之功;徒言不足权谲之谋,不足以交邻国,会远疆。故《易》讥'鼎折足',《诗》刺'不用良',此说善也。"

何休强调宋襄公循礼而战,虽败犹荣,是"守正"之举,不应加以指责,而郑玄注意到宋襄公在军事上不知权变。二人观点虽有交锋,然前者主道德判断,后者主军事谋略,故其论题不能聚焦。何、郑论辩的分歧之处为廖平所洞悉:"《公羊》主守正,《穀梁》主达变,言各一端,仁智殊趣。如必守正,则祭仲废君之事,不愈加于襄之量敌哉?宋襄,《公羊》美之,《穀梁》恶之。《公羊》五伯,故美之;《穀梁》二伯,故恶之。各持一解,不必强同也。"① 因此,他对何、郑之说,两皆认可。

(3)郑说正确

僖公十四年春,诸侯城缘陵,《穀梁传》指出:"其曰诸侯,散辞也。聚而曰散,何也?诸侯城,有散辞也,桓德衰矣。"何休对《穀梁传》提出质疑:

按:先是盟亦言诸侯,非散也。又《穀梁》美九年诸侯盟于葵丘,即散,何以美之邪?于义,《穀梁》为短。

郑玄答辩如下:

释曰"九年,公会宰周公、齐侯、宋子、卫侯、郑伯、许男、

---

① 廖平:《起起穀梁废疾》"僖公篇"。

第五章 汉学复兴：清代穀梁学（上）

曹伯于葵丘。九月戊辰，盟于葵丘。时诸侯初在会，未有归者，故可以不序。今此十三年夏，公会齐侯、宋公、陈侯、卫侯、郑伯、许男、曹伯于咸，而冬公子友如齐，此聘也。书聘，则会固前已归矣。今云诸侯城缘陵，不序其人，明其散，桓德衰矣。葵丘之事，安得以难此？"

廖平明确指出："葵邱不足难，郑释是也。"① 他为什么对郑玄之说表示肯定？可从范宁注解中找到答案："直曰诸侯，无大小之序，是各自欲城，无总一之者，非伯者所制，故曰散辞。"② 于此可知郑玄《起废疾》反驳何休之言颇为准确，廖平对郑玄的判定也是确凿不易的。

（4）何或郑之说的错误

僖公九年九月戊辰，诸侯盟于葵丘，《穀梁传》从日月之例立论："桓盟不日，此何以日？美之也。"何休《穀梁废疾》加以否定："即日为美，其不日皆为恶也。桓公之盟不日，皆为恶邪？庄公十三年，柯之盟，不日为信。至此日为美，义相反也。"何氏正击中了《穀梁传》拘于日月之病。而郑玄"桓德极而将衰，故备日以美之"的反诘，说理不充分。廖平则找准了批驳何休的症结：

> 按：《春秋》无达例。孟子曰："五霸，桓公为盛。"葵邱之会，[诸侯]束牲载书而不（插）[歃]血，与《穀梁》同，则《穀梁》是也。《公羊》以日为危，从以后不盟起义。《穀梁》以洮为兵车，而此会以衣裳，间在兵车。四会之中，故特美，亦以衰而特著其美。何如此之驳，不言义例，而但据文句，开啖赵儇薄之习，有失传经郑重之道，好辨之过也。③

廖平"《春秋》无达例"之说，是从董仲舒《春秋繁露》"《春秋》无达辞"④ 演变而来，其意是说《春秋》及其《穀梁传》没有通行而一成不

---
① 廖平：《起起穀梁废疾》"僖公篇"。
② 《春秋穀梁传注疏》卷八，僖公十四年春"诸侯城缘陵"传范宁注。
③ 廖平：《起起穀梁废疾》"僖公篇"。
④ （汉）董仲舒：《春秋繁露》卷三《精华》。

变的文法，不可拘牵，要根据实际具体语境来分析，强调理解经传语句的灵活性。因此，廖平对何休"不言义例，而但据文句"这一偏颇的批评是站得住脚的。

当然，廖平对何休、郑玄的批评也有不当之处。僖公二十七年冬，楚人、陈侯、蔡侯、郑伯、许男围宋。《穀梁传》对楚君称"人"作出解释："楚人者，楚子也。其曰人，何也？人楚子，所以人诸侯也。"其原因是贬诸侯为人。何休《穀梁废疾》提出反例来驳《穀梁传》："哀元年，楚子、陈侯、随侯、许男围蔡，不称人，明不以此故也。"郑玄《起废疾》就事论事："时晋文为贤伯，故讥诸侯不从而信夷狄也。哀元年，时无贤伯，又何据而当贬之耶？"廖平否定郑玄之说：

> 按：楚初会诸侯，故人之。《春秋》有三世三言之例，终始早晚异辞，以昭事难僖世，非也。郑不据三世言之，乃虚以美恶为言，非《传》意也。①

《春秋》"三世异辞"即"所见异辞、所闻异辞、所传闻异辞"，是源于公羊学家董仲舒《春秋繁露》之说，后何休加以张大之，专言"据乱、升平、太平"三世，蕴含进化之义。实际上，"三世异辞"是一种"文与而实不与"的理论，并非春秋时代的实情，也不是《春秋》的定例。廖平虽批评何休以昭事难僖世为非是正确的，但他说郑玄不据"三世"说而虚言美恶的批评又是不对的。《穀梁传》的本意，晋人江熙理解得最为透彻：

> 夫屈伸理对，言信必有屈也。宋楚战于泓，宋以信义而败，未有阙也，楚复围之。我三人行必有我师，诸侯不能以义相师，反信楚之屈，屈宋之直，是义所不取，信曲屈直犹不可，况乃华夷乎？楚以亡义见贬，则诸侯之不从，不待贬而见也。然则四国信楚而屈宋，《春秋》屈其信而信其屈，贬楚子于兵首，则彼碌碌者（陈侯、

---

① 廖平：《起起穀梁废疾》"僖公篇"。

蔡侯、郑伯、许男）以类见矣，故曰"人楚子，所以人诸侯"。①

楚王以夷狄之国连伐宋国，为不正义之战，《春秋》书其本爵"楚子"已含贬义，今再书"楚人"，降"子"为"人"，贬绝之义更重，而陈侯、蔡侯、郑伯、许男助纣为虐，故一同被《春秋》和《榖梁传》加以贬责。廖平未能深入理解《榖梁传》的本意，故对郑玄的批驳并不符合《春秋》经传的本义。

2. 《释范》对范宁《春秋榖梁传集解》的纠谬

古人在注解经传过程中，遵循"疏不破注"，即疏家不能对注提出批评意见，这是尊注的体现。廖平又提出"古人注经，例不破传"②，主张注家不能对传提出批评，这是尊传的表现。但范宁、杨士勋作注疏时，并未严格遵循上述"例不破传"、"疏不破注"的原则。如范宁认为："凡传以通经为主，经以必当为理。夫至当无二，而三《传》殊说，庸得不弃其所滞，择善而从乎？既不俱当，则固容俱失。若至言幽绝，择善靡从，庸得不并舍以求宗，据理以通经乎？"③范氏上述主张需要辨证分析，他的"传以通经，经以必当为理"，这应符合经学训诂学的基本要求。《春秋》三传同源异流，解说不一，为求"至当"，不能不打破家法，出现三《传》会通的学术局面。如三《传》会通仍不当者，只有弃《传》"以理通经"。从学术的操作层面上来说，会通三《传》，以致弃《传》解经未尝不可。但正如"例不破传"、"疏不破注"，即不能片面迷信传注一样，言三《传》会通与弃《传》也不可走极端。所以，我们评骘范宁的主张需要采取辩证的态度。

廖平从严格的注经"不破传"的原则出发，对范宁的学术方法提出批评：

> 古人注经，例不破传。郑君改字，为世所讥，唯范氏《集解》，昌言攻《传》。观其《序》意，直等先生之勒帛，无复弟子之怀疑。

---

① 《春秋榖梁传注疏》卷九，僖公二十七年冬"楚人、陈侯、蔡侯、郑伯、许男围宋"传范宁注。
② 廖平：《弁言》，载《释范》卷首，见李耀仙主编《廖平选集》（下册），第120页。
③ （晋）范宁：《春秋榖梁传序》，载《春秋榖梁传注疏》卷首。

唐宋以来，反得盛誉。纪君无识，乃欲左范右何，其猖狂浅陋，信心蔑古，为后人新学所祖。所云"《春秋》三传置高阁"者，盖作俑于《集解》矣。①

正如廖平著作整理者所言："自今日观之，注经非全不可破传，但若于传义未明，仅为便己之故而辄致难立异者，亦当在所不取。"② 这可视作对廖平上述批评的理性认识。廖氏强调了范宁"先具成见，然后治经"③ 而导致"信心蔑古"的学术弊端，认为范宁对《春秋穀梁传》的攻难，"尚为肤末"。故"条立所难"，逐一加以反驳，于光绪十年（1884）成《释范》一书20条。其中，驳范宁《春秋穀梁传序》者3条，驳注文者17条。该书分以下几种情况：

（1）对范宁直接批评《穀梁传》之说予以反诘

庄公三年五月，葬桓王。《穀梁传》引旧说："传曰，改葬也。"范宁《注》说："若实改葬，当言'改'以明之。郊牛之口伤，改卜牛是也。传当以七年乃葬，故谓之改葬。"说明范氏对《穀梁传》"改葬"之说并不认可。廖平反驳道："改卜牛，一时有二牛，有彼此之分，故言'改'，以别于前牛。改葬同为一葬，既非一时，又非实物，故不言'改'，以相别异。《春秋》改事不言'改'者多矣。若如范说，则岂但一改卜牛乎？"④ 廖平认为"改葬"与"改卜牛"有别，是符合事实的。具体原因，据杨士勋《疏》说："传云'改葬'，而范违之者，以经不言'改'，故知非改葬也。传言'改'者，以见丧逾七年，已行吉礼，今始反服丧服，故谓之'改葬'。又《感精符》云：'恒星不见，夜中，星陨如雨，而王不惧，使荣叔改葬桓王冢，奢丽大甚。'"桓王崩于桓公十五年三月，天子七月乃葬，则至庄公三年已七年，故庄公三年之葬必有原因，否则于礼制不合，其具体原因，谶纬之言仅备一说。

文公五年正月，王使荣叔归含且赗，《穀梁传》以"赗以早，而含已

---

① 廖平：《弁言》，载《释范》卷首，《廖平选集》（下册），第120页。
② 舒大刚：《〈释范〉刊行的几点说明》，载《释范》卷首，《廖平选集》（下册），第119页。
③ 廖平：《弁言》，载《释范》卷首，《廖平选集》（下册），第120页。
④ 廖平：《释范》，《廖平选集》（下册），第122页。

第五章 汉学复兴：清代穀梁学（上）

晚"相讥，范宁以《穀梁传》所讥不当："已殡故言晚。国有远近，皆令及事，理不通也。"关于此"赗早含晚"的争议已见前揭《起起废疾》，廖平又有新的认识，认为"范说未审"。其理由是：

> 按：《传》例"不及"与"不周"异，解"不及"者，言"来"以讥其晚；"不周"者，无心于来，故不言来。含早而赗晚，有五月之久。礼：当以二使，今以一人兼之，则迟早不能适中。故云："如以为含则已晚矣，赗则已早矣。"讥其来意不诚，与不及事，全不关。考《杂记》言"受含皆在既殡之后。"盖君薨初殓，本国臣子已含之，不能待外国之含。外国有远近，岂能未殡而来含？而闻丧则如初丧，归之含物，以达其意，君子不夺人之亲，不能使不含其子而含己。又诸侯皆有含，同盟数十百国，一口何能容？含则宰夫取璧以降，襚则宰夫五人举以东。凡诸侯之含襚，皆存以为送葬乘车之具。范说未审。①

综合范宁《集解》与廖平的反驳来看，范宁"已殡故言晚"是对《穀梁传》"而含已晚"的正确解释，但"国有远近，皆令及事，理不通也"则是离题之论。《穀梁传》的批评是针对周天子以一使兼含、赗二任，明为无诚心，而不是指责诸侯国，故廖平批评范宁将"不及"与"不周"混为一谈的做法。

（2）对"宁所未详"之说加以反驳

范宁对《穀梁传》解《春秋》不畅达之处，往往以"宁所未详"言之，持存疑的态度，而廖平对范氏存疑之说也有驳论。

隐公九年春，天王使南季来聘，《穀梁传》认为"聘诸侯，非正也"。范宁《注》引《周礼》"时聘以结诸侯之好，殷覜以除邦国之慝，间问以谕诸侯之志，归脤以交诸侯之福，贺庆以赞诸侯之喜，致禬以补诸侯之灾"以及许慎"礼，臣病，君亲问之，天子有下聘之义"二说，发现与《穀梁传》"聘诸侯，非正也"不合，他不能定是非，故以"宁所未详"表示对《穀梁传》之说的怀疑。廖平在对范宁此说的反驳中，产生以

---

① 廖平：《释范》，《廖平选集》（下册），第126页。

"礼制"判别"今古学"的重要经学思想：

> 按：《周礼》古学，《王制》今学。《穀梁》素王，尽从《王制》，故与古《周礼》说不合。王者改制，文质相救。周衰，天子弱，诸侯强，鲁不朝周，而周屡下聘，君卑臣僭，失上下之序，故《春秋》改制救弊，讥下聘，以尊天子也。又《春秋》诸侯相聘，聘惟行于二伯，天子尊逾二等，故不聘。此《春秋》制，以《周礼》疑之，非也。又按：《五经异义》引《公羊》说"天子不下聘"，与此同。何氏《注》言聘为礼，与《左氏》说同。当是旧有"不下聘"之说，何氏偶遗耳。[①]

以礼制分今古学，确为廖平独造之说。范宁将属于今文学的《穀梁传》与古文经的《周礼》相较，故二者解说不合，廖平击中了范宁的漏洞，其说理颇为周详。

（3）《穀梁传》解《春秋》，并列"或曰"异说，范宁对其多否定，而廖平必坚"或曰"之说以与范宁立异

庄公元年十月，齐师迁纪、邢鄑郚，《穀梁传》解释说："纪，国也。邢鄑郚，国也。或曰，迁纪于邢鄑郚。"有二解，故范宁《集解》认为："若齐师迁纪于邢鄑郚，当言'于'以明之，又不应复书地，当如宋人迁宿，齐人迁阳。'或曰'之说，宁所未详。"从范宁的表述来看，其隐含之意是否定"或曰"之说，廖平对此有不同意见：

> 按：此在传疑之例，因言三国迁，有难通之处，故此变为齐迁之说。若有"于"字，则文义明白。《传》有定解，无事两存或说以通之。二说皆有所据，而亦有可疑，故不敢独主一说。范以后说为非，岂以前说为定解耶？不言"于"，当以所迁不一地，分散其民，故不能以一地目之，因不言"于"也。

廖平认为《穀梁传》的两种解说都有道理，从而指出范宁独主一说的

[①] 廖平：《释范》，《廖平选集》（下册），第121页。

偏颇。

昭公二十五年夏，有鸜鹆来巢，《穀梁传》解说："一有一亡曰有。来者，来中国也。鸜鹆穴者而曰巢。或曰，增之也。"对"或曰"之说，范宁认为："如增言巢尔，其实不巢也。雍曰：'凡《春秋》记灾异，未有妄加之文。或说非也。'"廖平从训诂角度加以批驳："或说增义，实不得其解。纬家以为巢于榆，范氏以为'增'言'巢'，其实不巢。以《经》为戏，本属误解，遂据雍说以驳《传》，不知《传》义不如所驳也。洪［颐］煊云：增读为'橧'，谓于穴中驾巢，引《礼记·释文》为证。说较范氏为安（说见《读书丛录》）。"①范宁父子不明"增"通假为"橧"，而训为"巢"，以"或曰"为非。而廖平引清人洪颐煊《读书丛录》训诂成果，解决了这一疑难。

综上所论，廖平以《起起穀梁废疾》《释范》为代表的春秋穀梁外学，对何休、郑玄、范宁的解说有肯定、有否定，使他们的误说得以辨正，对春秋穀梁学的注解起了正本清源的作用。但他也有因曲解前人而导致对何、郑、范之说批驳失当之处，其姻弟萧藩在《〈起起穀梁废疾〉跋》中，提出对何休、郑玄的不足应如中医之法加以诊治："苟欲制方，务先审病。经络通利，则不需按摩；药石误投，则反如鸩毒。"② 这一比喻，十分贴切。廖平对前人的解说之病，的确存在部分把脉不准、药石误投的情况。

(二)《穀梁古义疏》对前代的超越

1.《穀梁古义疏》的特点

(1)"十易其稿，未为定本"：求精与善变

廖平对春秋穀梁学的历史颇为熟稔："《穀梁》显于宣、元之间，不及一世。东汉以来，名家遂绝，旧说虽存，更无诵习。范氏觇其阘弱，希幸窃据，依附何杜，滥入子姓，既非专门之学，且以攻《传》为能，末学肤受，喜便诵记，立在学官，历世千载。原夫素王撰述，鲁学独专，

---

① 廖平：《释范》，《廖平选集》（下册），第128页。
② 萧藩：《〈起起穀梁废疾〉跋》，载《起起穀梁废疾》卷末。

俗义晚张，旧解全佚。"① 在寻绎春秋穀梁学的历史脉络中，他感受到了自己继承传统的责任。

光绪七年（1881），廖平"痛微言之久闷，伤绝学之不竞"，发愤继往圣之绝学，首纂《穀梁先师遗说考》，依据《传例》，对《穀梁传》加以推解。廖平不满足于仅辑佚性的工作，还着力于义理方面的发抒。光绪九年（1883），他冥心潜索，得"素王"、"二伯"诸大义。又于光绪十年（1884），读《王制》之时，有所顿悟，使"向之疑者尽释，而信者愈坚，蒙瞀一新，豁然自达"，取旧稿重加改写。于当年成《穀梁古义疏》十一卷，以自刻本行世。光绪十四年（1888），在诠释《公羊传》时又得到新的启发，对《穀梁古义疏》继有删补。从光绪十六年（1890）纂述《春秋左氏古经说疏证》至光绪十九年（1893）"读《礼》多暇"，取《穀梁古义疏》旧稿再加修订。廖平《穀梁古义疏》从光绪七年至十九年"十易其稿，未有定本"②，前后"所说多不同，非大有出入，不悉削之，以存入门之迹。经传微奥，钻仰无穷，俟有续得，拟再修补"③。这件事很典型，反映了廖平在学术上的审慎、求精以及"善变"的治学风格④。

2. 《穀梁古义疏》的诠释特点与原则

（1）自注自疏

廖平认为范宁《春秋穀梁传集解》"希幸窃据，依附何杜，滥入子姓，既非专门之学，且以攻《传》为能"，批评范宁《集解》引用何休《公羊解诂》、杜预《春秋左氏经传集解》以及《老子》、《庄子》、《韩非子》等子部材料作注，讲求会通而不讲专门之学，导致师法混乱⑤。同时，也力主"注不破传"。故廖平在《春秋》三传注中，"对范宁《穀梁

---

① 廖平：《自叙》，载《重订穀梁春秋经传古义疏》卷首，成都鸿宝书社民国十九年刊印。
② 张预：《穀梁春秋经传古义疏·叙》，载《重订穀梁春秋经传古义疏》卷首。
③ 廖平：《自叙》，载《重订穀梁春秋经传古义疏》卷首。
④ 廖平治学号称"善变"，前后迭经六变，"每变愈上，不能自止"。
⑤ 张预在《穀梁春秋经传古义疏·叙》中也认为"幸范氏《集解》厪存，而采用何、杜两家，难免螯于师法"，表达了与廖平同样的经学主张。

集解》评价最低，于所注文，持以'纠谬'的态度"①。所以，他对范宁《春秋穀梁传集解》极不信任，在所作的《穀梁古义疏》中完全抛弃范《注》，以范《注》为基础的杨士勋《疏》也在摒弃之列。这与钟文烝《春秋穀梁经传补注》不同，钟氏《补注》一书，"凡范《注》全载，或移其处。《疏》则《补注》中采之，颇有增删并析，随宜也"②。而廖平对范宁《注》的处理方式是"范氏《集解》不守旧训，今志在复明古学，故专以旧学为主。至于范《注》，听其别行，不敢本之为说"③。从体例来说，廖平《穀梁古义疏》走的是自注自疏的路径。

（2）会通三《传》

虽然廖平对范宁注解《春秋穀梁传》引用《左传》《公羊传》之说持批评态度，但他在写作《穀梁古义疏》时，却突破这一学术前设。《春秋》三传，源出《春秋》，正如廖平自述："三《传》事实，末节细端，间有差舛，大事明文则无同异"④，《左传》、《公羊传》与《穀梁传》同说一经，"不须求异"⑤。因此，廖平在对《穀梁传》进行新的注疏时，对《春秋》三传"义本相同，后来误解，因致歧出者，必化其畛域，以期宏通"⑥，要消除三《传》的师法界限，加以会通才能得其确解。具体表现有几端。

之一，"三统"说见于何休《公羊解诂》，廖平《穀梁古义疏》"用其例于一定之中，详其通变之法"⑦。此用公羊家说。又"杜氏《公子谱》本于刘子政《世本》，是本《传》师说，今亦用之"⑧。此用《左传》家说。

之二，关于礼制，"三《传》言礼制者，每《传》多各言一隅，必须合考三家，方成完说，许、郑评争皆失此旨。今于三《传》礼制异同

---

① 李耀仙：《〈廖平选集〉（下册）内容评介——代序》，载李耀仙主编《廖平选集》（下册），巴蜀书社1989年版。
② （清）钟文烝：《略例》，载《春秋穀梁经传补注》卷首。
③ 廖平：《穀梁春秋经传古义疏·凡例》第一条，载《重订穀梁春秋经古义疏》卷首。
④ 廖平：《穀梁春秋经传古义疏·凡例》第九条，载《重订穀梁春秋经古义疏》卷首。
⑤ 廖平：《穀梁春秋经传古义疏·凡例》第二条，载《重订穀梁春秋经古义疏》卷首。
⑥ 同上。
⑦ 廖平：《穀梁春秋经传古义疏·凡例》第四条，载《重订穀梁春秋经古义疏》卷首。
⑧ 廖平：《穀梁春秋经传古义疏·凡例》第十五条，载《重订穀梁春秋经古义疏》卷首。

处，据参差互见诸例以说之，务使彼此相发，互文见义，合于礼意为主，不敢轻事杵击，动成龃龉"①。对礼制要求综合考察三《传》，彼此发明以见义，使其合于礼意。对三《传》不同之说不取其一而去其二，以免造成新的分歧。

之三，对三《传》义例和事实论其同异。三《传》旧例大多文异义同，先师门户过严，彼此相激，各张一军，反于本《传》有损。廖平"于实不相通者，立《三传异例表》；文异义同者，立《三传同例表》以统之"②。对于三《传》事实的同异，"将事实确有不同者，别立《三传异事表》；其他详略参差，文实诸说可通者，于注中详之，以见异者。千百中之一二而同者，固大且多也"③。虽三《传》义例同异以及异事三表为廖平《穀梁春秋》外学，但于注疏中也多见之，表明廖平的《穀梁春秋》内外学是相互关联的。

以上观点，反映了廖平并不严格拘守门户之见，而是以义理的通达与"完"、"合"为标准，这本是《春秋》经学应走的道路。

(3) 注疏亦颇有特点

廖平《穀梁古义疏》立志恢复"旧解"、"旧训"，所以其注疏颇不同于前人。

第一，略于训诂。对三《传》异文，因本朝赵坦《春秋异文笺》、李富孙《春秋三家异文释》、朱骏声《春秋三家异文核》、侯康《春秋古经说》等数家书中颇详，廖平《穀梁古义疏》不再涉及。至于"至于训诂，人所易明者，不更赘及"④，仅对《穀梁传》文字错误之处在《疏》中加以考订更改。从这一点来说，又与钟文烝《春秋穀梁经传补注》不同，钟《注》于经传训诂繁称巨引，以致有学者批评其"不谙古人经注、经说、义疏各有其体，而乃曼衍以为详，泛滥以为博，繁文冗义，徒滋炫乱，识者病之"⑤。事实上廖平《穀梁古义疏》的训诂并非一概从略，而是对人们熟知的语词不重复为训，可见廖氏对经学训诂有较理性的认识。

---

① 廖平：《穀梁春秋经传古义疏·凡例》第七条，载《重订穀梁春秋经传古义疏》卷首。
② 廖平：《穀梁春秋经传古义疏·凡例》第八条，载《重订穀梁春秋经传古义疏》卷首。
③ 廖平：《穀梁春秋经传古义疏·凡例》第九条，载《重订穀梁春秋经传古义疏》卷首。
④ 廖平：《穀梁春秋经传古义疏·凡例》第五条，载《重订穀梁春秋经传古义疏》卷首。
⑤ 江慎中：《春秋穀梁传条例叙》，《国粹学报》第68期，"绍介遗书"附。

第五章 汉学复兴：清代榖梁学（上）

第二，详于礼制。《榖梁传》与《公羊传》解经的性质相同，均是采用问答形式来对《春秋》进行分疏，其解经文字"文本、礼制、文句并用"。但何休作《公羊解诂》时，"引用经中文句而略于礼制一门，多与《传》意相违迕"。廖平克服何休的不足，于"注中据文，半主礼制，半主文句"[①]。在礼制中，《王制》为"六艺"大传，廖平以"《榖梁》证之，无有不合"[②]。因此，《榖梁古义疏》"注以《王制》为主，参以西汉先师旧说，从班氏为断。初以本师、《王制》，用单行中字；班氏以下，夹行小字。因与经传混，改为夹注。凡所不足，乃下己意，注所不尽，更为疏之。以疏附注，故与唐人注疏别行者，体例稍异"[③]。也就是说凡《榖梁传》中涉及礼制之处，均据《王制》为注，此外还以班固所编《白虎通》所载西汉《榖梁传》先师之说为参考。注解采取夹注的形式，而且还阐发自己的心得。注中未尽之处，又以疏加以补充。这与唐人以疏解注的体例不同，体现了廖平在经学注疏学上的创新。

第三，引证史事以《史记》为主。历来治《榖梁》《公羊》二传者，凡引证史事，均以《左传》为大宗。因为学者们认为"事莫备于《左氏》，例莫明于《公羊》，义莫精于《榖梁》"[④]，"《左氏》传事不传义，是以详于史而事未必实；《公羊》《榖梁》传义不传事，是以详于《经》而义未必归"[⑤]、"《左氏》史学，事详而理差；《公》《榖》经学，理精而事误"[⑥]。无论是范宁、杨士勋注疏《榖梁传》，或是何休《公羊解诂》、徐彦《公羊传疏》，以史事证经传，多采用《左传》之说。而廖平《榖梁古义疏》"疏中所引用事实者，以《史记》为主，《左传》亦间用之"。他还认为"《史记·本纪》《世家》又本《春秋谱牒》而作"[⑦]，《史记·十二诸侯年表序》有"太史公读《春秋历谱牒》"[⑧]，可知《史记·本纪》《世家》是依据《春秋谱牒》而作。

[①] 廖平：《榖梁春秋经传古义疏·凡例》第六条，载《重订榖梁春秋经传古义疏》卷首。
[②] 廖平：《榖梁春秋经传古义疏·凡例》第十一条，载《重订榖梁春秋经传古义疏》卷首。
[③] 廖平：《榖梁春秋经传古义疏·凡例》第十条，载《重订榖梁春秋经传古义疏》卷首。
[④] （宋）胡安国：《序》，载胡安国《春秋传》卷首。
[⑤] （宋）叶适：《序》，载叶适《春秋传》卷首。
[⑥] （宋）黎靖德编：《朱子语类》卷八十三。
[⑦] 廖平：《榖梁春秋经传古义疏·凡例》第十二条，载《重订榖梁春秋经传古义疏》卷首。
[⑧] 《史记》卷十四《十二诸侯年表》。

从史源学来说,《左传》是第一手的原始资料,毕竟比司马迁《史记》作为二手资料更有史料价值。廖平为何信任《史记》,以《史记》为主,而以《左传》为辅呢?略加推考,有以下原因。一是廖平善分今古,重视师法。从经学性质划分,《左传》属古文经学,《穀梁传》为今文经学。以廖平"洞澈汉师经例"①的学术立场来说,他非常强调今古文师法,虽主张会通三《传》,但在大的关节上又扭住《穀梁传》与《左传》的今古差异。二是汉代今文经学者范升以"《左氏》不祖孔子,而出于丘明",指出《左传》失误十四事与"《左氏春秋》不可录三十一事"②以攻难《左传》,其所攻击之处皆是《左传》得之传闻以及不合情理之事,今文经学家的驳难有一定学理性。司马迁撰写《史记》,"厥协《六经》异传,整齐百家杂语"③,对文献有整理之功,由于兼善众家,其史料价值有超过《左传》之处。

　　廖平注疏《穀梁传》,以《史记》为主,以《左传》为参考,体现了他独特的学术选择,但是否是最正确的呢?班固的意见颇值得参考:"司马迁据《左氏》、《国语》,采《世本》、《战国策》,述《楚汉春秋》,接其后事,讫于天汉。其言秦汉,详矣。至于采经撅传,分散数家之事,甚多疏略,或有抵牾。"④廖平主要是以存在"疏略"、"抵牾"的《史记》来注疏《穀梁传》,是不无偏颇的。

2.《穀梁古义疏》的诠释内容

上文论述到廖平《穀梁古义疏》的特点是"略于训诂",从廖平自述学术追求上可寻绎到其中的阃奥:

　　　　予幼笃好宋五子书及八家文。丙子(1876)从事训诂文字之学,用功甚勤,博览考据诸书。冬间偶读唐宋人文,不觉嫌其空泛,不如训诂书字字有意。盖聪明心思至此一变矣。庚辰(1880)以后厌弃琐碎,专事求大义,以视考据诸书,则又以为糟粕而无精华,枝

---

① 刘师培:《近代汉学统系论》,载朱维铮编《刘师培辛亥前文选》,生活·读书·新知三联书店1998年版。还可参见《经学教科书》之《近儒之春秋学》。
② 《后汉书》卷三十六《范升传》。
③ 《史记》卷一百三十《太史公自序》。
④ 《汉书》卷六十二《司马迁传》。

叶而非根本。取庄、管、列、墨读之，则乃喜其义实。是心思聪明至此又一变矣。①

从这段引文可看出，廖平的为学风格有两次大的变化，从唐宋诗文之学转入经学训诂学是一变，从经学训诂之学转归抉发经学的微言大义是第二变。第二次变化，恰是廖平治榖梁学之始，一方面反映了廖平在治春秋榖梁学之时，走的是今文经学专求大义之路径，而不步古文经学矻矻于训诂之途辙，体现了其严分今古的一贯路线。另一方面从嘉、道以后，有一部分学者，如常州学派的庄存与、刘逢禄、宋翔凤等人，从清代中期如日中天的"汉学"考据里走出来，治经专寻大义，标榜西汉"今文经学"的复兴，至龚自珍、魏源已撑起清代后期学术的半壁江山。其后，廖平又接武今文经学大师王闿运开辟的路径变速前进，成为清代末期今文经学的"集大成者"②。

由于廖平注疏《榖梁传》以"求大义"为主，故其内容有如下两端。

（1）明于《春秋》

第一，明于"名教纲常"。

"《榖梁》善于经"是我们熟知的一句评语，反映《榖梁传》最能诠释《春秋》蕴含"惩恶劝善"功能的微言大义。廖平通过注疏《榖梁传》进一步对《春秋》和《榖梁传》的义理进行发挥，使《春秋》的义旨更加彰明。廖平在《榖梁春秋经传古义疏·凡例》中阐明自己这一学术宗旨："《春秋》新义，不惟损益礼制，名教纲常实亦在焉。其制度于一定之中，以'三统'通其变。至于礼义，百世不变，《传》中礼制义理多本此意说之。至《传》义，与《经》小别者，于《经》下注明本意，传下则就《传》意解之。"③采取因文注解的形式，可见廖平非常注重对《春秋》与《榖梁传》所蕴含"名教纲常"思想的经典发挥。该书论及

---

① 廖平：《经学初程》，见廖宗泽编《六译先生年谱》卷一引，载《廖季平年谱》，第1页。

② 黄印清《重刻榖梁古义疏·弁言》有"有清以来，朴学大儒辈出，至先生而集大成"，张预《榖梁春秋经传古义疏·叙》有"不意朴学如季平者，湛思孤诣，承诸名宿之后，时出己见，冀有以集于成"。异口同声言廖平所治为"朴学"，虽与廖平自称并不完全相符，但均赞誉廖氏的"集成"之功。此评语又见梁启超《中国近三百年学术史》。

③ 廖平：《榖梁春秋经传古义疏·凡例》第十六条，载《重订榖梁春秋经传古义疏》卷首。

此点极多，今举论如下：

隐公元年"春王正月"，《穀梁传》的解说阐发了《春秋》及穀梁学派的主体思想，文多不俱引。"《春秋》成人之美，不成人之恶"是其中一句名言，范宁、杨士勋《春秋穀梁传注疏》未作具体阐释，前述钟文烝《春秋穀梁经传补注》也仅引杨士勋《疏》之说，未作深论①，廖平综合《春秋》及《穀梁传》发论：

【《传》】《春秋》成人之美，【廖注】据聂北言救遂齐侯之意。【传】不成人之恶，【廖注】据赵盾、许止、楚比，皆不实弑待之，《春秋》明美恶以示赏罚。当时上下浊乱，得正者少，使原情定罪，则有恶无美，有罚无赏，进退难设，褒贬不明，王道无以立焉。故善恶从微，疾恶从著。于时，事有善志善，言事虽未行，皆褒录以成事之辞，非姑息之小仁，乃褒贬之大法也。②

廖平"《春秋》明美恶以示赏罚"的注文，更进一步指明了《春秋》所具有的道德法意义。

隐公四年秋，翚帅师会宋公、陈侯、蔡人、卫人伐郑，《穀梁传》的解释重点不在战争："翚者何也？公子翚也。其不称公子，何也？贬之也。何为贬之也？与于弑公，故贬之。"其批判的锋芒所在是指鲁公子翚参与桓公弑隐公之行动。因为"弑君"之举是《春秋》口诛笔伐的暴行，故《穀梁传》对此颇为会意。廖平注疏亦有心得：

【《传》】与于弑公，故贬之。【廖注】弑君必有先见专兵。弑君之先见者，君纵臣专兵，则有弑身之祸。于其始见谨之，明不可使大夫专兵。《孟子》云"《春秋》成而乱臣贼子惧"是也。刘子云："隐以桓弟幼，摄而代立，公子翚见隐居位已久，劝之遂立，隐既不许，翚惧而异其辞，遂与桓公共弑隐。"【廖疏】终隐世贬罪人也。

---

① （清）钟文烝《春秋穀梁经传补注》卷一"［补曰］《疏》曰：'此云《春秋》成人之美，下云《春秋》贵义不贵惠，显言《春秋》者。上广称《春秋》以明之，下既以隐为善，又恶其不正，恐人不信，故亦言《春秋》也。'"

② 廖平：《重订穀梁春秋经传古义疏》卷一，隐公元年春"王正月"疏。

书帅师，起其专兵能弑。入桓氏，公子书逆女，明以弑为桓所亲信，与"遂"同，皆起其弑。《春秋》伤王道不明，恶大夫专政，凡书帅师尤恶。不起其弑，则起杀，或则君权下移，谨子孙之祸也。①

廖平此段注疏颇见其治经"专言大义"的学术特点。因为公子翚与桓公弑隐公发生在七年后的隐公十一年，《穀梁传》指出《春秋》预先以内大夫"皆去族称名"示贬②。然说理未尽，廖平的注疏将其中隐含的信息加以挖掘，认为"弑君必有先见专兵。弑君之先见者，君纵臣专兵，则有弑身之祸。于其始见谨之，明不可使大夫专兵"，揭示出大夫专兵必导致"君权下移"从而祸及子孙的资鉴意义。我们从历史角度考察，严防大夫专兵，始于宋代。宋太祖鉴于晚唐藩镇割据以及五代武将篡立的教训，不仅解除武将兵权，而且设兵部、枢密院分领军务，决策权直接操于君主之手。其后，封建君主专制进一步加强，至清代达到历史的顶峰。廖平揭明"不可使大夫专兵"，从诠释学来说，是在历史脉络中发见了新的意义。他还从"明王道"出发，阐发了《春秋》"恶大夫专政"的经世教化精神。

庄公元年三月，夫人孙于齐，桓公夫人弑桓公，又当桓公丧期"练祭"之时，反而私奔至齐国，是"天绝之"、"人绝之"的行为，《穀梁传》解《春秋》：不言夫人姜氏之"姓氏，贬之也"。廖平《疏》进一步加以阐发："《春秋》罪重者绝骨肉之属，离人伦之亲，至贱乎贱者也，故有大故不奉天命者，皆绝其天伦，用致夫人曰文无天是也。杀二子不言姜，弑夫不言姜氏者，弑夫罪重杀子也。"③ 指出桓公夫人姜氏出奔，庄公为父复仇，讨逐生母，表明庄公"绌私恩，申大义"，符合《春秋》"守道以奉命"的思想。廖平致思于此，包含极强的伦理教化意义。

第二，明辨于义例。

《春秋》所"制义法"，《穀梁传》有所申发，以"日"、"月"、"名"、"地"表达"褒"、"贬"、"绝"之义，廖平《穀梁古义疏》于此更有新的见解。

---

① 廖平：《重订穀梁春秋经传古义疏》卷一，隐公四年秋"翚帅师会宋公、陈侯、蔡人、卫人伐郑"疏。
② （晋）杜预：《春秋左传正义》，隐公四年秋"翚帅师会宋公、陈侯、蔡人、卫人伐郑"。
③ 廖平：《重订穀梁春秋经传古义疏》卷三，庄公元年三月"夫人孙于齐"疏。

隐公四年九月，卫人杀祝吁于濮，《穀梁传》解释说："称人以杀，杀有罪也。祝吁之挈，失嫌也。其月，谨之也。于濮者，讥失贼也。"《穀梁传》对经文逐一诠解，祝吁弑君，为全国之罪人，故"称人以杀"不系名号。《春秋》记月，以示该事件的重要性。廖平对《穀梁传》"时日月"之例发表了长段议论，表达了自己独到的见解：

> 【《传》】其月，【廖注】据讨贼、侵伐、常事与不以日月计者，皆例时。以月为变者，不以月计也。《春秋》以月计时事，以月分尊卑。除二者之外，遂不以日月为例。《春秋》记事，大事记之详。如君夫人葬薨、大夫卒、天王崩、外诸侯卒、大异、宗朝、灾、祭事、盟、战所关者大，重录之则详，故记其日。小事则从略。如来往，如致，朝聘，会遇，外盟，外战，一切小事皆例时。大事日，小事时，一定之例也，亦记事之体应如是也。至于轻事而重之，则变时而日月焉；重事而轻之，则变日而月时焉。事以大小为准，例以时日为正，一望而知者也，而月在时日之中为消息焉。凡月皆变例，大事例日。如盟，例日，而桓盟皆不日而月，变也。柯之盟时也，变之至也。此日为正，月为变，时为尤变之例也。小事例时，如外诸侯葬例时，月为变，日为变之甚。此时为正，月为变，日为尤变之例也。又如朝时也，变之则月，尤变之则日。用币时也，谨之则日，因其事之小，知其日月之为变。外诸侯卒例日，变之则月，尤变则时，因其事之大，知其月时之为变。凡变，则有二等以差功过浅深，故月皆变例，从时而日，从日而时，皆变之尤甚者，有条不紊，纲目明白。先儒因有记时分早暮二例，遂遍推之，则正例有三等，无以进退，而于二主之间又添一主，则正变不明，端委朦混，治丝而棼，故使人疑之也。①

言"时月日"之例，是《穀梁传》的特点，《春秋穀梁传注疏》进一步加以阐发。然宋代刘敞、叶梦得等学者以"《穀梁》窘于日月"，对此持批评态度。清代学者则肯定《穀梁传》这一特点，许桂林《春秋穀梁传

---

① 廖平：《重订穀梁春秋经传古义疏》卷一，隐公四年九月"卫人杀祝吁于濮"疏。

第五章 汉学复兴：清代穀梁学（上）

时月日书法释例》、柳兴恩《穀梁大义述·述日月例》专言《穀梁传》的"时月日"书法，至廖平《穀梁古义疏》持之尤坚。考察历代学者论述《穀梁传》"时月日"之例，只有廖平对该问题分疏得如此深入，多发前人未发之覆。

其一，以史事言"时月日"之分，特别是"以月分尊卑"为廖平所仅言。其二，大小事记载详略之分。"大事日，小事时"为记事一定之体例，为廖平的发明。其三，言变例，以廖平分疏为详。从公羊家到元代赵汸《春秋属辞》称"《春秋》变文示义"，未直言"时日"之变，虽《春秋穀梁传注疏》涉及时月日"正例"、"变例"之分，但均不如廖平"轻事而重之"、"重事而轻之"导致"时月日"之变为准确。其"事以大小为准，例以时日为正，一望而知者也，而月在时日之中为消息焉"，以及"凡变，则有二等（变、变之至或甚或尤）以差功过浅深"的论断皆是前人所未言。廖平掌握了《春秋》时月日的"正变"规律，所以使他的分析有条不紊，纲目明白。

隐公十一年春，滕侯、薛侯来朝，廖平《穀梁古义疏》以一千三百余字的篇幅来注疏这段经文，其主旨在辨"名号"（爵号），文多不全录，仅举其要点：

> 以滕先薛者，尊同姓也。称侯者，本爵也。此称侯，下称子、称伯者，《春秋》制名之称也。《春秋》决嫌明疑，不使尊卑相混，故首定名称。为其文微难见，故立意悬绝，不使相嫌，不拘旧封，不守周制，一惟《春秋》之制而已。
>
> 《春秋》之爵禄，与周初全不合。《春秋》尊卑，因名以立，不如此不能明也。后世谱牒名号之书，皆缘饰《春秋》立义，至以为周旧爵本如是，是循末忘本。
>
> 文不能而实如是者，所谓"文与而实不与"也。必知其常，然后知变，既穷其变，则仍守其常。观其常变之故，与夫文实之端，则信乎《春秋》为兴王之制，进退褒贬，非复时王爵禄矣。[①]

按周制，爵分五等：公、侯、伯、子、男，周初分封，各国皆有适当的

---

① 廖平：《重订穀梁春秋经传古义疏》卷一，隐公十一年春"滕侯、薛侯来朝"疏。

封号。但随时间推移，各封国势力消长，有些当初爵位较低的国家僭越名号，如吴、楚等夷狄之国，反而僭称"王"号，使孔子感到难以忍受。于是，《春秋》通过"深察名号"①，一方面对吴楚之国贬而称"人"，另一方面"吴信中国而攘夷狄，吴进矣"②，又进而称"子"，以示奖赏，所以廖平敏锐地揭示出"《春秋》决嫌明疑，不使尊卑相混，故首定名称"的经旨，通过名号的"变"、"常"体现出"进退褒贬"的政治意义和孔子修撰《春秋》以"兴王"的理想。

（2）善说礼制

廖平《穀梁古义疏》"善说礼制"，宣称以《王制》为主。《王制》言礼制大纲节目较多，究竟以哪些内容为主？廖平在《穀梁古义疏·凡例》中有大体的规定："董子治《公羊》礼制，与本《传》实同。凡微文孤证，本《传》先师无说，今悉取之，如制度及军制黜陟之类是也。又杜氏《公子谱》本于刘子政《世本》，是本《传》师说，今亦用之。"③又说"《春秋》改时制，所谓因监损益，择善而从，托之六艺，于时事无关，人多不明此意，流弊甚多。今于各条，间辑周制遗文轶事，以见《春秋》改变之迹。六艺既定，垂法百世，后人不能再言改变矣"④。可见，廖平《穀梁古义疏》所特别关注者在各种制度。廖氏书言礼制之文触目皆是，不能一一胪列，仅举数条以见其注疏之学的特点及经学主张。

第一，详于"周制"、"时制"。

隐公元年秋七月，天王使宰咺来归惠公仲子之赗。《穀梁传》的解说是："赗者何也？乘马曰赗、衣衾曰襚、贝玉曰含、钱财曰赙"，丧葬所用之物由此而明。范宁《集解》仅有"四马曰乘，含，口实"的注文；杨士勋《疏》虽广引《礼记》之《丧大记》《杂记》《檀弓》篇，以及《周礼·玉府》《仪礼·士丧礼》《公羊传》《庄子》，甚至《礼纬》之文对《穀梁传》进行疏解。此恰与廖平对《春秋穀梁传注疏》的批评相符：一是混淆了《礼记》今文、《周礼》古文的学术界限，二是引《公羊传》

---

① （汉）董仲舒：《春秋繁露》卷十一《深察名号》。
② 《春秋穀梁传注疏》卷十九，定公四年十一月庚午"蔡侯以吴子及楚人战于伯举，楚师败绩"传。
③ 廖平：《穀梁春秋经传古义疏·凡例》第十五条，载《重订穀梁春秋经传古义疏》卷首。
④ 廖平：《穀梁春秋经传古义疏·凡例》第十八条，载《重订穀梁春秋经传古义疏》卷首。

第五章　汉学复兴：清代穀梁学（上）

《庄子》之说，是"依附何杜，滥入子姓"，与专门之学相违。故廖平对这段《穀梁传》重新进行了注疏：

> 四语皆旧《传》文也。《荀子》云："车马曰赗、货财曰赙、衣服曰襚、贝玉曰含。"刘子云："丧事有赗者，盖以乘马束帛。舆马曰赗、货财曰赙、衣被曰襚、（曰）[口]实曰含、玩好曰赠。知生者赙、赗，知死者襚、赠，襚、赠所以送死也，赙、赗所以佐生也。舆马、乘帛、货财、衣被、玩好其数奈何？曰天子束帛五匹，元（引者注：当为'玄'，避讳字）三纁二，各五十尺；诸侯元三纁二，各三十尺；大夫元一纁二，各三十尺；士元一纁一，各二尺；下士彩缦各一匹；庶人布帛各一匹。天子之赗，乘马六匹，乘车；诸侯四匹，乘舆；大夫参舆；元、下士不用舆。天子衣文绣衣各一袭，到地；诸侯覆跗；大夫到踝；士到髀。天子含实以珠；诸侯以玉；大夫以玑；士以贝；庶人以谷实。位尊德厚及亲者赙赗含襚，贫富亦有差。二三四五之数，取之而制奇偶，度人情而出节文，谓之有因礼之大宗也。"①

据前面的论述，荀子为《穀梁传》传人之一，所以二者言礼制大体相同。"刘子"即刘向，亦是通《穀梁传》的学者，其言丧葬之制出《说苑》，比《穀梁传》《荀子》周详而略异，二者所录或是"周制遗文"，或是西汉"时制"。

第二，以《王制》判今古文。

隐公元年十二月，祭伯来。《穀梁传》解释说："来者，来朝也。其弗谓朝，何也？寰内诸侯，非有天子之命不得出会诸侯。不正其外交，故弗与朝也。聘弓鍭矢不出竟场，束脩之肉不行竟中，有至尊者，不贰之也。"廖平对这段文字的义疏体现了他的经学主张：

> 【《传》】寰内诸侯，【廖注】《王制》曰："天子之县内，方百里

---

① 廖平：《重订穀梁春秋经传古义疏》卷一，隐公元年秋七月"天王使宰咺来归惠公仲子之赗"疏。

之国九，七十里之国二十一，五十里之国六十三，凡九十三国。名山大泽不颁，其余以禄主，以为闲田。"尹氏云："天子以千里为寰。"【廖疏】寰内九十三国，三公百里；三上卿、中卿、六下卿七十里；三上大夫、中大夫十八，共二十一，下大夫五十里；九上士、中士五十四，共六十三，故曰寰内诸侯也。①

廖平注"寰内诸侯"，引用《礼记·王制》为据②。疏文也是依据《王制》中如下一段话："天子之田方千里，公、侯田方百里，伯七十里，子、男五十里。不能五十里者，不合于天子，附于诸侯，曰附庸。天子之三公之田视公、侯，天子之卿视伯，天子之大夫视子、男，天子之元士视附庸。"廖平宣称《穀梁古义疏》的注疏"以《王制》为主"应是符合实际的。另注中所言"尹氏"，即西汉《穀梁传》先师"尹更始"，这也与廖平在《穀梁古义疏·凡例》所言"参以西汉先师旧说"相符，表明廖平严格遵守自己制定的学术标准。

另隐公二年十二月乙卯，夫人子氏薨。《穀梁传》从礼制解说："夫人薨不地。夫人者，隐之妻也，卒而不书葬，夫人之义从君者也。"廖平引据《白虎通》注疏传文最末一句：

【《传》】夫人之义从君者也。【廖注】据葬宋伯姬，先葬宋共公。【廖疏】班氏云："丧葬之礼，缘生以事死。生时无死，亦不敢追太古之时。穴居野处，衣被革带，故死，衣之以薪内，藏不饰。中古之时，有宫室衣服，故衣之以币帛，藏以棺椁，封树识表，体以象生。夏殷弥文，齐之以器械。至周大文，缘夫妇生时同室，死则同葬之礼。"《檀弓》曰："合葬非古也。自周公以来未之有改也。"③

---

① 廖平：《重订穀梁春秋经传古义疏》卷一，隐公元年十二月"祭伯来"疏。
② 此处引文与通行本有差异，《礼记·王制》："天子之县内，方百里之国九，七十里之国二十有一，五十里之国六十有三，凡九十三国。名山大泽不以盼。其余以禄士，以为闲田。"可知廖平所引有讹、脱之文。
③ 廖平：《重订穀梁春秋经传古义疏》卷一，隐公二年十二月乙卯"夫人子氏薨"疏。

第五章 汉学复兴：清代穀梁学（上）

"班氏"即班固，所言出自《白虎通》，考察夫妇同葬之礼的历史源流，有从"质"（简约）到"文"（繁文）的演进过程。这也符合廖平言礼"以班氏为断"的学术初衷。

桓公四年正月公狩于郎，廖平言"田制"①，僖公八年七月禘于太庙，廖氏言"禘制"以及"禘祫"今古文经说的差异②。僖公十五年九月己卯震夷伯之庙，廖氏言"庙制"③。成公元年三月作丘甲，廖氏言"井田制"④。襄公十一年正月作三军，廖氏言"军制"⑤。等等。廖平《穀梁古义疏》均据《王制》《周礼》《司马法》《白虎通》《荀子》等加以条分缕析，使《春秋》《穀梁传》中各种制度得到翔实的注解，使人们不仅知晓制度，而且也使人们更深入领会了制度的意义。

综上所论，廖平治春秋穀梁学厌弃饾饤破碎之学，专求大义。其《穀梁》外学除研究《穀梁传》师说、大义、传例、外传、史事与三传异同外，还对何休、郑玄、范宁的违失进行辨驳。其内学《穀梁古义疏》，回归汉代今文经学和鲁学家法，"首明古义，说本先师，推原礼证，参以《王制》"，充分吸收汉代及其以前的学术成果，对《穀梁传》重作注疏。刘师培称赞该书说："洞察汉师经例，长于《春秋》，善说礼制，魏晋以来未之有也。"⑥廖平特别发现《穀梁传》中所言礼制与《礼记·王制》所载礼制相符，于是以此为基础提出"以礼制分今古"的主张，成为其学术"六变"前三期立说的依据。由于廖平《穀梁》内外学的突出成就，所以当代学者黄开国高度评价说："廖平的《穀梁》研究，依传解经，索隐钩玄，弹正何休、郑玄之失，纠改范宁之谬，使二千年来几成绝学的《穀梁》得以恢宏。同时，《穀梁》的研究，对廖平研究其他经传，尤其是《公羊》、《左传》创造了条件。廖平一生的经学成就，实多得力《穀梁》研究。"⑦有的学者还认为，廖

---

① 廖平：《穀梁古义疏》卷二，桓公四年春正月"公狩于郎"疏。
② 廖平：《穀梁古义疏》卷四，僖公八年七月"禘于大庙"疏。
③ 廖平：《穀梁古义疏》卷四，僖公十五年九月己卯"晦，震夷伯之庙"疏。
④ 廖平：《穀梁古义疏》卷七，成公元年三月"作丘甲"疏。
⑤ 廖平：《穀梁古义疏》卷八，襄公十一年正月"作三军"疏。
⑥ 蒙文通：《廖季平先生传》，载廖幼平编《廖季平年谱》，第105页。
⑦ 黄开国：《国学大师评传——廖平》，百花洲文艺出版社2010年版，第35页。

平的著作"其价值远在钟文烝《穀梁补注》之上"①，从《穀梁古义疏》阐发《穀梁传》大义和辨分今古文家法来说，此话并不算太过分，这也是廖平《穀梁传》新疏的特色。

---

① 蒙默：《廖季平先生小传》，载《中国现代学术经典·廖平卷》，河北教育出版社1996年版，第4—6页。

第六章　汉学复兴：清代穀梁学（中）

第三节　《春秋穀梁传》义理的归纳与新诠释

《春秋》据鲁史而笔削，"其事则齐桓晋文，其文则史，孔子曰：'其义则丘窃取之矣'"①，其间颇见"书法"义例。《春秋》的书法义例如何？这是历代学者争论的一大题目。从《春秋》三传来看，同源异流，对《春秋》的"书法"义例各自表述。杜预注《左传》，有"五十凡"。何休解诂《公羊传》，"略依胡毋生《条例》，多得其正，故遂隐括使就绳墨"②，刘逢禄据之归纳为《公羊春秋何氏释例》三十篇以表章之。范宁集解《穀梁传》，"商略名例百余条"，但隐见于《春秋穀梁传注疏》之中，未能得其详。从明代的李舜臣《穀梁三例》到清代的学者，先后接力于范宁的工作，从事对《春秋穀梁传》书法条例的归纳。成绩尤为卓著者，为柳兴恩的《穀梁大义述》与许桂林的《春秋穀梁传时月日书法释例》。虽同样从"《穀梁》善于经"入手，二者的解读不一。

一　"倡明鲁学"：柳兴恩《穀梁大义述》

柳兴恩，受业于阮元之门，初治《毛诗》，因毛公师荀卿，荀卿师穀梁赤，于是沉潜于《穀梁传》，于道光二十年（1840）成《穀梁大义述》，阮元称赞其书可"补学海之缺"③。

---

① 《孟子·离娄下》。
② （汉）何休：《春秋公羊传解诂序》，在《春秋公羊传注疏》卷首。
③ （清）阮元：《穀梁大义述叙》，载柳兴恩《穀梁大义述》，续清经解本。

(一)《穀梁大义述》的撰作意图

1. 出于探索"《穀梁》善于经"的需要

《春秋》纪事始于鲁隐公元年，为何"托始于隐"？这是久悬于柳兴恩心中的疑团。他四十四岁以后，专力研治《穀梁传》，久之而得《春秋》"托始于隐"的意旨。柳氏从解读《穀梁传》"隐公元年春王正月"传文入手来探讨。节引《穀梁传》："先君之欲与桓，非正也，邪也。虽然，既胜其邪心以与隐矣，已探先君之邪志而遂以与桓，则是成父之恶也。兄弟，天伦也。为子受之父，为诸侯受之君，已废天伦而忘君父以行小惠，曰小道也。若隐者，可谓轻千乘之国，蹈道则未也。"柳兴恩认为，按《穀梁传》之意，隐公揣测父亲惠公私意而让位于弟桓公，其一陷父不义，其二违背周朝"嫡长子继承制"，故隐公对于其父来说是贼子，对周天子来说是乱臣。按《孟子》"孔子成《春秋》而乱臣贼子惧"的说法，柳氏对"乱臣贼子"有新的看法：

> 夫所谓"贼"者，岂待刲之刃乃为贼哉？成父之恶即贼子矣。所谓"乱"者，岂但犯上作逆乃为乱哉？废伦忘君即乱臣矣。乌乎！以轻千乘之国者而不能逃乱贼之诛，然则千秋万世臣子之惧心，必自隐公始也。①

柳兴恩分析说，鲁惠公克服其私心，将鲁君之位传与隐公，故惠公"未失正"，《春秋》不必"托始于惠"。隐公不行即位之礼，打算让位于桓公，桓公却通过篡弑得位，实际上桓公之弑是由"隐启"，所以《春秋》也毋庸"托始于桓"。这样，隐公元年"尤邪正绝续之交，《春秋》托始于此，即于不书'公即位'见之"。《穀梁传》开宗明义首发此传，揭示孔子《春秋》"诛乱臣贼子"的"微言大义"，比《左传》"不书即位，摄也"、《公羊传》"《春秋》何以始乎隐？祖之所逮闻也"更符合《春秋》原义，故"郑康成《六艺论》独曰'《穀梁》善于《经》'，此之谓也"②。

---

① （清）柳兴恩：《穀梁大义述叙例》，载《穀梁大义述》卷首，清经解续编本。
② 同上。

上述《春秋》"隐公元年春王正月",三传解释有较大差异,其原因何在?美国现代学者索尔(John R. Searle)提出的"言说—行动理论",揭示话语具有"言内之意"(Locutionary intention)、"言外之意"(illocutionary intention)和"言后之意"(perlocutionary intention)三个层次的意旨。①《左传》"不书即位,摄也"无疑解答了《春秋》的"言内之意"。《公羊传》"祖之所逮闻",即传闻不详,这是《春秋》"言外之意",即溢出《春秋》的本义。只有《穀梁传》的解说,揭示了《春秋》的"言后之意"。因为孔子作《春秋》的最大目的就是"惩前毖后",对春秋时期的乱臣贼子口诛笔伐,其实际用意是使后世乱臣贼子有所"戒惧"而不重蹈覆辙。柳兴恩专从"善于经"入手,而"善经则以属辞比事为据,事与辞则以'春秋日月'等名例定之",所以,通过撰写《穀梁大义述》来探究《穀梁传》善于《春秋》的具体内涵。

2. 发愤补绝之作

柳兴恩认为《穀梁传》自汉代以来师授不敌《左传》《公羊传》之多,学者"哓哓于《废疾》《起废疾》之辨",未抓住春秋穀梁学的关键,其学术意义不大。至清道光间阮元刻《清经解》,"《公羊》《左氏》俱有专家,而《穀梁》缺焉",这是清代前中期春秋穀梁学不足之一。即使如齐召南《春秋穀梁传注疏考证》、王引之《经义述闻》等著述中涉及穀梁学的,"又多沿其支流,鲜克举斯大义",这是不足之二。因此,柳兴恩"蒙故发愤卒业,于此并思为《穀梁》集大成",撰成《穀梁大义述》三十卷②。

(二)《穀梁大义述》的"七述"

柳兴恩《穀梁大义述》的具体情况,从七个方面来论述。

1. "泥则难通,比则易见"——述日月例

《春秋》是否以"时月日"为例,历代学者或肯定,或否定,从前面的论述中可知,否定占大多数。《穀梁传》以时月日解《春秋》,是区别

---

① 黄俊杰:《中国孟学诠释史论》第一章"绪论",社会科学文献出版社 2004 年版,第 6—7 页。
② 柳兴恩《穀梁大义述》有两种刻本,一种为光绪八年(1882)李氏木犀轩重雕本为一册,为李慈铭光绪十一年(1885)所见本,此本"盖仅刻其略"。南菁书院所刻《清经解续编》本三十卷为全本。

于《左传》《公羊传》（当然《公羊传》也有时月日之例，但没有《穀梁传》突出）的最大特色。柳兴恩持肯定意见，针对前代学者对《穀梁传》"窘于日月"的批评，指出："《穀梁》日月之例，泥则难通，比则易见，与其议《传》而转为《经》误，何如信《经》而并存《传》说之为得耶？"①认为对《穀梁传》的日月之例不能拘泥，需要前后比照。因此，首先述日月例，共五卷。柳氏将《穀梁传》以日月为例的各种情况列举如下：（1）元年、（2）春王正月、（3）内盟、（4）来归、（5）来朝、（6）内大夫卒、（7）公会（内大夫会附）、（8）入、（9）外盟、（10）内女、（11）夫人薨葬、（12）诸侯相伐、（13）日食、（14）天王崩葬（山崩附）、（15）王臣卒葬、（16）来求、（17）诸侯卒葬、（18）取、（19）弑、（20）遇、（21）内伐、（22）外杀、（23）立、（24）公观、（25）宫庙、（26）虫灾、（27）围、（28）平、（29）城、（30）诸侯聘、（31）周聘、（32）内灾异、（33）内败外、（34）公薨葬、（35）及大夫、（36）诸侯会、（37）公至、（38）年大夫如、（39）夫人至及如、（40）有年、（41）狩阅、（42）外如、（43）雩、（44）王后、（45）庙祭、（46）内战、（47）外大夫执、（48）诸侯及大夫复归、（49）诸侯出奔、（50）来盟莅盟、（51）公如、（52）王姬、（53）来锡、（54）迁、（55）次、（56）救、（57）降、（58）纳、（59）侵、（60）以归、（61）外败、（62）灭、（63）外大夫奔、（64）桓盟、（65）逃、（66）追、（67）外灾异、（68）伐我、（69）内大夫出奔、（70）外战、（71）筑、（72）新作（作附）、（73）献捷、（74）子卒、（75）获、（76）溃、（77）诸侯见执、（79）乞、（80）晦朔、（81）戍、（82）刺、（83）天王出居、（84）朝周、（85）聘周、（86）郊、（87）归诸京师、（88）闰月、（89）外大夫来奔、（90）诸侯来奔、（91）内大夫见执、（92）杂例。

上面92种例分得很细，柳兴恩还进一步对每一种例进行分析，按每一例列出具体的《春秋》经文和《穀梁传》文，最后柳兴恩加上"述"语，即对该例的"正例"、"变例"进行分析评述。"元年春王正月"例，先列十二公元年春王正月，接着，柳氏论道："群公皆有正月，定公独无'正月'，孔子特削之也。群公即位皆不日，定公独书'戊辰'，亦孔子之

---

① （清）柳兴恩：《穀梁大义述叙例》，载《穀梁大义述》卷首。

特笔之也。比而属之，则知日月之例，所关于《春秋》之义者大矣。"不仅"元年"有深意，"春王正月"亦寄寓孔子的微义："书'元年'，鲁史也，书'春王正月'，藉鲁史以尊王也。贯乎二百四十二年，其间有不书'王'者，有不书'正月'者，有不书'春'者。如桓公十余年无'王'，隐十年无'正'，定公元年无'正月'，文公五年王不称'天'，皆孔子即鲁史以示义，《穀梁春秋》'日月'之例即从此起，何莫非奉天子以治诸侯哉？此《春秋》为天子之事也。"① 在92种例中，柳兴恩最强调的是"诸侯卒葬例"，他认为："《穀梁》日月之例，莫详且备于诸侯之卒葬，二百四十二年日月例各事之予夺，又皆自诸侯卒葬例来，治诸侯即所以尊天子，此《穀梁》所以'善于经'。自汉唐诸儒正例、变例之纷纠，非余亦莫能为之观其会通，究其始终也。"② 所以"诸侯卒葬例"成为柳氏关注的重点。

仔细研究《述日月例》，柳兴恩在综"述"各例之时，在解例的方法上强调"比"例，在探寻《穀梁传》释《春秋》大义上强调"善于经"。

1. "比"例

比即"推比"、"比照"之义，其同义词有"视"等，也就是通过其一以推其余，这是柳兴恩最擅长的方法。他非常强调在分析《穀梁传》日月例上要观其会通，不可拘泥。"诸侯卒葬例"，他说："隐三年八年、庄元年《传》俱曰：'诸侯日卒，正也'，则举宋公和、蔡侯考父、陈侯林以例其余"，凡宿男、曹伯终生等54位诸侯"皆正也"。这是举部分以例其余。日卒之中，又有各种特例。僖公十七年十二月乙亥，齐侯小白卒，《穀梁传》以"不正入虚国，故称嫌焉"，认为虽"卒日"但不正，"则由齐桓推之，凡以不正继故者，皆视此"③。宣公十八年甲戌，楚子吕卒，《穀梁传》认为夷狄之君不言卒，"卒，少进也；卒而不日，日，少进也。日而不言正、不正，简之也"。推此，则其他楚君以及吴、滕、莒之"用狄道者，亦当视此"④。僖公十四年冬，蔡侯肸卒，《穀梁传》：

---

① （清）柳兴恩：《穀梁大义述》卷一《述日月例》之"元年"。
② 同上。
③ （清）柳兴恩：《穀梁大义述》卷三《述日月例》之"诸侯卒葬"。
④ 同上。

"诸侯时卒，恶之也。"柳兴恩认为"则凡时卒者，视此，皆不正也"①。又有"月卒"者，成公十五年《穀梁传》："月卒日葬，非葬者也。"柳兴恩认为"推此，则月卒者不言正、不正，亦从简也"②。按礼制，天子七日而殡，诸侯五日而殡，大夫三日而殡，所以《穀梁传》例"日卒，正也；月卒，非也；时卒，恶也"。天子七月而葬，历三时，诸侯五月而葬，历二时，大夫三月而葬，历一时，故《穀梁传》例"时葬，正也；月葬，故也；日葬，故也，危不得葬也"。柳兴恩认为只要按以上的正例、不正（变）例来"推比"，就不会出现如前人批评《穀梁传》"窘于日月"的弊端：

> 其起例之反对，实理之自然，不假强为者也。而通《传》之以书"日"而褒者，皆自"日卒，正也"之例推之，以"书"为贬者，皆自"日葬，故也"之例推之，此更一以贯之矣。后儒未窥此秘，但见同一书"日"，此既为褒，彼又为贬；同一不书"日"，而此既为贬，彼又为褒；且同一事也，而前以"不日"为信，后又以书"日"为美，遂纷纷议之，固无怪其一唱而百和矣。自此说出，而《穀梁》"日月"之例乃以悬诸日月而不刊云。③

不仅是"诸侯卒葬例"，其他各例也使用"推比"之例。运用柳兴恩的"推比"方法，前代学者对《穀梁传》书法义例的质疑可迎刃而解，也为学者解读《穀梁传》提供了新思路。

2. "善于经"

《穀梁传》善于经，这是柳兴恩在研究《日月例》时最突出的一点，围绕着这一中心点从各方面加以论证。

春王正月例。柳兴恩以为："二百四十有二年无王者一百有八，然群公无王者，为不书'正月'，故不书'王'。惟桓三年春正月至十有七年春正月皆有'正月'二不书'王'，故《穀梁》曰：'桓无王。'此亦由日月之例推而知之，正《穀梁》之善于经，《左氏》及《公羊传》均未

---

① （清）柳兴恩：《穀梁大义述》卷三《述日月例》之"诸侯卒葬"。
② 同上。
③ 同上。

及此。"① 桓公无"王",正体现《穀梁传》"正隐治桓"之微义。

内盟例。柳兴恩以为:"盟,大事也,无论内盟、外盟,旧史应皆书'日'。孔子成《春秋》,寓重内略外之义,于是有'内盟,日'、'外盟,不日'之例。至内盟之当贬者,仍略其'日',外盟之可褒者,仍略其'日',此意惟《穀梁》知之,所以善于《经》也。后儒纷纷较量,辩难多端,徒词费尔。"② 因为《穀梁传》以为孔子作《春秋》是"据鲁"、"内为志",以鲁国为内,他国为外,这就是范宁所揭示的"《春秋》尊鲁"③。

内女例。僖公十四年六月,季姬及缯子遇于防,范宁《注》认为鲁女无故远会诸侯,是属于淫通诸侯的行为,此乃暗袭《公羊传》何休之说。柳兴恩加以驳斥:"(僖公)十有六年夏四月,缯季姬卒。夫诸侯、大夫日卒,正也,内女之日卒,亦正也,而谓有淫佚之行者,可与宋伯姬同日卒哉? 自何休以'淫佚'之说诬《公羊》,范宁并以非《穀梁》,今二《传》并无罪之之文,而《穀梁》尤以'日卒'为正,乌乎! 非比事而参观纪叔姬、郯伯姬、杞叔姬、宋伯姬之例,何由为《穀梁》辨其诬也? 而余说之确据尤在'夏四月丙申缯季姬卒',深信孔子之不削其日为断无淫佚之行,而穀梁氏'日卒,正也'之例,泂超《左氏》《公羊》二《传》之上,如郑康成所谓'《穀梁》善于经'也。"④ 以《春秋》记缯季姬日卒,肯定其无淫会诸侯之行,《穀梁传》以内女日卒为正,与《春秋》之义相契合。

夫人薨葬例。《春秋》之义重内略外,然鲁夫人因"外之弗夫人而见正",即鲁夫人的母国疏忽葬礼。柳兴恩以为"不独薨葬推之,凡事皆然。此《穀梁》所以为'善于经',所待后学发明其义也"⑤。

王臣卒葬例。隐公三年四月辛卯尹氏卒,"尹氏"《左传》以为"君氏",不为王臣,而《穀梁传》以为尹氏为"天子之大夫"。柳兴恩从《穀梁传》之说,略作推考:"此又须顺文求之。《经》书三月庚戌,天王崩。夏四月辛卯,尹氏卒。秋,武氏子来求赙。明乎尹氏、武氏子之

---

① (清)柳兴恩:《穀梁大义述》卷一《述日月例》之"王正月"。
② (清)柳兴恩:《穀梁大义述》卷一《述日月例》之"内盟"。
③ 《春秋穀梁传注疏》卷六,庄公三十一年六月"齐侯来献戎捷"注。
④ (清)柳兴恩:《穀梁大义述》卷二《述日月例》之"内女"。
⑤ (清)柳兴恩:《穀梁大义述》卷二《述日月例》之"夫人卒葬"。

俱属乎天王也。"所以，柳氏认为这又是"《穀梁》善于经"的表现之一。

柳兴恩以"泥则难通，比则易见"的学术方法，研究《穀梁传》"日月例"颇有心得。这种方法也适用于《穀梁传》"属辞比事"规律的探寻。他说："'属辞比事'四字，从来亦未得其解，今案比事者，即述例之各类是也；属辞者，即顺文求之之类是也，一经一纬而《春秋》之大义尽矣。"① 柳氏熟练地使用"比事"方法，根据一定"语境"来寻求《穀梁传》解《春秋》的大义，并对范宁、杨士勋等晋唐《穀梁传》注疏家的谬误一一予以辩驳，颇能义正词严。

2."礼乃防乱于未然"——述《礼》

柳兴恩认为"《春秋》治乱于已然"，《穀梁传》解《春秋》多引三《礼》条文，所以专述礼制。"述《礼》"一卷，按《春秋》十二公的顺序，先引《穀梁传》中所言"礼"的条文，然后引《尚书大传》《周礼》《仪礼》《礼记》《诗经毛传》《左传》《公羊传》《尔雅》《孟子》《白虎通》《说文解字》《五经异义》《广雅》《列女传》《说苑》《国语》《汉书》《后汉书》《晋书》《宋书》《隋书》《管子》《册府元龟》《太平御览》等经、史、子、类书文献进行考"述"，间或加以按断。

分析柳兴恩所引文献，其引述最多的是东汉章帝时所编纂的《白虎通》。《白虎通》产生的时间晚于《穀梁传》，它"平《五经》异同"，使今古文家法和师派混淆②。从经典文献的权威性来说，以《白虎通》疏证《穀梁传》，其学术价值势必受到影响。《春秋穀梁传注疏》多引三《礼》，而较少援据《白虎通》，因此柳兴恩不及范、杨。但柳氏几乎不取《礼经纬》等谶纬材料以"述"《穀梁传》，而范宁、杨士勋却多引谶纬书，在这一点来说，柳兴恩又超乎范、杨之上。

柳兴恩述《礼》，仅列举材料，稍作考证，较少引申发挥，真正属于自己的心得较少。闵公元年春王正月，《穀梁传》解此："继弑君不言即位，正也。亲之非父也，尊之非君也。继之如君父也者，受国焉尔。"庄公薨于路寝，长子般即位，后被公子庆父所弑，另立庄公别子启继位为

---

① （清）柳兴恩：《穀梁大义述》卷三《述日月例》之"王臣卒葬"。
② 金春峰：《汉代思想史》"《白虎通》与两汉神学经学的思想方式"，第487—491页。

第六章　汉学复兴：清代穀梁学（中）

闵公。《穀梁传》以"元年春王正月"强调新君即位颁正朔于天下，闵公因继其长兄子般之位，兄终弟及亦如子继父位。柳兴恩在历史的探寻中，抉发了《穀梁传》这一解说的经典意义：

> 《述》曰：子穀梁子此言，其所以统贯群经而独有千古者也。前明嘉靖间大礼议起，纷纷者迄今未定。首辅杨廷和及子修撰慎徒以《仪礼》"为人后者，为之子"，欲推士庶之礼以例天子，张璁、桂萼等不从。杨氏父子不知据此《传》以折服张、桂等，至率廷臣二百余人撼承天门大哭，声震大内，而卒不胜。在籍大学士杨一清亦右张、桂而左杨氏父子，皆不知此《传》义者也。至《毛西河全集》中大礼议以为"此继统，非继嗣"，嚣嚣置辨，尤为背《经》畔圣。匪直此也，有宋欧阳公"濮议"，朱子以为遍检经传，苦无证据，亦不知此《传》义。愚特表而出之，此子穀梁子所以统贯群经而独有千古者也。①

我们对柳兴恩引述的宋英宗、明世宗事件略作分析。宋仁宗无子，由宗室濮安懿王之子赵曙继位，这样朝廷出现以宋仁宗或是以濮安懿王为皇考的争议，最后以濮安懿王为皇考，史称"濮议"②。明武宗无嗣，以叔父兴献王之子继位为明世宗。最初，首辅杨廷和等议以孝宗为皇考，改称兴献王为皇叔父，"援宋程颐议濮王礼以进"，不允。进士张璁以"继统不继嗣，请尊所生"。明世宗钦定"孝宗为皇伯考，昭圣皇太后为皇伯母，献皇帝为皇考，章圣皇太后为圣母"③，是为"大礼议"。宋英宗、明世宗均尊其生父为"皇考"，表明"继统不继嗣"。杨廷和等所议引用《仪礼》，这与西汉"定陶王故事"援据的经典依据相同。汉成帝无嗣，翟方进等以"《礼》曰'昆弟之子犹子也'，'为其后者为之子也'"，以弟之子定陶王为太子，后为汉哀帝。上述三例均与《穀梁传》所言"继弑君"不同，这样经典的"普遍性"与具体历史事件的"特殊性"之间

---

① （清）柳兴恩：《穀梁大义述》卷六《述礼》。
② 《宋史》卷十三《英宗纪》。
③ 《明史》卷十七《世宗纪一》。

存在"解释的张力"①。柳兴恩认为，如果以《穀梁传》"继之如君父也者，受国焉尔"为经典依据，则上述问题可得到合理解释。

3. "齐鲁异读，音转字分"——述异文

《穀梁传》与《左传》《公羊传》的经文文字不同处甚多，杜预、何休、范宁在分别注解《左传》《公羊传》《穀梁传》时指出了《春秋》三传的异文，唐陆德明《经典释文》"虽备载之，而未尝析其源流"，以后各代学者在其著述中多少涉及《春秋》三传的异文问题，然均未进行详尽而科学的分疏。到清代，许多学者撰写著作来研究该问题，如赵坦、李富孙、朱骏声、侯康等数家②。柳兴恩也以两卷的篇幅，来对《穀梁传》与《左传》《公羊传》之间的异文进行剖析。

柳兴恩认为，造成《春秋》异文总的原因是"此非经旨有殊，或由齐鲁异读，音转而字亦分也"③。具体表现为：其一，"盖文不备，或所见异也"。其二，"义通音亦同"。其三，"声之误"。其四，"托文"。其五，"衍文"。其六，"通假"。其七，"字相似而误"。其八，"版本差异"。其九，"俗字之误"。其十，"省文"。其十一，"偏旁不同的异体字"。其十二，"转写而讹"。其十三，"方言差异"。关于《春秋》三传的具体异文，已有学者的研究成果④，兹不赘述。但柳兴恩所列的原因以及分析，更全面准确，颇能中其肯綮。

4. "用孔孟说，古训是式"——述古训

柳兴恩认为穀梁赤亲受子夏，故《传》中多引孔子、孟子的话语以解《春秋》。隐公元年《传》"成人之美，不成人之恶"，就出自孔子《论语·颜渊》"君子成人之美，不成人之恶。小人反是"。僖公二十二年

---

① 黄俊杰：《论东亚儒家经典解释传统中两种张力》，《台大历史学报》2001年第12期。
② （清）赵坦《春秋异文笺》、（清）李富孙《春秋三家异文释》、（清）朱骏声《春秋三家异文核》、（清）侯康《春秋古经说》均为考校《春秋》三传异文的专著。
③ （清）柳兴恩：《穀梁大义述叙例》，载《穀梁大义述》卷首。
④ 《汉学研究通讯》2004年第3期张高评《台湾近五十年来〈春秋〉研究综述（上）》一文介绍，1964年陈新雄硕士论文《春秋异文考》，"于声韵之通转，字形之讹误、传写之衍夺、地理之沿革、历算之是非，莫不逐字考订。又列《〈春秋〉异文表》，指明三传文字异同之故"。另姜广辉主编《中国经学思想史》第一卷，浦卫忠所撰第十七章《〈春秋〉与三传》亦有《〈春秋〉异文考》一节，分析了造成《春秋》异文的原因有"口授"、"时代、社会与语言变化"、"传抄的讹误"、"版本的不同"、"方言音译"五个方面，可以参考。内容详见中国社会科学出版社2003年版，第519—531页。

《传》"礼人而不答，则反其敬；爱人而不亲，则反其仁；治人而不治，则反其知"，语出《孟子·离娄上》孟子所言"爱人不亲，反其仁；治人不治，反其智；礼人不答，反其敬行有不得者皆反求诸己，其身正而天下归之。《诗》云：'永言配命，自求多福。'"所以，柳兴恩说："其他暗相吻合者更多。《毛诗·大雅》云：'古训是式。'窃有志焉，述古训。"① 但实际考察《穀梁大义述》正文，这部分内容空缺，具体原因不详。但他"有志"于述古训，从考语源或材料来源说，这是很有意义的。

5. "《穀梁》师授，不束高阁"——述师说

汉唐以来，学者们治《春秋》，"其于《穀梁》，或采用一二焉，或批驳一二焉，无非兼及，鲜有专家"②，这些学者多少与《穀梁传》有关。柳兴恩"述师说"，集为六卷。柳氏按时间线索，对唐陈岳《春秋折衷论》、宋王应麟《困学纪闻》、清顾炎武《日知录》、齐召南《春秋穀梁传注疏考证》、王引之《经义述闻》、刘逢禄《穀梁废疾申何》、阮元《春秋穀梁传注疏校勘记》《穀梁传释文校勘记》、邵晋涵《南江札记》等各家穀梁学著述进行了评述③。可以说是一部简短的《穀梁传》研究的研究史。

柳兴恩对前人的研究成果表示肯定者。桓公元年春王正月，《穀梁传》持"桓无王"之说，齐召南《春秋穀梁传注疏考证》卷三考证道："按隐十年无正月，义发于二《传》而《左氏》无之，至'桓无王'则义发于《穀梁》，检《公羊》无此义也。何休注《公羊》，实取《穀梁》之说而晹其意，尤作《穀梁废疾》何耶？"柳兴恩对齐召南的意见表示赞赏："齐氏此说，实先得我心之所同然者也，大义凛然，《穀梁》所独，故康成郑氏曰：'《穀梁》善于经也。'"④ 庄公二十二年，肆大眚，《穀梁传》释"肆"为"失"，惠栋《九经古义》进一步解释说："失，古'佚'字。'佚'与'逸'同，谓逸囚也。"柳兴恩认为惠栋的解释"足补杨《疏》之缺。杨士勋于典章制度、训诂声音之学缺略者多"⑤。其他

---

① （清）柳兴恩：《穀梁大义述叙例》，载《穀梁大义述》卷首。
② 同上。
③ 柳兴恩亦引元程端学《春秋本义》、清朱彝尊《经义述闻》之文作为评述，所以不全为柳氏的评语。
④ （清）柳兴恩：《穀梁大义述》卷十《述师说（二）》。
⑤ 同上。

肯定的评价亦不少。对王引之《经义述闻》的考校，或言"此说先得我心"，或言"'为'、'谓'二字由来通用，王说是也"，或言"此可补阮宫保《校勘记》之遗"，或言"此足正范《注》杨《疏》之误"①，表明柳兴恩对前人学术成果的广泛吸取和尊重。

柳兴恩也对前人的研究成果表示否定者。陈岳《春秋折衷论》虽说折衷三《传》，但柳兴恩一针见血指出其倾向："陈岳书名《三传折衷》，其实尽从《左氏》。如日月之例，《公》《穀》说也则驳之；爵氏名字，《左氏》说也则从之矣。"②因此，对陈氏偏颇之说提出反驳。桓公元年春王正月，《左氏通》解释说："鲁用周历，故书王；苟不失班历不书"③，而《穀梁传》说：桓弑立，"以为无王之道"，故不书。陈岳认为："《穀梁》谓'威（即桓，避讳改）篡立，以为无王之道，故不书王'，去圣人之旨远矣。《穀梁》之短，《公羊》无辞。《左氏》得其实。"柳兴恩以陈氏之说为非：

> 陈氏之说可谓精矣。然细思之，不足以难《穀梁》也。班朔之说止系旧史书法之常，"桓无王"之说乃见孔子新修之义。况昭二十有二年《经》书王室乱，王子猛卒，谁复班历者？而二十有三年书"春王正月"，二十有四年书"春王二月"，至二十有六年王子朝以十月奔楚，而岁首亦书"春王正月"，则知岳说非也。④

此外，对其他学者著述中类似的错误，柳兴恩均一一加以辩说，不少论辩持之有据，也有些意见失之偏颇。

6."其说已亡，而名仅存"——述经师

柳兴恩认为，前人"汉儒师说之可见者，唯尹更始、刘向二家"之说与历史事实不符，应该有较多的穀梁学者。他在《穀梁大义述》中专门设立"述经师"部分，除收录专治《穀梁传》的学者外，"其说已亡

---

① 以上均见柳兴恩《穀梁大义述》卷十一《述师说（三）》。
② （清）柳兴恩：《穀梁大义述》卷九《述师说（一）》。
③ （宋）章如愚：《山堂考索续集》卷十二《经籍门》，四库全书本。
④ （清）柳兴恩：《穀梁大义述》卷九《述师说（一）》。

而名仅存者,自汉以后并治三《传》者亦收录焉"①。载录的学者有:西汉以前4位,西汉36位,东汉35位,三国5位,两晋42位,南北朝34位,隋7位,唐36位,两宋69位,元21位,明41位,清48位,总共378位。

柳兴恩收录颇为详备,可与朱彝尊《经义考》媲美,也比明朱睦㮮《授经图》详尽。仅以清代为例,治穀梁学的学者有顾炎武、王夫之、陆元辅、俞汝言、沈珩、毛奇龄、张尔岐、万斯大、王之藻、刘荫枢、焦袁熹、惠士奇、齐祖望、张尚瑗、方苞、孔传铎、卢轩、吴陈琰、顾宗玮、刘绍攽、魏枢、杨方达、刘梦鹏、孙从添、过临汾、汤启祚、姜兆锡、吴浩、惠栋、沈廷芳、余萧客、陈鹤龄、朱筠、杨魁植、褚寅亮、武亿、邵晋涵、洪亮吉、李惇、阮元、许桂林、陈寿祺、陈澧、侯康、邹汉勋、钟文烝、程蒲孙、王闿运。除部分学者,如曹金籀等人外,柳兴恩将与他同时代在内的清代研究穀梁学所专家以及稍涉《穀梁传》的学者均尽量搜罗,说明柳氏阅书之勤,见闻之广,给后代学者研究穀梁学者提供了线索。对于这些学者,简述其生平,列出所著书名及其卷数,并指出史料来源,以便后人查考,说明柳兴恩治学颇重证据。

但收录中存在失之过宽之处,有的学者并不是严格意义上的穀梁学者。如参与汉宣帝时石渠阁会议"平《公羊》《穀梁》异同"的十一位学者,其中,萧望之家派不明,严彭祖、申輓、伊推、宋显、许广为治《公羊传》学者。其他凡治《春秋》及兼治三《传》的学者也加以收录,导致标准的宽泛。

7. "孤经绝学,废兴源流"——述长编

《穀梁传》除范《注》杨《疏》外,绝少专家,因此,柳兴恩专门"述长编"十卷,"于经史子集之涉《穀梁》者,循次摘录"②,附以论断,并"著本经废兴源流,庶为之集其大成"③。

柳氏的取材范围非常广泛。其中,摘自经部的,有《尚书注疏》《毛诗疏》《周礼注疏》《仪礼疏》《礼记注疏》《左传注疏》《公羊注疏》《论语疏》《孝经疏》《孟子疏》《尔雅注疏》《大戴礼》《经典释文》《朱

---

① (清)柳兴恩:《穀梁大义述叙例》,载《穀梁大义述》卷首。
② (清)柳兴恩:《穀梁大义述》卷二十《述长编(一)·经部》。
③ (清)柳兴恩:《穀梁大义述叙例》,载《穀梁大义述》卷首。

子仪礼集传集注》《续仪礼经传通解》等注疏中引用《穀梁传》的情况；摘自史部的，有《史记》《汉书》《后汉书》《三国志》《晋书》《宋书》《南齐书》《梁书》《陈书》《隋书》《旧唐书》《新唐书》《新五代史》等表、志、世家、列传以及注解中引用《穀梁传》的情况；摘自子部的，有刘向《列女传》、王充《论衡》、班固《白虎通》、徐坚《初学记》、杜佑《通典》①、《文苑英华》、《太平御览》、《玉海》、俞安期《唐类函》等所引《穀梁传》的情况；摘自集部的，有《文选》《金廷栋文集》等引用《穀梁传》以及考证《石经穀梁传》的情况。最后引述《史记》《汉书》《后汉书》《晋书》《新唐书》等《儒林传》、人物传中的材料以此考察《穀梁传》的废兴源流。柳兴恩对前人引述《穀梁传》加以评论，通过会通的方法，指出优点和偏颇之处，均能言之成理。

　　从上面的评述可看出，柳兴恩《穀梁大义述》从七个方面对《穀梁传》加以探索，可谓"纤毫毕具，巨细无遗，于此《经》大义，叹观止矣"②。他还对前人的研究成果其进行评述，无论肯定或否定，能持之有故，使处于孤经绝学的《穀梁传》得到清理，所以刘师培肯定柳氏《穀梁大义述》"以倡明鲁学，殆能成一家之言者"③。这些评价基本上符合事实。晚清学者江慎中认为"柳氏专事钞撮，绝无心得；其书《内述例》（引者注：即'述日月例'）一篇，惟排比日月，而不及其他，若不知日月之外，别有义例者；其于《穀梁》之学，入之不深，已可概见"④。极力贬低《穀梁大义述》的学术价值，明显是太苛求前贤了。

　　《穀梁大义述》某些未善未妥之处，当时学者陈作霖（1837—1920，字雨生，号伯雨，晚号可园）撰写《柳宾叔〈穀梁大义述〉广义》⑤加以讨论。在"述日月例"中，陈作霖认为定公元年即位"不书正月"而"书日"是"定公为季氏所立，不正其始"；楚子虔杀蔡侯申"书日"并不仅仅是"谨夷夏之防"，而是"以贼诛贼罪同"，也可从"诸侯卒葬，

---

① 按《四库全书》分类法，杜佑《通典》被归入"史部·政书类·通制之属"，所以柳兴恩归类不当。
② （清）桂文灿：《经学博采录》卷四，广西师范大学出版社2010年版，第115页。
③ 光汉（刘师培）：《柳宾叔〈穀梁大义自序〉》，《国粹学报》1905年第一卷第2期。
④ （清）江慎中：《春秋穀梁传条例叙》，《国粹学报》1910年第六卷第6期，"绍介遗书"。
⑤ （清）陈作霖：《可园文存》卷二《柳宾叔〈穀梁大义述〉广义七则》，光绪元年刻增修本。

时恶"来认识其书法意义。在"述礼"中，陈作霖通过秦灭于吕、后周世宗立柴荣、明世宗"大礼议"等史实讨论"以异姓为后"、"为人后者为之子"等礼制问题；"祫祭"讨论鲁国宗庙闵僖"昭穆失序"，要求"各自为庙，各全其尊"。在"述异文"中，《春秋》三传"祝吁"与"州吁"、"蘧罢"与"蘧颇"这些"异文"，陈作霖指出实为"一声之转"。

此外，我们今天所见到王先谦《续清经解》收录的柳兴恩《穀梁大义述》三十卷，其实内容不是完整的版本，其中"多但引前人之文，未下己意者"，标注"原阙"。柳兴恩《穀梁大义述》所阙，后来学者已有所注意，光绪时学者张慰祖所作《穀梁大义述补阙》，以及民国学者蒋元庆撰写《柳兴恩〈穀梁·述礼〉补缺》，弥补了柳兴恩原著的缺憾。

二 "补阙未竟"：张慰祖《穀梁大义述补阙》

（一）《穀梁大义述补阙》的撰写

1. 张慰祖生平

张慰祖（1872—1921），字观贻（或研贻），号伯愉，江苏吴江人①。张慰祖先祖屡试科场不济，未有登仕者，至其祖父张廷璜（1815—1881，字渭臣，号梦周）才署理浙江绍兴府山阴知县，补授衢州府西安知县。其父张晋昭（1844—1923，字上行，号蕙孙）任浙江候补盐课大使，因军功保举提举衔，"历办五属监督销局，差遣奉委劝办海防"②。张晋昭之子张慰祖生于同治十一年（1872）。

张慰祖通过考试进入吴江县学，光绪十四年（1886）他又入江苏布

---

① 张慰祖的生卒年、字号信息，各种文献记载各异。张寿林《穀梁大义述补阙（不分卷）提要》（载《续修四库全书提要》）："慰祖字伯愉，号研贻。"近代诗人张慰祖表弟金天翮（1874—1947）撰写的《张伯愉先生传》（《江苏省立国学图书馆年刊》1934年第七年刊）载："君讳慰祖，字伯愉，号研贻，姓张氏，吴江人也。……伯愉长余一年。……降年不永，卒于民国十年一月，春秋四十有九。"但据张慰祖之父张晋昭所重订《张氏家谱（清河世系）》所载："（张）慰祖，（张）晋昭长子，字观贻，号伯愉，生于同治十一年壬申（1872）五月初一日丑时。"

② 张晋昭重订：《张氏家谱（清河世系）》，民国八年刻本。

政使黄彭年创办的苏州学古堂①求学，师从斋长胡玉缙（1859—1940），字绥之，号鄦髙［许顾］、鄦荞［许庵］、绥庵，江苏元和人，研习经学小学，"受《穀梁》而大好之"②，撰写《穀梁大义述补阙》，呈送江苏学政龙湛霖。光绪二十三年（1897）取优贡第三，朝考第二，授以教职。河道总督任道镕聘请他到河南补用同知，委托办理河防局事，不久保任知府。继任河道总督锡良保荐张慰祖运使衔。光绪三十年（1904）江苏巡抚端方咨送张慰祖"日本东京神田区明治大学法科毕业"③，光绪三十二年（1906）学成归国，又赴任河南省祥符县地方法院高等法院审判厅推事，辛亥革命后回到江苏"执行辩护士业"④，即从事律师职业，成为江沪一带有名的律师。张慰祖于民国十年（1921）一月去世，享年49岁。

2. 《穀梁大义述补阙》撰写原因

（1）补缺柳兴恩著作之"未竟"

前面谈到柳兴恩撰写《穀梁大义述》共有两个版本，一是木犀轩本仅一卷，"最略"，南菁书院《清经解》本三十卷，"较详"⑤。两书虽分七类论述穀梁学史的相关问题，但两书皆详述六类，其中"述古训"一类，仅《凡例》列举《论语》《孟子》两则，在王先谦所编《续清经解》本《穀梁大义述》中，"述古训"类条下注"原阙"二字；除此之外，其他"述日月"、"述礼"、"述异文"、"述师说"、"述经师"、"述长编"六类中又多"仅载前人之文未下己意者"，《续清经解》本皆于"述曰"下注"阙"字⑥。据柳兴恩的族孙柳诒徵推测：

---

① （清）诸可宝《学古堂记》卷首载，光绪十四年（1888）黄彭年在苏州建立学古堂，"即聘雷深之主讲席，选高材生胡玉缙、章钰为斋长，任典守渐陶之责。褚可宝、吴寿萱为算学斋长，示有专家察诸生之勤惰"。课程设置"参仿莲池事例，订立课程"。造士甚多。光绪三十一年（1905）改为游学预备科，光绪三十三年（1907）又改为存古学堂。光绪二十二年续刊本。

② 金天翮：《张伯愉先生传》，《江苏省立国学图书馆年刊》1934年第七年刊。

③ 张晋昭重订：《张氏家谱（清河世系）》。

④ 金天翮：《张伯愉先生传》，载《江苏省立国学图书馆年刊》1934年第七年刊。

⑤ 柳诒徵：《穀梁大义述补阙跋》，《国风（南京）》（半月刊）1934年第五卷第10—11期。

⑥ 柳诒徵：《穀梁大义述补阙跋》，《江苏省立国学图书馆年刊》1935年第八年刊。

· 246 ·

第六章 汉学复兴：清代穀梁学（中）

> 盖公中年撰著，遭乱散佚。晚理旧业，手书恅悷，往往不可审①识，黄漱兰（引者注：黄体芳字）学使征书时，诸父诸兄厪能就其明析者迻写呈院。王益吾（引者注：王先谦字）学使属南菁高材生陈君庆年等斠刊于所，未备率从盖阙，读者憾焉。②

从柳诒徵的记述来看，柳兴恩《穀梁大义述》内容"阙略"的原因有二。一是柳兴恩中年成书以后，由于咸丰同治期间太平天国运动战乱时期自己原稿散佚③。二是晚年时候重操旧业补撰该书，由于年老书写潦草，字迹难识，因此其后代子孙将遗著书稿中能识别的文字整理誊写成书，然后呈送给江苏省学政黄体芳。王先谦在编纂《续清经解》时，委托南菁书院学生陈庆年等加以校勘刊印成书，对于书中未备之处注明"下阙"二字。所以，柳兴恩《穀梁大义述》内容残缺，既有时局原因，又有主观原因，所以留下学术遗憾。

胡玉缙先后肄业吴县正谊书院、江阴南菁书院，"南菁为南北人才渊薮，均斐然有述作，先生治经兼词章"④。其《许廎学林》所录著述遍及群经，其中有关《穀梁传》札记两条⑤，所以他对《穀梁传》有所研究。在苏州学古堂担任斋长时，对张慰祖研习经学有所指导，张氏"得受《穀梁传》学而喜好之"，对王先谦《续清经解》收录前辈学者钟文烝《穀梁经传补注》、柳兴恩《穀梁大义述》有所研读，张慰祖注意到："钟书凡二十四卷，首尾完具；柳书三十卷，各条下往往有注'阙'字者，寻其前后，或义取互见，不必为柳氏原注，而阙略之待补者实居泰

---

① 《江苏省立国学图书馆年刊》1935 年第八年刊所载柳诒徵《穀梁大义述补阙跋》作"审"，而《国风（南京）》（半月刊）1934 年第五卷第 10—11 期所载柳诒徵《穀梁大义述补阙跋》作"采"。
② 柳诒徵：《穀梁大义述补阙跋》，载《江苏省立国学图书馆年刊》1935 年第八年刊。
③ 据陈澧题记：道光十年（1830）春"与宾叔遇于京师，复见赠此帙（《穀梁大义述》）。其后贼陷镇江，不知宾叔今何在？不知此书草稿存否矣？咸丰戊午（引者注：1858）正月避夷寇，寓横沙，检所藏书，得此帙，感概系之"。载柳兴恩《穀梁大义述》卷首。
④ 王欣夫：《吴县胡先生传略》，载胡玉缙撰，王欣夫辑《许廎学林》，中华书局 1958 年版。此文亦载《鄦高遗集》（稿本，复旦大学图书馆藏）。
⑤ 胡玉缙：《许廎学林》卷四有"穀梁聘弓鍭矢解"、"穀梁大夫日卒正也不日卒恶也辨"两条。

半,盖亦未竟之书也。"①张慰祖认为柳兴恩《穀梁大义述》残缺的原因是书中各部分条目内容互相参见和待补充者,"下阙"不是柳兴恩原书自注,而是王先谦编纂《续清经解》刊印成书时所加。面对《穀梁大义述》"阙略"之处,张慰祖效法当时学者江藩、李林松继惠栋《周易述》之后分别撰写《周易述补》以及杨大堉继胡培翚《仪礼正义》撰写《仪礼正义补》的学术传统,"不惮梼昧,辄傍江、李、杨故事,绅绎原书体例,妄思补缀"②,即按照柳兴恩《穀梁大义述》原书体例进行补阙,撰写《穀梁大义述补阙》。

(2)为了进一步阐明"《穀梁》善于经"

清代中期学者阮元认为,柳兴恩"专从'(《穀梁》)善于经'入手,而'善经'则以'属辞比事'为据,事与辞则以《春秋》日月等名例定之,发愤沉思,久乃卒业"③,指出柳氏撰写《穀梁大义述》的宗旨,此言允当。柳兴恩从《春秋》三传对隐公元年"不书公即位"的不同阐释中,认为《穀梁传》隐公元年传文蕴含"诛乱臣贼子"这一《春秋》微言大义,因此《穀梁传》阐释的"《春秋》之旨炳如日星,以视《左氏》曰'不称即位,摄',《公羊》曰'《春秋》何以始乎隐,祖之所逮闻也',其于'惧乱贼'之旨,果孰当乎?故郑康成《六艺论》独曰'《穀梁》善于经',此之谓也"④。张慰祖肯定柳兴恩《穀梁大义述》依据"善于经"一语,"创通大义,实发两千年不传之密",他要"本柳氏之意(《穀梁》善于经)以上探《穀梁》,补苴张皇,庶成完帙"⑤。这句话表达了两层意思:一是对柳兴恩阐发的"《穀梁》善于经"的义理进一步加以探究;二是对柳兴恩《穀梁大义述》"未竟"的部分进行"补阙"。

对于"《穀梁》善于经"这一特点,柳兴恩是通过对隐公元年"不书即位"阐发"诛乱臣贼子"来体现,张慰祖有新的发展,他提出《穀梁传》有"六善":"微言大义,悉本尼山笔削,褒贬精意斯在,是曰宗圣",其善一;"博采通人,务祛专己浽长,说解实让前导,是曰证古",

---

① 张慰祖:《自序》,载《穀梁大义述补阙》,民国二十三年南京陶风楼石印本。
② 同上。
③ (清)阮元:《叙》,载柳兴恩《穀梁大义述》卷首,清经解续编本。
④ 同上。
⑤ 张慰祖:《自序》,载《穀梁大义述补阙》。

其善二;"传遗文旧典,具资考证,承光启后,足补礼经,是曰博闻",其善三;"麟史体例,本皆实录,推求字义,务得其当,是曰达诂",其善四;"言岂一端,各有所当,随文立义,乃不胶柱,是曰特识",其善五;"是非得失,毫厘千里,通其旨要不淆别白,是曰定论",其善六。这些长处充分说明郑玄对《穀梁传》的评价"非阿私好"。可以说,张慰祖从六个方面来系统深入阐述《穀梁传》"善于经"特点,在两千多年穀梁学史中还是第一次,体现了张慰祖独特的见识。

3.《穀梁大义述补阙》的作者问题

在文献学家王欣夫所撰《吴县胡先生传略》中,记述胡玉缙"所著书已刊者,《穀梁大义述补阙》七卷,假名弟子张慰祖"①。在与胡玉缙同时任学古堂斋长的章钰所撰《胡绶之雪夜校书图题记》中所列举胡氏所著书15种,其中并无《穀梁大义述补阙》一书。②我们在王欣夫所整理的胡玉缙《许廎学林》卷十所录《穀梁大义述补阙叙》,篇题下注有"代张伯(瑜)[愉],丙申"③,这充分说明张慰祖《穀梁大义述补阙》的"叙"是由其师胡玉缙于光绪二十二年(1896)代笔的,胡玉缙所代笔的《穀梁大义述补阙叙》中并无"假名张慰祖"著书之言,所以王欣夫在《吴县胡先生传略》中所言"《穀梁大义述补阙》七卷假名弟子张慰祖"之说是错误的,此说流传后世,学界多承其谬说者④。

4.《穀梁大义述补阙》之流传

光绪二十二年(1896),张慰祖在古学堂撰写《穀梁大义述补阙》,"家无留草"⑤,他将原稿呈送给江苏学政龙湛霖,晚清民国政权更替,"数十年中,不知阁束何许"⑥,书稿下落不明。1934年,南京状元境保文堂书商将张慰祖《穀梁大义述补阙》写本两册向江苏省第一图书馆(又称为国学图书馆)馆长柳诒徵出售,作为柳兴恩族孙柳诒徵感慨道:"若冥默中有以君(张慰祖)与吾家学术联合渊源属之(柳)诒徵者,

---

① 王欣夫:《吴县胡先生传略》,载胡玉缙撰,王欣夫辑《许廎学林》。
② 章钰:《四当斋集》卷五,台北:文海出版社1986年版。
③ 胡玉缙撰,王欣夫辑:《许廎学林》卷十《穀梁大义述补阙叙(代张伯瑜,丙申)》
④ 赵统:《南菁书院志》第九章《南菁书院历年学友录》第568页:张慰祖"著有《穀梁大义述补阙》"之下脚注称:"案:《穀梁大义述补阙》实为其师胡玉缙所著。"
⑤ 金天翮:《张伯愉先生传》,《江苏省立国学图书馆年刊》1934年第七年刊。
⑥ 柳诒徵:《穀梁大义述补阙跋》,《江苏省立国学图书馆年刊》1935年第八年刊。

流布之责，匪异人任矣"，他感到将张慰祖遗著流传于世的责无旁贷的历史担当。现代词人、东吴大学教授黄钧与其学生张指逵（张慰祖之子）到江苏省国学图书馆阅读《穀梁大义述补阙》并赋诗纪念："同向龙蟠里，来寻蠹蚀编。斯文危绝续，此际暂绵延。手泽尊先友，心香重旧传。但留书种子，秦火定无权。"①抒发了对张慰祖书稿失而复得的感慨，以及传承文献的历史责任。1934 年南京陶风楼将《穀梁大义述补阙》石印出版后②，1935 年柳诒徵又将《穀梁大义述补阙》书稿交江苏省立国学图书馆影印出版③。

（二）《穀梁大义述补阙》的内容

1. "补阙"的数量

柳兴恩《穀梁大义述》三十卷分七类，卷一至卷五述日月例，"著书法"；卷六述礼，"考典要"；卷七至卷八述异文，"正音读"；卷九至卷十四述古训，"式先言"；卷十五至卷十九述师说，"罗众解"；卷二十述经师，"明授受"；卷二十一至卷三十述长编，"钩微悟"④。对于柳兴恩《穀梁大义述》中注明"下阙"的部分及数量，据统计，"述日月例" 4 次，"述礼" 26 次，《述师说》45 次，《述长编》597 次，总共 672 次。可见，张慰祖《穀梁大义述补阙》"述日月例、述礼、述师说、述长编，凡四类"⑤，应为有针对性的补阙。

《穀梁大义述》有 672 次"下阙"，柳诒徵认为是柳兴恩原稿散失而晚年补撰，因年老而手书潦草，其后人整理誊抄不能辨识字迹而刊刻者标注"下阙"所致，对于这么大数量"下阙"是由于"手民之误"所致是难以让我们信从的，所以应是"仅载前人之文未下己意者"⑥，从而需

---

① 黄钧（字颂尧）：《金陵记游诗·与及门张指逵同至国学图书馆读其尊人所著〈穀梁大义述补阙〉遗稿，石城之游实始于此》，《艺浪》1934 年第 2 卷第 1 期。
② 山西大学图书馆编《山西大学图书馆线装书目录》著录："《穀梁大义述补阙》，张慰祖著，1934 年陶风楼石印本，3 册。"山西古籍出版社 2002 年版。
③ 复旦大学图书馆 1956 年编印《复旦大学图书馆古籍简目初稿》第一册第 83 页著录："《穀梁大义述补阙》七卷，（清）张慰祖学，一九三五年南京国学图书馆影印本，三册。"
④ （清）陈庆镛：《〈穀梁大义述〉序》，载《穀梁大义述》卷首。
⑤ 孙殿起：《贩书偶记》卷二《经学·春秋穀梁传类》，上海古籍出版社 1982 年版。
⑥ 柳诒徵：《穀梁大义述补阙跋》，《江苏省立国学图书馆年刊》1935 年第八年刊。

要"阙略之待补者实居泰半"①之说符合实情。

2. 补阙的内容

张慰祖《穀梁大义述补阙》的著书体例，先录柳兴恩《穀梁大义述》各条所列举的《穀梁传》经传文，然后补其所阙之"述曰"，但以"补曰"二字以示区别。

（1）补"述日月例"之阙

柳兴恩《穀梁大义述》"述曰"阙者4条，张慰祖《穀梁大义述补阙》所补者也是4条。此涉及公子卒、晦朔、鲁公朝周、诸侯大夫被流放的"日月"记载有无问题。张慰祖善于从《春秋》经文的类比中发现问题和解决问题。庄公三十二年十月乙未子般卒、襄公三十一年秋七月癸巳子野卒"有日"，文公十八年冬十月子卒"无日"，公子卒日有无的原因，《穀梁传》解说"卒日正也，不日故也"。但子般因被庆父假手圉人荦被弑杀，其结局不正应"不记日"，为何"记日"？因为子般鞭打过调戏其妹妹的圉人荦，这与襄公七年郑伯不受臣下胁迫从楚而被弑相似，"故日卒者，正其志也"，从其思想立场的正当性加以肯定。同样朝周也有"书日、不书日或月"，张慰祖注意到这一差异："书日者，嫌朝王与诸侯相朝相异也。公如不必书月，书月者，明公过京师，非特如京师也。"诸侯大夫被流放"书日、不书日"的差异在于"胥甲父无罪、公孙猎有罪；晋称'国'、蔡称'人'者，以别于有罪、无罪焉尔；人，众词也，与楚师同例"。可见，公子卒、朝周、流放是否"书日"，与思想立场、朝见对象、有无罪行相关，都是相似经文的《穀梁传》解说比较中找到差异的原因，这正是《春秋》"美恶不嫌同辞"②的体现。

（2）补"述礼"之阙

柳兴恩《穀梁大义述》"述曰"阙者26条，张慰祖《穀梁大义述补阙》所补者25条，但昭公十五年二月癸酉"有事于武宫，龠入，叔弓卒，去乐卒事"的《穀梁传》"古之人重死，君命无所不通"条缺"补曰"。其中，隐公1条、桓公1条、庄公3条、僖公4条、文公3条、宣公2条、成公3条、襄公5条、昭公1条、定公1条。主要内容归纳

---

① 张慰祖：《自序》，载《穀梁大义述补阙》。
② 《公羊传》卷一，隐公七年春王三月"滕侯卒"传。

如下：

第一，作者广泛征引经、史、子、集各类文献以及同时代学者著述，对《穀梁传》中所涉礼制进行解释、分疏和印证。

张慰祖就《穀梁传》中尊卑亲事尸功、冕而亲迎、救日、诸侯嫁女、天子无出、坏庙、宗庙事、什一税、百官、免牲、诸侯生名、天子封诸侯、蒐狩、脤膰等礼制，按照古人"旁推交通"[①]治经之法，广征文献，将《穀梁传》所记载的礼制与其他文献相互印证，或进行解释、或进行比较。所引经学文献有三《礼》及郑玄注孔颖达疏、《周易》（《说卦传》《离卦》《比卦》）、《诗经》（《北山》《车攻》）、《尚书》（《金縢》）、《左传》、《公羊传》及何休解诂、《穀梁传》范宁注杨士勋疏、《论语》、《尔雅》（《释宫》）、《广雅》（《释诂》）、《白虎通》、《说文解字》、陆德明《经典释文》等。所引史学有《国语》（《吴语》《齐语》）、《汉书》（《食货志》）、《盐铁论》、《三国志》（《步陟传》）。所引子部文献有《管子》、《淮南子》（《主术训》及高诱注）。集部有刘向《说苑》（《修文》）。所引同时代学者著述，有顾炎武《日知录》、顾栋高《春秋大事表》、钟文烝《春秋穀梁经传补注》、陈澧《公羊传义疏》、柳兴恩《穀梁大义述》等。

第二，继续阐释"《穀梁》善于经"。

桓公三年九月，桓公亲到齐国迎娶夫人姜氏，《穀梁传》引子贡指责其"冕而亲迎"之礼太重，孔子反驳说"合二姓之好，以继万世之后，何谓已重乎？"孔子从宗法人伦角度来强调其"冕而亲迎"的合理性。张慰祖"补阙"进一步依据《仪礼·士昏礼》郑玄注："大夫以上亲迎冕服"，以及当时学者钟文烝《春秋穀梁经传补注》"明《春秋》贵亲迎之意"的解说，《穀梁传》引孔子之言是符合《春秋》之义，所以"正见《穀梁》善于经矣"[②]。昭公七年八月戊辰卫侯恶卒，针对《穀梁传》"王父名子"的解说，张慰祖"补阙"指出：《礼记·内则》"子必父名之"，与《穀梁传》"王父名子"不同，《礼记》是常例，《穀梁传》认为祖父命名示其隆重，也符合儒家伦理纲常，"此《穀梁》善经之义也"[③]。

---

① 刘光汉（刘师培别名）：《群经大义相通总论》，《北洋学报》1906年第40期。
② 张慰祖：《穀梁大义述补阙》引"子贡曰"条。
③ 张慰祖：《穀梁大义述补阙》引"王父名子也"条。

第六章 汉学复兴：清代榖梁学（中）

第三，阐述一些经学主张。

僖公二十四年《榖梁传》"天子无出"，张慰祖"补曰"依据《礼记》之《郊特牲》《曲礼》的记载加以映证，但他也引《易·离卦》、《礼记·王制》、《尚书》之《金縢》《康王之诰》的记载证明"天子亦可言出"，这样情况表明经典的语境不同，经典记载的内容是相互矛盾的，因此，张慰祖认为"殊嫌拘泥，经义有离则两美，合则两伤，此类是也"。

定公十四年《榖梁传》"生曰脤，熟曰膰"，张慰祖"补曰"依据《周礼·太宗伯》郑玄注、《左传》杜预注，脤为社稷祭肉、膰为宗庙祭肉，"盖古文说"。《榖梁传》与《公羊传》属于今文经学，"则以生熟分别脤膰"，其义为长[1]。此与传统经学论《春秋》三传学派差异相一致。

（3）补"述师说"之阙

柳兴恩《榖梁大义述》"述曰"阙45条，而张慰祖《榖梁大义述补阙》所补者亦为45条。主要分五种情况。

第一，对《春秋》三传、唐代陈岳《春秋折衷论》解说的补阙，共15条。张慰祖"补曰"先对《春秋》三传、陈岳的解说进行比较，又引用其他文献的记载来对四者的解说进行评定。庄公四年公及齐人狩于禚，三《传》解说中，《左传》"固失其旨"，《公羊传》不如《榖梁传》"简核"。庄公元年十月王使荣叔来赐桓公命、成公十年夏四月"五卜郊，不从，乃不郊"均肯定《榖梁传》的解说"善经"。定公十五年夏五月郊，《左传》"书过也"、《公羊传》"三卜之后，遇吉，所以五月郊也"、《榖梁传》"讥不事也"，陈岳《春秋折衷论》认为"《左氏》《榖梁》得其旨，《公羊》之短"，张慰祖通过分析得出"（陈）岳以《左》《榖》得旨，《公羊》为误，其说甚确"。宣公十五年夏五月，宋人及楚人平，陈岳以为襄公二十九年城杞，四家解说之中，《榖梁传》与《公羊传》相合，陈岳认为二者不足取，"毋乃偏甚"，甚为偏颇。定公元年春王，《左传》杜预集解"公之始年不书正月，公即位在六月"，《榖梁传》"定无正始也，昭无正终"，陈岳采信《左传》"所以不书正月者，公即位在六月也"之说，张慰祖依据钟文烝《春秋榖梁经传补注》"《春秋》于昭定终始之际因事见义，昭无正终之文，故定无正始之文，明后君当念先君，

---

[1] 张慰祖：《榖梁大义述补阙》引"生曰脤，熟曰膰"条。

不得安然自正其位",认为"此说深得《穀梁》之义,陈(岳)第以杜(预)为得旨,何其专《左氏》耶?"另定公十年夏齐人来归郓、讙、龟、阴之田,陈岳以《左传》"孔子受盟,请反其田"为"得其旨",但张慰祖认为三《传》皆归功于孔子,只是属辞的不同,"此各经之家法也,陈氏专从《左氏》,殆未之深思"。可见,张慰祖对《春秋》三传的解说有肯定者,有否则者,以及陈岳对三《传》解说的"折衷"意见也持褒贬立场,特别重点强调《穀梁传》善于解经与陈岳《春秋折衷论》"专从《左传》"的不足。

第二,对王应麟《困学纪闻》所涉《穀梁传》论说的补阙,共13条。涉及《穀梁传》秦之为狄自崤之战始、伯尊攘辇者之善、侠卒、孔子生年、石尚归脤、大狩之礼等的解说,以及穀梁子姓名、范宁《穀梁传注》等问题。张慰祖肯定《穀梁传》指责伯尊用其言而弃其人为"善经"、范宁《穀梁传序》"三《传》殊说,庸得不弃其所滞,择善而从乎"、"注家之体务在申说,惟范氏(宁)不轻徇传文",同时认为王应麟"伯尊攘辇者之善"为"王说殊欠分晓",以及"石尚归脤"的论述是"衍刘敞《春秋权(要)[衡]》之说,未足以为定论"。

第三,对顾炎武《日知录》有关《穀梁传》戎菽、许男新臣卒、城小穀论说的补阙,共3条,特别是庄公三十一年六月齐侯来献戎捷,《穀梁传》释"戎"为"菽",顾炎武依据《诗经·生民》毛传释"荏菽"为"戎菽"、《尔雅》释"戎菽"为"荏菽",认为后稷时已种植荏(戎)菽,不是始于齐桓公之时。对于顾氏"隐驳《(穀梁)传》义",张慰祖援引《逸周书·王会解》"戎菽即戎豆",以其产于山戎而得名,后世亦称为胡豆,而《诗毛传》《尔雅》释"荏"为"戎",二字均为"大",荏菽、戎菽即大豆,与《穀梁传》所言戎(胡)豆"当别为一物,未足以难《穀梁》"。张慰祖通过名实之辩指出顾炎武《日知录》的错误。

第四,对刘逢禄《春秋公羊释例后录》补阙1条,对于《穀梁广废疾》"夫甲非人人所能为也",引用《诗经·南山》《周礼·考工记》等加以解说,认为"甲惟工民为之,非农民为之"。

第五,对邵晋涵《南江札记》有关穀梁学者论说的补阙,共13条。邵晋涵对《春秋》《穀梁传》经传文引《白虎通》、刘向《说苑》等文献加以解说。隐公六年宋人取长葛，《穀梁传》解为"久之"，邵晋涵引《白虎通》"师出不逾时"为证，张慰祖认为《白虎通》乃公羊之学，因为《穀梁传》《公羊传》相近，均以"逾时为讥"。对于邵晋涵五次引用刘向《说苑》条文，张慰祖认为是刘向"习《穀梁》耳"。僖公三十三年晋人及姜戎败秦师于殽，张慰祖强调《穀梁传》"微晋狄秦之说，深得经旨"，显然对《穀梁传》及其学者的解说持肯定的态度。

（4）补"述长编"之阙

对经史子集文献中涉及《穀梁传》条文的"述曰"进行补阙，共597条，占《穀梁大义述补阙》全书的75%，所以"它的'阙'，主要集中于'述长编'"①。

柳兴恩《穀梁大义述》所录经（《毛诗》、《周礼》、《礼记》、《仪礼》、《左传》、《公羊传》、《论语》、《尔雅》、《孝经》、《孟子》、《大戴礼》注疏、《经典释文》《朱子仪礼集传集注》）、史（《史记》《汉书》《后汉书》《三国志》《晋书》《宋书》《南齐书》《梁书》《陈书》《隋书》《唐书》《新五代史》《列女传》《论衡》《白虎通》《初学记》《艺文类聚》《通典》《文苑英华》《太平御览》）、子（《玉海》《（渊鉴）类函》）、集（《文选》《金廷栋文集》）四部文献（有的文献分类并不准确）中有37种仅列举所引用《穀梁传》相关信息，但阙"述曰"，张慰祖加以补充，其"补曰"具体包括以下内容。

第一，对各种文献所引《穀梁传》文，先介绍其出处，然后引各种文献对《穀梁传》文进行疏证。此类情况占65%左右。《毛诗正义》卷二引《穀梁传》"出曰治兵，入曰振旅"，张慰祖以《周礼》《尔雅》《左传》《公羊传》《尔雅孙炎佚注》相关条文进行解说。

第二，对柳兴恩所阙"述曰"，凡在柳兴恩《穀梁大义述》其他部分"述曰"已有述及，或《穀梁大义述补阙》在前面三个部分所补已有涉及，通过前后参见以避重复繁琐。此类情况占35%左右。僖公九年七月乙酉，伯姬卒，《左传》杜预注孔颖达疏引《穀梁传》"未适人不卒，此何以卒也？许嫁笄而字之，死则以成人之丧治之"，张慰祖注明"此柳氏

---

① 李纪祥、简逸光：《清学史中的〈穀梁大义述〉》，高雄师范大学《经学研究集刊》2009年第7期。

《述礼》第三十三条已有说",强调柳兴恩已有解说而不重复。《礼记注疏》引《穀梁传》"吊失国曰唁",关于这条传文,"此《述长编·毛诗疏》卷三之二已有说",张慰祖强调自己前面已经解说。

第三,通过"补曰"阐述关于《春秋》三传的学术主张。

一是强调《春秋》三传的差异。张慰祖在《毛诗》卷九疏"侵战伐,三传之说皆异",张慰祖以为"是三传之说虽异,而《公》《穀》说实相近"。张慰祖具体指出《春秋》三传的差异:《左传》为鲁太史,未得孔门传授,"博采诸国史书,详陈事迹,使一经始末具见",为有功于《春秋》,但"其中与经违异,据经臆断亦正不少,其于经之取义罕有合",《公羊》之学,"当亦由子夏之弟子展转相授,而去圣弥远,意义不备,或多乱说,虽与《穀梁》同源,而其归迥异",所以在《春秋》三传之中,"《穀梁》尤得所传之正,于事虽略,未尝多所遗失也"①。

二是对三《传》解释《春秋》有所评价。《毛诗正义》卷十八引《穀梁传》"一谷不升谓之嗛,二谷不升谓之饥,三谷不升谓之馑,四谷不升谓之康,五谷不升谓之大侵"。关于"岁凶",《穀梁传》"次第言之,明凶有大小",与《尔雅》、《毛诗传》、《管子》、《公羊传》何休解诂相比,其等级分明、定义准确,"《穀梁》所以为善经也"。文公十年"长狄",《公羊传》何休注为"长百尺",《左传》杜预注以为"盖长三丈",张慰祖认为"人情度之,深可惑也",所以二者"其说实妄"。

三是既强调《春秋》三传家法,又主张三《传》会通。《左传》是古文经学,《公羊传》《穀梁传》为今文经学;《公羊传》《穀梁传》虽同属今文经学,但《公羊传》为齐学,《穀梁传》为鲁学,所以三《传》形成各自的家法传统。庄公三年秋纪季以酅入于齐,《左传正义》卷八引《穀梁传》"酅,纪邑也,入于齐者,以酅事齐也"。贾逵引申说"纪季不能兄弟同心以存国,乃背兄归雠,书'以'讥之",为何"以"含有讥义?因为襄公二十一年正月邾庶其以漆闾丘来奔,《穀梁传》"以者,不以者也"的书法,即凡是"以地"将国土献给别国是应该受到讥责的行为,这是《穀梁传》学派的大义传统,张慰祖推论贾逵"明于《穀

---

① 张慰祖:《穀梁大义述补阙·述长编》引《春秋左传正义》"刘歆以为左邱明好恶与圣人同"条。

梁》，此数语必《穀梁》家义也"。文公十八年二月秦伯䓨卒，因秦国为西狄和僭称王等原因，《春秋》对之加以贬责，之前从未记载秦国君主薨葬，何休解诂"秦穆公，至此卒者，因其贤"，张慰祖主张"说《公羊》，只可以《公羊》为主"①，即要按照公羊学派的家法来解说。

但《春秋》三传有的字词及其意义又是相通的。《毛诗正义》卷十"治兵振旅之名"，《周礼》《左传》《穀梁传》《尔雅》皆同，而《公羊传》"以治兵为祠兵"，何休《解诂》"礼，兵不徒使，故将出兵，必祠于近郊，陈兵习战，杀牲飨士卒"，张慰祖指出"作'祠'者，声近之误，郑君（玄）遍通诸经而折衷之，故能灼然明见其误，何氏（休）曲为之说，盖株守一家，依文顺字之过"。批评何休固守《公羊传》门户之见。《周礼注疏》卷六"齐侯来献戎捷"，张慰祖引贾逵："三《传》皆不解'献'义，殊少会通。"批评三《传》缺少会通。《毛诗注疏》卷二十引《公羊传》《穀梁传》以太室为世室，即伯禽之庙，而《左传》服虔、杜预注以为太庙之室，对于三《传》的差异，张慰祖据《洛诰》所称'王入太室，祼。'系太庙中央之室，在鲁惟周公有之"②，认为"《公》《穀》以太室为世室，三《传》之皆通彰彰矣"。表明《春秋》三传某些字词、传义可以相通。所以，张慰祖认为"三传之说，各有得失"③，不能株守一家之言。

（三）《穀梁大义述补阙》的特点

张慰祖《穀梁大义述补阙》对柳兴恩《穀梁大义述》所阙"述曰"进行补充，在解说中体现鲜明的学术特色。

1. "发挥《穀梁》善于解经之说"④，贯穿全书作为解说的方法

除了《穀梁大义述补阙自序》详细阐述《穀梁传》解说《春秋》有"六善"之外，在所补四个部分的解说中多次强调"《穀梁》善于经"的特点。

---

① 张慰祖：《穀梁大义述补阙·述长编》引《春秋公羊注疏》文公十八年"秦伯䓨卒"疏。
② （清）毛奇龄：《春秋毛氏传》卷十九，文公十三年"世室屋坏"传。
③ 张慰祖：《穀梁大义述补阙·述长编》引《论衡》卷二十九《案书篇》。
④ 张寿林：《穀梁大义述补阙（不分卷）提要》，中国科学院图书馆整理《续修四库全书提要·经部·春秋类·穀梁传》，齐鲁书社1996年版。

2. 既强调《春秋》三传家法，又主张三传会通

《穀梁传》《公羊传》与《左传》存在今古文经学之别，《公羊传》《穀梁传》又有齐鲁学之异，同时《穀梁传》还有"五家"、《公羊传》"严、颜"师法之分，所以王充认识到"公羊高、穀梁寘、胡毋氏（都）皆传《春秋》，各门异户，独《左氏传》为近得其实"①，张慰祖对王充的观点并不赞同："三《传》之说，各有得失，王充诏《左氏传》近得《春秋》之实，其说亦偏，如陈岳《三传折衷（论）》独偏《左氏》是也"，所以他反对王充、陈岳只重一家的偏颇，或强调"三《传》之说虽异，而《公》《穀》说实相近"②，甚至在解说《春秋》中必须注意三《传》会通，这与范宁、钟文烝等学者的《春秋》学主张一致。

3. 按照"群经大义相通论"引用各类文献进行解说

张慰祖引用十三经及其注疏，以及清代刘逢禄《左传考证》、陈寿祺《五经异义疏证》等著作来疏证《穀梁传》，或从正面确证《穀梁传》微言，或从反面证明《穀梁传》大义的正确性。但有一个鲜明的特点，张慰祖不引宋元明时期理学家的著作，反映作者坚守"汉学"立场。

总之，张慰祖《穀梁大义述补阙》"本柳书（《穀梁大义述》）之意，以补其阙遗，体例一乃柳书之旧，逐条标举，而以补阙附之于下"，其书"拾遗补阙，大体多合经师家法"③。正如宋代吕大圭肯定作《穀梁传集解》的范宁"《穀梁》之忠臣"④、白镕表彰许桂林《春秋穀梁传时月日书法释例》为"《穀梁》之功臣"⑤，张慰祖补充柳兴恩《穀梁大义述》之阙，使"未竟"之书得以完整，"不可谓非柳氏之功臣也？"⑥

---

① （汉）王充：《论衡》卷二十九《案书篇》，四部丛刊本。
② 张慰祖：《穀梁大义述补阙·述长编》引《毛诗正义》卷九"侵战伐，三传之说皆异"条。
③ 张寿林：《穀梁大义述补阙（不分卷）提要》，《续修四库全书提要·经部·春秋类·穀梁传》。
④ （宋）吕大圭：《论三传所长所短》，载唐顺之《新刊唐荆川先生稗编》卷十三。
⑤ （清）白镕：《春秋穀梁传时月日书法释例跋》，载许桂林《春秋穀梁传时月日书法释例》卷首。
⑥ 张寿林：《穀梁大义述补阙（不分卷）提要》，《续修四库全书提要·经部·春秋类·穀梁传》。

第六章 汉学复兴：清代榖梁学（中）

三 "专详日月"：许桂林《春秋榖梁传时月日书法释例》

许桂林为阮元门生，得其学风熏染，日以诂经为事，于诸经皆有发明，尤笃信《榖梁传》，沉潜反复，于道光二十四年（1844）撰成《春秋榖梁传时月日释例》四卷①，与柳兴恩《榖梁大义述》"可相辅而行也"②。

（一）《春秋榖梁传时月日书法释例》的撰作原因

1. 揭示《榖梁传》的经学意义

司马迁在《史记》中说："孔子因史文次《春秋》，纪元年，正时月日"③，因此，《榖梁传》所言《春秋》书法以时月日为例最详备，但宋儒多讥其迂妄。许桂林通过对《春秋》经传的考察，认为《榖梁传》有功于《春秋》者共三个方面：

> 张晏谓《春秋》万千八百字，李焘谓今阙一千二百四十八字。自晏时至焘时阙字如此，向非《榖梁》有日月之例，则盟昧不日，公子益师卒不日，蔡侯肸卒不月，壬申公朝于王所不系月，必指为张晏以后阙文矣。自《榖梁》有传，叶梦得、俞皋之徒，虽疑此诸经为阙，而自不敢决，人亦莫信。

> 春王正月、秋七月，《榖梁》皆有传，而桓四年、七年无。秋冬，昭十年、定十四年不书冬，庄二十二年书夏五月而无事，乃不发传言其故，知此实作传后缺文。程端学疑《春秋》多孔子修成后所缺，以驳《榖梁》日月例，于理难通。桂林以《榖梁》无传者，

---

① 关于该书成书时间，据道光二十四年（1844）罗士琳所撰《春秋榖梁传时月日书法释例跋》："此书写稿初成，先生遽归道山，故本无目录。先生之兄石华、国博亦吾师也，将梓先生遗稿，承命校刊既竣。"可断该书至迟道光二十四年成书。李慈铭《越缦堂读书记》"是书成于道光丁未（1847）"之说，是明显错误的。另各书均言为四卷，据笔者查考该书粤雅堂丛书本，只有分总论、提纲、述《传》、《传》外余例四部分，未明标卷数，伍崇曜《春秋榖梁传时月日书法释例跋》标为"一卷"，但实为独立的四卷，所以从众说。
② （清）阮元：《春秋榖梁传时月日书法释例序》，载许桂林《春秋榖梁传时月日书法释例》，粤雅堂丛书本。
③ 《史记》卷十三《三代世表序》。

春秋穀梁学史研究

> 证为作传后所缺，于事较确。而先儒谓桓无秋冬，贬其篡立，庄书夏五月，讥娶雠女；昭不书冬，在娶孟子之岁，谬悠之说，不攻自破。
>
> 桓五年甲戌、己丑，桓十二年再书丙戌，非《穀梁》有传，则以以为脱简，人孰能难。婴齐卒于貍，腼在公至后，非《穀梁》有传，则以为错简，世莫由辩。考定武成移易大学之事，必当先见于《春秋》一经矣。①

概括地讲：考定阙文，《穀梁传》有功于《春秋》一也；考定时月日，有功于《春秋》二也；可定文字脱漏，《穀梁传》其有功于《春秋》三也。

由于《穀梁传》揭橥"时日月"之例，故能释《春秋》阙文、脱简、错简之疑问。许桂林坚信"《穀梁》明著月日义例，居要不烦，深得《经》旨"，故对宋刘敞，元程端学、汪克宽，清初顾栋高等批评《穀梁传》的言论一一进行反驳。

隐公元年十二月，公子益师卒，《穀梁传》以为"恶"，而刘敞《春秋权衡》以"公孙敖、仲遂、意如皆恶，而卒书日，叔孙得臣不闻有罪，而反不日"驳之。许桂林指出："此本何休说，郑君《释废疾》已辨之。窃谓所谓恶者，非必身有大罪，《左氏》此传云：'公不予小敛，故不日'，即《穀梁》所谓'恶也'，盖讥君失亲亲敬大臣之礼。如此，则意如书日，得臣不书日，何伤乎？"②许氏所辩，是有一定道理的，不过细绎刘、许二人所论，指意有所不同：《穀梁传》以"卒日"定善恶，刘敞必能找到反例，导致逻辑上的不周严，则《穀梁传》立论的大前提站不住脚，这是刘氏在论理上能够反驳《穀梁传》的逻辑优势；而许桂林从伦理角度置辩，所言即《穀梁传》强调的原典精神，从情理上也能成立。刘、许二人未在一个相同诠释通道里对话，故而出现"失语"的现象。

关于《春秋》的"阙文"，历来学者皆持不同解读。吕大圭认为是"特笔"③，孔子笔削《春秋》以示义。赵汸以为"存策书之大体"④，是

---

① （清）许桂林：《春秋穀梁传时日月书法释例》卷一《总论》，粤雅堂丛书本。
② 同上。
③ （宋）吕大圭《春秋五论》之《论四》，附载于《春秋或问》，四库全书本。
④ （元）赵汸：《春秋属辞》卷一《存策书之大体》，四库全书本。

保持鲁史的原貌。而且,均有学理上的演绎。这些争论,对许桂林有所启示。他说《穀梁传》"时月日"书法,是《春秋》纪事的成例,不是"阙文",与程端学、季本、顾栋高等前代学者的意见不同:

> 《穀梁》例,灾异甚则月,不甚则时。僖二十九年秋,大雨雹。季本谓不书月日为阙文①,(顾)栋高亦信之,以为"岂经一时皆雨雹?"然则隐二年公会戎于潜,经一时皆会戎乎?五年春公观鱼于棠,经一时皆观鱼乎?以此类推《春秋》,阙文殆居其半,是为王安石"断烂朝报"之说,复扬其烬也。程端学谓"《春秋》阙文皆孔子修成后所阙",尤不可通。三《传》各相传授,而经文不同者,不过人名如"祝吁"作"州吁","隐如"作"意如";地名如"屈银"作"厥憗","浩油"作"皋鼬"。公伐齐纳纠,《左氏》多"子"字;不至而复,《公羊》少"而"字,庄十六年盟幽,《公羊》有"公"字,《左氏》无"曹伯"之类,而最易讹误脱落之月日,《三传》皆同,其无脱误,审矣。②

可见,"时月日"之不全,《春秋》原文本如此,并非脱落。许桂林以为"《经》本谨严,《传》亦精简,举隅莫反,治丝益棼,一坏于范(宁)、徐(邈)诸子,间生穿凿,再坏于啖、赵以后,好为议论,本义既失,转辨转晦"。主要原因是学者们不辨《穀梁传》所言"正例","正之为言常也,言此常理也,常例也"。要求学者从《穀梁传》"以其所论推其所不论,省文互见,条理自具"。于是,许桂林"谨述时月日例,惟取《传》中所以条列之,有疏证,而无枝蔓,其范《注》中所论之例,别为《〈传〉外别例》附后,不敢溷也"。从许氏所述看出,《春秋穀梁传时月日书法释例》之作,有与范宁立异的目的。

2. 突出《穀梁传》在三传中的核心地位

正如前人批评杜预为"《左》癖",何休为"《公羊》之罪人"③,许桂林也因"笃信"《穀梁传》,出现对《穀梁传》袒护太过的弊端。具体

---

① 季本为明代学者,著有《春秋私考》三十卷,《四库全书》未录,许桂林或见其书。
② (清)许桂林:《春秋穀梁传时月日书法释例》卷一《总论》。
③ (宋)吕大圭《春秋五论》之《论五》,附载于《春秋或问》。

表现是：

（1）"以《穀梁》为正传，《公羊》为外传"

许桂林将《春秋》三传对读后，怀疑《公羊传》《穀梁传》应为一人所述：

> 其书彼详此略，异同互存，似属有意。如《穀梁》葬宋缪公《传》："危不得葬也。"翚帅师会伐郑《传》："不称公子，与乎弑公，故贬之也。"其故皆详于《公羊传》。莒人灭鄫，《穀梁》但云"立异姓，以涖祭祀"，而《公羊》叔孙豹、鄫世子巫如晋《传》详言其故。曹杀其大夫，《穀梁》但云"为曹羁崇"，而《公羊》于曹羁出奔陈及曹杀其大夫两《传》详之。其两《传》义异者，则《穀梁》之义多正，《公羊》之论多偏，盖以《穀梁》为正传，《公羊》为外传，如《左氏》之与《国语》耳。①

宋人曾疑公羊、穀梁均为姜姓，因为"公羊"、"穀梁"二字切音皆"姜"字，许桂林在此怀疑的基础上更大胆怀疑"即一人寓此二姓，'寿梦'为'乘'，'勃鞮'为'披'，古虽有之，不必以翻切始孙炎为疑也"②。在他看来，公羊、穀梁皆是"姜"姓所托。

（2）《左传》为《公羊》《穀梁》二传"曼衍而成"

《春秋》三传成书时间，传统的观点认为《左传》因与孔子同时最先出，《公羊传》为子夏亲传，而《穀梁传》为子夏门人所传。但许桂林有新的看法，认为《左传》产生于二《传》之后，举出较详细的证据来证明其观点：

> 世乃谓左氏亲见圣人，窃谓左氏左袒晋三家、齐田氏，必六国时逊词避祸，昔人疑为六国时人，良是。盖其人负绝世文才，就《公》《穀》二传左右采获，因而曼衍而成一家书。如《传》称郤子登妇人笑于房，前后无言，郤克跛眇之文则何者可笑乎？此用《公》

---

① （清）许桂林：《春秋穀梁传时月日书法释例》卷一《总论》。
② 同上。

第六章 汉学复兴：清代穀梁学（中）

《穀》之说而失为照应者也。崔杼弑庄公，《公羊》无传，《穀梁》但有"庄公失言，淫于崔氏"八字。公羊，齐人且无所闻，而《左氏》叙述琐细，拊楹之歌、赐冠之举、干撅之请，此即有百二十国宝书亦所不应纪载者，左氏异国之人，何从得之，得毋因《穀梁》一"淫"字，生此文情乎？是因《公》《穀》之说巧为傅会者也。

他还列出了《左传》"用《公》《穀》之说而失于检点者也"、"用《公》《穀》之说而暗为注释者也"、"用《公》《穀》之说而更易词语者"、"因《公》《穀》之说而张皇润色者"、"因《公》《穀》之说可疑，酌为改易略近人情者"、"《公》《穀》所略乘之为详者"、"《公》《穀》为详而避之为略者"、"《公》《穀》所有则不道者"、"《公》《穀》所无而自为者"、"因《公》《穀》难通，自绎前后经文出新义者"、"有自出新义，又觉难安，更出别义寓于《传》中，待后人采取者"等十二种情况。矛头所向，都是针对《左传》的。许桂林说："从来文人之心，翔天入渊，无所不至，凿空而造人名、造地名，凿空而为梦境、为謰词，可惊可喜，不必尽事实也。……要而言之，《左氏》因《穀梁》《公羊》而成，《穀梁》似以《公羊》为外传，说《春秋》者，其惟《穀梁》为优欤？汉郑君硕学大儒，作《六艺论》，独称'《穀梁》善于经'，其必有所见矣。夫善于经者，时月日书法亦其一也，而可讥为迂妄乎哉？"[①]

上述许氏所论，牵涉《春秋》三传今古文之争。汉代刘歆与太常博士所论尚在《左传》是否"传《经》"一点上，刘歆以《左传》"亲见国史，近于圣人"，比《公羊传》《穀梁传》"得之传闻"更具文献的权威性，两家所论都未言及《左传》的真伪。而许桂林降《左传》的地位于《公》《穀》二传之下，贬其"从二《传》曼衍而成"，使《左传》极大程度处于《春秋》三传的边沿，这实际上与晚清康有为《新学伪经考》斥《左传》为"刘歆所作伪"之说前后声气相通。但无论以《公羊传》为《穀梁传》"外传"，还是《左传》"曼衍"自二《传》，许桂林均表达了一种与众不同的观点。时人唐仲冕在《春秋穀梁传时月日书法释例序》中，对其所论加以批评："至谓《公羊》为《穀梁》外传，《左氏》

[①] （清）许桂林：《春秋穀梁传时月日书法释例》卷一《总论》。

因《公》《穀》曼衍，近于武断。然汉儒治经，弊在党同伐异而经学立；后人治经，弊在随声是非而经学废。月南（引者注：许桂林号）殆犹有专门之风，故特标举为成学，治古文者劝焉。"① 这个批评，是恰如其分的。

(二)《春秋穀梁传时月日书法释例》的三例

1.《提纲》以明宗旨

归纳出30种记时月日的条例②，提纲挈领地加以罗列。如"天子志崩不志葬。志葬，危不得葬也；日之，甚矣。诸侯葬时，正也；时葬，故也，危不得葬也。而为贤者崇，亦书日。弑君，贼不讨不葬。而子弑父者，不忍使父失民于子，亦月葬；非弑则时葬。内女不日卒，而月葬，闵之也。弑，谨而月之，未成为君，不日。中国子弑，不日，夷之也；夷狄子弑，日，谨之也"。据笔者统计，分为正月、夏四月秋七月冬十月、闰月、朔晦、即位、公如、朝、盟、郊、烝尝觌、大阅、侵、战、败、溃、入（别国）、取、灭、（出）入、归、奔、卒、崩葬、弑、杀、日食、旱雾雩、地震山崩、灾异、虫灾30种具体情况。另外，还有"书时略也，书月日详矣，书昔，书夜中，书日中，书日下（稷），盖非常之至也"、"月或书夏五而不云月日，或连书甲戌己丑，厥文，或传疑也"等两种特殊情形。其总的宗旨是"《春秋》书时月日，有正例、不用正例者，或谨之，或危之，或美之，或恶之，或备之，或略之，或著之，或非之，或信之，或闵之"③。即通过具体史实的时月日不同书法以表达一种"微言大义"。许氏仅罗列条例，但未作详细的阐述，在第三卷"述《传》"中结合具体的传文进行疏证。

2. 详细阐释《传》例

卷三"述《传》"，按《提纲》所列的各种情况，引述《春秋》《穀梁传》经传文加以疏通证明，还"引《公羊》互证者，有驳《公羊》而专主者，类别引申，条例明整"。从其释例来看，方法有：

---

① （清）唐仲冕：《春秋穀梁传时月日书法释例序》，载《春秋穀梁传时月日书法释例》卷首。
② 《提纲》共31条，其中"总纲"1条，"分目"为30条。
③ （清）许桂林：《春秋穀梁传时月日书法释例》卷二《提纲》。

第六章　汉学复兴：清代穀梁学（中）

（1）通观全《传》加以疏证

如"正月"例，隐元年春王正月，《穀梁传》："虽无事，必举正月，谨始也。"隐十一年，公薨。《穀梁传》："隐十年无正，隐不自正也。元年有正，所以正隐也。"许桂林综合全《传》以立论：

> 《春秋》书正月者，桓十四、庄十一、闵二、僖十六、文七、宣七、成九、襄十三、昭十四、定七、哀二，惟隐自元年外无书正月者，盖隐将让于桓公，不以正月治事也。元年有正，明隐之正，不然，则直书"春王三月公及邾仪父盟于眛"，与定元年书"春王三月晋人执宋仲幾于京师"同，可矣。特书正月，明隐之正异于定之无正也。①

从许氏所列举的各年份来看，有仅书"正月"而不纪事者，有书"正月"纪事者，有直书"春"而不书"正月"者，与其专论"正月"例不符，这是许桂林论证中的疏漏。

（2）引《公羊传》为证

由于《公羊传》与《穀梁传》解经大体相同，均强调"时月日"之例，因此，许桂林多引《公羊传》之说进行比证。定公元年春王，《穀梁传》："不言正月，定无正也。定之无正，何也？昭公之终非正终也，定之始非正始也。昭无正终，故定无正始。"《公羊传》解说与此不同："定何以无正月？正月者，正即位。定无正月者，即位后也。"许桂林综合二《传》，判断如下：

> 《公羊》此传又云："定哀多微词，主人习其读而问其传，则未知己之有罪焉尔。"盖《春秋》之义，本以昭无正终，定无正始，不书正月。若定公、哀公读《春秋》而问其故，则权词答曰："即位在六月故也"，此董仲舒所谓"智不危身也"。《穀梁》明正义，《公羊》述微词，互相备尔。

---

① （清）许桂林：《春秋穀梁传时月日书法释例》卷三《述〈传〉》。

这表明《穀梁传》《公羊传》在定公元年无"正月"的解说上，各有所长。另外，如论"朔"例。僖二十二年冬十二月己巳朔，宋公及楚人战于泓，《穀梁传》："日事遇朔曰朔"，而《公羊传》亦有解说："偏战者日尔。此其言朔何？《春秋》辞繁而不杀者，正也。"许桂林比较二《传》说："《公羊》以宋襄不鼓不成列，虽文王之战亦不过此，迂儒之见，以《穀梁》'日事遇朔曰朔'为长。"① 可见，许桂林对《公羊传》既肯定其长处，又否定其短处，但总体上否定多于肯定，这与许氏笃信《穀梁传》，而以《公羊传》为外传总的态度相一致。

（3）既强调正例，也重视变例

在《提纲》部分，许桂林提到"有正例、不用正例"两种情况。正例，即作者所说的"常例"，常例之外就是"变例"。如关于"葬"例。成公十三年冬，葬曹宣公，《穀梁传》："葬时，正也。"许桂林解读说："此葬时，正也。例时正，故月日皆为故。"这表明葬时为正例，葬月日为变例，均有其原因。成公十五年八月庚辰葬宋共公，许桂林认为宋共公日葬为"变例"，"疑于危不得葬，故著变例"。襄公三十年十月葬蔡景公，葬"月"为变例，是因为蔡世子般弑其父，故月葬，"不忍使父失民于子也"。昭公十九年冬葬许悼公，葬"时"应为"正例"，但我们从卷一《提纲》中了解到国君"非弑则时葬"，但《春秋》于本年五月戊辰书"许世子止弑其君买"，则许悼公之葬应不以"时"。《穀梁传》对这一矛盾的记述进行了解读："日卒时葬，不使止为弑父也。曰，子既生，不免乎水火，母之罪也。羁贯成童，不就师傅，父之罪也。就师问学无方，心志不通，身之罪也。……许世子不知尝药，累及许君也。"② 范宁《注》二次解读说："许君不授子以师傅，使不识尝药之义，故累及之。"这表明与其他弑君有别，并非主观行为。许桂林进一步疏证："此又一变例也。葬时，正也。弑而葬，书时，见非弑也。《左（传）》于此传云：'尽心力以事君，舍药物可也。'《公（羊传）》于此云：'许世子止弑其君买，是君子之听止也，葬许悼公，是君子之赦止也。'三《传》皆同，而《穀梁》著日月例尤明。"③

---

① （清）许桂林：《春秋穀梁传时月日书法释例》卷三《述〈传〉》。
② 《春秋穀梁传注疏》卷十八，昭公十九年冬"葬许悼公"传。
③ （清）许桂林：《春秋穀梁传时月日书法释例》卷三《述〈传〉》。

第六章 汉学复兴：清代穀梁学（中）

3."别例"对"《传》例"的进一步补充

《穀梁传》之例，已见上文卷二《提纲》和卷三《述〈传〉》的归纳，许桂林认为这就是范宁《春秋穀梁传集解》之中归纳的"《传》例"，"为《传》所本有者"。他发现在《春秋穀梁传集解》中还有"别例"，这是范宁在集解《穀梁传》时所归纳的有关"时月日"例，将其单列为"《传》外余例"，与前面所列举的《传例》"不敢以溷也"①。《传》外余例包括：

第一，夫人如，"例时"。庄公二十年春王二月，夫人姜氏如莒。文公九年三月，夫人姜氏至自齐。杨士勋《春秋穀梁传注疏》引范氏例云："夫人行有十二，例时。此致而书月者，盖以非礼而致，故书月以刺之。"第二，外相朝，"例时"。第三，聘，"例时"。第四，会，"例时"。隐公十年春王二月，公会齐侯、郑伯于中丘。范宁《注》："隐行，自此皆月者，天告雷雨之异，以见篡弑之异，而不知戒惧，反更数会，故危之。"第五，平，"例日"。定公十年，公及郑平。范宁《注》："平不日者，亦有恶。"第六，遇，"例时"。僖公十四年六月，季姬及鄫子遇于防。范宁《注》："两相遇，例时。此非所宜遇，故谨而月之。"第七，夫人飨，"例月"。第八，王使，"例月"。第九，归，"例时"。隐公八年三月，郑伯使宛来归邴。范宁《注》："凡有所归，例时。"第十，宗庙，"例月或时"。隐公五年，考仲子之宫。范宁《注》："失礼。宗庙功重者月，功轻者时。"第十一，祭祀，"例时"。桓公八年正月己卯，烝。范宁《注》："失礼祭祀，例日；得礼，例时。定八年冬，从祀先公是也。"第十二，逆女，"例时"。隐公二年九月，纪履緰来逆女。范宁《注》："不亲迎，则例月，重录之；亲迎，则例时。"第十三，送女，"例月"。第十四，狩，"例日"。桓公四年春王正月，公狩于郎。范宁《注》："蒐狩，例日，而此月者，重公失礼也。"第十五，城，"例时"。第十六，伐，"例时"。隐公四年春王二月，莒人伐杞，取牟娄。范宁《注》："伐国及取邑，例时；此月者，盖为下戊申卫君完卒日起例也。凡例宜时而书月者，皆缘下事当日故也。日必继于月，故不得不书月，事实在先，不得不后录也。"第十七，围，"例时"。第十八，克，"例月"。隐公元年夏五月，

---

① （清）许桂林：《春秋穀梁传时月日书法释例》卷一《总论》。

郑伯克段于鄢。范宁《注》："段有徒众，攻之，为害必深，故谨而月之。"第十九，救，"例月"。第二十，迁，"例月"。昭公九年，许迁于夷。范宁《注》："许比迁徙，所都无常居处，薄浅如一邑之移，故略而不月。"第二十一，诸侯奔，"例月"。第二十二，诸侯归，"例月"。僖公三十年秋，卫侯郑归于卫。范宁《注》："徐邈曰：'凡出奔归，月；执归，不月。奔则国更立主，故君还入，必有战争祸害，所以谨其文。执者，罪名未定，其国犹追奉之，归无犯害，故例不月。'"第二十三，执，"例时或月"。桓公十一年九月，宋人执郑祭仲。范宁《注》："执大夫者，有罪者，例时；无罪者，例月。此月者为下盟。"第二十四，立，"例月或时"。隐公四年冬十二月，卫人立晋。范宁《注》："立、纳、入，皆篡也。大国篡，例月；小国，时。"第二十五，公薨，"例日"。桓公十八年夏四月丙子，公薨于齐。范宁《注》："公薨，正与不正，皆日，所以别内外也。"第二十六，夫人薨，"例日"。第二十七，周大夫卒，"例日"。第二十八，内女卒，"例日"。第二十九，赗，"例时"。隐公元年秋七月，天王使宰咺来归惠公仲子之赗。范宁《注》："赗，例时。书月，以谨其晚。"第三十，有年，"例时"。第三十一，大水，"例时"。第三十二，内灾，"例日"。桓公十一年八月壬申，御廪灾。范宁《注》："内灾，例日。"杨士勋《疏》引"成三年甲子，新宫灾"，可以印证。第三十三，外灾，"例时"。庄公二十年夏，齐大灾。范宁《注》："外灾例时。"可知，各例均与"时月日"相关，许桂林或言其为正例，或言其为变例，并略举《传》《注》加以疏证。

从上面的分析看出，因为"《穀梁》时月日例更密于《公羊》，许桂林作《穀梁释例》以发明之"[①]。《穀梁释例》虽然与柳兴恩的《穀梁大义述》相比卷帙简短，但其所言条例和疏证均能反映《春秋穀梁传》重"时月日"书法的特点。前人评价该书："观月南先生《释例》，涣然冰释，而《废疾》益起，若其类别之详审，引信之简明，以况武子（范宁字），其庶几焉！刘原父（刘敞字）言'窘于日月'，焉在其窘也？"[②] 时

[①]（清）皮锡瑞：《经学通论》四《春秋》"论《春秋》必有例，刘逢禄、许桂林《释例》大有功于《公羊》《穀梁》，杜预《释例》亦有功于《左氏》，特不当以凡例为周公所作"条。

[②]（清）汪喜孙：《春秋穀梁传时月日书法释例记》，载许桂林《春秋穀梁传时月日书法释例》卷首。

人白镕认为"月南是书,详为释例,为《穀梁》之功臣,究《春秋》之微意"①。这些评论虽不无溢美处,但许桂林以"时月日"书法为切入点归纳《春秋穀梁传》的条例,条理明晰,为人们了解《春秋穀梁传》提供了一种路径。因此,该书具有一定学术价值。

四 "据三《礼》以证《穀梁》":侯康《穀梁礼证》

孔子说:"礼之所兴,众之所治也;礼之所废,众之所乱也。"② 又说:"非礼无以节事天地之神也,非礼无以辨君臣、上下、长幼之位,非礼无以别男女、父子、兄弟之亲,婚姻疏数之交也。"③ 礼之废兴,于国家、社会、家庭的秩序之影响甚大,而《春秋》是与礼乐制度互为表里的。郑玄虽有"《左氏》善于礼,《公羊》善于谶,《穀梁》善于经"之说,但实际上,学者均援三《礼》来注《春秋》三传,各有侧重。宋张大亨《春秋五礼例宗》、魏了翁《春秋左传要义》、元吴澄《春秋纂言》、明石光霁《春秋钩玄》、清前期万斯大《学春秋随笔》、毛奇龄《春秋毛氏传》、惠士奇《半农春秋说》"皆于典礼三致意焉"④。侯康则专以三《礼》来疏证《穀梁传》,撰作《穀梁礼证》。但全书未完成,仅存丛稿五十余条,由其弟侯度整理为二卷⑤。侯康的《穀梁礼证》,是"据三《礼》以证《穀梁》"⑥,其治学特点表现为:

(一)"以意逆志"——推求《春秋穀梁传注疏》之"志"

"以意逆志"是孟子在理解《诗经》时提出的原则:"不以文害辞,不以辞害志。以意逆志,是为得之。"⑦ 赵岐释此语:"人情不远,以己之意逆诗人之志,是为得其实矣。"⑧ 即读者或解说者以自己的心意去体会

---

① (清)白镕:《春秋穀梁传时月日书法释例跋》,载《春秋穀梁传时月日书法释例》卷首。
② 《礼记·仲尼燕居》。
③ 《礼记·哀公问》。
④ (清)伍崇曜:《穀梁礼证跋》,载侯康《穀梁礼证》卷末,粤雅堂校刊本。
⑤ 徐世昌:《清儒学案》卷一百三十三《月亭学案下·侯康》。
⑥ 《清史列传》卷六十九《侯康传》以为"治《穀梁》以证三《礼》",从侯康书名的命意看,应是据三《礼》以证《穀梁传》。
⑦ 《孟子·万章上》。
⑧ (汉)赵岐注,(宋)孙奭疏:《孟子注疏》卷九上,"以意逆志"赵岐注。

作者的创作意图。朱熹所言"当以己意迎取作者之志"①与此同。德国"解释学之父"狄尔泰有一个著名论断:"阐释者的个性和他的作者的个性不是作为两个不可比较的事实相对而存在的;两者都是在普遍的人性基础上形成的,并且这种普遍的人性使得人们彼此间讲话和理解的共同性有可能。"② 人同此心,中外一理,均揭示了后人理解前人著述意图的可能性。不仅解释《诗经》如此,诠解《春秋》亦如此。宋代叶梦得说:"此亦孟子论《诗》所谓'以意逆志',是为得学《春秋》而至是,然后能出传注之外,而察千载之在其目前也。"③ 可谓发为先声。侯康以三《礼》推证《春秋穀梁传注疏》时,也使用"以意逆志"的方法。

隐公七年三月,叔姬归于纪,《穀梁传》解释说:"其不言逆,何也?逆之道微,无足道焉尔。"范宁《注》:"叔姬,伯姬之娣,至此归者,待年于父母之国,六年乃归。媵之为言送也,从也。不与嫡俱行,非礼也。"《穀梁传》关注于迎取叔姬者的身份,范宁《注》则批评叔姬迟归违礼,二者所言不同。《白虎通》对"叔姬归于纪"也作了解释:"侄娣年虽少,犹从适人者,明人君无再娶之义也。还待年于父母之国,未任答君子也。"按《白虎通》之义则叔姬"迟归"六年当是违礼的行为,但同时认为叔姬年龄太小,还不能侍奉纪君,是事出有因。叔姬之迟归既违礼,又不违礼。侯康认为范宁"此《注》讥其非礼,于《穀梁》无文,恐是范氏礼例耳,非必《穀梁》义。待年之说,当从《白虎通》"④。侯康的推求,是合理的。

隐公八年七月,宋公、齐侯、卫侯盟于瓦屋,《穀梁传》有"盟诅不及三王"传文。"盟诅"本为周公所制《周礼》之法:"谓方岳及有疑会同始为之耳",杨士勋《疏》以为"不如春秋之世屡盟,故云'不及三王'也"。清人秦蕙田亦认为"古者诸侯盟礼,皆因朝觐天子而后脩之,以奖王室,睦邻好。春秋之世,诸侯不尊天子,而假此礼以行之,故荀卿、穀梁子有'盟诅不及三王'之论,非古无是礼也,其说皆极有

---

① (宋)朱熹:《孟子集注》卷九,四库全书本。
② [德]威廉·狄尔泰:《诠释学的起源》,转引自《理解与解释》,东方出版社2001年版,第90页。
③ (宋)叶梦得:《春秋考》卷一《统论》,四库全书本。
④ (清)侯康:《穀梁礼证》卷一"《经》'叔姬归于纪'"条。

义"①。侯康推逆隐微之处："然窃谓二书（杨《疏》、秦蕙田《五礼通考》）与《穀梁》本末未尝相违也。《周礼》《仪礼》皆周公所定，二书虽为太平制作，周公已逆知人心不古，必渐有疑贰，因制为盟诅以示要约，其时已在文武后，此正'不及三王'之明征，何反以为难乎？"②侯氏可谓"知人论世"、"以意逆志"，推证春秋之时，人心不古，诸侯屡盟，不及三王，"众所归信，不盟诅"，故《穀梁传》"盟诅不及三王"之说是不容驳难的。

其他"以意逆志"之处亦不少，侯康作为解释者与《春秋穀梁传》及其注疏的作者对话，推求诠释者的微意，因之"能出传注之外，而察千载之在其目前也"，传达了前人解《经》释《传》的各种意图。

（二）怀疑的诠释学——辨正《春秋穀梁传注疏》之"失"

怀疑的诠释学就是对传统表示怀疑，寻其错误，主张以较进步的了解来重新解读文本。"这实际是在贯彻回归原典的主张，纠正'语言文字实未之知'的偏差，维护'实事求是'的原则，高扬科学和理性的精神。"③正如本书第一章第二节中指出，《春秋穀梁传》、范宁《集解》、杨士勋《疏》形成了三级诠释体系，在每一级转换中，由于作者理解的差异，往往出现"注驳传"、"疏破注"的情况。但"往事越千年"，侯康根据自己掌握的资料和较正确的诠释方法对《春秋穀梁传》及其注疏的某些失误之处提出自己的怀疑和辨正。

隐公三年四月，尹氏卒，范宁《注》："不书官名，疑其讥世卿。"杨士勋《疏》释《注》："'疑其讥世卿'者，《穀梁》无传，惟据《公羊》，故云疑也。"侯康征引许慎《五经异义》："《公羊》《穀梁》说卿大夫世则权并一姓，妨贤塞路，专政犯君，故《经》讥周尹氏、齐崔氏也"之说，对范宁《注》、杨士勋《疏》加以辨正："是《穀梁》之讥世卿固有明文，特非见于《传》耳。"④侯氏以许慎之说对范、杨二人的怀疑进行再怀疑，其说《穀梁传》有"讥世卿"之文，应是一种根据旁证材料

---

① （清）秦蕙田：《五礼通考》，清经解本。
② （清）侯康：《穀梁礼证》卷一"盟诅不及三王"条。
③ 周光庆：《中国古典解释学导论》，中华书局2002年版，第445页。
④ （清）侯康：《穀梁礼证》卷一"《经》'夏四月，尹氏卒'"条。

的推断。

隐公九年春，天王使南季来聘，《穀梁传》："南氏，姓也。"范宁《注》此："南季，天子之上大夫，氏以为姓也。"侯康对范宁"氏以为姓"表示怀疑："氏以为姓，三代以下尽然，春秋时似未闻也，南季当是以姓为氏，非以氏为姓。"接着引郑樵《通志·氏族略》"以姓为氏"条、《汉书·艺文志》、东汉王符《潜夫论·氏姓篇》、郑玄《驳五经异义》为证："可知古人姓氏容有合而为一者。然则南氏姓犹云姓南氏耳，古人名字上皆系氏不系姓，南虽本是姓，而其后既为氏，则下可系字曰南季矣。"①侯氏探本溯源，纠正了《穀梁传》与范宁《注》的颠错。

（三）信赖的诠释学——确立《春秋穀梁传注疏》之"是"

信赖的诠释学就是对传统经典文本表示尊重和信赖，以各种论据去确立其真实性，以达到"十分之见"，"其理解和解释，无论巨细本末，每一处都可以得到有效的验证，都符合合法性、相应性、范型性、连贯性的标准"②。侯康对《春秋穀梁传注疏》的多数解说是信赖的，他从三《礼》等文献中均能找到确凿的证据以证明其"是"。

隐公三年三月，天王崩，《穀梁传》："其不名，何也？大上，故不名也。"范宁《注》解《传》："夫名者所以相别尔，居人之大，在民之上，故无所名。"侯康确证道：

　　称天子为大上者，《荀子·君子篇》："莫敢犯大上之禁。"注："大读为太。太上，至尊之号是也。"但杨倞读"大"为"太"。范氏则"读如字"。考《左传》襄公二十四年"太上有立德"。《礼记·曲礼》"太上贵德"。二"大"字皆读作"泰"，而训为"帝皇之世"。此《传》解作"天子"，似当与彼处有别，则范读是也。③

"大上"之读音及释义，侯氏以范宁之说为确。王应麟《困学纪闻》中

---

① （清）侯康：《穀梁礼证》卷一"《传》'南氏，姓也；季，字也'"条。
② 周裕锴：《中国古代诠释学研究》，上海人民出版社2003年版，第363页。
③ （清）侯康：《穀梁礼证》卷一"其不名，何也"条。

说:"大雩、大阅、大蒐、肆大眚,凡以'大'言者,天子之礼也。"①也可作为侯康的佐证。

隐公八年七月庚午,宋公、齐侯、卫侯盟于瓦屋,《穀梁传》有"诰誓不及五帝"。侯康认为《穀梁传》之说为是,他确证如下:

> 《伪古文·大禹谟》有"禹誓师"事,彼《疏》云:"《穀梁传》:'诰誓不及五帝。'不及者,言于时未有也,据此文五帝之世有誓。《穀梁传》,汉初时始作,不见经文,妄言之耳。"杨士勋此《疏》亦引《大禹谟》文而释之曰:"舜是五帝之末,命禹徂征,是禹之事,故云不及五帝。"按此二《疏》,皆不知《大禹谟》之伪,从而为之辞者也。孔氏并诋《穀梁》妄言,尤谬。《司马法·天子之义》篇:"有虞氏戒于国中,欲民体其命也。夏后氏誓于军中,欲民先成其虑也。殷誓于军门之外,欲民先意以待事也。周将交刃而誓之,以致民志也。"于夏商周皆言誓,于虞独言戒,是即"诰誓不及五帝"之明证。②

侯康认为,《伪尚书·大禹谟》中的材料不能作为否定《穀梁传》的依据。按《司马法》,禹之"戒"与夏、商、周之"誓"有差异,二者共同证明了《穀梁传》"诰誓不及五帝"的真实性。

桓公四年正月,公狩于郎,《穀梁传》认为有"四时之田":"春曰田,夏曰苗,秋曰蒐,冬曰狩。"范宁《注》:"田,取兽于田;因为苗除害,故曰苗;蒐,择之,舍小取大;狩,围狩也;冬物毕成,获则取之无所择。"《周礼》"四时皆田"说:"春曰蒐,夏曰苗,秋曰狝,冬曰狩",仅春、冬二田名称略异。但《礼记·王制》认为天子、诸侯无事则一岁三田。其《注》明言"夏不田。盖夏时也"。《公羊传》亦认为无"夏田",何休《穀梁废疾》坚持此说:"《运斗枢》曰:'夏不田。'《穀梁》有夏田,于义为短。"郑玄《释废疾》则以"四时皆田,夏殷之礼(侯康按:当作'殷周之礼')"之说以驳公羊家之说。侯康肯定《穀梁

---

① (宋)王应麟:《困学纪闻》卷六《春秋》。
② (清)侯康:《穀梁礼证》卷一"诰誓不及五帝"条。

传》"四时之田"的正确性，他以《诗经》经典依据的权威性来寻证：

> 《诗》云："之子于苗，选徒嚣嚣。"夏田明矣。孔子虽有圣德，不敢显然改先王之法以教授于世，若其所欲改，阴书于纬藏之以传后王。《穀梁》四时田者，近孔子故也。《公羊》正当六国之亡，谶纬见读，而传为"三时田"，作《传》有先后，虽异，不足以断《穀梁》也。按，《公羊》"善于谶"，故中多纬书，说不如《穀梁》为时王正礼。①

侯氏抓住了《公羊传》以谶纬之说驳《穀梁传》的偏差，这一学术方法是正确的。另《穀梁传》"四时之田"与《周礼》"四时皆田"相同，说明侯康"《穀梁》时王正礼"之说有经典依据。

从上可见，侯康《穀梁礼证》对《春秋穀梁传注疏》中凡涉于《礼》者"引史据经"，或推求其述作之"志"，或辨正其"误"，或确立其"是"，使"古义凿然"②。从考据资料的丰富，以及诠释技巧的掌握来分析，侯康之书均有一定特点，所以章炳麟《訄书》认为清代学者《穀梁传》的研究成果，"惟侯康为可观（著《穀梁礼证》），其余大氏疏阔"③。其评价虽有所夸大，但高度肯定了侯康《穀梁礼证》的学术价值。

五 "推其立说之原"：王闿运《穀梁申义》

王闿运（1833—1916），字壬秋，一字壬父，湖南湘潭人。咸丰三年（1853）中举，因贫就食四方，先后为山东巡抚崇恩、大学士肃顺、曾国藩节署等幕客。光绪四年（1878），四川总督丁宝桢聘其为成都尊经书院院长，成材甚众。返回湖南后，相继为长沙思贤讲舍、衡州船山书院山长。光绪三十四年（1908），湖南巡抚岑春蓂向朝廷推荐其学行，得授翰林院检讨，晋侍读。入民国，为国史馆馆长。1916年去世，享年八十八岁。王闿运年幼好学，"于是年十有五明训诂，二十而通章句，二十四而

---

① （清）侯康：《穀梁礼证》卷二"春曰田，夏曰苗，秋曰蒐，冬曰狩"条。
② （清）李慈铭：《越缦堂读书记》之《经部·春秋类》，中华书局2006年版。
③ 章炳麟：《訄书》第十二《清儒》，上海古籍出版社2017年版。

言礼。考三代之制度，详品物之所用。二十八而达《春秋》微言，张公羊，申何学，遂通诸经"①。所著书以经学为多，关于春秋学著作有《春秋公羊传笺》十一卷、《穀梁申义》一卷等。

（一）《穀梁申义》的撰写目的

王闿运在《穀梁申义序》中探讨了撰写《穀梁申义》的原因：

1. 批评范宁《穀梁传集解》的不足

如本书前面所述，范宁注解《穀梁传》，继承了晋代不以专门说经的"儒博通综"之风②。范宁指出："凡传以通经为主，经以必当为理。夫至当无二，而三《传》殊说，庸得不弃其所滞，择善而从乎？既不俱当，则固容俱失。若至言幽绝，择善靡从，庸得不并舍以求宗，据理以通经乎？虽我之所是，理未全当，安可以得当之难，而自绝于希通哉！"③ 为求理通，所以他在注解《穀梁传》时有"毁《传》"之词，这种注解经传的方法对后世影响极大：

> 夫《传》述圣言，不能无瑕。然穀梁子私淑仲尼，亲研异同，指事立教，必有宏旨。受经授义，义同君亲，入室操戈，昔人所伤。说《传》疑《传》，后生何述？徒令蔑师法，侮圣言，因缘抵隙，六经皆讹，自赵宋及前明，流祸烈矣！④

王闿运批评范宁违背了前人"注不破传"的陈规，使"我注六经"变为"六经注我"，将经传沦为"我之理"的注脚，所以宋明学者"以己意说经"之流祸导源于范宁。道光时安徽桐城学者戴钧衡阐述了与此相同的意见："说经之道，惟信与通。信而不通，则以辞害意；通而不信，则虽善无征。"⑤ 范宁注解《穀梁传》通而不信，就使该传的原旨受到毁损。

2. 祛后人之疑惑

王闿运认为，《春秋》三传之中，《左传》"专于史，离经（《春秋》）

---

① 《清史稿》卷四百八十二《王闿运传》。
② 《晋书》卷九十一《范宣传》。
③ （晋）范宁：《春秋穀梁传序》，载《春秋穀梁传注疏》卷首。
④ （清）王闿运：《序》，载《穀梁申义》卷首，光绪十七年刊《湘绮楼全集》本。
⑤ （清）戴钧衡：《序》，载《书传补商》卷首，咸丰刻本。

别行"，其体裁相当于司马迁《史记》的"本纪"，为三史之学。而《公羊传》《穀梁传》解释《春秋》"各得其趣"。《穀梁传》依《春秋》树义，其中有"离合难审"之处。后世学者见《穀梁传》与《公羊传》同属今文经学，而解释《春秋》各异其趣，怀疑《公羊》《穀梁》"所受"于孔子弟子子夏的真实性。因此，"乐《左氏》之事实，曲《春秋》以从之，故有'赴告则书'，陋同朝报；月日无意，随其刀笔；或又悉废三《传》，妄作褒讥，乱其词，乱其事，而《春秋》亡矣！"①

王闿运所言，反映了自东汉以后《公羊》《穀梁》今文经学衰微，《左传》古文经学兴盛的学术演变；自中唐以后，《春秋》学发生转折；宋代学者对《春秋》三传大胆怀疑、批评。如王安石"新学"讥《春秋》为"断烂朝报"而废立学官②；刘敞等贬议《穀梁传》"窘于日月"，而二程、苏辙、胡安国等"诸儒各自为传，或不取（三）《传》注，专以《经》解《经》；或以《传》为案，以《经》为断；或以《传》有乖谬，则弃而信《经》，往往用意太过，不能得是非之公"③。《四库全书总目》归纳为三途发展："其后析为三派。孙复《尊王发微》以下，弃《传》而不驳《传》者也；刘敞《春秋权衡》以下，驳三《传》之义例者也；叶梦得《春秋谳》以下，驳三《传》之典故者也。"④ 故《春秋》学亡，"圣人之心志不明于后世久矣！"⑤

王闿运要恢复《春秋》学的传统，对后人的误读进行发覆，释疑解惑。首先，他张公羊学，《公羊传》虽为今文经学的大宗，但"唯《公羊》不足祛惑"，因为《穀梁》学者之论，可为世范，王闿运"更申《穀梁》，推其立说之原，期于不乱而止"。约举《穀梁传》巨疑加以解说，申发其大义，写成《穀梁申义》一卷。

---

① （清）王闿运：《序》，载《穀梁申义》卷首。
② 关于"断烂朝报"之说，据清人纳兰性德《通志堂集》卷十二《龙学孙公〈春秋经解〉序》所述，王安石政敌孙觉所作《春秋经解》"论议精严"，王安石"甚其不能胜之也。因举圣人笔削之经而废之，且为'断烂朝报'。始不过忮刻，而终于无忌惮若此"。关于此，杨时有异词："当时三《传》异同无所是正，于他经为难知，故不列于学官，非废而不用。"纳兰性德认为杨时"殆曲护之而为是言"。
③ （清）纳兰性德：《〈春秋经筌〉序》，载《通志堂集》卷十二《经解序三》，上海古籍出版社1979年版。
④ （清）永瑢等：《四库全书总目》卷二十八《春秋三传辨疑提要》。
⑤ （清）纳兰性德：《〈春秋经筌〉序》，载《通志堂集》卷十二《经解序三》。

第六章　汉学复兴：清代穀梁学（中）

（二）《穀梁申义》推比《穀梁传》大义

《穀梁申义》的体例特点为，举出《穀梁传》大的疑问，"不全载经传"①。据统计，春秋鲁国十二公均有涉及，其中隐公8条，桓公2条②，庄公14条，闵公1条，僖公17条，文公3条，宣公3条③，成公10条，襄公8条，昭公7条，定公2条，哀公2条，共75条。《春秋》载事千余件，《穀梁传》解经五六百条，《穀梁申义》仅居十之一，所以是书颇类条辩体。我们对该书进行深入解读，对其主要内容归纳如下。

1. 《穀梁传》"但受大义"

班固《汉书·艺文志》言："仲尼没而微言绝，七十子丧而大义乖。"④ 关于"微言"与"大义"的内涵与区别，据《汉书》李奇注："隐微不显之言也。"颜师古注："精微要妙之言耳。"因为孔子据鲁史编写《春秋》指责乱臣贼子，"为有所刺讥褒讳挹损之文辞不可以书见也"⑤。所以"隐其书而不宣，所以免时难也"⑥。孔子以《春秋》教授弟子，"七十子之徒口受其传指"⑦。"传指"即《春秋》的"大义"，据《汉书·司马相如传》孟康注说："犹作《春秋》者，正天时，列人事也。言诸儒既得展事业，因兼正天时，列人事，叙述大义为一经也。"⑧ 可见，"微言"为孔子在《春秋》中隐含的刺讥褒讳挹损精微不显之言，而"大义"是孔子向弟子解说《春秋》的有关天时、人事的传指，二者内涵的差异，晋代杜预"《春秋》微而显"⑨ 一语颇能体现。

王闿运是晚清公羊学者，对《公羊传》极为推崇，认为"《公羊》

---

① （清）王闿运：《序》，载《穀梁申义》卷首。
② 文中有编次倒错之误，将"桓四年无秋冬二时"置于"桓元年冬王使荣叔来赐桓公命"之前。
③ 作者不审，将"宣公十六年夏成周宣［谢］灾"误为"文公十六年"。另经文"宣谢"脱"谢"字，而王闿运"申义"部分辨"谢"、"榭"之通用，可判定为刊刻时所夺，非王闿运抄误也。
④ 《汉书》卷三十《艺文志》。
⑤ 《史记》卷十二《十二诸侯年表序》。
⑥ 《汉书》卷三十《艺文志》。
⑦ 《史记》卷十二《十二诸侯年表序》。
⑧ 《汉书》卷五十七下《司马相如传下》。
⑨ （晋）杜预：《春秋正义序》，载《春秋经传集解》卷首。

· 277 ·

亲受圣言"①，庄公三十一年六月"齐侯来献戎捷"条也说："《公羊》亲受圣言。"而"穀梁子未亲闻微言，但受大义"②。由于《公羊传》与《穀梁传》师授不同，导致传解《春秋》有异说。僖公十五年九月乙卯晦，震夷伯之庙，《穀梁传》："夷伯，鲁大夫也。"王闿运《穀梁申义》："《公羊》以为季氏之孚。……《公羊》别受师傅，故知为微者。"僖公十八年五月戊寅，宋师及齐师战于甗，齐师败绩，《穀梁传》"客不言及，言及恶宋也。"《穀梁申义》说："《公羊》伯宋之说，(《穀梁》)儒者所不传也。"宣公八年六月，仲遂卒于垂，《穀梁申义》认为"《穀梁》属辞比事，不据史文，凡此未爵无君之义，要受之先圣，但《公羊》口传，有自知为讥世卿、讥内娶，《穀梁》无此义耳"。

《穀梁传》虽然"不受微言"，无《公羊传》"异义可怪之论"，但也申发许多有价值的"大义"。隐公元年七月，天王使宰咺来归惠公仲子之赗，《穀梁传》说："母以子氏。仲子者何？惠公之母，孝公之妾也。"王闿运《穀梁申义》认为："《公羊》以为仲子桓母。今云惠母者，先师相传有'母以子氏'之说。以僖公成风既是僖母，惠公仲子必是惠母也。……《公羊》亲受圣传，故知为桓母。《穀梁》直以词事相比，以为惠母，世次虽舛，然足张嫡庶之义，破(《公羊传》)'母以子贵'之误说，无害于说经也。"《穀梁传》本条原本只发掘"母以子氏"的重要命题，而"张嫡庶之义"是在隐公四年十二月卫人立晋所发传："《春秋》之义，诸侯与正而不与贤"，范宁注引范雍："正谓嫡长也。……立君非以尚贤，所以明有统也。建储非以私亲，所以定名分。名分定，则贤无乱长之阶，而自贤之祸塞矣。君无嬖幸之由，而私爱之道灭矣。"③王闿运却从隐元年惠公之母与桓公之母之辨中能发现"嫡庶"之义，是其新的贡献。

宣公十年四月，齐侯元卒，齐崔氏出奔卫，《穀梁传》："氏者，举族而出之辞也。"何休、郑玄均主张"氏"、"举族"为"讥世卿"，但王闿运《穀梁申义》认为，《穀梁传》本无"讥世卿"之义，崔氏出奔是"未爵而逐父之臣……改父之臣……《穀梁》特严父卒孤未爵之文，以教孝也。""孝"为三纲的范畴，本书第一章第二节已有论述，这又为王闿

---

① （清）王闿运：《穀梁申义》卷一，隐二年十二月乙卯"夫人子氏薨"条。
② （清）王闿运：《穀梁申义》卷一，隐元年秋七月"天王使宰咺来归惠公仲子之赗"条。
③ 《春秋穀梁传注疏》卷一，隐公四年冬十二月"卫人立晋"传范宁注。

第六章　汉学复兴：清代穀梁学（中）

运所申发的新义。

成公八年七月，天子使召伯来赐公命，《穀梁传》："曰天子，何也？曰见一称也。"王闿运解释说：《穀梁传》"凡赐命皆讥"，为什么"赐命"当讥，《穀梁申义》作了具体阐述：

> 赐命当讥者，王者天下所归往，若人不服，当文绥之，武威之，何得降尊就卑，反以命就赐之乎？强臣虽无王，然欲得王命以自重以欺天下。故海外及叛藩明知王力不能讨，王命不足荣，而终以王命为重也。天子与诸侯同是爵，故以讥天王不为人所归而惟建空名。自周以降，凡以九赐王封授强臣，乃至如明季封孙可望，皆以为不赐命不能禁其不自帝也，亦未知驭臣者也。①

从这段材料看，反映了王闿运强烈的"尊王"思想，是对《穀梁传》"见一称"所作的引申发挥。

王闿运另外在昭公十二年冬，"晋伐鲜虞"发见"《穀梁》谨夷夏，责伯主，慎兵威，明机权，儒者之宏义也"。

以上这些"嫡庶"之分，"忠孝"，"王道"，"夷夏"之防，"王霸"之辩均是《春秋》经学题中应有义，但王闿运对此高度评价："穀梁儒生而能传此大义，故可为经训耳"②，肯定了《穀梁》大义的普世价值。

2. "推其立说之原"

王闿运从《公羊传》与《穀梁传》解经歧异出发，推论《穀梁传》立说的原因。其主要方法为"《穀梁》不受微言，直以事比，故文歧异也"③。直以事比，即将同类史事进行比较或将相同用语的记载进行类比，以寻求义例所在，这就是《礼记》所强调的"《春秋》属辞比事之教"。

隐公元年惠公"仲子"为惠母或是桓母的问题，《穀梁申义》从僖公成风这一"同词同号"现象，指出："《穀梁》直以词事相比，以为惠母。"隐公元年十二月，祭伯来，《穀梁传》解释"来"为"来朝"，主张《春秋》"内鲁"、"主鲁"之义，即《春秋》是以鲁国为视角来记载

---

① （清）王闿运：《穀梁申义》卷一，成元年七月"天子使召伯来赐公命"条。
② （清）王闿运：《穀梁申义》卷一，哀二年夏"赵鞅帅师纳卫世子蒯聩于戚"条。
③ （清）王闿运：《穀梁申义》卷一，昭十二年春"齐高偃帅师纳北燕伯于阳"条。

历史。王闿运比较了《公羊传》《穀梁传》的差异："《公羊》以为奔，盖天子畿内诸侯无相朝侯国者。今（《穀梁传》）以为'来朝'，亦是比'州公寔来'之事，明同为'来朝'也。取足张人臣无外交之义，不妨为异。"①

隐公二年十二月乙卯，夫人子氏薨，《穀梁传》认为"夫人"是"隐公之妻也"，《公羊传》以为"隐母"。王闿运推论《穀梁传》立说的原因：

> 今以为隐妻者，既云"隐摄"，摄子无爵母之义，不得称夫人，以事比之，比君妻也。《公羊》亲受圣言，故知为隐母。让不立而母称夫人，桓母贵反称仲子，启羽父之邪心，召桓公之逆谋，故圣人著其薨，去其葬，以示由来之渐。此则以隐不葬妻为从夫，而讳妻称夫人，辞穷则同也。

关于"夫人"的身份，《左传》以"桓母"，《公羊传》以"隐母"，《穀梁传》以"隐妻"，三《传》各异，要得出正确的结论需要综合考量。正如王闿运本人所说："凡说《春秋》，欲通三《传》，而申一家，则必阴取他说，别出己意。"② 大体反映了《春秋》学研究的一般方法。

哀公二年夏，晋赵鞅师师纳卫世子蒯聩于戚，《穀梁传》："纳者，内弗受也。以辄不受父之命，受之王父也。信父而辞王父，则是不尊王父也。其弗受以尊王父也。"此事之起因，据郑玄《释废疾》所述，卫世子蒯聩欲杀其母，被卫灵公所废，而以其子辄为继承人，蒯聩逃亡晋国，晋国赵鞅率军支持蒯聩返卫，卫辄拒父入境。王闿运《穀梁申义》分析了卫辄情感上的两难境地："待王父死而以位让父，是以位为利而私以与父，既欺王父，而又以利饴父，尤非义也。"所以王闿运从伯夷、叔齐之谦让加以推比，以情论之，应在"守卫稍定，（卫）辄当告于殡，谋于庙，选亲贤而让之，己则去之，至饿死而不怨，以全父子之恩，此大贤之事也。伯夷、叔齐不辞于先，而辞于父死后，不为彰父之过。辄何必

---

① （清）王闿运：《穀梁申义》卷一，隐元年冬十二月"祭伯来"条。
② （清）王闿运：《穀梁申义》卷一，隐五年九月"考仲子之宫"条。

第六章 汉学复兴：清代穀梁学（中）

惧卫无君代父而立，故以之比也"。所以，此推论较好地体现了《穀梁传》传释《春秋》经文的内蕴。

不仅用"推比"的方法来解说，而且王闿运还将《穀梁传》相同的传文进行比较，加以评述。隐公七年滕侯卒，《穀梁传》发现"滕侯无名。少曰世子，长曰君，狄道也，其不正者名也"。王闿运将"无名"的国君加以列举，并分析说：

> 今以为无名者，庄卅一年薛伯卒，僖廿三年杞子卒，并不日。昭五年秦伯卒，虽承戊辰日下，曰宜别出。隐八年夏六月辛亥宿男卒日而不名，既以未能同盟别之。则此五不名不日者，比事相同，同是无名，狄道也。成十六年夏四月辛未滕子卒日而不名，弥是无名之比，故以狄道说之。①

王闿运通过以上六条材料归纳出，对于夷狄之君，其卒无论纪日或不纪日，均不书名，成为《穀梁传》的一条通例。

宣公八年六月，仲遂卒于垂，《穀梁传》："此公子也。其曰仲，何也？疏之也。何为疏之也？是不卒者也。不疏则无用见其不卒也。则其卒之何也？以讥乎宣也。"《穀梁申义》解释仲遂为何不称"公子"："去公子此知疏之者，比公子翚贬不书卒，此亦不书而以讥宣。"王闿运将考察的视野扩大到隐公三年四月辛卯尹氏卒、僖公二十五年夏宋杀其大夫、文公七年秋公会诸侯晋大夫盟于扈等王朝、列国大夫不称名字者凡十一条，它们或书大夫，或书氏，或书官，均为"属词"之体，穀梁学者"传说既异，注家互殊，今推寻经文传意，当合一例，皆嗣君未毕丧而命大夫"。这属于王氏所言的"总列以见义"②，准确直观地反映了《穀梁传》的义理。

3. 折中《穀梁废疾》何休、郑玄之学

何休《穀梁废疾》与郑玄《起废疾》（或《释废疾》）是属于针锋相对的两部著作，前者为攻难《穀梁传》解释《春秋》的不通之处，后者

---

① （清）王闿运：《穀梁申义》卷一，隐七年"滕侯卒"条。
② （清）王闿运：《穀梁申义》卷一，宣八年夏六月"仲遂卒于垂"条。

为回应前者之驳难，具体情况见本书前面相关部分所述。清代学者对二者有所研究，或偏重一家者，如刘逢禄有《穀梁废疾申何》，是对何休《穀梁废疾》的进一步阐述；有论辩何休、郑玄二家之得失者，如廖平《起起穀梁废疾》等。王闿运的《穀梁申义》属于后者。然从撰写时间来说，廖平《起起穀梁废疾》成书于光绪十年（1884），而《穀梁申义》写成于同治八年（1869），王闿运为廖平学业之师，所以折中《穀梁废疾》何休、郑玄之学的方法是王氏所首创，并对廖平有所启发。

据统计，《穀梁申义》引述何、郑之说有 25 条，占全书的三分之一，表明王闿运对该问题的重视。具体来说，有两点值得总结之处。

（1）归纳出郑玄解释《穀梁废疾》的缺点

庄公四年夏，纪侯大去其国，《穀梁传》释"大去"："不言灭而曰大去其国者，不使小人加乎君子。"何休《穀梁废疾》指出，楚世子商臣弑其君，并灭汉阳诸姬六国，为十恶不赦的小人，但《春秋》不书"大去其国"；另"纪侯大去其国"这一书法形式，纪国为齐国所灭的史事不明，所以显现不出齐襄公的罪恶。何休从书法、惩恶两个角度批驳了《穀梁传》。郑玄解释说，汉阳诸姬无纪侯之贤，所以"不得变'灭'言'大去'也"。他还认为从庄公元年齐师迁纪，三年纪侯将鄑并入齐，到四年纪侯大去其国，可见齐国逐渐灭纪的事实。且变"灭"为"大去"为纵失齐襄公之恶是《春秋》，而不是《穀梁传》。王闿运评价何、郑之说："何（休）论失襄公之恶，郑（玄）论江六非贤皆是也。郑以何意难答，猥以经传游词拒之。"特别指出郑玄不从正面回答何休的缺点。

文公五年正月，王使荣叔归含且赗，《穀梁传》发传意："其曰'且'，志兼也。其不言'来'，不周事之用也。赗已早，而含以晚。"何休以反例相驳，僖公成风薨于文公四年，秦国于九年才来归襚，于丧事最不周，《春秋》还书"来"，与《穀梁传》的传意相反。郑玄不从《穀梁传》本传出发来回应何休，而是仍以秦国之事为说，认为秦自崤之战后，与晋国长期陷于战争，故无暇顾及本国之女鲁僖公成风的丧事，虽五年后才来归襚，《春秋》不责晚。王闿运《穀梁申义》也发现了郑玄这一缺陷："郑君诡言以拒难，非《（穀梁）传》意也。"其评价颇中其的。

襄公二十七年夏，卫杀其大夫甯喜，卫侯之弟专出奔晋，此事的具体经过，卫献公衎悬赏其弟专及大臣甯喜弑杀卫侯剽，可见三人均为弑君之人。卫献公回国后，不兑现承诺，反而以弑君之臣的名义杀甯喜。专见其兄不讲信用而出奔晋国，终身不言卫。所以《穀梁传》认为专之去国，以见卫献公之恶，"合乎《春秋》"。何休表示疑问，专以卫献公"小负"而自绝于祖国，不关大义，怎么说是合乎《春秋》呢？郑玄回答说：《春秋》拨乱重盟约，卫献公背盟，杀忠于己者，是其恶而难亲，"献公既恶而难亲，专又与喜为党，惧祸将及，君子见几而作，不俟终日。……专之去卫，其心若此，合于《春秋》，不亦宜乎？"但王闿运说：《穀梁传》凡称弟皆贵，"特许专能去，开改过之路，全兄弟之仁，身不被祸，兄不伤恩，非贵专也，贵其去也"。认为这应切合《穀梁传》专之去国的原意，因此评价郑玄的缺点："凡郑释何，皆取偏词。"但我们考察《穀梁传》本条原文，郑玄的解释更接近传意，所以王闿运《穀梁申义》的批评并不准确。

但对郑玄正确之处也有所肯定。襄公三十年四月，蔡世子般杀其君固，《穀梁传》："其不日，子夺父政，是谓夷之。"作为中原文明国家，子弑父夺其政，是野蛮的夷狄行为，所以通过君卒不书"日"以表示。何休以楚世子商臣弑其君为什么反书"日"相责难。郑玄依据《穀梁传》中原国君"卒日"，与弑与不弑无关，夷狄之君卒例"不日"，认为夷狄之君被弑而"日"者，"悯其为恶之甚"，中原之君卒而日"与夷狄同例"，均是一种变例。所以，王闿运肯定说："凡变书皆有意义，郑答是也。"不隐其所长。

（2）对何休、郑玄不足之处有所批评

僖公九年九月戊辰，诸侯盟于葵丘，《穀梁传》："桓盟不日，此何以日？美之也。为见天子之禁，故备之也。"何休《穀梁废疾》以诸侯盟会"日"或"不日"发难："即日为美，其不日皆为恶也。桓公之盟不日皆为恶邪？庄公十三年柯之盟不日为信，至此日以为美，义相反也？"郑玄从春秋历史变化的角度加以解释说：从柯之盟不纪日表明齐桓公取信于诸侯，此后以不纪日为平文，不含义理，但自阳谷之会至葵丘之盟，周天子禁盟会，齐桓公的影响力也将衰，所以纪日以美"尊王"，从此未出现盟会之事。郑玄的解释符合春秋的历史实际，也准确揭示了《穀梁传》的内在意蕴。王闿运《穀梁申义》认为"此《(穀梁)传》明终始之义，何君妄驳,不足深答也"①。所以对何休的批评是准确的。

僖公十一年八月,大雩,雩祭为"夏祈谷实之礼也"②。《穀梁传》以"得雨"为雩,不得雨为旱。何休从《公羊传》角度提出疑问说:"《公羊》书雩者,善人君应变求索;不雩则言旱,旱而不害物言不雨也。就如《穀梁》设本不雩,何以明之?如以不雨明之,设旱不害物,何以别乎?"郑玄解释说:"得雨书雩,明雩有益;不得雨书旱,明旱灾成,后得雨无及也。……旱而不害物,故以久不雨别之。"王闿运认为:"凡雩者,非常之灾也。不雨则旱,雨则喜而书雩。凡书不雨者,不为灾也。郑以常雩明此雩,非《(穀梁)传》意也。何以本不雩为难,亦非也。"对何休、郑玄的观点均提出批评。

僖公十八年冬,邢人、狄人伐卫,何休、郑玄有所问答,《穀梁申义》认为"何、郑皆非也",否定二人的意见。

僖公二十三年五月庚寅,宋公兹父卒,《春秋》只书卒不书葬,《穀梁传》认为:"兹父之不葬,何也?失民也。其失民,何也?以其不教民战,则是弃其师也。"何休从公羊学立场理解宋公不葬的原因:"所以教民战者,习之也。《春秋》贵偏战而恶诈战。宋襄公所以败于泓者,守礼偏战也,非其不教其民也。……《公羊》以为不书葬,为襄公讳。背殡出会,所以美其有承齐桓尊周室之美志。"郑玄提出反驳:"教民习战而不用,是亦不教也。诈战为不期也。既期矣,当观敌为策,倍则攻,敌则战,少则守。今宋襄公于泓之战违之。"王闿运《穀梁申义》认为:"何君以《公羊》之谊讥《穀梁》,此责越人以章甫也。郑君又以《穀梁》为长,亦未足以答《公羊》之难。"郑玄、何休皆为一偏之见。

昭公十二年冬,晋伐鲜虞,《穀梁传》批评晋国说:晋为中原盟主,与处于夷狄地位的楚国交伐中原之国,故直书"晋"以"狄称之"。何休表示疑惑:"《春秋》多与夷狄并伐,何以不狄也?"说明《穀梁传》狄晋不妥。郑玄回答说:楚国相继灭蔡伐徐,晋国为中原盟主而不纠合诸侯相救,"舍而伐鲜虞,是楚而不如也,故狄称之焉"。郑玄大体反映了《穀梁传》的传旨。王闿运认为何休"以与夷狄交伐之文为非,是何

---

① (清)王闿运:《穀梁申义》卷一,僖九年丘九月"诸侯盟于葵丘"条。
② 《春秋穀梁传注疏》卷八,僖公十一年八月"大雩"传范宁注引郑玄。

（休）之不审也"。他还将夷狄之国与中原之国一年之内发动35次战争加以列举，总结说："总此三十五事观之，何君所驳了无所据，郑君所答实未尽《穀梁》之义。"说明何休的怀疑太主观，而郑玄的回答也不完善，对二人的评价颇为客观。

4. 训诂名物，校读音韵

王闿运有《公羊传笺》，将经学笺注方法也运用到《穀梁申义》中，所以该书对《穀梁传》中的一些典章名物进行训释，音韵文字进行校读。

有关典章名物：

隐公五年九月，考仲子之宫，《穀梁传》引礼加以注释："礼：庶子为君，为其母筑宫。使公子主其祭也。于子祭，于孙止。"王闿运先后援据《礼记》的《丧服小记》《杂记》，《礼经》的《缌麻服章》《哀三年章》《大功章》《小功章传》等经传资料来加以解释和辩说，使《穀梁传》的传注更为明确。

僖公四年夏，楚屈完来盟于师，盟于召陵，《穀梁传》认为是"菁茅之贡"。范宁注"菁茅"为"香草"，可以缩酒，楚国之职贡。但"菁茅"的具体细节不清，王闿运广引文献以说明：

> 《史记·封禅书》，管仲对齐桓公曰："古者封禅，江淮之间一茅三脊，所以为藉也。"《禹贡》："荆州贡包匦菁茅。"左思《吴都赋》："职贡纳其包匦。"刘逵注云："菁茅生桂阳，可以缩酒，给宗庙，异物也。"《管子·轻重篇》云："江淮之间，一茆三脊，名曰菁茆。"

从所引文献看，有关菁茅的形状、产地、用途由此而明，这是对《穀梁传》及其注疏的补充。

定公元年九月举行大雩礼，《穀梁传》解释整个祭祀过程，其中有"请乎应上公。古之神人有应上公者，通乎阴阳"。按《春秋穀梁传注疏》，周天子雩上帝（天），诸侯雩上公，上公即"古之神人"，是天帝的"属神"，能通阴阳，使其为民求雨。王闿运认为"应上公"当是"应龙"，他征引文献加以说明。如《山海经·大荒东经》载，土丘应龙能降雨。《楚辞·天问》"应龙何画"王逸注："或曰禹治洪水时，有应龙以尾画导水径所当决者，因而治之。"《广雅》以其有翼称"应龙"。因雷雨之时，有鹰形之物，称"鹰龙"，故民间称应龙为"雷公"。王闿运还解释《穀梁传》为何称其"应上公"："应龙盖爵为上公，或者祀以上公之礼，故谓之曰应上公。"可见，作者多方引证，弄清楚"应上公"的具体对象，虽含有传说神话成分，但比穀梁学者解释得更直观，可备一说。

有关音韵文字的校读：

庄公二十二年正月，肆大眚，《穀梁传》注释说："肆，失也。眚，灾也。灾纪也？失故也。为嫌天子之葬也。"王闿运认为："灾纪也"，"也"为古"邪"字，他解释说："弟子问：'赦，令常事眚灾亦须纪邪？'答云：'失故也。'言以失罪，故纪之也。文姜罪不可赦，今肆大眚为故，失有罪，故特书之。"他还指出，《穀梁传》中"也"当作"邪"者有数处。其中宣公十六年夏，成周宣榭灾，《穀梁传》："周灾不志也。"其"也"应读若"邪"，是"弟子问词也。周灾惟此一书，疑周同外灾不志，故问之"。这个"也"字，王闿运的学生廖平认为："'也'当为'地'。'志'上当有'不'字。"① 同样使用理校（亦称活校），王氏是从语脉出发，并有学理依据，发现了从前学者未注意到的文字问题，而廖平则纯属主观判定，所以王闿运之说更为合理。

僖公二十二年十一月泓之战，《穀梁传》有"司马子反"一人，范宁引《左传》"作子鱼"，杨士勋引糜信之说"子反当为子夷"。何者为是？王闿运《穀梁申义》考证道：

> 《公羊》云："公子目夷。"……案《尒疋（即尔雅）》："马二目白，鱼一目白瞯。"《说文解字·目部》云："䀹，多白眼也。"子鱼盖多白眼，故名鱼，字子䀹。作"反"，省文耳。夷、鱼盖一声之转，或者目伤多白眼也。

王闿运从小学入手考察清楚了"子反"人名的来源，弥补了穀梁学者的不足。

---

① 廖平：《穀梁古义疏》卷六，宣十六年夏"成周宣榭灾"条。

第六章 汉学复兴：清代穀梁学（中）

文公六年十月，晋杀其大夫阳处父，《穀梁传》有"故士造辟而言"一语，《穀梁申义》据王引之《经义述闻》说，"造辟"即"造郤"，即今"促膝"一词，王闿运认为"辟、郤，形近而误"，其归因颇有道理。《穀梁申义》还在襄公十年，公至自会，《穀梁传》"汲郑伯"条引用王引之的考证成果：

> 范（宁）云"汲犹引也。"王引之曰："'汲'当作'没'。读若'不没其身'之'没'。没郑伯，卒郑伯也。"（王）引之改字是，而义非也。没者，深没其文。没郑伯者，没不见其弑，使若正卒然。

王引之父子是清代著名的小学大家，代表了当时文字学的最高水平，王闿运重视他们的成果，表明对前人学术成果的重视和尊重。

成公十四年冬，秦伯卒，王闿运认为《春秋》有脱文，他解释道："据《世本》，桓公名和，秦伯不名，即当有传。今无传，又无注，知脱落在范氏（宁）之后。《（经典）释文》不言与《左氏》异，则脱落又在陆氏（德明）之前也。"他指明自己的怀疑是根据范宁《春秋穀梁传集解》不注推知。

综上所述，王闿运作为公羊学者，对《穀梁传》作了较深入的研究，阐发了一些新的大义并作了总结，指出使用"推比"相同经文而得出义理是《穀梁传》解释《春秋》的方法。对何休《穀梁废疾》、郑玄《起废疾》这一学术公案作了新的评估，对两位学者的长短均有所论定。此外，还利用经学训诂方法笺注《穀梁传》中一些前代学者未解释的典章名物，以及文字音韵等小学问题，弥补了前人的不足。因此，《穀梁申义》的研究内容呈现出多元化的特征。王闿运克服了乾嘉以来"学者习注疏文章，皆法郑（玄）、孔（颖达），有解释，无纪述，重考证，略论辨"[1]的弊端，所以其所撰《穀梁申义》"无弃置师法，燕说郢书之妄；亦无和合传义，支室错迕之谈。在所撰经说中，此书最为矜慎"[2]。大体反映了该书的特点。

---

[1] 支伟成：《清代朴学大师列传》第八《王闿运》，第264页。
[2] 中国科学院图书馆整理：《续修四库全书提要》经部《穀梁申义提要》，齐鲁书社1996年版。

六　会通中学西学：江慎中《春秋穀梁传条指》

江慎中（？—1909）是晚清专治《穀梁传》的学者，成《春秋穀梁传条例》《春秋穀梁传条指》二书，其《用我法斋经说》中也有论述春秋穀梁学的有关内容。

江慎中认为，《春秋》经孔子笔削，已经寄予普世的政治意义，"每谓圣人经世之学，具于《春秋》，必有深远之义，昭示万世"①。这是他治《春秋》的原因。在《春秋》三传中，江慎中偏重《穀梁传》。其原因有三。

第一，《穀梁传》善解《春秋》。江慎中"治《春秋经》，雅好《穀梁》，谓其书善《经》，清而不短"②。他还认为，在《春秋》三传中："惟穀梁氏深达圣人之恉。顾其辞义简奥，传习之士，弗能尽通，故轻议之者，或仅以为循文训义，无悖于理而已，而不知其条理精密，与圣人制作之心，隐合符契，固卓然出《左氏》《公羊》之上也。"③《穀梁传》传达了孔子"褒贬"之义，成为《春秋》的代言人，故有超出《左传》《公羊传》之上者。

第二，赓续往圣之绝学。江慎中《春秋穀梁传条例》成书后，众多学者为该书撰序表达对历代春秋穀梁学命运的关切。如汪鸣銮《序》："《穀梁》简质，自汉以来，其学未显。"俞樾《序》："又自汉以来，一夺于《公羊》，再夺于《左氏》。入国朝又夺于《公羊》，《穀梁》几成绝学。"叶昌炽《序》："自晋以来，微言大义，没于惊沙碛石，昏然长夜，不可复旦。"江慎中在《叙》中也说："自西汉以迄六朝，三传互有废兴，而《穀梁》每不如二家之盛。其为注者，尹更始而下，凡十余家，今惟范氏《集解》仅存。范《注》绝无师法，义最疏舛，又喜非毁《传》文。而唐人《义疏》，乃宗述之。啖、赵以后，竟为凿空之学，历宋元明，此《经》遂成绝绪。"这些论述，均表明江氏意欲承担起复兴穀梁学

---

① （清）江慎中：《春秋穀梁传条例叙》，载《国粹学报》1910 年第六卷第 6 期，"绍介遗书"。
② 叶昌炽：《春秋穀梁传条例叙》，载《国粹学报》1910 年第六卷第 6 期，"绍介遗书"。
③ （清）江慎中：《春秋穀梁传条例叙》，载《国粹学报》1910 年第六卷第 6 期，"绍介遗书"。

第六章　汉学复兴：清代穀梁学（中）

的重任。

第三，欲超越前贤之成果。清朝是中国传统经学的"复盛时代"，包括《穀梁传》在内的十三经都受到学者的研究。在江慎中之前，侯康、许桂林、柳兴恩、钟文烝治春秋穀梁学，江氏对这些人的看法是：

> 侯氏之书，尚未成就。许氏则仅述日月之例，无所发明；其尤谬者，以焚咸邱为火田，谓晋平公卒不书日，是于《经》《传》之文尚未细检也。柳氏专事钞撮，绝无心得；其书《内述例》一篇，惟排比日月，而不及其他，若不知日月之外，别有义例者；其于《穀梁》之学，入之不深，已可概见。惟钟氏明训诂，通典礼，正谬误，用力最勤，所得亦最多。钟氏之所长者，在梳栉文辞，敷畅事理，以达《传》者之意；其所短者，在不能覃研大义，以求圣人制作之精。虽特揭"正名"、"尽辞"二义，以为《春秋》纲要，然实不能推阐其义，以释《经》《传》，特虚演辞说而已。又不谙古人经注、经说、义疏各有其体，而乃曼衍以为详，泛滥以为博，繁文冗义，徒滋炫乱，识者病之。①

在江慎中眼中，侯康《穀梁礼证》仅是半成品；许桂林《春秋穀梁传时月日书法释例》仅叙述时间，且有史实错误；柳兴恩《穀梁大义述》仅是钞撮之学，未阐发义例；钟文烝的《春秋穀梁经传补注》虽评价最高，然不精研大义，不识体例，颇涉泛滥。一句话，各书均非上乘之作。因此，江氏欲完成一部超越前人的春秋穀梁学新作。

（一）《春秋穀梁传条例》的开辟榛莽

同治末年，江慎中开始研究《春秋》及《穀梁传》。他说研治《春秋》学要抓住两个核心：一是明义，二是明例。

1. 阐明大义

在二十多年的时间里，江慎中研精覃思《春秋》大义，"《春秋》大义数十，如振王道、纪世变、尊周亲鲁故宋、崇贤重众贵民之类"②，均

---

① （清）江慎中：《春秋穀梁传条例叙》，《国粹学报》1910年第六卷第6期，"绍介遗书"。
② 同上。

见于《穀梁传》，也是《穀梁传》的大义，这与《公羊传》的"张三世"、"托新王"不同。江慎中将他的发现求证于同道，学界同人未加置信，认为是模拟公羊家的说法而附会于《穀梁传》。要想使粗浅的认识得到学术界的认同，必须进一步加以系统化、条理化。"乃为条举《经》《传》之文，反覆比勘，确指而明示之。于是，闻者皆恍然释然，始信《穀梁》所传之义之果有如是。"这坚定了江慎中的信心，于是进行撰述来阐明他的看法。

2. 归纳传例

江慎中说："治《春秋》者，莫先于明例。而余所创立诸说，尤非属辞比事不能通。爰刺取《（春秋）经》《（穀梁）传》之文，各以类聚，为之明其条贯，析其疑滞，撰条例三十二篇。"具体来说，从江慎中《春秋穀梁传条例》"叙"中自注所言，他在批判晋代杜预《春秋释例》和前辈学者刘逢禄《公羊何氏释例》不足的基础上，创通体例，对晋代范宁《春秋穀梁传集解》和钟文烝《春秋穀梁经传补注》加以去取，并加上自己的意见，撰成《春秋穀梁传条例》十卷。

该书脱稿于光绪十九年（1893），只有三十篇，光绪二十年以初稿就正于当世知名学者汪鸣銮、俞樾、叶昌炽，他们均给予高度评价。如叶昌炽在《叙》说："作者所举三十例，囊括条贯，若纲在网，绍尹氏之微言，起劭公之《废疾》。所谓好学深思，心知其意，海滨孤诣，陈观楼后，安得不推君为巨擘。"[①] 俞樾亦言："其尤善者，则'尊周、亲鲁、故宋'之说，独得大义，举《公羊》家之非常异义一扫而空之。若本此条例，刺取范《注》、杨《疏》及国朝诸儒之说，去非存是，汇为巨编，安知不驾钟氏而上之哉？"[②] 光绪二十三年（1897）又增加两篇成为定稿[③]。具体篇目如下：

卷之一　始隐桓终获麟例第一　王正例第二　世变例第三　内外例第四

[①] 叶昌炽：《春秋穀梁传条例叙》，《国粹学报》1910年第六卷第6期，"绍介遗书"。
[②] （清）俞樾：《春秋穀梁传条例叙》，《国粹学报》1910年第六卷第6期，"绍介遗书"。
[③] （清）江慎中：《春秋穀梁传条例》光绪二十五年"附记"，《国粹学报》1910年第六卷第6期，"绍介遗书"。

卷之二　时月日例第五　地例第六

卷之三　名例上第七　名例下第八

卷之四　尊周亲鲁故宋例第九　崇贤例第十　讳例第十一　重众贵民例第十二

卷之五　十二公终始例第十三　夫人内女终始例第十四（外女附）

卷之六　王崩葬例第十五　诸侯卒葬例上第十六　诸侯卒葬例下第十七　大夫卒例第十八

卷之七　郊庙例第十九　内事杂例第二十　内外如来例第二十一　会盟例第二十二

卷之八　侵伐迁灭例第二十三　二伯会盟侵伐例第二十四　获归例第二十五

卷之九　至还复例第二十六　奔叛归入例第二十七　弑杀例第二十八（放附）

卷之十　灾异例第二十九　志不志例第三十　传疑例第三十一　杂辞例第三十二

将江慎中的《春秋穀梁传条例》与杜预《春秋释例》、刘逢禄《公羊何氏释例》相比较，可以发现它们之间的关联。如《春秋释例》专言《左传》的条例：

卷一　公即位第一　会盟朝聘例第二　战败例第三　母弟例第四　吊赠葬例第五　大夫卒例第六

卷二　灭取入例第七　氏族例第八　爵命例第九　内外君臣逆女例第十　内女夫人卒葬例第十一　侵伐袭例第十二

卷三　灾异例第十三　崩薨卒例第十四　书弑例第十五　及会例第十六　蒐狩例第十七　庙室例第十八　土功例第十九　归献例第二十　归入纳例第二十一　班序谱第二十二　公行至例第二十三　郊雩烝尝例第二十四　王侯夫人出奔例第二十五

卷四　执大夫行人例第二十六　书谥例第二十七　书叛例第二十八　书次例第二十九　迁降例第三十　以归例第三十一　夫人内女归宁例第三十二　大夫奔例第三十三　逃溃例第三十四　杀世子

大夫例第三十五　作新门厩例第三十六　作主禘例第三十七　得获例第三十八　执诸侯例第三十九　丧称例第四十　告朔例第四十一　戕杀例第四十二

　　卷五　土地名第四十三

　　卷六　土地名第四十四

　　卷七　土地名四十五

　　卷八　世族谱第四十六

　　卷九　世族谱第四十七

　　卷十　经传长历第四十八

　　卷十一　经传长历第四十九

　　卷十二　经传长历第五十

　　卷十三　经传长历第五十一

　　卷十四　经传长历第五十二

　　卷十五　经传长历第五十三　终篇第五十四①

刘逢禄《公羊何氏释例》的具体条目如下：

　　卷一　张三世例第一　通三统例第二　内外例第三

　　卷二　时月日例第四

　　卷三　名例第五　褒例第六　讥例第七

　　卷四　贬例第八　诛绝例第九

　　卷五　律意轻重例第十

　　卷六　王鲁例第十一　建始例第十二　不书例第十三　讳例第十四

　　卷七　朝聘会盟例第十五　崩薨卒葬例第十六　大国卒葬表第十七　小国进黜表第十八　秦吴楚进黜表第十九

　　卷八　公终始例第二十　娶归终始例第二十一　致公例第二十二　公大夫世系第二十三　大夫卒例第二十四

　　卷九　侵伐战围入灭取邑例第二十五　地例第二十六　郊禘例

---

①　（晋）杜预：《春秋释例》之目录，四库全书本。

第六章　汉学复兴：清代穀梁学（中）

第二十七　阙疑例第二十八　主书第二十九

卷十　灾异例第三十①

将三人所释例相比较，可见它们之间相似之处还是很多的，不能依据江慎中"此书（《春秋穀梁传条例》）体例实万不能依放前人，非好异也"之说，而否认江慎中借鉴杜、刘二书的可能性。毕竟《春秋》三传同源异流，特别是《穀梁传》与《公羊传》之间有较多相似的地方。江慎中在其所撰的另一著作《春秋穀梁传条指》中说："余初为《穀梁条例》十余万言，略仿刘逢禄氏《公羊释例》之体，欲举《春秋》微言大义，悉萃于一编之中。"② 可知，江氏关于《春秋穀梁传条例》体例是否依傍前人的说法是矛盾的，他根本不能回避这一问题。当然，杜预的《春秋释例》仅限于例，而江慎中《春秋穀梁传条例》与刘逢禄《公羊何氏释例》有大义也有例。

由于《春秋穀梁传条例》是未刊稿，仅见《国粹学报》1910 年第六卷第 6 期"绍介遗书"的简介，详细内容不得而知。《藏园群书经眼录》《贩书偶记》《丛书综录》《丛书广录》《中国善本书目录》等公私书目未见著录，该书是否现存于世，不得其详。我们仅可根据现存的一些线索对其书的体例及内容略作分析。

（1）关于体例

《春秋穀梁传条例》俞樾"叙"介绍说："为条例者，凡三十，每例各引传文若干条，而自为说，即附其下。"③ 即先根据《穀梁传》传文的内容归纳出三十个条例，再引若干条传文进行证明，作者引申发挥，加以阐发的内容则附在传文之后。江慎中该书的体例不出杜、刘二书之外。但也有自己的特点。其一是变通性。"考杜氏《春秋释例》，皆每篇条举《经》《传》而于篇末总释之。近世刘氏逢禄作《公羊何氏释例》，亦沿其体，惟杜氏因事明例，推释可明。刘氏书以何《注》为主，何《注》本极详赡，刘氏又墨守其义，不作异同；所录注文大义已瞭，其篇末一

---

① （清）刘逢禄：《公羊何氏释例》之目录，清经解本。

② （清）江慎中：《春秋穀梁传条指叙》，《国粹学报》1910 年第六卷第 6 期，"经篇（外）"。

③ （清）俞樾：《春秋穀梁传条例叙》，《国粹学报》1910 年第六卷第 6 期，"绍介遗书"。

论不过驰骋文词耳。《穀梁》义例，更密于《公羊》，日月名地等篇义尤繁赜，断非一论所能了。而余于范《解》、钟《注》时有去取，且或以鄙见参之，亦与刘氏墨守何《注》者异。"江慎中不墨守前说陈规，而是有所变通发挥。其二是贯通性。江慎中《春秋穀梁传条例》的有些条例，需要通观《春秋穀梁传》全书才能得出，"至《世变》等篇，全属创通之义，更非逐条详说不明，故不能不以所释者散附条下，若篇末更作一论，义无所取，徒成赘疣而已"。本身就是议论性质的内容，就不需再加一段议论，否则就会显得累赘，这反映了江慎中的著书体例观。

（2）关于内容

《春秋穀梁传条例》叶昌炽"叙"高屋建瓴地对江慎中该书的内容进行归纳，今引述如下，以便分析：

> 爰为博采通论，析其疑滞，创为条例，都三十篇。君以经学受知于汪侍郎师，以其书授昌炽俾读之。哀举始终，讫于杂辞，若天子之宰，通于四海，则援翟方进之说；文无天，定无正，则援唐明经所称尹更始诸人之说；苍龙大辰，上推刘向、《玉英》、《繁露》，旁征仲舒《王人》书字；撼高密之遗文，嗣子称侯，宗先民之古训，要皆推本曩典，异于凿空。而且《五经异义》，间诘聘觐之礼；三世传闻，不信张大之辞。王充所谓语增范本之所舛，凡所是正，咸有依据。又若善伊吴语，画我鲁言，有继有顾，释语助之不同，传信传疑，辨经文之盖阙，兼甄雅训，旁采音切。而仆所尤服膺者，则尊周、亲鲁、故宋之说也。夫东迁虽降，非亳社之既屋，西方可怀有下泉之忾叹，何以端门受命，悍然制法，共主守府，遽就祧列，绎君言而知黜周王鲁非圣人之意也。《猗那》七篇，存考父之遗什；循墙三命，溯昌平之家风。宋虽殷后，实惟祖国先河之义，亦宜内讳，何以诸儒不详尊祖，绎君言而知新周、故宋、当二王后，亦非圣人之意也。是皆非常异义，后师末言，悬诸国门，一字不易。尝谓三科九旨，原出董子，其书俱在，可助墨守；贾、服虽亡，亦存厓略。惟陆氏所列《穀梁》十家，什不存一。而君乃于百世之后，掇拾残烬，卒使榛莽既辟，康庄共由；芳风所鼓，游尘遂息。非好学深思，心知其意者，其孰能之。藏山之业，世有桓谭，昌炽不敏，

第六章　汉学复兴：清代穀梁学（中）

敢为堕引。①

从以上引文可以看出，江慎中《春秋穀梁传条例》有四个方面的内容：一是引翟方进、尹更始、董仲舒等所著书的观点解释典章制度；二是攻驳前人书中礼制、文字等的错误；三是释语助，辨经文，甄雅训，采音切，从事音韵训诂校勘的工作；四是提出尊周、亲鲁、故宋之说为孔子《春秋》之原义，与公羊黜周、王鲁、新周、故宋、当二王后为后儒所创立不同。这些均是从大的方面来说。

较具体的内容可从江慎中的另一著作《用我法斋经说》管窥一二。其《无衣说》条有两则材料："《左传》言王命曲沃伯以一军为晋侯，晋大国本二军（说详《穀梁条例》）"，"又按《孟子》言侯伯异位，与《周官》言同为七命者不合（亦详《穀梁条例》）"②。《穀梁条例》即《春秋穀梁传条例》。从这两则材料看，作者意在发掘经典之间不同之处，但它们属于《春秋穀梁传条例》中的具体哪一例则不详。《周颂雝篇解》条："《春秋》所书，惟有禘于大庙之文，无禘于群庙之文。闵二年吉禘于庄公，乃丧终之禘也。昭十五年有事于武宫，则是嗣祭。武公庙不毁故时祭及焉，以为禘者非也（详《穀梁条例》郊庙篇）。"③ 这条材料见于《春秋穀梁传条例》卷七的《郊庙例第十九》。《卿大夫各分上中下解》条："不以小国之下卿独当大国之中大夫者，大国之大夫再命，而小国之卿不命（说详《穀梁条例》名例下篇）。"④ 此见于《春秋穀梁传条例》卷三的《名例下第八》。由这四点，可看出，《春秋穀梁传条例》的内容既引据《春秋》经文，也引证其他书籍，分析礼法典章制度是其重要的方面。

在清代研究春秋穀梁学义例、义理的著作中，侯康的《穀梁礼证》专言礼制，许桂林的《春秋穀梁传时月日书法释例》专说时月日，柳兴

---

① 叶昌炽：《春秋穀梁传条例叙》，《国粹学报》1910年第六卷第6期，"绍介遗书"。
② （清）江慎中：《用我法斋经说》"无衣说"条，《国粹学报（分类合订本）》1910年第六卷第2期。
③ （清）江慎中：《用我法斋经说》"周颂雝篇解"条，《国粹学报（分类合订本）》1910年第六卷第2期。
④ （清）江慎中：《用我法斋经说》"卿大夫各分上中下解（附表）"条，《国粹学报（分类合订本）》1910年第六卷第2期。

恩的《穀梁大义述》综合侯、许之书述日月、礼制。与这些著作相比，江慎中的《春秋穀梁传条例》不仅归纳礼制、时月日之例，还言及军事会盟、政治活动、灾异、书法等义例，其内容更全面系统。可贵的是该书还探论了《春秋》及《春秋穀梁传》中的一些思想（所谓"《春秋》十指"，下文将详细论述）。总之，江慎中《春秋穀梁传条例》既总结了《春秋穀梁传》的"微言"（"十指"），也归纳了大义（二十五个"例"），属于开辟榛莽而又有所创新之作。

（二）《春秋穀梁传笺释》的草创未竟

光绪二十三年（1897）江慎中完成《春秋穀梁传条例》后，俞樾又劝其为《穀梁传》作注，"而绩溪程蒲、孙秉钊，嘉应饶辅星轸，临桂龙松、岑继栋诸君，尤怂恿之"。江慎中雄心勃勃，"遂欲勉就此专家孤业，以副诸君之期望，因草创为《穀梁笺释》一书"①。正式进行笺释之前，他在《春秋穀梁传笺释举例》② 一文中，谈到《春秋穀梁传笺释》撰著设想，主要有以下几点。

1. 《春秋穀梁传笺释》的命名原则

江慎中认为，汉儒诂经之书，或名传，或名解，或称解诂、解谊。郑玄遍注群经，始立"注"名，后来学者笺释经书多取"注"名。然郑玄于《诗》独名"笺"，因郑玄学术以宗《毛诗》为主，而毛公已先作《毛诗传》，传即注，郑玄谦虚，不敢再作注与毛公相匹敌，以表示尊敬先儒。因此，江慎中欲效法郑玄，"尊奉《穀梁》，窃取斯义，此书不名《注》而名《笺》，康成可作，或余许焉"。故将书命名为《春秋穀梁传笺释》。

2. 《春秋穀梁传笺释》的撰写体例

江慎中说，笺注为古人章句之学，注重简明，对前人成说有所辩驳去取，故唐玄宗指出"具载文繁，略之义缺"，要求笺注经书需做到繁简适中。但六朝唐人因注作疏，极力发挥，故义疏之传于今者，大都称引浩博，芜杂太甚，学者厌苦其繁琐。清代学者阮元作《曾子注释》，始易

---

① （清）江慎中：《春秋穀梁传条指叙》，《国粹学报（分类合订本）》1910 年第六卷第 3 期，"经篇（外）"。
② （清）江慎中：《用我法斋经说》"春秋穀梁传笺释举例"条，《国粹学报（分类合订本）》1910 年第六卷第 2 期，"通论（外）"。

繁冗之体为简要之文。其主要特点是："凡所论述取足申注而止，余意未尽，或于《释》中见之，若注义已瞭，则不复具释。准今酌古，斯体最善。"江慎中设想，《春秋穀梁传笺》将仿阮著之体，对言犹未尽的笺注自为解释以申明其意，与笺合编，故名《笺释》。笺注以疏通字句，而释文阐明思想，二者相互配合，这表明江慎中设想的周全。

3. 具体笺释技术的设计

（1）题名

汉人题书名，多以小名在上，大名在下。如郑玄注《周礼》，首题《天官冢宰第一》，次题《周礼》，而后系以"郑玄注"。自王弼、杜预，始改为大名在上，不遵此法度。江慎中打算《春秋穀梁传笺释》"仿《周礼》郑注之例，首题'某公第几'，次题《春秋》，而系以《穀梁传》，蒙之姓名笺释更厕其下"，不失汉人之旧。

（2）卷次

《汉书·艺文志》，载《公羊》《穀梁》经，皆十一卷，以闵公附庄公，十二公而为卷十一。何休《春秋公羊传解诂》、范宁《春秋穀梁传集解》也是十一卷，而唐陆德明《经典释文》所录《公羊》《穀梁》皆十二卷，必为陆氏将闵公从庄公卷中析出单独成卷。清代陈立《公羊疏》，于庄公篇末提行，只题"闵公"二字，而于僖公则称"第四"，这与汉人旧目相合。江慎中《春秋穀梁传笺释》"特仿之。又以笺释文繁，惟定哀各为一卷，庄僖二公，分为上、中、下卷，余公各分上下卷，合子卷共为卷二十有二，虽有分析，而十一卷之旧，则未尝紊也"。即闵公仍附于庄公之后，不单独立卷。

（3）版式

江慎中认为，《经》《传》本各自为书，后人以《传》附《经》，乃合并为一。唐石经以《经》《传》合写，字体大小如一，行行顶格，每一年提行另起。宋刻注疏本也是如此，而于每条经文之上加一圈以示区别。明监本、闽本、毛氏汲古阁本，皆以经文提行顶格，接写传文，次行以后并低一格，钟文烝《春秋穀梁经传补注》也沿袭这种体式。这种体式的优点是"较石经及宋刻眉目稍清"，但也存在"经传尚嫌无别"的不足。唯清代武英殿本，每条经文皆提行顶格，所附之传，则次行低一格写之，其体最为明晰，江慎中表示《春秋穀梁传笺释》"从之"，即以武英殿本为准。又宋刻注疏本，经传大字单行，注疏均小字夹行，注附经传句下，疏则上作单行，疏字加"口"以别之。明刻本改注用中字单行，上加"注"字，疏仍是按宋刻之旧。《春秋穀梁传笺释》"笺之中用字，释用小字，盖仿其式，经、传、笺、释，四者格式各别，可以一览瞭然"。可见这吸收了宋明书刻版式的优点，并加以创新。

（4）人名

郑玄作《周礼注》，凡遇"郑大夫"、"郑司农"（引者注：即郑众）均因同宗只称官而不名以示尊敬。然范宁《春秋穀梁传集解》引诸家之说全举其名，只尊《春秋》，钟文烝《春秋穀梁经传补注》也如此称人名。江慎中认为《春秋穀梁传笺释》"今亦因之"，对韩愈、周敦颐、二程、张载、邵雍、朱熹等前辈大儒，《春秋穀梁传笺释》"今并名之，以同一律"；然郑玄只称其字"康成"，乃避康熙帝"玄烨"之讳，并不与上述一律称名相违背。

（5）引文

范宁、杨士勋《春秋穀梁传注疏》，钟文烝《春秋穀梁经传补注》，廖平《穀梁古义疏》引诸家之说尤备，抉择亦颇谨严，为江慎中笺释的基础。故江慎中表示，《春秋穀梁传笺释》对于《春秋穀梁经传补注》"所引多有去取"，也有《春秋穀梁传注疏》《春秋穀梁经传补注》所未引，而以个人的见解"增入者"。对于所引材料，江慎中笺著仿钟文烝《春秋穀梁经传补注》，凡从他书引的佚文，为避免烦琐不举其书名以明出处，故"所引者孰为旧解所有，孰为此编所加，亦不复区别也"。

（6）异文

陆德明《经典释文》多举《春秋穀梁》经、传别本异字，钟文烝《春秋穀梁经传补注·撰异》举正谬误，用力尤深。江慎中《春秋穀梁传笺释》中"多采用之"。对《春秋》三传异文，已有《差缪略》《春秋异文笺》《春秋异文释》等专书，述之甚详。由于《春秋穀梁传笺释》"为《穀梁》一家之学，无烦陈列，故悉从略"。

从上可见，江慎中《春秋穀梁传笺释举例》"其间剪裁镕贯，颇具深思"，一方面借鉴前人的经验教训，另一方面力争创新，全部吸收历代春秋穀梁学的研究成果融会于一本书之中。《春秋穀梁传笺释》如能成书，极有可能超越《春秋穀梁传注疏》与《春秋穀梁经传补注》。但由于

第六章　汉学复兴：清代穀梁学（中）

"笺释繁重，脱稿未知何日，欲更改条例，加密其说，以备遗忘"①。因此，江慎中并没有完成《春秋穀梁传笺释》的撰写工作，而着手于撰写推衍《春秋穀梁传》思想的《春秋穀梁传条指》。

（三）《春秋穀梁传条指》的会通中西学

江慎中因《春秋穀梁传笺释》篇幅过大，完成遥遥无期，故改变体例，撰写新作。他认为《春秋穀梁传条例》中论及的"世变例"、"王正例"诸例，"正所谓微言之函自圣心者，宜有专编，阐明理要。但以杂以日、月、名、地之列，未免失伦，遂尽析而出之"②。也就是说"世变"、"王正"等例是反映孔子思想的"微言"，与表示书法的"日、月、名、地"并不同类，故应该提出来加以专门论述。因此，江慎中从《春秋》及《春秋穀梁传》中提炼出"推世变、托王正、立伯统、异内外、尊周、亲鲁、故宋、崇贤、贵民、重众"十个条目，采用论说体裁，"详加推论，究极其意，先成《穀梁条指》二卷"③。以上十个条目，所谓"《春秋》十指"，据江慎中自述："鄙人竭二十余年探索之力，幸而得之，实发前人所未发。顾自甲午（1894）乙未（1895）以前，已著此论，自尔以来杜门简出，罕与天下通人相接，不获尽聆绪言。"④ 意思是《春秋穀梁传条指》的全部思想以及成书皆在光绪二十一年（1895）以前，但我们综合江慎中论著的有关情况来分析，其自述与实际事实并不一致。首先，前揭《春秋穀梁传条例》光绪二十五年（1899）《附记》："慎中谨案，此书初脱稿于癸巳（1893），原止三十篇，至丁酉岁（1897）重加订改，乃增入《世变例》《重众贵民例》二篇。"说明托王正、立伯统、异内外、尊周、亲鲁、故宋、崇贤这七条产生于光绪二十一年（1895）以前，而推世变、贵民、重众三条的产生则晚于光绪二十一年（1895）。其次，"十指"虽产生于光绪二十三年（1897），江慎中加以"详说"、"详论"到最后定稿又经过了十年，我们把《春秋穀梁传条指》成书定于光

---

① 引者注：江慎中：《春秋穀梁传条指叙》，《国粹学报（分类合订本）》1910年第六卷第3期，"经篇（外）"。
② 同上。
③ 同上。
④ （清）江慎中：《用我法斋经说》"春秋穀梁传笺释举例"条，《国粹学报（分类合订本）》1910年第六卷第2期，"通论（外）"。

绪三十三年（1907）①。

江慎中为什么要将其书命名为《春秋穀梁传条指》，他说："《孟子》论《春秋》有其事、其文、其义之别，而以义为孔子之所取，则言《春秋》者，宜以义为重矣。然太史公之言曰：'七十子之徒，口授其传指。'董生书有'十指'之篇，何休有'三科九旨'之说，皆不曰义，而曰指。何也？群者，浑举之大名也。意之所在，谓之指，则义所归宿也。治《春秋》者，苟得其指，则二百四十二年之事，皆筌蹄矣。"《春秋》有事、文、义三要素，事则是历史事实，文即语言表达，义则为孔子的思想，"义"是《春秋》的重点。孔子的弟子解说《春秋》以"指"代替"义"，如董仲舒的"十指"，何休的"三科九旨"，江慎中以"意之所在，谓之指，则义所归宿也"来解释"指"的含义，是中肯的解答。可见，江慎中《春秋穀梁传条指》的命名也有来自董、何的启发。三《传》虽均以"指"演绎《春秋》的"义"，但内涵却有别。

董仲舒《春秋繁露》有"十指"之目，其具体内容是：

> 《春秋》二百四十二年之文，天下之大，事变之博，无不有也。虽然，大略之要有十指。十指者，事之所系也，王化之所由得流也，举事变见有重焉，一指也；见事变之所至者，一指也；因其所以至者而治之，一指也；强干弱枝，大本小末，一指也；别嫌疑，异同类，一指也；论贤才之义，别所长之能，一指也；亲近来远，同民所欲，一指也；承周文而反之质，一指也；（本）[木]生火，火为夏，天之端，一指也；切刺讥之所罚，考变异之所加，天之端，一指也。举事变见有重焉，则百姓安矣。见事变之所至者，则得失审矣。因其所以至而治之，则事之本正矣。强干弱枝，大本小末，则君臣之分明矣。别嫌疑，异同类，则是非著矣。论贤才之义，别所长之能，则百官序矣。承周文而反之质，则化所务立矣。亲近来远，同民所欲，则仁恩远矣。木生火，火为夏，则阴阳四时之理相受而次矣。切刺讥之所罚，考变异之所加，则天所欲为行矣。统此而举

---

① 《国粹学报》1910年第六卷第6期刊载江慎中光绪三十三年（1907）所写的《春秋穀梁传条指叙》，简要介绍了《春秋穀梁传条指》成书的有关信息。因此，《春秋穀梁传条指》定稿于1907年应该大体不差。

第六章 汉学复兴：清代榖梁学（中）

之，仁往而义来，德泽广大，衍溢于四海，阴阳和调，万物靡不得其理矣。说《春秋》者凡用是矣，此其法也。①

何休《春秋说》云"《春秋》设三科九旨"，科即段，每段分三旨言之，具体内容见《文谥例》："三科九旨者，新周故宋，以《春秋》当新王，此一科三旨也；又云所见异辞，所闻异辞，所传闻异辞，二科六旨也；又内其国而外诸夏，内诸夏而外夷狄，是三科九旨也。"②

三者相较，董仲舒的"十指"重在言政治，而似乎与《春秋》本文无关，出于自己的推衍。何休"三科九旨"既以书法见长，但又概括不全。比较而言，江慎中认为其书"十指"完全涵盖《春秋》的"大义"。他说：推世变"此《春秋》之通指，通贯全《经》者也"，托王正、立伯统、异内外"此三者，《春秋》之大指，亦弥纶一《经》者也"，尊周、亲鲁、故宋、崇贤、贵民、重众"此六者，《春秋》之要指，各明一义者也"。按此十指，"隐括全《经》之义，若网在纲矣"③。只要循此十点，就会提纲挈领，掌握了《春秋》的关键。

接下来，按照江慎中《春秋榖梁传条指》结构对其内容进行具体解读。

1. 推世变

江慎中认为推世变者，即是公羊家所谓"张三世"理论。"张三世"理论以公羊家何休"三科九旨"为代表，他将《春秋》二百四十二年分隐、桓、庄、闵、僖五公为所传闻世，相当于孔子曾祖、高祖之时，文、宣、成、襄四公为所闻世，相当于祖父之时，昭、定、哀三公为所见世，为孔子亲见。于所传闻世"见治起于衰乱之中"，所闻世"见治升平"，所见世"著治太平"④，从中引申、发挥出"据乱世、升平世、太平世"之说，即隐含着"变"的哲学。按公羊学派的说法，《春秋》二百四十二年是越变越好。其实按《春秋》的记载以及古代学者的意见，春秋时代

---

① （汉）董仲舒：《春秋繁露》卷五《十指》，第33页。
② 《春秋公羊传注疏》卷一，"春秋公羊传解诂隐公第一"徐彦疏引，中华书局1980年版。
③ （清）江慎中：《春秋榖梁传条指》卷上，《国粹学报（分类合订本）》1910年第六卷第3期，"经篇（外）"。
④ 《春秋公羊传解诂》卷一，隐公元年冬十二月"祭伯来"注。

到了末期,乱象日亟。因此,"三世"说并非《春秋》的实态。江慎中按此致思路径出发,来揭示他"推世变"之说:

> 《春秋》为推言<u>进化</u>之书,三世者,进化之次序也。顾按其程度,皆循途渐进,可以三世差之,而论其功化,则月异日新,当以世变目之。圣人尽举前后古今纷纭万变之象,纳诸二百四十二年之中,借其事以明进化之<u>公理</u>,使若隐公以前犹是太古,比诸未开化之时代。(隐元年《传》曰:"邾之上古微。"是目《春秋》以前为上古。)入《春秋》乃渐进化,而托隐桓为进化之初级,推定哀为进化之极端,此非可以事实求者也。夫子与子游论"大同"曰:"大道之行,有志未逮",而又自言"志在《春秋》",即有未逮之志。(《礼运》郑注误。)乃圣人之理想也,惟其未逮,故以理想托之《春秋》焉,所书之事,特假之以为标识符号而已,非十二公之编真有此无穷之变象也。①

这段引文给我们提供了几个信息:(1)《春秋》所言"三世"是循序渐进的变化过程,日新月异,可称为"世变",与作者的篇题相切合;(2)作者所言的"进化之公理"即西方社会达尔文主义,显然江慎中受到严复等人所译介的包括《天演论》在内的西方学术著作的影响,并将"进化"、"公理"等当时一些言西学的政治术语、主流话语移植到自己著作中;(3)作者指出鲁隐公以前是未开化之时代,隐桓之时为进化之初级阶段,至定哀之时为进化的最高阶段;(4)所推言"三世"并非春秋时期的事实,而只寄托了孔子的理想,仅仅是一种标识符号而已,这反映了江慎中的理性认识。

江慎中的认识不仅限于此。除以"未开化"、"进化之初级"、"进化之极端"三世来比附公羊学派的"据乱"、"升平"、"太平"三世说,还依据桓公十四年《穀梁传》"立乎定哀以指隐桓,隐桓之日远矣"之文,指出以隐桓二公为《春秋》的远世,庄公至昭公为中世,定哀二公为近

---

① (清)江慎中:《春秋穀梁传条指》"推世变"条,《国粹学报》1910年第六卷第8期,"经篇(外)"。

第六章　汉学复兴：清代穀梁学（中）

世，以此来与公羊学派的"所见"、"所闻"、"所传闻"三世匹配。江慎中将他所发见的穀梁"三世"说与公羊"三世"说相比较："其意盖以至近者为所见，稍远者为所闻，极远者为所传闻。远祖、考妣，特大概比附而言耳，此说自较前说为顺，似两《传》'三世'之义本无不同矣。"① 他的意思很明白，"三世"说并非公羊一家所有，其意在给《穀梁传》争得发言权。

更深一步说，江慎中运用西方的政治学说来推论《穀梁传》"世变"说的内涵。哀公七年，秋，公伐邾。八月，己酉入邾，以邾子益来，《穀梁传》解释说："《春秋》有临天下之言焉，有临一国之言焉，有临一家之言焉。其言来者，有外鲁之辞焉。"② 此特举前后内外之异，来表明世变。江慎中以"范围所及"来释"临"字，因此使"临一家"、"临一国"、"临天下"发生新义：

> 临一家之言，据远世言之。隐桓之世，内同姓而异外姓，所谓家族主义也。临一国之言，据中世言之。自庄至昭，皆内本国而外异国，所谓国家主义也。临天下之言，据近世言之。定哀之世，远近大小若一，不复分别内外，所谓世界主义也。既已著治大同，无人我夷狄之异，故虽鲁亦可外也。

江氏所作的家、国、天下的划分，与《孟子》"人有恒言，皆曰天下国家"、《大学》"齐家、治国、平天下"为序的空间说不同，他认为《穀梁传》是从时间角度来说的。徐邈、范宁《春秋穀梁传集解》释"临"为"抚有"，即拥有；钟文烝《春秋穀梁经传补注》将"临"理解为"境内"，与徐、范"拥有"之义大体接近，也是持空间说。在江慎中看来，"《春秋》世变之指千载不明，苟知所谓家国天下者，为以文化所及之远近广狭言之，推之全《经》，无不

---

① （清）江慎中：《春秋穀梁传条指》"推世变"条，《国粹学报》1910年第六卷第8期，"经篇（外）"。
② 《春秋穀梁传注疏》卷二十，哀公七年八月己酉"入邾，以邾子益来"传。

六通四辟矣"①。如此重视"文化"的价值，分明是时代思潮刺激的产物。

上文谈到公羊家据乱世、升平世、太平世之说，但在《公羊传》中无明文，如以《穀梁传》"推世变"之义来推绎："远世为家族主义时代，规模偏狭，国体未成，是据乱也。中世为国家主义时代，经制画然，国度日进，是升平也。近世为世界主义时代，畛域尽化，天下大同，是太平也。"因二者之间有相通之处，江慎中更进一步强调"三世"之说："益知非《公羊》一家之义矣。"②

江慎中分《春秋》为三世，但三世之中，政治体制又各自有别："如隐桓同为临一家之言，而隐篇但是成立家族，桓篇则已成专制家族，由专制家族遂一变而为专制国家矣。自庄至昭，同为临一国之言，而庄闵僖为专制国家，文宣成为贵族国家，襄昭则为平权国家，由平权国家遂一变而为平权天下矣。定哀同为临天下之言，而定篇犹是平权天下，哀篇乃成大同天下，其变象无穷，固非一端可尽也。桓庄昭定实为家国天下交接时代，所谓远世、中世、近世，不过举其大要耳。"③ 可见，这种政体的差异不仅表现在三个世代之间，而且在每一世代的不同时段也面貌各异。如第一世代有三个阶段，第二世代有四个阶段，第三世代有两个阶段。

各个时代又有具体的特点：

1. 家族主义时代

隐三年，尹氏卒，江慎中说："直称氏者，起隐桓为家族主义时代也。"隐桓二公之时是家族主义时代的开端，寓意"进化之最初级焉"。家族主义时代的特点有二：一为"尤重同姓而轻异姓"。隐桓之时，小国均不记载国君死事，而独记滕、曹国君之卒，因其为鲁国同姓，"故进之也"。二为"首重父子之恩，尤隆亲亲之谊"。如郑国世子忽出奔，归国继位，不称郑伯而称世子，因其在丧期，"纯是子道，未得为君"。又如武氏子在丧未爵，故不名而特著子称。"盖其时父子之义重于君臣，《春秋》别嫌明微，故其书法如此。"至于同母之弟，兄在则以"弟"称之，兄死，则仍称公子而

---

① （清）江慎中：《春秋穀梁传条指》"推世变"条，载《国粹学报》1910年第六卷第8期，"经篇（外）"。
② 同上。
③ 同上。

已。"欲明亲亲之义，故特尊而异之，所以别于群公子也。"因此，自郑世子忽而下，"其文皆适见隐桓之篇，庄以后无复有此等书法。《春秋》临一家之言，炳若日星矣，且其界限之明白如是"①。这表明隐桓二公时期家族主义的特点是独有的。

2. 国家主义时代

江慎中认为国家主义之典型标志是"莫著于诸伐我者之加言某鄙矣"。在桓公之时，他国侵鲁，只言"来战"，而无"伐我某鄙"之文，因当时是家族时代，国家未立，疆界未定；但自庄公以后，他国伐鲁，都要具体说"我鄙"。因为"鄙"者，是鲁国与他国的界限。国家成立，以疆土为标志，有疆土就有界限。因此，"无界限即无疆土，无疆土即无国家，故国家主义首以画明疆土为断"②。春秋时代，有大小十七国，其中，齐、晋、宋、陈、蔡、卫、郑七国为大国；曹、许、莒、邾、滕、薛、杞七国为小国；秦、楚、吴三国为夷狄。其他，如萧、介、牟人、葛人等，为一种族、一部落，更不足道。故"凡《春秋》临一国之言，必以成国为断，其未成为国者则皆略之"。

江慎中将"疆土"作为国家主义的表面，而其内容则在政体，这是春秋时代的两个特点。政体在不同时段也是有变化的：

> 自僖以前，无大夫帅师之文，见君主之专制也。文以后政在大夫，贵卿帅师，接踵于策，遂一变而为贵族政体矣。洎夫鸡泽溴梁，大夫之张日甚，《春秋》特于襄篇痛抑之，而褒美赵武之臣恭以明大法，且于其时著平等之公理，以破君主专制、贵族擅权之迷梦，而立平权国家之政体焉。
>
> 自文公以下，政在大夫，君主不专制矣。赵武盟宋而后，大夫臣恭，贵族不擅权矣。襄昭之篇，人渐平等，不立阶级，国家政体完善美备，无复遗憾，升平之治，至是而臻极点焉。定哀之世，所以遂进至太平也。③

---

① （清）江慎中：《春秋穀梁传条指》"推世变"条，载《国粹学报》1910年第六卷第8期，"经篇（外）"。
② 同上。
③ 同上。

也就是说，庄公至僖公之时为君主专制；文公至成公时期君主不专权，政在大夫，为贵族政体；襄昭二公之时为天下升平，为平权国家政体，为定哀二公太平之治奠定基础。

3. 世界主义时代

世界主义时代也有阶段性变化。定公十年鲁国与"齐平"，十一年鲁国与"郑平"，与主要邻国达成和平协议，"齐郑既平，太平之基始立，前此则犹是国家主义，与世界主义交接时代，故定篇但由平权国家，进而为平权天下，未得遂为大同天下也"①。国与国之间以平等相待。

鲁哀公时期，天下进化到大同之治，以哀公十四年西狩获麟"表大同之化，至矣尽矣"，即达到最顶端。大同之世有三个特点：

（1）"夷鲁于列国也。"鲁哀公八年"吴伐我"，十一年"齐国书帅师伐我"两文，表明"远近大小若一，无复界限之可言矣，故不言鄙以化其畛域，见鲁非内，而列国非外，所以夷鲁于列国也"。

（2）"等小国于大国也。"大国之葬有故书月，小国虽有故不书月，但至哀公时滕、隐、杞、小国，"亦从有故书月之例，与大国无异，是等小国于大国也"。

（3）"进夷狄同中国也。"哀公十一年五月，"公会吴伐齐"，吴成为中原的与国，鲁国不以夷狄视之。十三年，鲁哀公会晋侯及吴子于黄池。《穀梁传》解释说："黄池之会，吴子进乎哉，遂子矣。"吴国进同中原之国，主盟会。故江慎中说："《春秋》于哀篇之末，方欲举大小之等级，中外之界限，悉捐而除之，故变文言'会、以及'，使若晋为大国，吴亦为大国。公会晋侯并会吴子，不以晋加吴上，而以公之会及特异其文，所以平吴、晋之等，而浑夷夏之迹也。此《春秋》功化之极，不特远近大小畛域尽平，甚至中国夷狄程度如一，大同之治，至此蔑以复加矣。《（穀梁）传》故于其事，反覆申论而为之咏叹不置也。"② 江慎中抓住"会"、"及"二字之训，来表达特定的经学意义。

---

① （清）江慎中：《春秋穀梁传条指》"推世变"条，载《国粹学报》1910年第六卷第8期，"经篇（外）"。

② 同上。

总之，推世变体现了孔子著《春秋》的深义，"自三代之治，天下皆不脱家族余习，周人为尤甚，尽失天下为公之义，孔子意盖非之，而不可以明言，惟于论乐以武为未尽善以微见其意，其论治则皆以尧舜为宗，书始唐虞，特标揭之以为百王表率。推圣人之意，不特以封建世官有权并一姓之弊，即天子之世于天下，亦不过沿家族之余风，而非必不可易之公理。《春秋》为推见至隐之作，可特以生平欲言而不敢明言之意悉寓于其中，故首为临一家之言，见家族主义，仅可为进化之初级，既由家进而为国，由国进而为天下，又必易家天下之局为官天下之局，而后家族余习陶汰无余，不以天下为一人之天下，大同之治，乃无遗憾。此深中之深，微中之微，不可以事实求，不可以文字见者也，是在学者引为触类，而心知其意尔。"① 江慎中以进化史观来观照《春秋》特别是《穀梁传》所蕴含的通变思想，不仅寄寓了他所推衍的孔子的理想，也寄托了江慎中本人对未来美好社会的期求。在这一点上，江氏寻求与圣人的心灵相通，成为他解经的特点之一。

2. 托王正

周公制礼作乐，创立了以"尊尊亲亲"为核心协调君臣父子关系的道德法，礼乐征伐自天子出，即以礼乐征伐为宰制天下的制度法，这就是西周一代所实行的"王法"。但自周平王东迁以后，列国之局已成，周公创立的"王法"旧制再也不能制御天下，于是出现道德失范和"王法"不治的局面。孔子以道德自任，但世间无至高无上的王权来运用"王法"治天下，只能通过"作《春秋》"寄寓重塑规范的理想。

《春秋》于每岁首书"春，王正月"，月是周王之月，天子颁历法给诸侯，则包含有以王法正天下的微义。鲁桓公弑隐公，首开篡弑而天子不讨的恶例，《春秋》仍书"元年，春，王正月"。《穀梁传》解释说："桓无王，其曰王，何也？谨始也。其曰无王，何也？桓弟弑兄，臣弑君，天子不能定，诸侯不能救，百姓不能去，以为无王之道，遂可以至焉尔。元年有王，所以治桓也。"杨士勋疏引徐邈云："桓公篡立，不顾王命，王不能讨，故无王。"② 周王不加以征伐而颁历于鲁国，承认鲁桓

---

① （清）江慎中：《春秋穀梁传条指》"推世变"条，载《国粹学报》1910 年第六卷第 8 期，"经篇（外）"。

② 《春秋穀梁传注疏》卷三，桓公元年"春王正月"杨士勋疏。

公继位的合法性，这表明"王法"之不存，为孔子所不忍①。于是，孔子在《春秋》中于隐公元年、桓公元年仍书"春王正月"，一则"正隐治桓"，赞扬隐公让弟之正，惩治桓公篡弑之邪；二则"振王道于无王"，即在周王失去权威的情况下重树新的道德权威。江慎中对"振王道于无王"进行了新的诠释：

> 所谓振王道于无王者，言王道已绝于天下，孔子乃立新王法以振起之也。孔子推论大同之治，极之盗窃乱贼而不作。言太平世之功化也，然则据乱之世，必首以治乱贼为重矣。王道之所以绝，由于乱贼并兴，故治乱贼，即所以明王道。乱贼之横，至于天子不能定，诸侯不能救，百姓不能去，则是举世不复知有大义，彝伦之斁至此而极，三王之法，至此而穷，小康之治，至此而终。古先哲王，虽有良法美意，亦不可以治后世之天下矣。《春秋》之作，别立法制，自成古今，不复与三代相沿袭，故《传》者大其言，极其败，朝觐天子不谓定数语。明《春秋》之所以扫地而求更新也。《传》言元年有王，所以治桓，明天下实已无王，《春秋》之书王，是孔子以新王法治天下，非徒临以虚号而已。顾《春秋》之新王法，乃公理也，而托之于书王者，以《春秋》为无王而作，既以公理振起王道，则公理即王法矣。公理一日不亡，即王道一日不绝，乱贼亦一日无所容于天下，固不必出于一王之所立制，而后得谓之王法也。②

《春秋》所立新法，不仅适用于鲁国，《穀梁传》还将其推行于列国。桓公二年，宋公与夷被弑，十年曹伯终生被弑，《春秋》均书"王正月"，《穀梁传》认为是"正与夷之卒"、"正终生之卒"，寓以王法至外诸侯之义，说明《春秋》将推举新王法以普治天下。因为借宋、曹二君示义，大国以宋为上，小国以曹国为大，举以为例，则齐、晋、滕、薛等大小

---

① （清）陈澧：《东塾读书记》卷十《春秋三传》："其始于隐桓，何也？《春秋》之前，鲁幽公之弟魏公弑幽公而自立，懿公之兄子伯御弑懿公而自立。《春秋》不始于彼者，周宣王伐鲁，杀伯御而立孝公。是时天子尚能治乱贼也。至隐公为桓公所弑，天子不能治之，此则孔子所以惧而作《春秋》也。"

② （清）江慎中：《春秋穀梁传条指》卷下"托王正"条，《国粹学报》1910年第六卷第9期，"经篇（外）"。

国均与此相同。江慎中认为，与公羊家以《春秋》书"春，王正月"是"托新王受命于鲁"的狭隘相比，《穀梁传》之说，"以新王法统摄列国，无论大小远近，虽各自为治，而举不能出公理之外，迨涵濡浃洽之既久，而后天下为一家。西狩获麟，乃天下归仁之象，而非可骤期也。明乎《春秋》之书王，为本公理之王法，以治列国之天下"①。具有范围广大，普治天下的特点。

江慎中赋予《春秋》新王法新的时代意义，他主张"君民同欲、尊卑平等之类，皆（夏商周）三代之所未尝有也"②。这些王法是通过依托"（春）王正（月）"来"以文反正"，表达尊奉王室，严格区分上下尊卑贵贱，以重新匡正社会秩序。《穀梁传》又以"正也、非正也、不正其云云"以及"恶也、故也"等语，立贬、绝之法正人正事，来实现"拨乱反正"，使乱臣贼子惧，故孔子《春秋》"托王正"又具有指导政治的作用。

3. 立伯统

《孟子》论《春秋》说："其事则齐桓晋文。"学者以为"大概之辞耳"③。但江慎中认为《春秋》齐桓公、晋文公二霸（伯）统领列国成为新的政治权威："《春秋》既因无王而成列国之局，其会盟侵伐之事，不可以无统系，故张齐晋为二伯以挈之。"④ 齐桓公创伯始于庄公十三年北杏之会，《穀梁传》虽认为齐桓公不是受周天子之命的伯主，"将以事授之者也"，但实际上已初具权威。二十七年，列国同盟于幽，《穀梁传》说："于是而后授之诸侯也。"至此《春秋》以伯者之权授齐桓公。齐桓公称霸自庄公至僖公。其后晋文公及其子孙继之主盟中夏又达百多年，直至定公四年盟皋鼬而晋始失伯，故《春秋》前后二百四十二年，而齐

---

① （清）江慎中：《春秋穀梁传条指》卷下"托王正"条，《国粹学报》1910年第六卷第9期，"经篇（外）"。
② 同上。
③ （宋）朱熹《四书章句集注·孟子集注》卷八《离娄下》释"其事则齐桓、晋文"为"春秋之时，五霸迭兴，而桓、文为盛"。（明）高拱《问辨录》所言大体相近："列国之事，《春秋》皆记之，桓、文为盛，故以桓、文言耳。"载《高拱论著四种》，中华书局1993年版，第207页。
④ （清）江慎中：《春秋穀梁传条指》卷下"立伯统"条，《国粹学报》1910年第六卷第9期，"经篇（外）"。

晋二伯之统的时间几占四分之三。

江慎中认为齐桓晋文二伯的政治权威主要表现如下：

（1）凡依附二伯之国（即使是小国）均是与国（同盟），其国君的"卒"、"葬"《春秋》均以褒辞记载，而背叛者，则"贬之"。

如郑伯"逃归"、陈侯"逃归"，均因擅离同盟而书以"贱辞"。郑国背叛晋文公伐许，《春秋》认为是夷狄般的行为①。"若斯之类，皆所以命系统之所在，而巩固伯权也。"②

（2）以公义提倡诸侯，合列国为一国。

江慎中通过研究发现，"《春秋》于二伯屡有'内之'之文。如齐献戎捷，《（榖梁）传》以为'内齐侯'；新臣卒不书地，屈完盟特言'来'，《（榖梁）传》皆以为内；桓师城楚丘、成陈之属，《（榖梁）传》或曰'专辞'，或曰'内辞'是也。（专辞即是内辞，本钟氏《注》。）所以为此内文者，《春秋》之意，以为伯者能以公义提倡诸侯，使皆同心协力，渐去其畛域之见，可以合列国为一国也"。所谓合列国为一国，并不是像秦统一天下而实行郡县制度。而是如汉代分封诸侯，"因其政，齐其教，使之各自为治。主治者惟总其纲要，而立公共之善法以联络而维持焉，斯令不烦而政皆举矣"。江慎中说这与美国的合众国制度略相近。因此，他认为大同之治，可由此而推想。因为《礼运》言大同，以"选贤与能，讲信修睦"为基础，"大同之治，以讲信修睦为始基，而联合列国，实讲信修睦之先路也。《春秋》特立内二伯之文，见列国之可以联合而为一，此圣人觉世之深心，即推之以治全世界，其理亦不外是，而惜乎二千年来徒泥于一统专制之习惯，未有能推明其说者也"③。江慎中指出列国联合为一，可推行到全世界，是有感而发，因为当时列强环视中国，西方诸国也为争夺殖民地而战争频仍，世界出现强权战胜公理的严重局面，需要建立一个国际性的组织来协调国际关系。因此，江慎中高

---

① 《春秋榖梁传注疏》卷十三，成公三年"郑伐许"，范宁《春秋榖梁传集解》："郑从楚而伐卫之丧，又叛诸侯之盟，故狄之"。杨士勋《疏》称："郑、卫同姓，不有吊临之恩而伐其丧，其为恶行，莫斯之甚，而亦直举国称之，明为夷狄之行也。叛诸侯之盟者，旧解以为上文背晋，为诸侯所伐是也。"可见，郑主要是因伐同姓国之丧而被视为夷狄。

② （清）江慎中：《春秋榖梁传条指》卷下"托王正"条，载《国粹学报》1910年第六卷第9期，"经篇（外）"。

③ 同上。

瞻远瞩的预想，不啻为20世纪国际联盟和联合国建立的张本。

4. 异内外

《公羊传》有"《春秋》内其国而外诸夏，内诸夏而外夷狄"之说，何休解此，以内其国而外诸夏属于所传闻世，时间为自僖公以前，以内诸夏而外夷狄属于所闻世，时间为自文公至襄公。江慎中认为："此说不特不可通于《穀梁》，即于《公羊》本意，亦未敢信为必然也。"他独辟蹊径，认为内外是以鲁为中心，自近推远。"自近者始，盖谓自鲁推之，必自鲁推之者，以《春秋》据鲁而作也。《春秋》之作，所以不据周而据鲁者，东迁以降，一统之王政荡然，已变为列国之局。隐桓之世为天下无王之始，周之天子久不能统治天下矣。鲁既君子父母之国，又以守文秉礼为诸夏宗，故据之以纪列国之事，明以鲁张治本也。"[1] 以鲁为中心，列国为诸夏，再以诸夏为中心（"内"），夷狄在诸夏之外，所谓"《春秋》内诸夏之义，本因外夷狄而生"。

江慎中指出《穀梁传》的"异内外"之指与上文"推世变"相表里。家族主义的隐桓之世，文化未开，不成内外，世界主义的定哀之世，天下大同，鲁无疆界，实无内外之可言。所以，从庄公以后至定公未平齐以前为国家主义时代，其他国家侵鲁，均"加言某鄙"，这是以言疆土作为国家主义的标志，"盖内外之分，分于畛域，国与国别，有彼此而畛域生，有远近而畛域愈生，故小别之为鲁与列国，大别之则为诸夏与夷狄，范围之大小虽殊，要其起于国别，则一而已矣"[2]。

江慎中还进一步揭示出"异内外"之指所隐含的政治意义。他从西方法理角度分析"异内外"就是"存中国"，存中国的关键在保存中国之体统，"中国之体统何在？在其<u>权利</u>与其<u>义务</u>而已矣。"周公分封天下，规定了中原之国与夷狄各自的权利与义务，但历史的发展却打破了这种法则：

> 《春秋》以为中国者，中国之中国，自有权利，自有义务，断不容与夷狄共之者也。庄以后夷狄日强，竟以干预中国为事，中国之

---

[1] （清）江慎中：《春秋穀梁传条指》卷下"异内外"条，《国粹学报》1910年第六卷第9期，"经篇（外）"。

[2] 同上。

权利义务，遂为所侵，而中国亦几至放弃焉。如会牵、会申、盟夷陵、灭傅阳、主会、主兵，皆夷狄为之，是中国无权利也。杀陈夏徵舒、杀齐庆封，讨贼之举，亦夷狄主之，是中国无义务也。失其权利，因其义务，则中国几于不存矣。《春秋》悯中国之虽存若亡，故丞丞焉思所以存之。①

凡楚、吴主持中原盟会、胁持杀害中原君主、吞灭中原之国，《穀梁传》一概斥为"不与楚"、"不使夷狄为中国也"、"不以中国从夷狄也"、"不使夷狄之民，加乎中国之君也"。其目的正如江慎中所说："凡《（穀梁）传》曰'不以'，曰'不与'，曰'不使'，皆明《春秋》之绝正其义，所以存中国之权利与其义务，即所以存其体统如此也。"异内外主要是内诸夏外夷狄，江慎中以保存中国权利与义务作为关键，这应是一种全新的诠释。

5. 尊周亲鲁故宋

关于"尊周亲鲁故宋"，江慎中首揭《穀梁传》与《公羊传》迥殊之说。公羊家中，董仲舒《春秋繁露》有"故《春秋》应天作新王之事，时正黑统。王鲁，尚黑，绌夏，亲周，故宋"②。何休《文谥例》作"新周故宋，以《春秋》当新王"，二者具有相通之处，以宋（殷商之后）为故旧，相对商朝周为新，相对于周，鲁又为新的王，均表示三统循环，终则复始变化之义③。但除了"新周"在《公羊传》中有明文，而"王鲁"、"故宋"出自公羊家的杜撰，而江氏却利用有限资料，曲折地加以证明。《春秋》成公元年王师败绩于贸戎，《穀梁传》说："为尊者讳敌，不讳败；为亲者讳败，不讳敌，尊尊亲亲之义也。"江氏认为"尊尊"谓尊周，"亲亲"谓亲鲁。桓公二年，宋督弑其君与夷，及其大

---

① （清）江慎中：《春秋穀梁传条指》卷下"异内外"条，载《国粹学报》1910年第六卷第9期，"经篇（外）"。
② （汉）董仲舒：《春秋繁露》卷七《三代改制质文》。
③ 按陈其泰《清代公羊学》的解析："董仲舒的根据，就是周朝建立时，曾封夏之后于杞，殷之后于宋。依据这一先例，他认为，每一'新王受命'，就须封二代之后为王。孔子作《春秋》，代表'一王之法''应天作新王之事'，以鲁为王，故'王鲁'。《春秋》继周的'赤统'，所以尚黑，故'正黑统'。夏离《春秋》新王远了，就不再享受先王后代的封赠，改称为帝，故'黜夏'。周是《春秋》新王的前代，《春秋》乃封其后人，故'亲周'。宋作为殷之后，仍得受封，使服其服，行其礼乐，称客而朝，但其位置离新王远了，所以称'故宋'。"这主要谈历史和制度的变化。东方出版社1997年版，第25—26页。

夫孔父。《穀梁传》说："孔，氏；父，字谥也。或曰，其不称名，盖为祖讳也。孔子故宋也。"江氏认为，这就是"故宋"的出处。这样，"尊周亲鲁故宋"在《穀梁传》中就有文献根据了。这与公羊家的"王鲁新周故宋"，是大不相同的。

江慎中指出，尊周、亲鲁、故宋有广狭二义。尊周，以周为天下之共主而尊之，此狭义；以周为列国文明之祖而尊之，则广义。亲鲁，以鲁为君子父母之国而亲之，此狭义；以鲁为诸夏之宗国而亲之，则广义。故宋，以宋为君子之祖国而故之，此狭义；以宋为王者之后而故之，则广义。江慎中还把所处时代的世界格局同这个理论加以比附："以后世之事体之如汉以后儒者之称述三代，日本、朝鲜、安南之取法中国，泰西人之推重希腊、罗马，是即尊周之广义也。英吉利人自夸其国为宪法之祖，美利坚人自诩其国为民主之祖，是即亲鲁之广义也。中国人自尊其为黄帝之裔，而印度、欧洲亦咸以亚利安故族相矜重，是即故宋之广义也。"① 这样的比附，似乎有些过头，是旧瓶装新酒的表现。

6. 崇贤

江慎中提出此条，其文献依据是：庄公二十六年，曹杀其大夫，《穀梁传》说："无命大夫而曰大夫贤也，为曹羁崇也。"成公十五年，葬宋共公，《穀梁传》说："葬共姬不可不葬共公也，夫人之义不逾君也，为贤者崇也。"这两条材料特揭《春秋》"崇贤"之指。崇者，按江氏理解，即"加重之辞，谓增加其文以崇重之"。为什么要加重表彰呢？因为"曹本无命大夫，而称杀其大夫，以贤者不可居无大夫之国，故增加其文。宋共公本不得书葬，缘夫人不逾君之义，不可独葬共姬而不葬共公，故亦增加其文也"②。

《春秋》所着重表彰的人，江慎中列举出十四人，其中：伯者一人，即齐桓公；诸侯一人，即纪侯；微国君一人，即潞子婴儿；内女一人，即宋伯姬；内大夫二人，即公子季友、公弟叔肸；外大夫八人，即孔父、仇牧、荀息、叔武、赵武、曹羁、公子意恢、季札。江慎中对他们的事

---

① （清）江慎中：《春秋穀梁传条指》"尊周亲鲁故宋"条，《国粹学报》1910年第六卷第10期，"经篇（外）"。
② （清）江慎中：《春秋穀梁传条指》"崇贤"条，《国粹学报》1910年第六卷第10期，"经篇（外）"。

迹特意详说，并一一指出他们获得表扬的原因。

一为纪侯之事。庄公四年纪侯大去其国。《穀梁传》解为："大去者，不遗一人之辞也。言民之从之者四年而后毕也。"江慎中认为《穀梁传》误以"大去"为"奔"之变文，是不得其解，他认为"大去"应为"灭"的变文，可为新解。纪侯贤而得众，合一国而同死于难，为从来亡国所未有，因此"《春秋》贤死义且得众心"，故要特别表彰纪侯。

二为潞子婴儿之事。宣公十五年六月癸卯，晋师灭赤狄潞氏，以潞子婴儿归。《穀梁传》说："灭国有三术，中国谨日，卑国月，夷狄不日。其日，潞子婴儿贤也。"用中国之例加以表彰。江慎中依《公羊》何休说，认为潞子慕中华而去夷狄之俗，虽被晋所灭，但"潞子去野蛮而就文明，虽不幸而亡国，其志可白于天下，《春秋》最崇进化，故特表之以为变俗归义者劝也"①。

三为孔父、仇牧、荀息之事。此三人皆因捍卫其君免为权臣所害致死，"所以申贤者闲（捍卫）君之节也"②。

四为叔武之事。僖公二十八年，卫侯之弟叔武以卫子身份代卫侯盟会于践土。"不曰卫侯之弟武，而系国称子，且序莒子之上者，是时卫侯出奔，国中无主，叔武不避嫌疑，摄君位以安定国家，且因此而返卫侯焉。"叔武后为卫侯所杀，"然则叔武之贤，及卫侯杀武之罪，皆可不言而喻矣。"③

五为赵武之事。襄公二十七年夏，叔孙豹会晋赵武等各国大夫于宋溴梁，赵武批评他国大夫的不臣行为。七月，叔孙豹及诸侯之大夫盟于宋，《穀梁传》以为"大夫臣也，其臣恭也，晋赵武为之会也"④。江慎中认为赵武的可贵之处在于"下盟则赵武于弭兵之后，别申约束，举溴梁之事为戒，合诸大夫各修臣节，以恭于君，故《春秋》为臣恭之辞以美之……自此以后至昭三年，不特中国夷狄不相侵伐。（《传》所谓无侵伐八年。）而自城杞、会澶渊、会郭而外，亦别无大夫会盟之事，赵武合

---

① （清）江慎中：《春秋穀梁传条指》"崇贤"条，《国粹学报》1910 年第六卷第 10 期，"经篇（外）"。
② 同上。
③ 同上。
④ 《春秋穀梁传注疏》卷十六，襄公二十七年七月辛巳"豹及诸侯之大夫盟于宋"传。

天下之大夫而为臣恭，竟能见诸实行矣。《春秋》恶乱，尤恶大夫之专，赵武以一身保天下之和平，挽从来之恶习，在当时实为空前绝后之举，固《春秋》之所乐予也"①。

曹羁于庄公二十五年因三谏君主不从而出奔陈国，昭公十四年公子意恢为保护莒郊公不被乱臣驱逐而被杀，均因贤而"录名也"。

江慎中认为，十四贤人是世人效法的榜样，可起到砥砺名节，振起风俗的重要意义。他说："崇贤者，《春秋》之旷典，非寻常褒美之比也。所表十四贤，自齐桓、季友、赵武兼纪其功外，其余非特立独行之士，即仗节死义之人，《春秋》将以发吾人勇壮之心，而振天下颓靡之俗，故悬此为的，欲使人人皆知发扬蹈厉，取义成仁，庶可以挽积习而维风尚也。观于功如管晏，贤如子产、伯玉，《春秋》皆不见其名，而独于此诸贤之事，大书特书，以诏后世，圣人激厉天下之意，亦可见矣。"②

7. 贵民重众

江慎中认为《穀梁传》最精彩的是"贵民重众"之说。桓公十四年宋人以齐人、蔡人、卫人、陈人伐郑，《穀梁传》从训诂"以"阐明其思想："以者，不以者也。民者君之本也，使人以其死，非正也。"民为君之本，说明《春秋》有贵民之意。桓公十三年及齐侯、宋公、卫侯、燕人战，齐师、宋师、卫师、燕师败绩。《穀梁传》解释道："战称人，败称师，重众也。"此特揭出《春秋》重众之指。江慎中将"贵民重众"提到极高的程度，认为是"《春秋》最大之义，而《左氏》《公羊》皆无其说，惟《穀梁》有之，此穀梁子之卓出二家而独有千古者也"③。

江慎中把《穀梁传》中"贵民"的行为分为两类。

（1）重视民众的利益

如鲁僖公勤雨喜雨，则以为"有志乎民"，文公不忧雨，则以为"无志乎民"。庄公一岁三筑，则以为"罢民三时，君子危之"。冬筑微、春新延厩，则"用民力为已悉矣"。宣公行初税亩，则说"与民为已悉矣"。

---

① （清）江慎中：《春秋穀梁传条指》"崇贤"条，《国粹学报》1910年第六卷第10期，"经篇（外）"。
② 同上。
③ （清）江慎中：《春秋穀梁传条指》"贵民重众"条，《国粹学报》1910年第六卷第11期，"经篇（外）"。

"若是之类,皆所以申明《春秋》贵民之意,见凡兵事之残民,力役之妨民,税赋之病民,皆《春秋》所恶也。"①

(2) 举列若干"失民"的典型

《穀梁传》于宋公兹父之不葬特发"失民"之义。此外,如晋侯夷吾以韩战失民,郑伯捷以弃其师失民,晋侯獳以邲战失民,郑伯睔以鄢陵之战失民,《春秋》均不书他们的葬礼。"失民则不书葬者,葬,生者之事也,使若君已自绝于民,民不复奉之以为君,遂无葬之者也。……《春秋》之贵民至矣,《春秋》之罪君失民之意严矣。"②

关于"重众",江慎中认为"众者,民之多数会合而成者也"。他说在《春秋》中,凡国事有合于公理者,《春秋》均加以"人"字,而《穀梁传》以"众"辞解之。但《穀梁传》为何不以"民"解之呢? 江慎中认为:"然国家之事,不能合一国之民而共为之,当必有代表之者矣。虽代表之名,为古人所未尝有,而《传》所谓众辞者,非尽一国之人而目之为'众',乃于一国之中,举其多数之会合者,而指之曰'众'也。凡称'人'诸文,《传》不直以'民'释之,而别以众辞释之,既谓之众,则必由会合而成,而代表之理寓焉矣。"江氏的解释,是寓意深刻的。

宣公十五年宋人及楚人平,《穀梁传》解"人者,众辞也"。江慎中进一步加以发挥:国与国间实现和平,是全国上下的希望,"平者国之大事也,《春秋》不统于所尊以君主之,反抑君就民而以众辞书之,所以示君民一体之义也"。按前揭"推世变":"专制之代,首抑民权,必俟权移于贵族,国民起而争之,相冲相击,始得造成平权政体,故《春秋》以君民同欲之义著之于文宣之世也。"从提倡民权和君民同欲中,江慎中一方面找到《春秋》(实际是《穀梁传》)与《孟子》相通之处,"《孟子》乃推本《春秋》之意,而明目张胆言之。如以用、舍、杀三事,悉听之国人,即《春秋》上下同欲之意也;视民土芥,视君寇雠诸说,即《春秋》失民不葬之意也"。另一方面也发现了它们的时代意义:"《孟子》之言,前人颇疑为过甚,至近时万国交通,公理日明,立宪政治,遍及天下,人始服《孟子》之精确,而不知其意实皆本诸《春秋》也。……苟无《穀梁》,则《春秋》

---

① (清)江慎中:《春秋穀梁传条指》"贵民重众"条,《国粹学报》1910年第六卷第11期,"经篇(外)"。

② 同上。

之精意泯矣。《穀梁》之说，明白纯粹，本非深曲难解，而掩没不彰者，已二千余年，至今日始有发明，岂亦时会之耶！"① 江慎中发现《穀梁传》《孟子》强调民权，以民权限制君权，他认为这与西方资产阶级立宪政治的若干主张有相通之处。从其"至今日始有发明，岂亦时会之耶"的感叹中，可见他与资产阶级维新派大力宣扬立宪政治是遥相呼应的。

（四）江慎中春秋穀梁学思想的评价

1. 综合前人，力求创新

江慎中在《春秋穀梁传条例》的《自叙》中一一指出前代学者《春秋穀梁传》范宁《集解》杨士勋《疏》，以及本朝侯康、许桂林、柳兴恩、钟文烝等学者研究成果的不足，期望能作出超越前人的成果。江慎中的春秋穀梁学研究，在体例上继承了公羊学家刘逢禄以及穀梁学家钟文烝著作的范式（前者指《春秋穀梁传条例》，后者指《春秋穀梁传笺释》），在具体的经学解读中也吸收了钟文烝等人的研究所得。因此，在综合前人的基础上，作出了一些新的成绩。其《春秋穀梁传条例》归纳的三十二例，是对春秋穀梁学义例的系统化、完备化。

特别是《春秋穀梁传条指》揭橥的"十指"，即推世变、托王正、立伯统、异内外、尊周、亲鲁、故宋、崇贤、重众、贵民十条目，从渊源来说是属于西汉《春秋》今文学的思想脉络。其中，"推世变（即三统、三世说）"、"尊周、亲鲁、故宋"是公羊学所强调的。"异内外（内其国而外诸夏）"是穀梁学与公羊学共同强调的。而"托王正"、"立伯统"、"崇贤"、"重众"、"贵民"这些内容，江慎中从《穀梁传》中揭示出来，实属"发前人所未发"②，是对西京之学的继承和发展。这些创新是江氏独造自得，不依傍前人的结果。他的成就，得到同辈学人的充分肯定。

2. 会通西学，以证经说

考察江慎中治学的历史背景，是在同治、光绪年间西方列强正加强对中国的殖民侵略，民族危机加深之时。在此情况下，清王朝内部，一

---

① （清）江慎中：《春秋穀梁传条指》"贵民重众"条，《国粹学报》1910年第六卷第11期，"经篇（外）"。

② （清）江慎中：《用我法斋经说》"春秋穀梁传笺释举例"条，《国粹学报》1910年第六卷11期，"通论（外）"。

些官员和学者开始探讨中国贫弱和西方强盛的原因。他们从器物技术层面认识到西方列强的优势，主张"师夷长技以制夷"，这就发为曾国藩、左宗棠、李鸿章推动的"洋务运动"。另外，也有一些更开明的学者，如冯桂芬、郑观应、严复、康有为、梁启超等人，要求引进西方的政治学说和制度，以改良现行制度。当时，对于深濡传统学术的学者来说，了解、接受和掌握西方学术知识不是一件太困难的事情。江慎中获知西方政治学说的途径，通常是"阅诸学报"①。他虽沉潜于《春秋》经学，特别是榖梁学二十余年，但他对西方学说并不持排拒的态度，如他在著述中说："数十年来，新理络绎，自西徂东，每与此《经》（《榖梁传》），符合无间。"② 由于江慎中有这样一定的西学背景，因此，他广泛地引入西方政治话语，如以"进化"、"家族主义"、"国家主义"、"世界主义"等推言"三世"；以"合众"之制解齐桓、晋文二伯统领列国之局，并预见国际组织的建立；以"专制"、"民权"等诠解"贵民重众"，并与资产阶级维新派暗相唱和。

  这种引西学因子入传统经学的做法，有的学者称为"西学化的经学"③，颇有一定道理。在这种传统学术向近代化转化的学术潮流中，当时学术界的态度是"于泰西学术，其有新理精识足以证明中学者，皆从阐发"④，"凡国学微言奥义，均可藉晳种（西方白人）之学参互考验，以观其会通"⑤，即要求中学与西学的会通，找到二者的共同点。当然，这在多数人来说只是一种良好的愿望。正如章炳麟说："中西学术本无通涂，适有会合，亦庄周所谓射者非前期而中。今乃远引泰西以证经说，宁宋家人之以神学说经耶？夫验实而西长而中短，谈理而佛是而孔非。九流诸子自名其家，以意取舍，若以疏证六经之作，而强相皮附，以为调人，则只形其

---

  ① （清）江慎中：《春秋榖梁传条指叙》，《国粹学报（分类合订本）》1910年第六卷第3期，"经篇（外）"。
  ② 同上。
  ③ 姜广辉《传统的诠释与诠释学的传统——儒家经学思潮的演变轨迹与诠释学导向》一文中，按时代分经学为原典儒学、汉魏经学（神学化的经学、玄学化的经学）、宋明经学（理学化的经学）、清代经学（朴学化的经学、西学化的经学）。西学化经学是清代经学第二期的特点。见《经学今诠初编》（《中国哲学》第二十二辑），辽宁教育出版社2000年版。亦见姜广辉主编《中国经学思想史》（第一卷）"绪论二"，中国社会科学出版社2003年版，第41—48页。
  ④ 《国粹学报略例》，《国粹学报》1905年第1期。
  ⑤ 《拟设国粹学堂启（附表）》，《国粹学报》1907年第三卷第1期，"社说"。

穿凿耳。"① 这样的意见，是得其大体的。江慎中的春秋穀梁学著作，有会通中西学术的优点，但也有强为解说而引起窒碍之处。章氏所言"强相皮附"之弊，江氏也未能免。不过，江慎中在当时能引进西学以治传统学术，在穀梁学研究上有开风气的意义。尤其是他的"十指"之论，颇具思想性，在研究史（甚至思想史）上是值得大书一笔的。

七　旁推交通：刘师培《穀梁荀子大义相通考》

（一）刘师培生平简言

刘师培（1884—1919），字申叔，号左盦、光汉，江苏仪征人。刘师培出生于清代著名《左传》学世家，为刘文淇曾孙、刘贵曾之子，自幼肄力于经学。光绪二十八年（1902）中举，会试落第后即到上海等地参加章太炎等组织的反清革命，编辑进步报刊和《国粹学报》。光绪三十三年（1907）应章太炎邀请东渡日本，结识孙中山、黄兴等革命党人，参加同盟会东京本部的工作。刘师培后投靠晚清重臣端方，并随其至四川镇压"保路运动"，被革命军俘虏。辛亥革命胜利后，刘师培在章太炎、蔡元培等力保下被释放，任成都国学院副院长，与廖平等创建四川国学会。1913年后，先后投靠阎锡山、袁世凯，1915年参与组织筹安会，鼓吹袁世凯复辟帝制。1917年担任北京大学文科教授，1919年与黄侃成立"国故月刊社"，创办《国故学刊》，同年11月去世，年仅三十六岁。刘师培"学问渊深，通知今古"②，著述丰富，有论经学、史学、文学专著七十四种，收入民国二十三年（1934）宁武南氏刊本《刘申叔先生遗书》。

（二）《穀梁荀子大义相通考》的特色

1. 刘师培"群经大义相通"的理论溯源

刘师培经学研究，除以家学《左传》之学擅长之外，还撰写《经学教科书》梳理历代经学发展史，以及提出"群经大义相通"论，并撰写《群经大义相通论》③ 一书，那么，刘师培"群经大义相通论"的理论依

---

① 章炳麟：《某君与某论朴学报书》，《国粹学报》1906年第二卷第11期，"撰录"。
② 章太炎、蔡元培：《求刘申叔通信》，《大共和联报》1912年1月11日。
③ 刘师培：《群经大义相通论》，1934年宁武南氏校印本。

据是什么？

六经由孔子编订整理，"《诗》《书》《礼》、乐定自孔子，发明章句始于子夏，其后诸家分析，各有异说"①。其中，《易传》由商瞿五传至田何，田何为齐人，为齐人"言《易》之始"；《春秋》由子夏分授公羊高、穀梁赤世传至西汉初，公羊高为"齐民"、穀梁赤为"鲁产"，因此《春秋》有"齐鲁之学"；《尚书》藏于孔鲋，齐人伏生亦传；《鲁诗》出于荀子，辕固亦传《齐诗》。所以，刘师培认为西汉初年经学无今古文之争，而只有"齐学、鲁学之别耳"，这正是西汉初年经学家法师法之争的反映。刘师培由此提出："凡数经之同属鲁学者，其师说必同；凡数经之同属齐学者，其大义亦必同"②，这是其"群经大义相通"的理论基础。

汉代齐学、鲁学不仅是地域之别，而且也是学派之争。刘师培指出："盖齐学详于典章，而鲁学则详于故训；故齐学多属于今文，而鲁学多属于古文"，以汉代经学著作为例，《白虎通》多采齐学为根基，《五经异义》所陈奉鲁学为圭臬，说明经传大义，本自相通，古之经师，无不治一经而参考他经，数经并治。所以，刘师培建议研治经学，不能拘执一种经典以及一家之学，必须要"旁推交通"，否则"于古人治经之初法去之远矣"③。

刘师培出于这样的学术目的和倡议，撰写《群经大义相通论》，包括《公羊孟子相通考》《公羊齐诗相通考》《毛诗荀子相通考》《左传荀子相通考》《穀梁荀子相通考》《公羊荀子相通考》《周官左氏相通考》《周易周礼相通考》八篇，汇集齐学、鲁学之大义，辨析齐学、鲁学之异同。如战国诸子之学中，《春秋》三传中，"《公羊》为齐学，《穀梁》为鲁学，故公羊家言多近于《齐诗》，穀梁家言多近于《鲁诗》"④，《荀子》之学多近于《穀梁传》，《孟子》之义多近于《公羊传》，故荀子之学，"鲁学也"，孟子之学，"齐学也"。为何孟子之学为齐学？因为"孟子游齐最久，故所得之学亦以齐学为最优"⑤。

---

① 《后汉书》卷四十四《徐防传》。
② 刘光汉：《群经大义相通论序》，《国粹学报》1905年第一卷第4期。
③ 刘光汉：《群经大义相通总论》，《北洋学报》1906年第40期。
④ 刘光汉：《公羊齐诗相通考》，《国粹学报》1905年第一卷第4期。
⑤ 刘光汉：《公羊孟子相通考》，《国粹学报》1905年第一卷第4期。

2.《穀梁荀子相通考》的内容及特色

（1）荀子传授《穀梁传》考

刘师培据《穀梁传》杨士勋疏，穀梁赤受《春秋》于子夏，作《穀梁传》，授荀子，荀子传申公，申公传瑕丘江公，以及《汉书·艺文志》颜师古注："穀梁授经于子夏，传荀卿"，这两个文献的叙述，"皆荀卿传《穀梁》之证"①。从战国到西汉初，经子夏—穀梁赤—荀子—申公—江公共四传，但据《汉书》记载：申公"少与楚元王交，俱事齐人浮丘伯受《诗》……卒以《诗》《春秋》授，而瑕丘江公尽能传之"②，刘师培认为《诗》即《鲁诗》，《春秋》即《穀梁传》，可将《穀梁传》的师承传授增加到五传，其中荀子发挥了重要作用，所以"西汉穀梁之学，皆荀卿所传之学"，西汉传授《穀梁传》的韦贤、荣广、夏侯胜、史高都是鲁人，所以"鲁学多出荀卿"。

（2）穀梁与荀子思想相通之处

刘师培列举《荀子》书中"引《穀梁》之文者""用《穀梁》之说者"12条，经过研究发现，其中引《穀梁传》文者5条，援用《穀梁传》义者7条。

《荀子》引用《穀梁传》文字者：

如《荀子·大略篇》"使仁居守"与隐公二年《穀梁传》"知者虑，义者行，仁者守"相同，《荀子·大略篇》"货财曰赙，舆马曰赗，衣服曰襚，玩好曰赠，玉贝曰含"与隐公元年《穀梁传》"乘马曰赗，衣衾曰襚，贝玉曰含，钱财曰赙"类同，《荀子·大略》"誓诰不及五帝，盟诅不及三王，交质子不及五霸"与隐公八年《穀梁传》"诰誓不及五帝，盟诅不及三王，交质子不及二伯"略异，等等。

《荀子》援用《穀梁传》义者：

《荀子·议兵篇》："王者有诛而无战，城守不攻，兵格不击，上下相喜则庆之，不屠城，不潜军，不留众，师不越时。"刘师培详细引用《穀梁传》义与此进行案断分析：

---

① 刘光汉：《穀梁荀子相通考》，《国粹学报》1906年第二卷第2期。
② 《汉书》卷八十八《儒林传·申公传》。

  案《穀梁》隐五年传云："伐不逾时，战不逐奔，诛不填服。"案："伐不逾时"者，即《荀子》"不留众，师不逾时"之义也。"战不逐奔"者，即《荀子》"城守不（格）[攻]，兵格不击"之义也。"诛不填服"者，即《荀子》"上下相喜则庆之，不屠城"之义也。又隐十年传云："不正其乘败人而深为利"，又即《荀子》"不潜军"之义也。①

其他如《荀子·王制篇》"君者，善群也"与《君道篇》"君者何也？曰能群也"均与《穀梁传》隐公四年"卫人者，众辞也。其称人而立之何？得众也，得众即是贤也"意义相近，刘师培认为《穀梁传》"得众"与《荀子》"能群义同"。

《荀子》书中12条与《穀梁传》文本相同或意义相近，"皆荀卿传《穀梁》之证"，刘师培总结《荀子》引用《穀梁传》的意义有二，"一曰发《穀梁》之微言，一曰存《穀梁》之佚礼"，通过《荀子》考察《穀梁传》，则"鲁学渊源多可考见"②，《荀子》成为《穀梁传》思想运用与发展的一个载体。

---

① 刘光汉：《穀梁荀子相通考》，《国粹学报》1906年第二卷第2期。
② 同上。

第七章　汉学复兴：清代穀梁学（下）

第四节　考校辑佚成就钩沉

一　齐召南《春秋穀梁传注疏考证》的成就

齐召南的《春秋穀梁传注疏考证》是乾隆初期对《春秋穀梁传注疏》进行研究的代表作，共一卷，收入阮元所编《清经解》。该书根柢《三传》，对《春秋穀梁传》及其注疏三者进行了考证。

（一）考证的内容

1. 定《春秋穀梁传》及其注疏之是非

对《春秋穀梁传》以及范《注》、杨《疏》的解说，齐召南根据具体情况，是其是，非其非。

隐公元年七月，天王使宰咺来归惠公仲子之赗，《穀梁传》揭示"仲子"的身份："仲子者何？惠公之母，孝公之妾也。"范宁《注》释"仲子"："仲，字。子，宋姓也。妇人以姓配字，明不忘本，示不适同姓也。妾子为君，赗当称谥，成风是也。仲子乃孝公时卒，故不称谥。"《传》与《注》的说法是否正确。齐召南考证如下：

> 按，妾母名系于子，以文九年秦人来归僖公成风之襚例之，则此称惠公仲子，自属惠公之母、孝公之妾，此《穀梁》说远胜于《左氏》《公羊》者也。但范《注》云"仲子乃孝公时卒，故不称谥"，其说非是。鲁孝公以平王二年薨，平王三年癸酉，惠公之元年也。至平王四十八年戊午岁薨，明年己未岁入春秋，计惠公在位四十五年，仲子之卒当在惠公之世，且并在惠公末年矣。故天王加礼

于鲁，尚遣使来赗。若谓在孝公时，岂有侯国之妾母卒已逾五十年而天子始追行赗礼者耶？即《经》所书成风薨在文四年十一月，王使容叔归含，且赗在五年正月，此其明验也。惟秦人僻远，至九年来归襚，岂可以秦人例天王哉？大约春秋之初，犹近古朴，妾母之卒，或有不称谥者，亦未可知。如桓母仲子无谥、齐桓母卫姬、晋文母狐姬后亦不闻追谥，岂必以仲子无谥，即疑其卒在孝公时乎？①

关于仲子的身份，《左传》未明言，《公羊传》认为是"桓公之母"，但齐召南以《穀梁传》"母以子氏"这一春秋时期通行的礼制为依据，并以成风为僖公之母为例证，说明《穀梁传》所言仲子为"惠公之母，孝公之妾"的正确性。对于范宁言成风卒于孝公时之说，齐召南从时间上、成风为僖公母之例以及谥法等理由来推断范宁说法的主观臆断，其论断是符合事理的。

僖公八年七月，禘于太庙，用致夫人，齐召南比较三传对"夫人"的解说："按此《传》指'成风'，《左传》以为'哀姜'，《公羊》以为'僖公之夫人姜氏，本齐媵女之先至者，胁公立为夫人'。其说尤为乖诞，大约《穀梁》之说是。"②

对《穀梁传》及其注疏或高度赞扬，或加以贬斥。庄公四年夏，纪侯大去其国。《穀梁传》解释说："不言灭而曰大去其国者，不使小人加乎君子。"齐召南比较《穀梁传》与《公羊传》之说，指出："《公羊》谓不言齐灭之，为襄公讳，曲说甚矣。《穀梁》之义正大。"③僖公元年正月，齐师、宋师、曹师次于聂北，救邢。《穀梁传》有"以其不足乎扬，不言齐侯也"之说，范宁《注》解此："救不及事，不足称扬。"齐召南比较《春秋》三传的解说，认为：

> 按，齐桓之功，在存亡国，而《经》书"聂北救邢"，既有三国之师，其力非不足以却敌，而迟迟其行，徘徊不进，待邢人溃围而

---

① （清）齐召南：《春秋穀梁传注疏考证》，载《清经解》卷三百一十五，第1页a、b面，学海堂清经解本。
② 同上书，第11页a面。
③ 同上书，第6页b面。

第七章 汉学复兴：清代穀梁学（下）

出，始迁夷仪，此则霸者之私心也。《左氏》《公羊》无所发明，《穀梁》最得《经》意。至城邢，复序三国之师，《传》曰："美齐侯之功也，功过两不相掩。"持论平矣。①

无论是"得《经》意"和"持论平"，均是对《穀梁传》的赞扬。

贬斥之语亦常见。桓公三年夏，齐侯、卫侯胥命于蒲，《穀梁传》有"以是为近古也"的传文，范宁《注》释"古"为"五帝时"。齐召南首先举《公羊传》不明言"古"为何时，再引《穀梁传》"盟诅不及三王"之文，指出："古字正指三王之世，对春秋衰世时言则称古耳，范氏指为'五帝'说，似迂。"② 桓公十一年七月，葬郑庄公，齐召南以范宁《注》杨士勋《疏》为"附会"③。文公二年八月，大事于大庙，跻僖公，《穀梁传》释曰："跻，升也。先亲而后祖也。"范宁《注》解"亲"、"祖"二字："亲谓僖，祖谓庄。"齐召南对范宁《注》加以贬斥：

> 按，范氏说俱平正，惟此条为好奇之过，遂至无理鲁文，虽愚何至升僖主于庄公之上乎？《传》之先亲而后祖，犹《公羊》之先祢而后祖耳。说《公羊》者曰："僖公以臣继闵公，犹子继父，故闵公于文公亦犹祖也。"其说至当。杨氏直纠范氏之失是也。又按范所引《高宗肜日》于义无当，高宗丰祢亦不过祭祀品物之盛，有殊于远祖耳，必不于祫祭时升小乙之主于祖乙上也。④

指出了范宁解说的错误，其证据均有说服力。

对三《传》不同之说不能判明是非的，齐召南采取存异的态度。隐公五年九月，初献六羽，《穀梁传》解此："舞《夏》，天子八佾，诸公六佾，诸侯四佾。初献六羽，始僭乐矣。"这与《公羊传》的解释相同，但《左传》引众仲之语："天子用八，诸侯用六，大夫用四，士二。"齐召南认为："是初献六羽为得礼也。《公》《穀》皆谓六羽是诸公之礼，

---

① （清）齐召南：《春秋穀梁传注疏考证》，第10页a面。
② 同上书，第3页b面。
③ 同上书，第4页a面。
④ 同上书，第13页a、b面。

· 325 ·

《经》书初献六羽,讥鲁始僭,此其不同者也。"[①] 对于诸侯用六羽的问题是"得礼"或"僭礼",《春秋穀梁传注疏考证》不作是非判定,只指出《穀梁传》《公羊传》与《左传》解说的不同。

庄公十六年十二月,会齐侯、宋公、陈侯、卫侯、郑伯、许男、曹伯、滑伯、滕子,同盟于幽,"鲁庄公"参与会盟,《春秋》未明言,《穀梁传》解释说:"外内寮一疑之也。"同官为寮,此指参盟于幽的诸侯。据范宁《注》:"今于此年,诸侯同共推桓,而鲁与齐仇,外内同一疑公可事齐不,会不书公,以著疑焉。"杨士勋认为不书"公"为鲁国"内疑",具体说:"此盟幽欲推齐为伯,与共尊事之,鲁既与齐为仇,又内外一疑,故《经》不言'公',以示意也。"穀梁学一致以不书"公"表明鲁国不欲尊齐桓公为霸主。齐召南考证其他二《传》之说:"按,《左传》杜注:'书会,鲁会之不书,其人微之也。'说与《穀梁》异。《公羊》经有'公'字,其《传》曰:'同盟者,同欲也。'亦与《穀梁》不同。"《左传》以鲁国参盟人员地位低而不具名,而《公羊传》以诸侯"同心",均与《穀梁传》诸侯"同疑"解说不一。这里,齐召南并列三说而不作裁断。

2. 解释《传》《注疏》之意

对《穀梁传》及《注疏》的解说进行分析,以探讨其解说的缘由。庄公二十七年六月,公会齐侯、宋公、陈侯、郑伯,同盟于幽,《穀梁传》说齐桓公与诸侯国"衣裳之会十有一"。范宁《注》详列十一次会盟的时间和地点:"十三年会北杏,十四年会鄄,十五年又会鄄,十六年会幽,二十七年又会幽,僖元年会柽,二年会贯,三年会阳谷,五年会首戴,七年会宁母,九年会葵丘。"杨士勋《疏》引《论语》管仲"九合诸侯",是因为贯与阳谷之会,非管仲所欲,故不计算在内。齐召南分析道:

> 按,"管仲不欲"事见僖十二年楚人灭黄,《传》曰:"贯之盟,管仲曰:'江、黄远齐而近楚,楚为利之国也,若伐而不能救,则无以宗诸侯矣。'桓公不听,遂与之盟。"阳谷虽无明文,而江、黄在

[①] (清)齐召南:《春秋穀梁传注疏考证》,第2页a、b面。

会，知必非管仲意也。《论语》曰："九合诸侯，不以兵车，管仲之力。"故去是二会不数。①

他的分析是建立在史实的基础上的，故言之成理。

3. 校勘文字音韵

（1）审音

庄公二年十二月，夫人姜氏会齐侯于禚，《经典释文》："禚，章略反。"齐召南认为注音有可疑之处。他考证说："按，此与《左氏经》俱作'禚'，《公羊》作'郜'，《释文》：'郜，古报反。'于《左传》音云：'禚，诸若反。'郜、禚究当是一字，此音疑误。"② 同为"禚"，齐氏从陆德明《经典释文》为《左传》注音与范宁所注之音的差异，指出范宁的"禚，章略反"是错误的，从音切来说，齐召南的怀疑是有道理的，并非无知妄说。

（2）识字

宣公十五年六月，晋师灭赤狄潞氏，以潞子婴儿归，《穀梁传》有"其曰潞子婴儿，贤也"。对于"曰"字的正误，顾炎武、惠栋均有所辨正，齐召南接着考证说："按，各本俱作'曰'字，以上下文及《疏》推之，'曰'字自是'日'字之讹，指癸卯也。潞子例不应书'日'，而书'日'则知其贤，作'曰'字，误也。"③ 从此，"曰"为"日"之误成为学者的共识。

（二）学术方法

1. 会通三《传》

齐召南认为，《春秋》三传是互相关联的，在三《传》的地位上，他所持态度没有明显的偏向，均平等视之。齐召南最擅长使用的方法就是将《春秋》三传进行比较，通过考证以判定《穀梁传》的正误。

桓公六年八月，蔡人杀陈佗，《穀梁传》以为陈佗喜猎过度，越过蔡国国境，与蔡人争猎物被杀，而《公羊传》认为是奸淫蔡人被杀。齐召

---

① （清）齐召南：《春秋穀梁传注疏考证》，第9页a面。
② 同上书，第6页a面。
③ 同上书，第16页a面。

南引用《左传》的材料为据指出《公》《穀》二传不近情理。他说："按，陈佗有篡弑之罪，蔡人杀之，所谓杀当其罪者也。《左氏》庄二十二年《传》曰：'陈厉公，蔡出也，而蔡人杀五父而立之。'五父即佗。蔡人杀佗，意在立其甥厉公耳，较《穀梁》'喜猎'、《公羊》'外淫'之说为近理。"① 其他以三《传》互证之处甚多，不一一列举，作者从三《传》的记载或解说中以判明《穀梁传》"最得《经》意"②、"诬矣"③等等，表明其立场。

2. 重视内证

齐召南从《穀梁传》及其注疏前后记载中，发现其矛盾之处，对其解说以判定。宣公元年六月，齐人取济西田，杨士勋疏《传》有"哀公犯齐陵邾，而反丧邑，易辞之也"。齐召南认为"易辞之也"不成句，"似当作'亦易辞也'。凡《经》书'取'，皆是'易辞'。此宣公以田赂齐，及哀公之犯齐陵邾丧邑，《经》皆书'齐人取'，是皆'易辞也'"④。另外，对《穀梁传》的"传例"，齐召南每每以前后不能兼顾而陈其矛盾之处，这与历代学者的认识相同。

3. 重视理证

对于《穀梁传》有的解说，不能从《左传》《公羊传》得到证据，以及《穀梁传》内部不能印证，齐召南则以情理推断。昭公二十六年三月，公至自齐，居于郓，《穀梁传》指出："道义不外公也。"齐召南推说："按，昭既出奔，季孙恣肆，必无代公致庙之事。《经》书'至自齐'、'至自会'、'至自乾侯'，皆特笔以存君臣大义。所谓'《春秋》成而乱臣贼子惧也。'《穀梁》之说甚精。"⑤ 此其一证。昭公三十一年四月，晋侯使荀栎唁昭公于乾侯，齐召南指出："按，以理推之，前此齐侯唁公于野井，及高张来唁公，不过吊不入国都而已，公犹在鲁地。至荀栎唁公于乾侯，本属晋地，直是吊公不入鲁境也。《传》虽同言不入鲁，亦自有浅深存焉。"⑥ 齐召南从情理来分析，鲁昭公因失国不能返回国都，

---

① （清）齐召南：《春秋穀梁传注疏考证》，第3页b面—4页a面。
② 同上书，第12页b面。
③ 同上书，第24页a面。
④ 同上书，第14页b面。
⑤ 同上书，第22页b面。
⑥ 同上。

晋国三次遣使慰问，前两次还能在鲁国境内，第三次只能在晋国，表明鲁国公室权力的步步加深，故《穀梁传》特书此以"笔伐"鲁国权臣僭上之罪。

从上文的论述中可看出，齐召南的考证多偏向于《穀梁传》及其《注疏》解说的理解，给予正误或优劣的判定，对音韵文字的考证较少，其使用的研究方法也是较科学的。从齐召南所处的时代看，他刚好处在由清初汉宋学术兼采向乾嘉学术转型期，故其治学的风格有新旧杂呈的痕迹。

二 王引之《经义述闻》对《春秋穀梁传》的辨误

王引之（1766—1834），字伯申，号曼卿，江苏高邮人。嘉庆四年（1799）中一甲进士探花，历官翰林编修、工部尚书、户部尚书等职。其父王念孙（1744—1832，字怀祖，号石臞），专精名物训诂之学。王引之从父受学，其治学亦在此途发挥。其所著《经义述闻》颇能体现其治学特色，他说："说经者，期于得经意而已。前人传注不皆合于经，则择其合经者从之；其皆不合，则以己意逆经意，而参之他经，证以成训，虽别为之说，亦无不可。"[1] 即使当时专与乾嘉汉学唱反调的方东树也对之赞赏有加，说："高邮王氏《经义述闻》，实足令郑、朱俯首，汉唐以来，未有其比。"[2]《经义述闻》校勘《春秋穀梁传》和注疏有61条，主要校正其中的错误，分以下几个方面。

（一）"古字多假借，后人失其读耳"——从音韵角度辨误

古代经籍中多同音通假字，范宁、杨士勋在注疏《春秋穀梁传》时，由于不识音韵而造成训解的错误。如阮元说："古书之最重者莫逾于经，自汉晋以及唐宋，固全赖古儒解注之力，然其间未发明而沿旧误者尚多，皆由于声音文字假借、转注未能通彻之故。"[3] 王引之精通《广雅》《说文》等"成训"，故能独具慧眼，辨识其误。其中言音韵的有6条。

---

[1] （清）王引之：《经义述闻叙》，载《经义述闻》卷首，江苏古籍出版社1985年影印版。
[2] （清）方东树：《汉学商兑》卷中之下，光绪十一年刻本。
[3] （清）阮元：《经义述闻序》，载王引之《经义述闻》卷首。

隐公五年九月，初献六羽，《穀梁传》引穀梁子之说："舞《夏》，天子八佾，诸公六佾，诸侯四佾。初献六佾，始僭乐矣。"又引尸子之说："舞《夏》，自天子至诸侯皆用八佾。初献六佾，始厉乐矣。"范宁《注》："言时诸侯僭侈，皆用八佾，鲁于是能自减厉，而始用六。穀梁子言其始僭，尸子言其始降。"两位先师解释不同，何者为是？王引之说：

> 《注》意非《传》意。穀梁子以诸侯四佾为正，六佾为僭；尸子以诸侯八佾为正，六佾为厉。"僭"与"厉"，皆斥其非，非谓鲁能革诸侯之僭侈也。

问题的关键，是对"厉"字的解释。王氏从音韵角度加以辨析：

> 厉之言，裂也。《广雅》云："裂，裁也。"裁剪八佾为六佾，故曰"始厉乐矣"。古"厉"、"裂"同声。《鲁语》"烈山氏"，《祭法》为"厉山氏"，是其例也。讥厉乐者，谓其不当减而减也。①

范宁《注》释"厉"为"减"、"降"，只能是心知其意而无训释依据，王引之从"厉"、"裂"同声为训，并以《广雅》《鲁语》《祭法》等为证，故能训"厉"为"裁减"，而能体现《穀梁传》尸子讥"以不当减而减"的意蕴。

隐公五年十二月，宋人伐郑，围长葛，《穀梁传》有"诛不填服"、"苞人民"二文，范宁因不通音韵，造成释义的错误。范注"诛不填服"为"来服者，不复填厌之"，王引之指出：

> 诛谓杀戮，非特填厌之而已。"填"读为"殄"，谓殄戮之也。（《盘庚》曰："我乃劓殄灭之。"《多方》曰："殄戮多罪。"）诛不殄服，犹言不杀降。

王氏认为"殄"作"填"，是假借字，在其他经典中常见。如《诗·小

---

① （清）王引之：《经义述闻》卷二十五"始厉乐矣"条。

雅·小宛》："哀我填寡。"毛《传》："填，尽也。"《释文》："填，徒典反。"《尔雅》："殄，尽也。"《集韵》："殄，或作填。"均能说明"殄"、"填"为同声通假，故王引之得出"凡从'真'、从'参'之字，多以声近而通。"① 由于有文献和音韵学依据，故王引之所言均符合事实。"苞人民"，范宁注解为"制其人民"。王引之述其父王念孙的驳语：

> "制"与"苞"，义不相近，传注亦无训"苞"为"制"者，范说非也。"苞"，读为"俘"。俘，取也。《众经音义》② 卷十三引贾逵《国语注》："伐国取人曰俘。"作"苞"者，假借字耳。苞，古通"包"（见《经典释文》）。《尔雅》："俘，取也。"《汉书·贾谊传》："淮阳包陈以南捷之江。"晋灼曰："包，取也。"《叙传》："包汉举信。"刘德曰："包，取也。""苞"与"俘"同训为"取"，而古音又相近，而字亦相通。……凡字从"孚"、从"包"之字，古音相近，古字亦相通。③

庄公三十一年，筑台于秦，范宁《注》解《穀梁传》"倚诸桓"之"倚"为"依倚"，王引之认为"未达'倚'字之义。'倚'，当读为'奇'，奇异也。……古字'倚'与'奇'通"④。僖公四年夏，齐人执陈袁涛涂。《穀梁传》有"哆然外齐侯也"，杨士勋《疏》解"哆然疏外齐侯。哆然，宽大之意"。王引之考辨说："宽大之意，与疏外无涉，杨说非也。《尔雅》：'誃，离也。'邵氏（晋涵）《（穀梁传）正义》曰：'《穀梁传》云，于是哆然外齐侯也。哆然，离散之貌。誃、哆，音义同。'此说是也。外齐侯，则有离散之心，状其离散，故曰哆然。"⑤

他如"闇"与"瘖"⑥、"无（无）"与"譕"⑦ 等字，均因音同被假借。范宁、杨士勋不明其中的音韵规律，仅以本字而不按借字来释意，

---

① （清）王引之：《经义述闻》卷二十五"诛不填服"条。
② 亦作《一切经音义》，唐僧元应撰。
③ （清）王引之：《经义述闻》卷二十五"苞人民"条。
④ （清）王引之：《经义述闻》卷二十五"倚诸桓也"条。
⑤ （清）王引之：《经义述闻》卷二十五"哆然"条。
⑥ （清）王引之：《经义述闻》卷二十五"下闇"条。
⑦ （清）王引之：《经义述闻》卷二十五"此皆无公也"条。

因而出现训释的错误。王引之指出:"训诂之指,存乎声音,字之声同声近者,经传往往假借,学者以声求义,破其假借之字而强为之解,则诘籀病矣。"① 因此,王引之揭示出"古字多假借,后人失其读耳"② 这一前人致误的原因,从音韵假借角度来解释,《春秋穀梁传注疏》中很多释义牵强或错误之处便可得到解决了。

(二)"古训疏而经说遂踣矣"——从训诂角度辨误

古籍流传过程,训诂是必不可少的工作。关于"训诂"之定义:"诂训者,通古今之异辞,辨物之形貌,则解释之义尽归于此。"③ 训诂的形态,今人崔大华分为三种情况。(1)歧解。指在经典的传笺注疏中出现分歧性的结论。(2)盈解。经学家对经典中的字词、名物、制度等训释中,增益进新的、更丰富的内涵。(3)确解。先前经学家的误解和"未闻"的绝训,后代经学家对其纠正、破释,从而得到确解。④ 这一归纳,有其代表性。范宁、杨士勋在对《春秋穀梁传》进行注疏的过程中,由于句读、读音、典据等原因,造成对经传理解的错误以及不能加以训释,从而出现郢书燕说、扞格难通的情形。王引之在《经义述闻》中一一指出其错误以及致误的原因。

1. 纠正误训,使之确解

隐公元年十二月,祭伯来,《穀梁传》"有至尊者,不贰之也"之文。范宁《注》"不贰"为"臣当禀命于君,无私朝聘之道"。杨士勋《疏》说:"臣当一一禀君命,无自专之道也。"王引之《经义述闻》以为:"范《注》杨《疏》皆未得《传》意。贰,非'专'之谓也。贰,敌也(哀七年《左传注》)、并也(《玉篇》)。天子聘遗诸侯,天子之臣亦聘遗诸侯,则是与天子相敌耦、相比并,故谓之贰。人臣不敢并于至尊,故无外交。故曰:'有至尊者,不贰之也。'"⑤ 他又以《郊特牲》"人臣无外交,不敢贰君也"为证,"贰"当训为"敌"、"并"之意。隐五年九月,初献六羽,范宁注《穀梁传》"舞《夏》"之"夏"为"大也。大谓

---

① (清)王引之:《经义述闻叙》,载《经义述闻》卷首。
② (清)王引之:《经义述闻》卷二十五,并见"倚诸桓也"、"此皆无公也"条。
③ (唐)孔颖达:《诗经注疏》卷一《周南·关雎诂训传疏》。
④ 崔大华:《论经学之训诂》,载《中国文化研究》1996年夏之卷(总12期)。
⑤ (清)王引之:《经义述闻》卷二十五"不贰之也"条。

第七章　汉学复兴：清代穀梁学（下）

大雉、翟雉"。王引之认为："夏，盖五色羽之名也。"《天官·序官》"夏采"郑注："夏采，夏翟羽色。"《禹贡》："徐州贡夏翟之羽，染人，秋染夏。"其注"染夏"："染夏者，染五色，谓之夏者。其色以夏狄为饰。"① 王引之将这些训诂材料一一引述，证明夏为"五色羽"有足够的文献依据。王引之还指出其他误训之处：

> 隐公九年三月，大雨震电，《穀梁传》曰："震，雷也；电，霆也。"杨《疏》："电即雷之光。霆者，霹雳之别名。有霆必有电，故《传》云'电，霆也'。"王引之以为："《疏》分电与霆为二，失之。"②

"病"训为"辱"、"羞愧"之意，王引之指出范宁引徐邈注"襄《传》公子病矣"误以为"疾病之病"，杨士勋"哀《传》郑病矣云"误为"病患之病"③。

　　"纪"误为"己"，而训"鲁地"。④
　　"仁"训为"相人耦"，误为"人"而训为"人道"。⑤
　　"勤"当训为"忧"，而误为"心勤"。⑥
　　"塊然"当训为"独尊之貌"，而误为"安然"。⑦
　　"暴"当训为"猝、急"，而误为"残暴"。⑧
　　"没"（卒）误为"汲"字，而误训为"引"。⑨
　　"轨"当训为"循"，误为"车辙"。⑩

---

① （清）王引之：《经义述闻》卷二十五"舞《夏》"条。
② （清）王引之：《经义述闻》卷二十五"雷霆也"条。
③ （清）王引之：《经义述闻》卷二十五"病"条。
④ （清）王引之：《经义述闻》卷二十五"其不地于纪也"条。
⑤ （清）王引之：《经义述闻》卷二十五"始人之也"条。
⑥ （清）王引之：《经义述闻》卷二十五"勤雨也"条。
⑦ （清）王引之：《经义述闻》卷二十五"塊然"条。
⑧ （清）王引之：《经义述闻》卷二十五"暴弹"条。
⑨ （清）王引之：《经义述闻》卷二十五，"汲郑伯"条。
⑩ （清）王引之：《经义述闻》卷二十五"车轨尘"条。

"属"当训为"会、聚",而误为"语"。①

对上面所举列的错误,王引之总结,有因"古训疏而经说遂踬矣"②,有因古训"至晋而寖失其传"③,有因字形"相似而误耳"④以及"声近而讹"⑤。其中,对古训的不明是最大的原因,由于王引之"精于训诂"⑥,故能辨识其误,得到确解。

2. 补充缺解者,使之完善

《春秋穀梁传》的某些字词,范《注》杨《疏》因其浅显,未作解释。但今天看来不作深解,仍会出现阅读障碍,所以王引之对前人未释的字词加以"补训"。

桓公三年七月壬辰朔,日有食之,既,《穀梁传》:"言日言朔,食正朔也。"范《注》杨《疏》不释"正"字。王引之据《广韵》以为"正,当也"⑦,加以补训。

僖公十年夏,晋杀其大夫里克,《穀梁传》有"世子祠。已祠,致福于君。君田而不在。丽姬以鸩为酒,药脯以毒。献公田来……覆酒于地而地贲,以脯与犬,犬死。……君喟然叹曰:'吾与女未有过切,是何与我之深也。'"⑧"与我"之"与",范宁无注,杨士勋无疏,这关系着晋国宫廷斗争的重要情节。王念孙加以补训:"《方言》:'予,雠也。''予''与'古字通。与我之深,雠我之深也(成二年《左传》曰:"雠我必甚")。言我与女为父子以来,未有过切,何雠我一至于此也。"⑨

襄公十六年三月,大夫盟,《穀梁传》解释说:"湨梁之会,诸侯失正矣。诸侯会,而曰大夫盟,正在大夫也。诸侯在,而不曰诸侯之大夫,大夫不臣也。"对其中的"正在大夫"之"正",范《注》杨《疏》皆无解

---

① (清)王引之:《经义述闻》卷二十五"退而属其二三大夫"条。
② (清)王引之:《经义述闻》卷二十五"病"条。
③ (清)王引之:《经义述闻》卷二十五"勤雨也"条。
④ (清)王引之:《经义述闻》卷二十五"汲郑伯"条。
⑤ (清)王引之:《经义述闻》卷二十五"周灾不志也"条。
⑥ (清)江藩:《汉学师承记》卷五。
⑦ (清)王引之:《经义述闻》卷二十五"食正朔也、正是日"条。
⑧ 《春秋穀梁传注疏》卷八,僖公十年夏"晋杀其大夫里克"传。
⑨ (清)王引之:《经义述闻》卷二十五"是何与我之深也"条。

释。王引之"案,'正'亦当读'政'。言当时政在大夫,故诸侯会而大夫盟也,正与上文失正之'正'异义。古政事之'政',或通作'正'。《小雅·节南山》篇:'不自为政',《淄衣》引作'正'。《天官·凌人》:'掌冰正',故书'正'为'政'。文六年《左传》:'弃时政也',《汉书·律历志》引作'正'。《月令》:'班马政',《吕氏春秋·仲夏纪》'政'作'正'。"① 由于有这一系列的经史证据,"正"释为"政"当是确解,补充了前人的不足。

(三)唐石经、宋本之衍脱讹误——从版本角度校勘字词之误

《春秋穀梁传》产生之后,经历代经师口口相传,至迟到汉宣帝时已著于竹帛,之后,以抄本流传,虽汉魏时期有石经本,但因历时既久早已不存。唐代开成石经中《春秋穀梁传》仍能见到的该书早期版本。雕版印刷术发明后,《春秋穀梁传注疏》以印本传世,版本学开始形成。《春秋穀梁传》及其《注疏》因转抄而出现衍、脱、讹、错简、倒文等一系列版本错误。这些问题,或起于手民之不识,或抄者之疏忽以及祖本之剥蚀残缺等等,前代学者已有所辨正。王引之《经义述闻》在前人的基础上,对《春秋穀梁传》及其注疏进行新的校勘,取得若干成果。他指出的问题有:

1. 字词之"增衍"

隐八年十二月,无骇卒,《穀梁传》:"无骇之名,未有闻焉。或曰,隐不爵大夫也。或说曰,故贬之也。"王引之分析该传文后指出:"上云'或曰',则下亦当然,不得又称'或说曰','说'盖衍文。"这是理校的方法。同时,他又将《传》文与杨士勋《疏》语本校后,发现二者之间的不一致:

>《疏》举"或曰"至"贬之也"释曰:"就二说之中,后'或曰'是也。"则"或"下无"说"明矣。二年,纪子伯、莒子盟于密。《传》:"或曰,纪子伯、莒子而与之盟。或曰,年同、爵同,纪子以伯先也。"成二年六月癸酉,季孙行父、臧孙许、叔孙侨如、公

---

① (清)王引之:《经义述闻》卷二十五"出恶正也、正在大夫也"条。

孙婴齐帅师晋郤克、卫孙良夫、曹公子手及齐侯战于鞌。《传》："其日，或曰，日其战也。或曰，日其悉也。"亦上下皆言"或曰"，是其例也。唐石经始衍"说"字。

王引之从所举证据丛（evidences-complex）[①] 加以归纳，凡《穀梁传》同样并列两种解说的传文均无"说"字，所以归纳出"说"为衍文。王氏还找到根源，他认为杨士勋给范宁《春秋穀梁传集解》作义疏时未有"说"字，唐文宗开成年间《九经》勒石时始衍，今本《春秋穀梁传注疏》是从唐石经本而来，故其推论是正确的。王引之还认为：

"故"亦衍文。盖涉四年《传》"与于弑公，故贬之也"而衍。（唐石经有"之"字，宋本以下皆脱。）"故"字承上之辞，未有不言所以贬之故，而但言"故贬之"者也。唐石经始衍"故"字。《疏》"或曰"至"贬之也"，当作"或曰贬之也"。盖杨氏所据本无"故"字，故举"或曰贬之也"而释之，传写者因上《疏》标题"二伯"至"任也"，下《疏》标题"周礼"至"未详"，而衍"至"字耳。自宋本已然。[②]

从王引之对两个衍文的推论看，前一个衍文理由充分一些，因为"说曰"存在语意重复，而且《春秋穀梁传》其他传文再无"说曰"并列的复文现象，故而可通。但推测"故"为衍文，如结合《传》《疏》来分析，传文"无侅之名，未有闻焉"，表明无侅不著氏族，隐含贬义，这是"故"的原因；另从疏文来看，是综合前二种传说，因此，"或曰"是前说，"贬之也"是后说，二者之间的"至"表示文句的起始，不是涉上下《疏》的衍文。王引之断传文的"故"与疏文标题"至"为衍文，可以说是属于推测。另外，辨隐公十八年"春王正月"之"王"，以范宁

---

① "证据丛（evidences-complex）"为笔者所创。笔者从台湾地区学者黄俊杰《中国孟学诠释史论》第一章"绪论"中提出"单位观念"（unit-ideas）与"观念丛"（ideas-complex）对举，从而得到启示，以单一证据（孤证）（unit-evdence）与"证据丛"（ideas-complex）对举，以表明王引之通过系列证据"无征不信"的治学理念和学术特点。黄俊杰书见社会科学文献出版社2004年版，第14页。

② （清）王引之:《经义述闻》卷二十"或说曰、故贬之也"条。

第七章 汉学复兴：清代穀梁学（下）

《传》"无说"而断"范所见本已增'王'字"①，也是推测。

王引之利用理校法辨析《春秋穀梁传注疏》字词增衍的还有很多，不一一列举。其造成衍文的原因，他认为有"涉上下文而衍"②、"后人所增"③ 等几种。有的衍文成于石经之前，有的成于石经之后，王氏父子均能严格审查，根据《春秋穀梁传注疏》的行文通例以及语脉等语言环境，发现其中的疑误。他利用理校法进行校改，多发前人所未发。

2. 字词之"倒乙"

庄公元年夏，单伯逆王姬，《穀梁传》有"躬君弑于齐，使之主婚姻，与齐为礼，其义固不可受也"。王引之先摆出自己的结论："'躬君弑于齐'当作'君躬弑于齐'。"他举证如下："范《注》曰：'鲁桓亲见杀于齐。''鲁桓'释'君'字，'亲见杀于齐'释'躬弑于齐'四字，则范所据本作'君躬弑于齐'明甚。而《释文》出'君弑'二字，则唐初'君'字已误倒于'躬'字之下，不始于石经矣。或曰《释文》当作'躬弑'，后人以已误之《传》文改之也。"④ 王引之从传文与注文之间的关联度判明字词的倒乙，这是重内证，与下面一条考校重外证不同。

庄公二十五年六月辛未朔，日有食之，鼓，用牲于社，《穀梁传》释此："天子救日，置五麾，陈五兵、五鼓。诸侯置三麾，陈三鼓、三兵。"⑤ 王念孙指出：

> "陈三鼓、三兵"本作"陈三兵、三鼓"，与上文同一例。唐石经"兵"、"鼓"二字互误，而各本皆从之。《北堂书钞·武功部八》、《太平御览·天部四》《兵部七十二》、《开元占经·日占六》引此并作"三兵、三鼓"。⑥

---

① （清）王引之：《经义述闻》卷二十五"十八年春王正月"条。
② 王引之《经义述闻》卷二十五"称人以杀大夫"涉上下文衍"大夫"一词、"宋万之获"涉上文衍"之"字、"如往月致月"衍"如"字、"诸侯不得专封诸侯"涉上文衍"不得"一词、"宫之奇谏曰语曰"涉上文衍"曰"字、"诸侯相见曰朝"涉下文而全衍、"其为主乎救齐"涉上文衍"其"字，等等。
③ （清）王引之：《经义述闻》卷二十五"一国之后"因后人所增以与"耳目之前"相对而致误。
④ （清）王引之：《经义述闻》卷二十五"躬君"条。
⑤ （清）王引之《经义述闻》将此传文的时间误为"庄公二十四年"。
⑥ （清）王引之：《经义述闻》卷二十五"三鼓、三兵"条。

从王念孙提供的证据丛来，其类书旁证可以作为坚实的校勘依据。具体分析这两条考校文字，第一条属于"本校法"，第二条属于"他校法"①。

3. 字词之"讹误"

（1）因文字形似或形近而讹

隐元年七月，天王使宰咺来归惠公仲子之赗，《穀梁传》："礼，赗人之母则可，赗人之妾则不可，君子以其可辞受之，其志不及事也。"王引之指出："'其志'二字与上句文义不属。'其'疑当为'且'，形相似而误也。"②

桓二年七月，纪侯来朝，《穀梁传》："于是为齐侯、陈侯、郑伯讨数日以赂。"石经本作"计"，宋十行本以下皆作"讨"，何者为是？范宁《注》："桓既罪深责大，乃复为三国讨数至日以责宋赂。"王引之认为《传》《注》"讨"皆当作"计"。因为范宁《注》又在其下文解释说："桓与诸侯校数功劳以取宋赂。"《广雅》："计，校也。"王引之推说："以《注》校《传》，其作'计'明矣。《传》文作'计'，则《注》亦作'计'明矣。"③"计"讹为"讨"应为字形近似所致。其他，"尒"（古"迩"字）讹为"介"④、"義"（义）讹为"美"⑤、"彊"（强）讹为"張"（张）⑥ 等，均因字形相近或相似而使文字错误，影响对文句的理解，从而释义牵强与窒碍不通。

（2）因书体而误

唐代以前，书籍以抄本流传，书体由篆书转隶书，再由隶书转楷书，手写之体又有行书、草书，由于偏旁、部首以及笔画的相近而导致文字错讹。文公六年十月，晋杀其大夫阳处父，《穀梁传》有"故士造辟而言，诡辞而出"之语，范宁《注》："辟，君也。"王引之指出：

---

① 陈垣《元典章校补释例》第四十三《校法四例》分校书有四法：一为对校法；二为本校法；三为他校法；四为理校法。其分类较为合理。而梁启超在《中国近三百年学术史》中所分四类与此大体相同，但叙述有含混之处。

② （清）王引之：《经义述闻》卷二十五，"其志不及事也"条。

③ （清）王引之：《经义述闻》卷二十五"讨数日以赂"条。

④ （清）王引之：《经义述闻》卷二十五"不以难介我国也"条。

⑤ （清）王引之：《经义述闻》卷二十五"荐其美也"条。

⑥ （清）王引之：《经义述闻》卷二十五"是大夫张也"条。

第七章 汉学复兴：清代穀梁学（下）

"造辟"二字，文不成义。"造"训"至"、训"适"。如作"适君所"解，则凡入告者，孰不适君所，但言适君所，无以见其慎密也。且"君"谓之"辟"，"君所"不可谓之"辟"。今案"辟"，当作"膝"，字之误也。"膝"字左旁之"月"，与"启"相似，右旁之"㭉"，隶或作"未"，或作"朱"。"辟"字右旁之"辛"，或作"亲"，或作"亲"，又相似，故"膝"字讹而为"辟"矣。"造"当读为"蹙"。"蹙"者，促也，近也。蹙膝而言者，君臣促膝密语，不使左右闻之也。①

王氏还举出了不少书证，如《三国志·中山恭王传》《高堂隆传》、《晋书·荀勖传》、《南史·徐伯珍传》中，所用"'造膝'二字，本于此《传》"；《旧唐书·李吉甫传》所载《常衮授王缙侍中制》之"造膝之言""本于此《传》之'造膝而言'也"；《郎中郑固碑》《风俗通·过誉篇》《晋书·羊祜传》《南史·刘穆之传》之"造膝诡辞""本于此《传》之'造膝而言，诡辞而出'也。盖旧本多作'造膝'，故汉魏六朝唐人多用其义，'促膝密语'，正与此《传》不漏言之指相合也。范本作'造辟'，盖传写之误也"②。对于"造膝"误"造辟"的问题，前文述及清初张尚瑗《穀梁折诸》已将《穀梁传》"造辟而言"与《晋书·羊祜传》"入则造膝"相联系，但张氏并未从校勘角度来分析"造辟"为"造膝"之误，因而错过解决这一问题的机遇，这反映了两代学人治学风格的差异以及分析问题的中心点不相同。

昭公十一年十一月丁西，楚师灭蔡，执蔡世子友以归，用之，《穀梁传》有"一事注乎志，所以恶楚子也"。范宁注释道："一事辄注而志之也。"王引之认为："'注'字义不可通。'注'当为'详'。"为何作"详"呢？"'详'字左旁草书与'氵'相似，右旁与'主'相似，故'详'误为'注'。详乎志者，详于志也。已书'楚师灭蔡'，又书'执蔡世子友以归'，又书'用之'，一事而志之甚详，所以恶楚子之强暴也，

---

① （清）王引之：《经义述闻》卷二十五"故士造膝而言"条。
② 同上。

故曰：'一事详乎志，所以恶楚子也。'"王引之又从《春秋》记事的体例来分析："《春秋》之义，甚美甚恶皆详其事。成九年、襄三十年《传》并曰：'详其事，贤伯姬也。'此《传》一事详乎志，所以恶楚子也，皆谓详志之以示法戒。"① 可见，"详"与"注"因书写相似而致误，注者不明乎此，故委曲而解，造成"误读"。

（3）因抄写而误

古书抄写，由于笔误而造成增减笔画、误字、错行等主观性错误，非细心以及熟于典籍者不能辨，王引之每每能发现《春秋穀梁传注疏》中这类技术性问题。

僖公十二年春王正月庚午，日有食之，这条经文宋本以下诸本均同，但石经本"正"作"三"，何者为是？王引之首先从历法角度说："日食必于朔。杜预《春秋长历》：'是年三月庚午朔'，则作'三'者是也。"如果是正月，则应为辛丑朔，与《穀梁传》宋本"庚午朔"不合。其次与《左传》《公羊》相校，"皆作'三'"②。因此，可以判定宋本将"三"误抄为"正"，造成与历法的抵牾。

成公九年十一月，楚公子婴齐师师伐莒，庚申，莒溃，《穀梁传》："大夫溃莒而之楚，是以知其上为事也，恶之，故谨而日之也。"王引之分析传文："'知'字义不可通，'知'当为'叛'。"他从范宁《注》"臣以叛君为事"分析出是"依《经》立说"，杨士勋《疏》"今此莒帅众民叛君从楚，故变文书日以见恶"是与《注》相对应；王氏又从僖四年"莒溃"一段疏文的相似性，判明"则此《传》作'叛其上'甚明。唐石经始误为'知'"③。因此，"叛"为"知"是抄写之误。

从上可见，王引之对《春秋穀梁传注疏》的校勘，解决了因前人不明音韵、不谙古训、抄写刻印疏忽等原因造成的训诂错误、字词衍脱倒错。这样的贡献，时人无有出其右者。

---

① （清）王引之：《经义述闻》卷二十五 "一事注乎志" 条。
② （清）王引之：《经义述闻》卷二十五 "春王正月" 条。
③ （清）王引之：《经义述闻》卷二十五 "是以知其上为事也" 条。

第七章　汉学复兴：清代穀梁学（下）

三　阮元《春秋穀梁传注疏校勘记》论析

（一）校勘方法

据《汉书·艺文志》，《春秋》经与《穀梁传》分行，并未合一，但至晋代范宁为《穀梁传》作注时，将《经》《传》一同集解，四库馆臣与阮元均疑为范宁所合①。《春秋穀梁传注疏》定型以各种版本流传，"晋豕鲁鱼纷纶错出，学者患焉"②。前代学者已有部分《春秋穀梁传注疏》的校勘成果，但大规模的校勘工作则始于阮元。

据阮元《春秋穀梁传注疏校勘记序》所介绍，他任命江苏元和生员李锐以《春秋穀梁传注疏》宋十行本为工作底本，以唐石经、元版《注疏》本及闽本、监本、毛本③为校本，以校勘宋十行本的讹误，最后由阮元定其是非，成《春秋穀梁传注疏校勘记》十二卷、《春秋穀梁传注疏释文校勘记》一卷。其所引版本具体有：（1）单经本：唐石经本。该本非石经全本，据顾炎武所考："襄、昭、定、哀四公卷，朱梁补刻。"④但据钱大昕说："襄公篇为朱梁重刻，成公篇重刻者居其半，僖公篇亦似后来重刻，却不避'城'⑤字。"⑥（2）经注本：宋椠残本。（3）单疏本：抄宋残本。（4）注疏本：元本、十行本、闽本、监本、毛本。

关于校书，前人分为死校、活校二法，"皆有益于学者"⑦。阮元等人对《春秋穀梁传注疏》所采用的校勘方法就以"死校"法为主，另外也有"活校"法，或者兼用两种方法。我们以隐公二年的校语来看：

---

① 《四库全书总目·春秋穀梁传注疏提要》说："《汉书·艺文志》载《公羊》《穀梁》二家经十一卷，传各十一卷，则经、传初亦别编。范宁《集解》乃并经注之，疑即宁之所合。"另阮元《春秋穀梁传注疏校勘记序》："《汉志》经、传各自为帙，今所传本未审合并于何时也？《集解》则经、传并释，岂即范氏所合与？"
② （清）阮元：《春秋穀梁传注疏校勘记序》，载《春秋穀梁传注疏校勘记》卷首，清经解本。
③ 指汲古阁毛氏影宋本。
④ （清）顾炎武：《金石文字记》，四库全书本。
⑤ 后梁太祖朱温之父名诚，故"城"字应避。
⑥ （清）王昶：《金石萃编》卷一百○九，嘉庆十年刻同治补修本。
⑦ 朱希祖：《郦亭藏书题跋记·校本〈意林〉跋》，稿藏南京图书馆。

南蛮北秋。（"秋"当作"狄"。闽、监、毛本不误。）

皆底羌之别种。（闽、监、毛本同。《释文》出皆"氐"云，本又作"底"。）

则三年王二月乙巳。（闽、监本同。毛本上增"春"字。浦镗云"巳"误"乙"。按，浦说是也。）

春，公自至齐。（按，"春"字乃承上文经而误衍也，否则"夏"字之讹。）

天言雷雨之异。（闽、监、毛本"言"作"告"，是也。）

相无三臣之策。（闽、监、毛本"相"作"桓"。）

时其不可。（闽、监、毛本"时"作"明"，是也。）

庄二十四年夏，公如齐逆女。（闽、监、毛本脱"二"字。）①

从上面所列举的几条校语来分析，校勘三种方法均得到运用，表明阮元等人在校勘《春秋穀梁传注疏》时所使用的方法是灵活和科学的。

（二）考校成果

关于校勘成果的处理，张舜徽先生在《中国古代史籍校读法》中分十种常见的情况和不同的记注方式②。归纳起来看，分异文（1种）、脱文（2种）、讹文（2种）、衍文（2种）、倒文（3种）等情况。阮元《春秋穀梁传注疏校勘记》除包含上列情况外，而且还有自己独特的校勘成果。

1. 异文、脱文、讹文、衍文、倒文的考校

或指出底本（宋十行本）与唐石经、闽、监、毛本等之间的文字差异，或唐石经、闽、监、毛等诸本之间的差异。以僖公元年、十年为例：

元年，狄伐邢。（闽本同。监本"伐"误"救"。毛本"狄伐"误"秋救"，与庄三十二年《传》不合。）

又《经》书城邢。（闽、监、毛本"城"误"邢"。）

据《经》书齐师。（闽本同。监、毛本"师"误"侯"。）

---

① 以上材料并见《春秋穀梁传注疏校勘记》，载《清经解》卷一千〇四。
② 张舜徽：《中国古代史籍校读法》，华中师范大学出版社2004年版，第351—352页。

第七章 汉学复兴：清代穀梁学（下）

> 是向之师也。（石经、闽、监、毛本同。《释文》出"是鄉云"，本又作"向"，注同。）
>
> 今复列二国者。（闽、监、毛本"二"作"三"，是也。）
>
> 夫人薨，不地。地，故也。齐人以归。（石经同。闽、监、毛本作"齐人以归，夫人薨，不地。地，故也。"误倒。）
>
> 余柽。（闽、监、毛本同。《释文》，一本作"打"。）
>
> 于偃。（闽、监、毛本同。《释文》，一本作"堰"。）
>
> 由重伤故也。（闽、监本同。毛本"由"作"繇"。）
>
> 犹须申传。（闽、监本同。毛本"申"作"力"。）
>
> 况传文不知。[闽、监、毛本同。何（煌）校本"知"作"失"。]
>
> 十年，狄灭温。（石经、闽、监本同。毛本"狄"误"秋"。）
>
> 吾若此而入自明。（石经、闽本同。监、毛本脱"吾"字，"明"下衍"明"字。）①

从上面所列的校语来看，包含了常见的异文、脱文、讹文、衍文、倒文等版本问题，这说明《春秋穀梁传注疏》版本问题之多以及阮元等人校勘的仔细。这些都是常见的校勘成果。

2. 版式差异的总结

自印刷术发明，同一文献的刻印因刻者、行款、字体等不同而造成版本差异。关于《春秋穀梁传注疏》的版式差异，阮元《春秋穀梁传注疏校勘记》均将其一一列出，以便学者了解各版本的原貌。今列数条以见其法：

> 春秋穀梁传序（闽、监、毛本上空二字，石经此六字八分书稍大，上不空字。十行本与石经合，《释文》无"传"字。）
>
> 春秋穀梁传隐公第一（石经、《释文》同。案，石经、《释文》并以每公为一卷。石经每卷首题"春秋穀梁传某公第几"，八分书大字。《释文》此卷与石经同，余经止称"某公第几"，注疏本余卷止

---

① 以上材料并见《春秋穀梁传注疏校勘记》，载《清经解》卷一千〇七。

存"某公"二字。又此题目,十行本顶格,与石经合,闽、监、毛本上空一字,疏又低一字。)

　　隐公之始年(十行本注文双行夹写,闽、监、毛本改为单行,上加"注"字。)①

　　桓公(闽、监、毛本上空一字,十行本不空。)②

　　庄公元年,传始人之也(此疏十行本与上"继弑至正也"疏并为一段,闽、监、毛本以此下移属注"人道录之"下,"传"作"注",误。)③

从这些列举的材料,可看出《春秋穀梁传注疏》版式的多样化,阮元列出各本的行款、字体以及文字多寡等细节,为我们今天判明《春秋穀梁传注疏》版本的源流提供了最直接的参照标准和依据。

3. 考辨成果的分析

阮元等《春秋穀梁传注疏校勘记》除校勘版本与版式异同之外,还对《春秋穀梁传注疏》中的一些问题进行考辨,与一般专言校勘的著作不同。

对前代与同时代的论述表示肯定者。《春秋穀梁传序》中谈到"穀梁子,名淑,字元始",阮元引述前人的观点说:"宋王应麟云:'穀梁子,或以为名赤,或以为名俶,颜师古又以为名喜。'按,作俶是也。齐召南云:《尔雅》'俶'训'始',故字元始。"④ 由于有《尔雅》的训诂依据,所以阮元根据中国传统人名与字之间关联性,确定穀梁子名"俶"而非"淑",这一结论为后人所认可⑤。《春秋穀梁传序》有"弑逆篡盗者国有"一语,阮元对其中的"弑"进行了重点考辨:

　　石经、闽、监、毛本同。《释文》出"弑逆,申志反。又作杀,音同。"又昭公十三年"弑"其下云:"凡'弑'字,从'式',

---

① 《春秋穀梁传注疏校勘记》,载《清经解》卷一千〇三。
② 《春秋穀梁传注疏校勘记》,载《清经解》卷一千〇四。
③ 《春秋穀梁传注疏校勘记》,载《清经解》卷一千〇五。
④ 《春秋穀梁传注疏校勘记》,载《清经解》卷一千〇三。
⑤ 《春秋穀梁传序》,《春秋穀梁传注疏》,北京大学出版社1999年版,第3页注①。

第七章 汉学复兴：清代穀梁学（下）

'杀'字，从'殳'。"君父曰弑，取积渐之名；自外则皆曰杀，此可以意求也。传本多作"杀"字，故时复音。之后放此。案，古"篡弑"字，即用"杀"，字同而读异耳。①

作者比较了"弑"与"杀"的读音的差别，以及两字在不同的"语境"下而意义生成的殊异，提出了寻求"言外之意"（"以意求也"）的特殊方法。

隐公元年七月，天王使宰咺来归惠公仲子之赗，《穀梁传》有"贝玉曰含"之语，阮元引用其他经传材料对"贝"、"含"进行考证："闽、监、毛本同。《疏》同。《仪礼经传通解》引亦作'贝'，石经同。《补字》'贝'作'珠'，非。《释文》：'含'又作'唅'。按，依《说文》，当作'琀'。"② 这反映了阮元言必有征，重文献依据的乾嘉"汉学"风格。

庄公三十年冬，齐人伐山戎，《穀梁传》有"周之分子也"传文，阮元引用姚鼐的论述进行考辨："闽、监、毛本同，《释文》：'分'，本或作'介'，注同。按，姚鼐云：其文盖本为周之别子，古'别'作'兆'，故传本或作'分'，或作'介'，皆以古字形近而误。范宁时传本未误，故注云：'谓周之别子孙也。'唐以后，其文舛失，故疏解失之。"③ 作者引用姚氏的观点，分析了"古字形近而误"是产生异文的重要原因。

对前代和同时代的论述持否定意见者。成公十三年五月，公自京师，遂会晋侯、宋公、卫侯、郑伯、曹伯、邾人、滕人伐秦，阮元引用《左传》、《公羊传》等材料考辨了本段文字宋十行本与诸本的差异以及原因：

> 闽、监、毛本同。石经"公"下有"至"字，"晋侯"下有"齐侯"二字，余本无"至"字，有"齐侯"二字。何煌云："石经《三传》，《左氏》有'至'字，《公羊》无。《疏》云：'公'下至上有'至'字者衍文也。《穀梁》石经此年系宋人补刻，疑'至'

---

① 《春秋穀梁传注疏校勘记》，载《清经解》卷一千〇三。
② 同上。
③ 《春秋穀梁传注疏校勘记》，载《清经解》卷一千〇五。

字或出肊增也。"案，是年石经实非补刻，何盖偶误？《公羊》《疏》以"至"字为衍文者，指《公羊传》而言，《穀梁》自与《公羊》不同，何据彼《疏》疑此《经》，非是。又补刻石经系朱梁，谓宋人补刻亦非是。①

考辨中，对何煌和前人的校勘意见表示反对。襄公六年秋，莒人灭鄫，《穀梁传》释此有"非立异姓以莅祭祀"之语，阮元对其进行考证："十行本'非'字空缺，闽、监、毛本无'非'字，石经、余本有。顾炎武云：石经多一'非'字。何煌云：'非'字疑衍。案，宣十五年《传》'非税亩之灾也'，《注》云：'缘宣公税亩，故生此灾以责之。非，责也。'与此《传》'非'字意同。鄫非灭，谓之灭者，立异姓，是灭亡之道，故责之。顾说、何说并误。"② 阮元参证文理、文义相同的文句，利用类比法，确定了顾炎武、何煌的错误，这一方法大体与二王相同。

清代学者对《春秋穀梁传注疏》的校勘工作是多方面的，而且表现出各自不同的特点。齐召南的《春秋穀梁传注疏考证》从严格来说并非完全意义上校勘著作，带有清代前期甚至宋元明学者评骘《春秋》三传的学术特色，但是也有部分文字音韵校勘的工作，应该说对《春秋穀梁传注疏》的校勘具有一定开创之功。王引之父子的《经义述闻》对《春秋穀梁传注疏》的校勘，其学术方法和所取得的校勘成就是清代中期校勘工作最成熟的代表，扫清了《春秋穀梁传注疏》中部分因衍、脱、误、倒以及造成的误训等文字训诂方面的障碍，其学术价值甚大；但其校勘依据理校的方法而导致某些臆断，也是不能忽视的。阮元《春秋穀梁传注疏校勘记》以其校勘规模之大、方法之多和校勘成果的重大学术价值，在清代中期对《春秋穀梁传注疏》进行校勘工作中占有较突出的地位。清人的校勘成果，为后人整理《春秋穀梁传注疏》提供了重要参考。

---

① 《春秋穀梁传注疏校勘记》，载《清经解》卷一千〇十。
② 《春秋穀梁传注疏校勘记》，载《清经解》卷一千〇十一。

第七章 汉学复兴：清代榖梁学（下）

四 《玉函山房辑佚书》正续编辑佚《榖梁传》注解

（一）马国翰《玉函山房辑佚书》正编辑佚《榖梁传》注解

马国翰（1794—1857），字词溪，号竹吾，山东历城人。道光十二年（1832）进士。官至甘肃陇州知州。家贫好学，每见异书手自抄录，为官廉俸所入悉以购书，所积至五万七千余卷，簿书之暇，殚心搜讨，不遗余力。"尝以唐以前书今遗佚者十之八九，近世学者每以不见古籍为憾。乃举周秦以来以迄唐代诸儒撰述其名氏篇第列于史志及他书可考者广引博征，自群经注疏音义，旁及史传类书，片辞只字，罔弗搜辑，分经、史、诸子为三编。每书各作序录，冠于篇首，共得五百八十余种，为卷六百有奇，统名曰《玉函山房辑佚书》，刻以行世，津逮后学，良多裨益。"①

《玉函山房辑佚书》辑佚《春秋榖梁传注》的佚文有西汉尹更始《春秋榖梁传尹氏章句》一卷、刘向《春秋榖梁传说》一卷、东汉马融《春秋三传异同说》一卷、三国魏麋信《春秋榖梁传麋氏注》一卷、晋刘兆《春秋公羊榖梁传解诂》一卷、江熙《春秋公羊榖梁二传评》一卷、徐乾《春秋榖梁传徐氏注》一卷、徐邈《春秋榖梁传注义》一卷、范宁《答薄叔元问榖梁义》一卷、郑嗣《春秋榖梁传郑氏说》一卷等十一种，对唐代以前《春秋榖梁传》诸家章句注解佚文多所辑录。今略评述如下：

1. 《春秋榖梁传章句》

西汉尹更始撰。尹氏事迹详《汉书·儒林传》。尹更始从蔡千秋受《榖梁传》，"取其变理合者以为《章句》，传子咸及翟方进、琅邪房凤"②。《春秋榖梁传章句》的卷帙，据《隋书·经籍志》："梁有《春秋榖梁传》十五卷，汉谏议大夫尹更始撰，亡。"《新唐书·艺文志》与

---

① 徐世昌：《清儒学案》卷一百九十六《诸儒学案·马国翰传》。据梁启超《中国近三百年学术史》："马氏《玉函山房辑佚书》：经部四百四十四种，史部八种，子部一百七十八种"，总数当在六百一十种以上。

② 《汉书》卷八十八《儒林传》。从《儒林传》"尹更始为谏大夫、长乐户将，又受《左氏传》，取其变理合者以为章句，传子咸及翟方进、琅邪房凤"的表述来分析，尹更始所析章句当为《左传》，但《汉书》卷三十《艺文志》所载却无《左传》章句，而有《榖梁章句》33篇，这说明《汉书·儒林传》所述事实疑有错乱不清之处。

《隋书·经籍志》书名卷数同，但题名为"尹更始注"。《旧唐书·经籍志》题为"《春秋穀梁章句》十五卷，今佚"①。

马国翰从其他书籍辑录了《春秋穀梁传章句》的若干佚文。其中，杨士勋《疏》引1节、《礼记正义》引1节、《周礼疏文选注》引1节。这些经籍明确说是引自尹更始之书，可以确定为《春秋穀梁传章句》的佚文。另外，杨士勋《春秋穀梁传注疏》又引《穀梁说》5节、《旧说》5节、《大戴礼注》引《春秋穀梁说》1节。为何将这些文句定为尹书的佚文呢？马国翰考证说：

> 案，汉儒传穀梁学者，惟尹及刘向有书。刘书隋、唐《志》不载，范《注》于刘佚说皆明标"刘向"。"陨石（十）[于]宋五"注引刘说，疏引"旧说云"与刘向合，明非刘氏说矣。且引在汉为《穀梁》博士，名在周庆、丁姓之上，又独有著书，则凡引"《穀梁说》"及"旧说"者皆尹氏《章句》无疑也。②

从马氏的考证来看，事实与理证并存，但要全部征实还需要更多更强劲的证据。

具体来说，辑录的佚文隐公3条、庄公1条、僖公2条、文公4条、宣公1条、成公3条、哀公1条，马国翰于每条皆注明来源。虽属片言支语，其学术价值不小，所谓"汉穀梁学自荣广、皓星公开之，尹得其宗，鸣于当代，存此残佚，少而弥珍已"③。

2.《春秋穀梁传说》

西汉刘向撰。刘向，原名更生，后改名向，字子政。楚元王之后，以父荫得授谏大夫。宣帝时，扶持《穀梁传》，征刘向"受《穀梁》，讲论《五经》于石渠。复拜为郎中、给事黄门，迁散骑、谏大夫、给事中"④。以善推说阴阳祸福，著《洪范五行传论》，辑贤妃贞妃事序次为

---

① 《旧唐书》卷四十六《经籍志一》。
② （清）马国翰：《玉函山房辑佚书》卷三十一《春秋穀梁传章句序》，上海古籍出版社1990年版。
③ 同上。
④ 《汉书》卷三十六《楚元王刘交传附刘向传》。

《列女传》，采传记行事，著《新序》《说苑》凡五十篇。成帝河平年间与其子刘歆领校中秘书，刘歆发现古文《春秋左氏传》，数次与刘向辩难，"向不能非间也，然犹自持其《穀梁》义"①。可见，刘向是春秋穀梁学的坚定维护者。

《汉书·艺文志》未明言刘向有春秋穀梁学著作，《隋书》、新旧《唐书》亦未见著录，仅有《晋书·五行志》引"刘向《春秋说》"，范宁、杨士勋《春秋穀梁传注疏》亦并引刘向之说，马国翰以为"刘氏实有书矣"。因此，从各书搜辑16节。具体来说，从范宁《春秋穀梁传集解》所录有8条，《晋书·五行志》所引3条，杨士勋《疏》所引2条，另外，从《礼记·礼运》孔颖达《正义》引"尹更始、刘更生等《议石渠》据补"1条。从所辑佚的条文来看，"其说多明灾异，与所记《洪范五行》相表里"②。我们在前面已谈到刘向这一治学特点。这是汉宣帝大力宣扬阴阳灾异之风分不开的③。

3.《春秋穀梁传麋氏注》

三国魏麋信撰。麋信，字南山，山东东海人。官乐平太守④。麋信注《穀梁传》，《隋书·经籍志》《旧唐书·经籍志》并作"十二卷"，已同麋信的《穀梁音》等著作"并佚"。马国翰从杨士勋《疏》、《经典释文》及《太平御览》辑录30余条。麋信《春秋穀梁注》的经传文与通行本有差异，马国翰对其进行考辨校勘：

> 桓公二年四月⑤，取郜大鼎于宋。戊申，纳于太庙。《穀梁传》"以是为讨之鼎。"《释文》："麋氏云：'讨或作纠。'"
>
> 四年正月，公狩于郎。《穀梁传》"秋曰蒐"。《释文》："蒐，所由反。麋氏本又作'搜'，音同。"
>
> 九年冬，曹伯使其世子射故来朝。《释文》："'射（姑）'音'亦'，麋氏本即作'亦'。"《穀梁传》："则是放命也。"注疏本作

---

① 《汉书》卷三十六《楚元王刘交传附刘歆传》。
② （清）马国翰：《玉函山房辑佚书》卷三十一《春秋穀梁传说序》。
③ 参见金春峰《汉代思想史》，第316—321页。
④ （唐）陆德明：《经典释文·序录》，载《经典释文》卷首。
⑤ （清）马国翰《玉函山房辑佚书》卷三十五《春秋穀梁传麋氏注》作"三年"，误。

"故命"，《御览》引《传》及《注》并作"放"，唐石经同。

　　十一年九月，公会宋公于夫钟。《释文》："麋氏本'钟'作'童'，音钟。"

　　十四年八月，御廩灾。《穀梁传》："甸粟而内之三宫，三宫米而藏之御廩。"《释文》："'三宫'，麋氏'宫'作'官'。"①

可见，麋信注《春秋穀梁传》所用本"多异字"，其版本必有所承，但其源流"不可考"②。

从其解说来看，颇有特点。隐公元年十二月，公子益师卒，《穀梁传》："大夫日卒，正也；不日卒，恶也。"益师之卒，无日，按《穀梁传》之例，益师当有"恶"行，但"益师之恶，经传无文"。麋信解传："益师不能防微杜渐，使桓弑隐。若益师能以正道辅隐，则君无推国之意，桓无篡弑之情。"杨士勋虽评麋信"所言亦无案据也"③，从《春秋》"正隐治桓"的解读来推测，麋信之注解颇能得经传之意。桓公九年冬，曹伯使其世子射姑来朝，《穀梁传》有"言使，非正也"之语，麋信对此进行解读："礼：诸侯嫡誓于天子，摄其君而下君一等，未誓则亦玉帛继子男，此为同急王命也。至于相朝，非急会。今曹伯有不朝鲁，未为有阙命，使世子摄朝言，非礼之政。"④ 从"尊王命"角度来说，麋氏对《穀梁传》的解说有一定道理。僖公十四年冬，蔡侯肸卒，《穀梁传》："诸侯时卒，恶之也。"麋信结合史实加以论析："蔡侯肸父哀侯，为楚所执，肸不附中国，而常事父雠，故恶之不书日也。"⑤ 杨士勋以为"蔡侯自僖以来，未与中国为会，则麋信之言是也。"⑥ 因此，可以说麋信在汉魏六朝《春秋穀梁传》注解中的水平是相当高的，故而在范宁《春秋穀

---

　　① 以上均见（清）马国翰《玉函山房辑佚书》卷三十五《春秋穀梁传麋氏注》。
　　② （清）马国翰：《玉函山房辑佚书》卷三十五《春秋穀梁传麋氏注》。
　　③ 《春秋穀梁传注疏》卷一，隐公元年十二月"公子益师卒"杨士勋疏。
　　④ 据马国翰《玉函山房辑佚书》卷三十五《春秋穀梁传麋氏注》所言此条为《太平御览》卷一百四十七所引。《太平御览》以为"庾信"，但马氏以为"'庾'为'麋'字之讹"。杨士勋《春秋穀梁传注疏》与此条大体相同，但未言是"麋信"之说。
　　⑤ （清）马国翰：《玉函山房辑佚书》卷三十五《春秋穀梁传麋氏注》。
　　⑥ 《春秋穀梁传注疏》卷八，僖公十四年冬"蔡侯肸卒"杨士勋疏。

梁传集解》未出之前，南朝齐甚至以麇信《春秋穀梁传注》为国学教本①。

4.《春秋穀梁传徐氏注》

晋徐乾撰。徐乾，字文祚，广东东莞人。官给事中。据《隋书·经籍志》："梁有《春秋穀梁传》十三卷，晋给事郎徐乾注。"新旧《唐书》与此同，但已佚。马国翰从范宁《春秋穀梁传集解》辑录6节，杨士勋《疏》辑录1节。据马氏所撰《序》："据辑，研究书法'日'与'不日'之例，全书之旨概可知矣。"②但从所辑佚文来分析，马氏的结论并非属实，只有2条是研究日月"书法"，其余均是对传文的进一步诠释。

明言"日、月"者。文公元年冬十月，楚世子商臣弑其君髡，《穀梁传》说："日髡之卒，所以谨商臣之弑也。夷狄不言正不正。"徐乾从"华夷之辨"角度进一步解说："中国君卒正者，例日；篡立不正者，不日。夷狄君卒，皆略而不日，所以殊夷夏也。今书日，谨识商臣之大逆尔，不以明髡正与不正。"例日与不例日，此例关乎中原君主死之正与不正，而不适用于夷狄之君，楚在春秋中期以前仍为夷狄，未进化为中原之国，故商臣弑君虽例日，仍不存在褒贬之义，但"日髡之卒，所以谨商臣之弑"，实即含有"以王礼治之"之意。但徐乾并未点破这一层含义，固其解说一尊《穀梁传》的思想而未有突破。襄公三十年四月，蔡世子般弑其君固，《穀梁传》："其不日，子夺父政，是谓夷之。"徐乾解《传》，前半段大体与上述楚世子弑君同，后段则重在释《传》："夷狄弑君而日者，闵其为恶之甚，谨而录之。中国君卒例日，不以弑与不弑也。至于卒而不日者，乃所以略之，与夷狄同例。"从徐乾本段的解说来看，有对《穀梁传》"误读"之处，《穀梁传》以君主正常死亡"例日"，则徐氏"中国君卒例日，不以弑与不弑"是背《传》之说；《穀梁传》"其不日，子夺父政，是谓夷之"含义深刻，蔡世子弑君，一方面属"篡立不正"，故不日，与《传》例合，另一方面是"子夺父政"，为夷狄之行，含有强烈贬斥之义，而徐乾以为"略而不日，与夷狄同例"，明是不含褒贬的折中主义，与《春秋》"有夷狄之行则夷狄之"的批判精神

---

① 《南齐书》卷三十九《陆澄传》。
② （清）马国翰：《玉函山房辑佚书》卷三十五《春秋穀梁传徐氏注序》。

·351·

不符。

不以"日月"解《穀梁传》者。庄公六年三月，王人子突救卫，《穀梁传》解"王人子突"："王人，卑者也。称名，贵之也。"徐乾解释说："王人者，卑者之称也，当直称王人而已，今以其能奉天子之命救卫而拒诸侯，故加名以贵之。僖八年公会王人、齐侯，是卑者之常称。"①徐氏结合经传，说解较为透彻。庄公二十四年冬，赤归于曹，郭公，《穀梁传》："赤盖郭公也，何为名也？礼：诸侯无外归之义，外归，非正也。"徐乾以长文发挥之："郭公，郭国之君也，名赤。盖不能治其国，舍而归于曹。君为社稷之主，承宗庙之重，不能安之，而外归他国，故但书名，以罪而惩之。不②直言赤，复云郭公者，恐不知赤者是谁，将若鲁之微者故也。以郭公著上者，则是诸侯失国之例，是无以见微③之义。"这段文字很好地解说《穀梁传》的内涵，所以杨士勋评价"徐乾之说理通"④，此当为知者之言。

5.《春秋穀梁传注义》

晋徐邈撰。徐邈，字仙民，广东东莞人。其勤行励学，博涉多闻。晋武帝招延儒学之士，徐邈以东州儒素应选，补中书舍人，在西省侍帝，屡官至中书侍郎等职。治学"虽不口传章句，然开释文义，标明指趣，撰正《五经》音训，学者宗之。……所注《穀梁传》，见重于时"⑤。徐邈对《春秋穀梁传》有较深入的研究，其关于春秋穀梁学的著作有数种。据《隋书·经籍志》所载，有《春秋穀梁传》十二卷，《春秋穀梁传义》十卷，《徐邈答春秋穀梁义》三卷；《旧唐书·经籍志》与《隋志》微别："《春秋穀梁》十二卷徐邈注。《春秋穀梁传义》十二卷徐邈注。《春秋穀梁音》一卷徐邈撰。"⑥《新唐书·艺文志》与此同。以上诸书"并

---

① （清）马国翰：《玉函山房辑佚书》卷三十五《春秋穀梁传徐氏注》。
② "不"，段玉裁以为"'不'字疑衍"。《玉函山房辑佚书》卷三十五《春秋穀梁传徐氏注》自注。
③ "微"，段玉裁以为"'微'当作'惩'"。《玉函山房辑佚书》卷三十五《春秋穀梁传徐氏注》自注。
④ 《春秋穀梁传注疏》卷六，庄公二十四年冬"赤归于曹，郭公"杨士勋疏。
⑤ 《晋书》卷九十一《徐邈传》。
⑥ 《旧唐书》卷四十六《经籍志上》。

佚"①。马国翰从范宁、杨士勋《春秋穀梁传注疏》辑录91节,《北堂书钞》辑录2节,《初学记》辑录1节,但原引自徐邈《春秋穀梁传注》,或是《春秋穀梁传义》,"不能区分",所以马氏总命名为《春秋穀梁传注义》。

从《本传》称徐邈"所注《穀梁传》,见重于时"来看,表明徐《注》有较高的学术水平,故范宁《集解》对前代及当时学者的注释成果引述最多者就是徐邈的著作。然范宁《春秋穀梁传序》对"肤浅末学"、"辞理典据,既无可观"的近十家魏晋《春秋穀梁传注》提出批评,杨士勋《疏》列徐邈《注》于其中,这种矛盾的评价让人不解,故马国翰以为杨士勋"失于深考"②,所论有一定道理。

6.《答薄叔元问穀梁义》③

晋范宁撰。范宁撰《春秋穀梁传集解》,薄叔元有所驳难,范氏逐条解答,依何休作《穀梁废疾》,郑玄《释(或起)废疾》的体例,是反对派与支持派的学理较量。薄叔元的生平事迹不详,可能是与范宁同时代治穀梁学的学者。据《隋书·经籍志》有"二卷,梁四卷",说明卷数不一,新旧《唐书》未著录,说明至唐时"佚已久"。

马国翰从杨士勋《疏》中辑录出12节。据马氏《答薄叔元问穀梁义序》,"全载问答者四节,内有一节明载薄氏驳,隐括范答,其八节皆载范答薄氏语"④。但据笔者考察,应为13节。其中,全录薄问范答者为4条,范答者8条,薄氏驳1条。从其内容来分析,有"论辨义例",如云"曹伯亢诸侯之礼,使世子行朝,故与卒示讥,则传云正者,谓正治其罪"、"国不灭而出,以月为例,国灭而出,出重于灭,灭夷狄虽时,犹加于月",等等;亦有言典制者,如"诸侯之尊,弟兄不得以属通,有贤行则书弟"、"属国,非私属,五国为属,属有长,曹、滕、二邾、莒世属服事我,故谓之属",等等。这反映了薄、范二人在这些问题上的分歧。

---

① (清)马国翰:《玉函山房辑佚书》卷三十六《春秋穀梁传注义序》。
② (清)马国翰:《玉函山房辑佚书》卷三十六《春秋穀梁传注义序》。
③ (清)马国翰《玉函山房辑佚书》卷三十六目录题名为《答薄叔元问穀梁义》,而书中正文部分的题名为《薄叔元问穀梁义》。
④ (清)马国翰:《玉函山房辑佚书》卷三十六《答薄叔元问穀梁义》。

(二) 王仁俊《玉函山房辑佚书》续编辑佚《穀梁传》注解

王仁俊（1866—1913），字幹郑，号籀许，江苏吴县（今苏州市）人。光绪十八年（1892）中进士，历任吏部主事、湖北知府，后苏州学古堂山长，后为京师大学堂教授、学部编译图书局副局长。1913年逝世，终年四十七岁。一生博览群书、好治经史、敦煌、印度之学。涉及面广，著述甚多。有《西夏艺术文志》《格致精华录》《周秦诸子述录》《淮南子万毕术辑证》《金石迫考》《白虎通义集校》《周秦诸子学术源流考》《敦煌石室真迹录》等。还长于辑佚之学，搜采佚文成《玉函山房辑佚书续编》。其价值较大的《春秋穀梁传》注解的佚文是：

1.《春秋穀梁刘氏义》《穀梁刘更生义》

马国翰辑录有刘向《春秋穀梁传章句》《春秋穀梁传说》各一卷，王仁俊又从《说苑·修文》中辑录2节以补马氏之缺。虽《春秋穀梁刘氏义》《穀梁刘更生义》书名不同，但其内容第1节"隐公元年，乘马曰赗，衣衾曰襚，贝玉曰含①，钱财曰赙"全同，第2节"隐公三年，归死者赗，归生者曰赙"，后书略详于前书，是否全部为刘向注解《穀梁传》隐三年"归死者曰赗，归生曰赙"的注语，不能完全确定。今移录如下，以便论析：

> 古者，吉行五十里，奔丧百里，赠赙及事之谓时。时，礼之大者也。《春秋》曰："天王使宰（喧）[咺]归惠公、仲子之赗。赗者何？丧事有赗，盖以乘马束帛舆马曰赗，货财曰赙，衣被曰襚，口实曰含，玩好曰赠。"知生者赠赙，知死者赠襚。（此与三年《传》说小殊）赠襚所以送死也，赙赗所以佐生也。舆马、束帛、货财、衣被、玩好其数奈何？曰天子乘马六匹，诸侯四匹，大夫三匹，元士二匹，下士一匹。天子束帛五匹，玄三纁二，各五十尺；诸侯玄三纁二，各三十尺；大夫玄一纁一，各三十尺；元士玄一纁一，各二丈；下士彩缦各一匹，庶人布帛各一匹。天子之赗，乘马六匹，乘车；诸侯四匹，乘舆；大夫曰参舆，元士、下士不用舆。天子衣绣

---

① 王仁俊辑《春秋穀梁刘氏义》作"含"，而《穀梁刘更生义》作"會（会）"，后者因字近似而误。

各一袭,到地,诸侯覆跗,大夫到踝,士到骭。天子含宝以珠,诸侯以玉,大夫以玑,士以贝,庶人以谷。实仁尊德厚及亲赙赗,含禭厚贫富亦有差。二三四五之数,取之天地而制奇偶,度之人情而生节文,谓之有因礼之大宗也。①

详细考察这段文字,除"《春秋》曰"可明确为"隐公元年天王使宰咺来归惠公仲子之赗"的《穀梁传》文外,其余内容是引用《礼记·士丧礼》《丧大记》《杂记》等进一步详说丧礼。与隐公三年《穀梁传》"归死者曰赗,归生者曰赗"有细微联系的,是本段的"知生者赠赙,知死者赠禭"一语,然刘向《说苑》的重点是在比较二者之间的差异。所以,王仁俊将本段文字作为刘向注解"隐公三年《传》"的佚文不太准确,失之过宽。

2.《穀梁刘氏义》

一卷,晋刘兆撰。刘兆,字延世,山东济南人。博学洽闻,晋武帝时五辟公府,三征博士不就。其经学著作,有《春秋三传集解》十一卷,《春秋公羊穀梁解诂》十二卷,"均佚"。王仁俊从唐代顾野王《玉篇》中辑录14节,为《穀梁刘氏义》。从王氏的辑文分析:

(1)刘兆所据《春秋穀梁传》的版本与阮元所校通行本不同,有许多异文

比较如下(依王辑本顺序):

(1)通行本:襄公二十四年冬,大饥。《穀梁传》:"一谷不升谓之嗛……四谷不升谓之康"。

刘兆本:一谷不升谓之歉。四谷不升谓之歊。(异文)

(2)通行本:襄公十九年正月,取邾田,自漷水。《穀梁传》:"轧辞也。"

刘兆本:取枛田,自漷水。轧辞也。(异文)

(3)通行本:昭公八年秋,蒐于红。《穀梁传》:"流旁握,御

---

① 刘向:《穀梁刘更生义》,载王仁俊《玉函山房辑佚书续编》,实际上为刘向《说苑·修文》之文。

輂者不得入。”

刘兆本：流旁客樨輂者不得入。（衍文、异文、脱文）

（4）通行本：哀公元年四月辛巳，郊。《穀梁传》：“我以六月上甲始庀牲。”

刘兆：上始庀挂。（脱文、异文）

（5）通行本：僖公二十八年冬，天王守于河阳。《穀梁传》：“水北为阳，山南为阳。”

刘兆本：山南曰阳，水北曰阳。（倒文、异文）

（6）通行本：庄公三年五月，葬桓王。《穀梁传》：“改葬之礼，缌，举下，缅也。”

刘兆本：改堥之礼，举总举下，缅也。（异文、衍文）

（7）通行本：昭公二十年秋，盗杀卫侯之兄辄。《穀梁传》：“两足不能相过，齐谓之綦，楚谓之踂，卫谓之踂。”

刘兆本：两足不能相过，齐谓之踂，卫谓之縶。（脱文、异文）

（8）通行本：襄公二十三年夏，陈杀其大夫庆虎及庆寅。《穀梁传》：“及庆寅，庆寅累也。”

刘兆本：及庆庆宣宣累也。（异文、衍文）

（9）通行本：文公九年三月，晋人杀其大夫士縠，及箕郑父。《穀梁传》：“称人以杀，诛有罪也。郑父，累也。”

刘兆本：箕，郑累也。（脱文）

从上面刘兆本与通行本的比较来看，有异文、脱文、衍文、倒文等版本问题，有些差异是由于字形相近而误，或是通假，或改字，脱文亦十分严重，因此，刘本与通行本差异较大，从其异文、衍脱的情况看，刘兆所据《春秋穀梁传》本可能是俗本。

（2）从其内容来分析，多释字意

如上列第1条刘兆释“歉”为“不足”、“歁”为“虚”，第4条“庀”为“简挍（校）”，第5条“阳”为“见日”，第6条“缅”为“轻而薄”等，有些与通行的注解相同，如第1条的两解；有的与范宁《春秋穀梁传集解》不同，如第5条范宁释“阳”为“日之所昭”，与刘注还有一定相似，而第6条范宁释“缅”为“远也”，则二者迥乎不同。

另外如文公十四年七月，晋人纳捷菑于邾，弗克纳。《穀梁传》有"绵地千里"，刘兆释"绵"为"经历"，而范宁释为"弥漫"，二者释意也相去太远。这体现了刘兆《穀梁刘氏义》的特殊性。

（3）编次凌乱

从王仁俊所辑录《穀梁刘氏义》14节来看，只列传文，不列鲁公庙号年份以及经文，给后人查阅带来不便。另外，从其编排来说，不是按照春秋十二公的顺序，而是按随见随录的方式，如襄公、文公的几节注文分散编列。甚至出现一条注文拆分为二，如昭公二十年秋，盗杀卫侯之兄辄。刘兆本传注文："（《穀梁传》:）'两足不能相过，齐谓之踌，卫谓之絷。'（刘兆注:）'天性然者也。絷，连绊也。踌，聚合不解放也。絷，如见绊也。'"王辑本编排在第10节，却在第13节又编排有"（《穀梁传》:）'两足不相过，卫谓之系。'（刘兆注:）'天性然者也。系，如见绊也。或为（甲）[罵]字在马部。'"是几乎相同的注文，可见其编辑的粗疏。

其他还有《春秋穀梁段氏注》一卷，王仁俊以为作者是汉段肃。据陆德明《经典释文·序录》载"段肃《穀梁传》十二卷，注云：'不详何人。'"《隋书·经籍志》著录为"十四卷，注云：'疑汉人'。"惠栋《九经古义》考证说："段肃，即汉弘农功曹史殷肃"，因"段"与"殷"字形相近而误，仅为一家之言。王仁俊此辑仅有一"《自序》"，未有佚文，标明《春秋穀梁段氏注》一卷，可谓细大不捐。

《春秋穀梁传序》一卷，著者不详。王仁俊辑录自常璩《华阳国志》卷十下所引《春秋穀梁传序》1节。魏晋之时，注《春秋穀梁传》者甚多，除范宁《注》以及杨士勋《疏》所引之外，今皆不存，常璩著《华阳国志》之时见其书而引其序，可惜未注明为何人之书。另外刘兆还有《春秋公羊穀梁传集解》一卷，与马国翰所辑录《春秋公羊穀梁传解诂》一卷相同，辑自《文选注》《经典释文》《玉篇》共5节。

五　王谟、黄奭所辑《春秋穀梁传》注解佚文

王谟（1731—1817），字仁圃，一字汝上，又作汝麋，晚称汝上老人，江西金溪县（今江西省南城县）人。乾隆四十三年（1778）进士，改授南昌府学教授，终日采经摘传，搜罗散失旧闻，以补史书之缺。一

生辑佚文献丰富，功绩显著，主要有《汉魏遗书抄》，收书500余种。另著书《逸诗诠》《尔雅后释》《家语广注》《尚书杂说》《左传异辞》《论语管窥》《经说》等24种。

黄奭（1809—1853）字右原，一字叔度，江苏甘泉（今并入江都）人。为监生，捐赀入为刑部郎中，道光十二年（1832）赐举人。黄奭师从汉学家江藩，自是专精汉学，尤服膺郑玄之学。家富藏书，喜好辑佚，所著《黄氏逸书考》辑书达到二百五十余种①，对辑佚前代文献方面作出了重要成绩，所以梁启超肯定其贡献："专以此为业，而所辑以多为贵者，莫如黄右原、马竹吾（国翰）两家。"②

二者所辑佚书大体与马国翰《玉函山房辑佚书》相同。有关《春秋穀梁传》注解佚文的辑佚见下：

《穀梁废疾》一卷，东汉何休撰。何休，字邵公，山东任城人。雅有心思，精研六经，世儒无及。因党锢坐废，乃作《春秋公羊解诂》，妙得《公羊》本意。何休坚信公羊学，作《公羊墨守》《左氏膏肓》《穀梁废疾》"以难二传"③。《隋书》、新旧《唐书》均著录为三卷，后佚。《四库全书》从《春秋穀梁传注疏》中辑录出38节。王谟《汉魏遗书钞》所辑与此同。

《释穀梁废疾》一卷，东汉郑玄撰。郑玄，字康成，山东北海高密人。于太学第五元受业，通《京氏易》《公羊春秋》，又从东郡张恭祖受《周官》《礼记》《左氏春秋》《韩诗》《古文尚书》。以山东无足问者，乃西入关，向涿郡卢植、扶风马融问学。游学十余年归里，"客耕东莱，学徒相随已数百千人"。遍注群经，达百余万言，"括囊大典，网罗众家，删裁繁诬，刊改漏失，自是学者略知所归"④，号称"纯儒"，为齐鲁间学者所宗。其时何休著《穀梁废疾》，郑玄撰《起废疾》以驳正，因此，何氏以郑玄："康成入吾室，操吾矛，以伐我乎。"⑤黄奭从《春秋穀梁

---

① 张舜徽《中国文献学》载黄奭《黄氏遗书考》辑书达到二百五十余种，河南人民出版社1982年版；而梁启超《中国近三百年学术史》十四《清代学者整理旧学之总成绩》（二）所统计为二百一十六种，复旦大学出版社1985年版。
② 梁启超：《中国近三百年学术史》，第504页。
③ 《后汉书》卷七十九下《何休传》。
④ 《后汉书》卷三十五《郑玄传·论》。
⑤ 《后汉书》卷三十五《郑玄传》。

传注疏》中所辑录《起废疾》佚文达44节，另外又别采范宁《春秋穀梁传集解》"郑玄说"4节作为"附录"。黄氏所辑定公十二年《传》"堕犹取也"，杨士勋《疏》引《废疾》"当言取，不言堕"，黄奭取其下半为郑玄《起废疾》之驳何休，其实郑玄所驳之语另见范宁所引，不是这段文字，出现误辑。

《穀梁传注》《麋信春秋穀梁传注》各一卷。前者为王谟所辑，后者为黄奭所辑。麋信《穀梁传注》已见马国翰《玉函山房辑佚书》，唯王谟所辑与马辑相比，王氏之书少9节。马、王二书均主要从《经典释文》《春秋穀梁传注疏》《史记·鲁世家注》中所辑，而马氏从《太平御览》所辑8节为王书所无，此其不足之一；其二王谟所辑僖公三年1节为马书所无，然此节并非麋信《注》文，属于误辑。黄奭所辑全袭王谟之书。从黄奭所辑汉学堂经解本来分析，列出鲁公年号及《穀梁传》传文，颇便学者，并略作考证，指出麋信注本与通行本之间的版本差异，见前马国翰辑本。

《穀梁传例》一卷，晋范宁撰。范宁《春秋穀梁传序》说，"商略名例"以注解《春秋穀梁传》，杨士勋疏范《序》时指出略例为"百余条"。《隋书·经籍志》著录范宁《春秋穀梁传例》一卷，今不存。今本《春秋穀梁传注疏》范宁《注》与杨士勋《疏》有"传例曰"之文，四库馆臣疑为是杨氏割裂其文散入注疏中，此说并非属实，因为范宁《注》当为自引其书，而杨《疏》则是引自范氏《传例》。王谟与黄奭所辑仅为见于杨《疏》中的传例24节，而对范《注》中的"传例"则不辑录，那么其辑录不完备。

从黄奭汉学堂经解本《范宁穀梁传例》来分析，其辑有日食例、不书王例、遂事例、逆王后例、迁例、灾例、祭祀例、内女卒葬例、获例、不告朔例、三望例、夫人行例、放大夫例、缓辞例、作例、出女例、溃例、乞例、蒐狩例、唁例、宫庙例、克例、郊例、夫人薨例24例。从杨士勋《疏》中仅辑录出这24例，其遗漏之处甚多，据检索，其中杨士勋在《疏》中明言"传例"的还有时日月例（包括战、盟会、雩、致）、国君葬例、国君弑例、师例、在例、诸侯例等。因此，王谟、黄奭的辑本只能是残本，此其一。其二，二书所辑出之例未标明鲁公的庙号与年号，为读者的利用带来不便。

从上可见，清代学者们对汉魏时期《春秋穀梁传》各家章句注解的佚文进行辑录，做出了一定的成绩。从辑佚规范优劣的四个标准来评价清代学者的辑佚工作，马国翰的《玉函山房辑佚书》严格执行了上述标准，故而其辑佚水平是最高的。王仁俊所辑既贪多而误引他书，又编次凌乱；王谟、黄奭所辑亦存在误引他书、排列杂乱、搜采未备等缺陷，而且还出现辑佚片言支语以充卷帙的"其细已甚"[①]的弊端。然清代学者将汉魏六朝时期久已失传的各家《春秋穀梁传》注解佚文，进行了收集整理。一方面，使后人得以了解这一时期的春秋穀梁学的概貌，另一方面，为研究这一时期的春秋穀梁学成就提供了文献资料。因此，从学术价值来说，还是值得肯定的。

---

① 梁启超：《中国近三百年学术史》十四《清代学者整理旧学之总成绩》（二），第406页。

第八章　返本开新：民国时期的穀梁学史

光绪三十一年（1905）八月初二日，光绪皇帝诏准袁世凯、张之洞奏请停止科举，兴办学堂的折子，下令"立停科举以广学校"，使在中国历史上延续了1300多年的科举制度被最终废除，科举取士与学校教育实现了彻底的脱钩。1911年辛亥革命之后，随着清王朝的覆亡，制度化的经学开始解体。时人唐文治曾明言，"辛亥之夏，学部广征名流开教育会，综核同异，维时废经之说已盛行。"[①] 蔡元培担任民国教育总长，主持学校改革，倡议"普通教育废止读经，大学校废经科，而以经科分入文科之哲学、史学、文学三门，是破除自大旧习之一端"[②]。通过一系列学制改革，中小学废除"读经"，高等学校将《穀梁传》等经学经典划归到哲学门下中国哲学[③]。民国初年，面临着"经典淡出"[④] 之后，以梁启超等为代表的学者认为，经学仍有价值，读经应成为国人的必修课。20世纪30年代以后，围绕本位文化与全盘西化之争，以及抗日救国图存的时代使命，章士钊等重新提倡读经。唐文治等建立无锡国学专门学校、马一浮创建复性书院等各种讲授经学的教育机构；柯劭忞在国立历史博物馆[⑤]，李

[①] 唐文治：《同年汪穰卿先生传》，闵尔昌编《碑传集补》卷五十二，上海古籍出版社1997年版，第2889页。

[②] 《临时教育会议日志》，《教育杂志》第4年第6期（1912年9月10日），《特别记事》。

[③] 朱有瓛主编：《中国近代学制史料》第三辑下册，华东师范大学出版社1992年，第4—5页。

[④] 罗志田：《经典淡出之后：20世纪中国史学的转变与延续》，生活·读书·新知三联书店2013年版。

[⑤] 柯劭忞：《春秋学（穀梁）》，《国立历史博物馆丛刊》1927年第一卷第3期，《本馆讲演会讲演录》。

源澄、陈延杰[①]等学者在大学，讲授《穀梁传》经学；北京大学《国学季刊》等专门期刊的创办，所以民国时期经学并未真正退出历史舞台。

民国时期学者们研究穀梁学路数较为多元，穀梁经学著述亦为丰富。其一，一些学者运用传统方法注解穀梁学。柯劭忞回归汉代刘向、郑玄"之绪"历15年之功撰写《春秋穀梁传注》；徐震对《穀梁传》进行笺注；周树桢（字幹庭）撰写《公羊穀梁合解》[②]；蒋元庆继清代学者张慰祖再度为柳兴恩《穀梁大义述》补阙[③]。其二，运用现代学术新方法进行研究。张西堂撰写《穀梁真伪考》[④]成为综合研究穀梁学的专著。在文章方面，东园《与友人论〈公羊〉〈穀梁〉〈左传〉得失书》[⑤]摘抄历代学者论"三《传》皆有得，而于经有失焉"，然无任何新的创见；然春声《书〈穀梁·虞师晋师灭夏阳〉》[⑥]、柳妃生《春秋孟氏学》[⑦]、杜钢百撰写《公羊穀梁为卜商或孔商讹转异名考》[⑧]、王季星撰写《方言之学起于穀梁》[⑨]、邵瑞彭《穀梁札记题辞》[⑩]、戴增元撰写《穀梁学通论》[⑪]、李源澄撰写《春秋崩薨卒葬释例》[⑫]《公羊穀梁微序例》[⑬]、蒋元庆撰写《穀梁

[①] 陈延杰（1888—1965），江苏南京人。两江师范学校毕业，曾任民国中央大学、金陵大学中文系教授，提倡"大学国文教材应注重读经"，撰写《经学概论》《诗品注》等。1943年在内迁成都的金陵大学讲授《穀梁传》，赋《霜旦过江至华西坝金陵大学讲〈春秋穀梁传〉》诗以表抗日救国之志："悠悠道丧世，六籍久埋灭。诸老弥缝之，旧学不舍弃。吾独抱遗经，终始口讲说。大义丘窃取，尊王攘夷狄。况当倭患张，天理宁讵灭？仁以己任，士穷乃见节。忧虞酌古今，活国愤所切。抚卷温午梦，梅萼香的皪。"

[②] 周幹庭：《公羊穀梁合解》，《齐大心声》1924年第一卷第1期。

[③] 蒋元庆：《柳兴恩〈穀梁述礼〉补缺》，《学海》1944年第一卷第4期。

[④] 张西堂：《穀梁真伪考》，何记印书馆1931年版。

[⑤] 东园：《与友人论〈公羊〉〈穀梁〉〈左传〉得失书》，《小学新报》1917年第三卷第4期。

[⑥] 春声：《书〈穀梁·虞师晋师灭夏阳〉》，《恒丰周刊》1925年第37期。

[⑦] 柳妃生：《春秋孟氏学》，《国立中央大学半月刊》1929年第一卷第5期。

[⑧] 杜钢百：《公羊穀梁为卜商或孔商讹转异名考》，《国立武汉大学文哲季刊》1933年第三卷1期。

[⑨] 王季星：《方言之学起于穀梁》，《中央日报》1948年11月13日。

[⑩] 次公（邵瑞彭字）：《穀梁札记题辞》，《河南民国日报副刊·国学周刊》1933年第11期。

[⑪] 戴增元：《穀梁学通论》，《国学论衡》1935年第5期上。

[⑫] 李源澄：《春秋崩薨卒葬释例》，原载《论学》1937年第6、7期合刊。今见《李源澄儒学论集》，四川大学出版社2010年版。

[⑬] 李源澄：《公羊穀梁微序例》，《国风》1933年第三卷第8期。

受经于子夏考》① 等，对穀梁学的有关问题进行研究，在前人的基础上提出了一些新的见解。我们根据这些著述所涉及的问题，分类进行梳理。

第一节 《穀梁传》新注

一 "统以九旨"：柯劭忞《春秋穀梁传注》的注释特色研究

（一）柯劭忞的生平

柯劭忞（1850—1933），山东胶州（今山东胶州市）人，字凤荪，又字凤笙、凤生，号蓼园。他出生于世代簪缨之家，"幼读甚慧"②，几于废寝忘食，故7岁能诗，声闻于乡。柯劭忞为同治六年（1867）举人，光绪十二年（1886）进士，入选翰林院庶吉士，散馆授职编修、国子监司业。光绪二十七年（1901）起，历任湖南学政、翰林院侍读、侍讲，光绪三十二年（1906）奉派赴日本考察学务，归任贵州提学使，后任职典礼院学士、署理大学堂总监督。辛亥革命起，奉命充山东宣慰使兼督办山东团练大臣。民国初年，柯劭忞隐居不仕，专事著述。他对于国学矻矻穷研，学极深博，枕经葄史，远绍旁搜，"凡经史、词章、小学、天文、历算、金石，无不精通"③，成就甚多。史学方面，入清史馆修史，赵尔巽去世后，代理馆长，"盖《清史稿》之成，与有力焉"④。还穷30年之力参稽中外文献撰成《新元史》二百五十七卷及《考证》五十八卷，另撰有《译史补》《文献通考校注》，以及主持纂修《续修四库全书总目提要》等；经学方面，有《春秋穀梁传注》十五卷、《尔雅注》、《说经札记》；文学方面，有《文选补注》、《蓼园文集》、《蓼园诗抄》一卷《续抄》四卷等。王国维在写给罗振玉的信中提到"南沈北柯"⑤，提到自己心目中的学术界头号重头人物，就是沈曾植和柯劭忞。1933年8月，柯劭忞逝世于北京。国民政府特下令褒奖："故宫博物院理事柯劭忞撰有

---

① 蒋元庆：《穀梁受经于子夏考》，《学海月刊》1944年第一卷第3期。
② 徐一士：《关于柯劭忞》，《逸经》1937年第25期。
③ 王森然：《柯劭忞先生评传（附照片）》，《国闻周报》1933年第十卷第36期。
④ 徐一士：《关于柯劭忞》，《逸经》1937年第25期。
⑤ 王国维：《观堂书札遗录》第一札，《晋阳学刊》1983年第3期。

《春秋穀梁传注》及《新元史》等书，嘉惠士林，厥功綦伟。不幸近已逝世，国府特明令褒扬，以彰耆硕。"①

(二) 柯劭忞治《穀梁传》的渊源

清代胶州柯氏"世以诗书为业"②，柯劭忞深受濡染。其祖父柯培元（字易堂，号复生），清嘉庆二十三年（1818）举人，授实录馆誊录官协修，外补福建瓯宁县知县，署龙岩州知州，台湾噶玛兰厅通判。道光二十一年（1841）英军入侵厦门，柯培元协助率兵抗击外敌，陷入敌围达九日。柯作《九日陷夷记》，其中有诗："吾无官守责，何以死疆场？吾为名义重，焉得辱犬羊。"其抵御外敌舍生取义的崇高精神对柯氏后人具有深远的影响。柯培元博学多才，著述甚丰。计有《说文辩谬》《两汉书摘读》《兰亭砚室金石记》《海防志略》《噶玛兰志略》等经史著作。其父亲柯蘅（1836—1887，字我兰，号佩韦）为贡生，少随父柯培元官闽期间，师从著名经学家陈寿祺"受许（慎）郑（玄）之学学"③。他兼治经史，著《汉书七表校补》二十卷，其他说经说史之作，门人集为《旧雨草堂札记》；尤长于诗，著有《声诗阐微》两卷、《旧雨草堂诗集》四卷，论者谓可与其乡先辈王士祯、赵执信齐名。其母李长霞为胶州泺源书院主讲李少伯之女，"邃于选学，著《文选详校》八卷；工诗，有《锜斋诗集》"④，是晚清著名的女诗人。柯蘅晚年以朴学课子⑤，故柯劭忞"知其渊源有自矣"⑥，其研经治史、论诗注文均有家学根底。

同治六年（1867），朱逌然（1836—1882，字肯甫或肯夫，号味莲，浙江余姚人）任山东乡试考官，柯劭忞为其所选中举人。朱逌然先后担任湖南、四川学政，柯劭忞入其幕府。朱逌然"幼承庭诰，学有根柢，督学湘蜀，并崇尚朴学，多所造就"⑦，这对柯劭忞治经史之学有引导之功。清光绪十二年（1886），柯劭忞考取进士，任职京师时与刑部主事郑

---

① 《国府褒扬柯劭忞》，《时事月报》1934年第十卷第2期。
② 孙葆田：《校经室文集》卷五《柯封翁墓志铭》，文物出版社1984年版。
③ 《清史稿》卷四百八十二《柯蘅传》，中华书局1977年版。
④ 《清史稿》卷五百〇八《李长霞传》。
⑤ (清) 孙葆田：《校经室文集》卷五《柯封翁墓志铭》，文物出版社1984年版。
⑥ 徐世昌：《晚晴簃诗汇》卷一百八十九《李长霞》，民国退耕堂刻本。
⑦ (清) 潘衍桐：《两浙輶轩续录》卷四十七《朱逌然》，光绪刻本。

第八章　返本开新：民国时期的穀梁学史

杲（字东甫或东父）在学术上颇有过从，在其著作中言"吾友郑东父有言'《穀梁》之复传，其文省而理密'，呜呼！可谓知言矣"①。郑杲"治经尤深于《春秋》"，著《春秋三传异同》《春秋三传通义》各一卷，又《主考》一卷，本《春秋》三传"以折近时'君主、民主'之说"②。郑杲治《春秋》学对柯劭忞有直接影响，所以在柯劭忞《春秋穀梁传注》中多引郑杲之说。

柯劭忞先生积极传播《春秋》学，1927年3月在国立历史博物馆举行以《春秋学（穀梁）》为主题的学术演讲③。其演讲的主要内容较为丰富，颇有见解。其一，肯定《春秋》经世致用的地位，"乃公法之模型，外交之鼻祖"。其二，指明研治《春秋》的方法。建议应从《春秋》三传入门，而不用唐宋以后学者"以意说经"的解说。三《传》先分别研究，然后合观其通，但《穀梁传》义最"精深"。他从《孟子》所引孔子之言"其事则齐桓晋文，其文则史，其义则某窃取之"以及《穀梁传》"其事则齐桓晋文，其会则主会者为之，其辞则某窃取之"的比较中，认为《左传》记载"其事其文"，《公羊传》《穀梁传》阐述"其义"，《穀梁传》所称的"辞"就是今人所称的"例"，所以研究《春秋》三传，首先要弄清楚三《传》各自的"例"。其三，三《传》之例不同。其中，"五十凡"是《左传》"旧史"之例，"三科九旨"是《公羊传》之例，"以日月为纲，天人三命为纬"为《穀梁传》之例，弄清楚三《传》之例就找到研究三《传》"入手之门"。其四，要改变对《春秋》三传的错误认识。学者们的弊端在于依据《左传》的史实来怀疑《公羊传》《穀梁传》的谬误。他以春秋郑国大臣祭仲为例，《左传》批评祭仲"一趋利避害之权臣"，而《公羊传》肯定祭仲"不行权则身死君废，行权则君废复立"，《穀梁传》高度表扬祭仲"以死自誓，拒宋人之废立也，其言尤为臣道之极"。从《公羊传》称赞"祭仲以一身之存亡，为其君之存亡，此其何等人物"，《穀梁传》表扬祭仲"死君难，臣道也"，说明《春秋》中存在《公羊传》《穀梁传》所阐释的"笔削"大义，因此，《春秋》是

---
① 柯劭忞：《春秋穀梁传注序》，载《春秋穀梁传注》卷首，1935年北京大学研究院出版。
② （清）震钧：《天咫偶闻》卷二《南城》，北京古籍出版社1982年版。
③ 柯劭忞：《春秋学（穀梁）》，《国立历史博物馆丛刊》1927年第一卷第3期。此后所引未特别注明者，均引自该文。

"说义理之书,不是考据事迹之书",人们只据《左传》史实来论历史是非"可为慨叹"。所以,柯劭忞提出研究《春秋》学,要就《春秋》文辞"宜精覃笔削之义,以求有裨实用,他非所及也"①。这是长期研究《春秋》经学后所发的有识之论。

柯劭忞到晚年仍在家传播《春秋》学,其记忆力至老不衰,以八十二岁高龄给学生们讲《春秋》,先《左传》,次《公羊传》,最后《穀梁传》,手从不持卷,经、传、注、疏,背诵如流,"发挥《穀梁传》义,详尽明白,结语总是说《穀梁》义最深厚"②。反映了柯劭忞对《春秋穀梁传》的偏爱,而且终生醉心于此。1920 年,柯劭忞《新元史》既成,集中精力"首注是书",成《春秋穀梁传注》十五卷。该书于 1927 年有家刻本,校勘不精,以致"满纸鲁鱼亥豕"③,其后柯劭忞续加修订,1935 年北京大学研究院出版定本,据其学生牟润孙介绍:"较初印本颇有增易,柯先生治学甚勤,老犹孜孜不少休。润孙曩时得见先生手改本,曾假录之,兹以相校,则今本仍多数十处,足征前辈著述之勤慎,有非今人所可企及者矣。"④体现了柯劭忞治《穀梁传》的严谨。

(三) 柯劭忞注释《穀梁传》的原因

《穀梁传》自产生以来,历代都有学者进行注疏和研究,柯劭忞为何还要为《穀梁传》作注解呢?

1. 明道救世的需要

清朝自康乾盛世之后,国力、政治状况和世风每况愈下。特别是 1840 年鸦片战争以后,外国殖民者发动了鸦片战争到八国联军等一系列侵华战争,清朝战败,签订一系列丧权辱国、割地赔款的不平等条约,清统治者加重了对全国民众的剥削,激起了太平天国、义和团运动等反抗清统治者和帝国主义的斗争。清朝统治阶级内部在 1860 年爆发宫廷政变,慈禧太后长期控制朝政和君主的废立,清朝皇帝成为傀儡,其发动的戊戌政变导致百日维新失败,后来促使 1911 年辛亥革命成功,清朝灭

---

① 柯劭忞:《春秋学(穀梁)》,《国立历史博物馆丛刊》1927 年第一卷第 3 期。
② 牟小东:《柯劭忞师生问答散记》,《文史知识》1998 年第 9 期。
③ 《国内学术界消息·柯劭忞先生遗著三种》,《燕京学报》1935 年第 18 期。
④ 牟润孙:《柯凤荪先生遗著三种》,《图书季刊》1935 年第二卷第 4 期。

第八章 返本开新：民国时期的穀梁学史

亡，但以袁世凯为首的北洋军阀垄断了晚清民国初年的政治，乱象丛生。这一系列历史状况促使柯劭忞思考解决的办法，他说："窃谓世乱方亟，拨乱反正，莫尚于《春秋》"①，认为对《春秋》精神的弘扬是解决现实政治的需要。柯劭忞主张"《春秋》者，褒贬善恶之书，非记事之书也"②，孔子对《鲁春秋》进行"笔削"以包含微言大义，这些"笔削之微言，穀梁子得而述之尔"③，因此，通过对《春秋穀梁传》的注解来阐发微言大义，对现实社会起指导作用。柯劭忞的学生牟润孙在学术讲座中谈道："柯先生是光绪丙戌进士，作过湖南学政，亲身受过西太后慈禧的统治，书中借《穀梁》批评慈禧以及当时的话很多，可惜今天因时间关系不能细说。《穀梁》卷八言君对臣言要密，不能泄露出去，泄露出去则危险，实在是指戊戌政变袁世凯出卖光绪皇帝之事。文公八年宋杀其大夫，说非国君杀之，是太后专命所杀，实指戊戌政变慈禧杀六君子及于庚子杀许多忠义之士的事。柯先生是借着注经讲当代之史的最后一人。"④ 这揭示了柯劭忞注解《春秋穀梁传》的原因。

2. 对晚清公羊学兴盛局面的回应

清代后期，自从刘逢禄极力攻击《左传》，说左氏不传《春秋》，龚自珍、魏源诸人极力提倡今文之学，申明《春秋公羊传》大义。其后康有为采廖平之说，利用何休解《公羊传》所提出的"黜周王鲁、孔子当素王，著《春秋》乃为汉制法"等等非常异义可怪之论，以推行变法维新，于是《公羊》之学大盛。据他学生牟润孙说："晚清今文学盛，康有为诸氏喜托《公羊》引何休氏说，先生颇不然之。桓二年传：'孔子古宋也。'先生注曰：'《史记》《春秋》据鲁、亲周、故殷。'此《公羊》三统之义，然《公羊传》无'故宋'明文，惟《（穀梁）传》有之，据此，则有条不紊矣。"⑤ 柯劭忞著《春秋穀梁传补注》，主要是针对着刘逢禄以来盛极一时的公羊学而作，希望能补偏救弊，其意愿甚为明显。因此，柯劭忞通过注解《穀梁传》来梳理清楚《公羊传》《穀梁传》今文经学

---

① 柯劭忞：《春秋穀梁传注序》，载《春秋穀梁传注》卷首。
② 柯劭忞：《春秋穀梁传注》卷五，闵公元年冬"齐仲孙来"注。
③ 柯劭忞：《春秋穀梁传注》卷十二，襄公二十七年夏"叔孙豹会晋赵武、楚屈建、蔡公孙归生、卫石恶、陈孔奂、郑良霄、许人、曹人于宋"注。
④ 牟润孙：《从中国的经学看史学》，载《注史斋丛稿》（增订本），中华书局2009年版。
⑤ 牟润孙：《柯凤荪先生遗著三种》，《图书季刊》1935年第二卷第4期。

各自的思想大义。

3. 对前人《春秋穀梁传》注释的不满

现存有东晋范宁的《春秋穀梁传集解》和唐代杨士勋的《春秋穀梁传疏》，清代有钟文烝的《春秋穀梁经传补注》以及廖平《穀梁传古义疏》等著作。柯劭忞认为："范武子《穀梁集解》多袭杜氏、何氏之说，其自为说或不免于浅肤。近人有为之补注者，泛取唐宋以后诸家之说，亦无裨传义也。劭忞梼昧，无能为役，譬茅塞之途粗知垦辟，成《穀梁传注》十五卷，敬俟大雅君子匡其不逮焉。"① 显然，柯劭忞要撰写一部质量超越前人的《春秋穀梁传注》。

（四）《春秋穀梁传注》的诠释原则

柯劭忞对《春秋》及其三《传》的思想大义，以及《春秋》三传的注疏和研究史进行了梳理，在注解《春秋穀梁传》的过程中，提出了一系列的经学主张。

1. 重视汉代刘向、郑玄两位学者的穀梁学成果

西汉初，瑕丘江公绌于董仲舒，《穀梁传》因处于私学地位而式微。汉宣帝以后，因《穀梁传》为鲁学受到重视，选拔刘向（字子政）等学者研习《穀梁传》，在"论五经异同"的石渠阁会议中取得大胜，被立为博士官学。刘向成为穀梁学大师，刘向治《春秋穀梁传》，数其祸福，傅以《洪范》，演说《春秋穀梁传》大义，其学说在《汉书·五行志》《说苑》尚有存者。东汉末，郑玄（字康成）兼通《春秋》三传，尤笃好《穀梁传》之学，其言曰："《穀梁》善于经"②，对《穀梁传》颇为赞扬。针对当时公羊学大师何休（字邵公）所作《穀梁废疾》的攻击，他撰写《起废疾》一书，发挥《穀梁传》义至精至密，举一反三，斯为善学。柯劭忞认为，"舍子政、康成而从事于《穀梁》，犹面墙而立也"③。应该对刘向、郑玄的穀梁学成果加以重视和继承。

2. 以"九旨"为《穀梁传》纲领

何休治《公羊传》，认为其中"多非常异义可怪之论"④，故作《春

---

① 柯劭忞：《春秋穀梁传注序》，载《春秋穀梁传注》卷首。
② （汉）郑玄：《六艺论》，（唐）杨士勋《春秋穀梁传序疏》引。
③ 柯劭忞：《春秋穀梁传注序》，载《春秋穀梁传注》卷首。
④ （汉）何休：《春秋公羊注疏序》，载《春秋公羊传注疏》卷首。

第八章 返本开新：民国时期的穀梁学史

秋公羊传解诂》，智虑深长，为经师之冠。其说三科九旨，"新周、故宋、以《春秋》当新王，此一科三旨也；又云所见异辞、所闻异辞、所传闻异辞，二科六旨也；又内其国而外诸夏，内诸夏而外夷狄，是三科九旨"①。但《公羊传》徐彦疏引宋氏《春秋注》说："三科者，一曰张三世，二曰存三统，三曰异外内，是三科也；九旨者，一曰时，二曰月，三曰日，四曰王，五曰天王，六曰天子，七曰讥，八曰贬，九曰绝。"②何休是以"三科"分为"九旨"，摈古说之"九旨"不用，这是为什么呢？柯劭忞以《穀梁传》证之，"日月时"之例，《穀梁传》义较《公羊传》详数倍；"天王、天子、王"之三称，《穀梁传》义独备，《公羊传》未涉及；"讥、贬、绝"之例，《穀梁传》所用亦较《公羊传》为密，"用是知宋君所谓九旨者，诚哉为《穀梁》之义例矣"。认为宋氏所说的"九旨"是《穀梁传》本义，历代学者没有重视，造成"师说久湮，传义恒疑，其无条理，若统之以九旨，则如网在纲，有条不紊矣。今就子政、康成之遗文坠义而推阐之，以九旨为全书纲领，复取本传之文，旁参互证，以通其未备，庶几《穀梁》一家之学，得其门而入乎？"③要求后世治《穀梁传》者要将"九旨"作为纲领，并结合刘向、郑玄的解说，才是注解《春秋穀梁传》的门径。

3. 《春秋》有笔削大义

孔子以鲁国旧史为基础，通过"笔则笔，削则削"④和"信以传信，疑以传疑"⑤的改造，使《春秋》具有微言大义。《春秋》经文的笔削大义，《穀梁传》在解说中进一步加以发挥，其标志在于"凡经之大义，《传》必曰《春秋》以崇之"⑥。柯劭忞在注解《穀梁传》的内容中，梳理出《春秋》的若干大义。如尊亲关系，"知亲亲而不知害于尊尊者，《春秋》之大义"⑦，要求尊尊大于亲亲。在君臣关系上，"有君而后有

---

① 《春秋公羊传注疏》卷一，春秋公羊经传解诂隐公第一徐彦疏。
② 同上。
③ 柯劭忞：《春秋穀梁传序》，载《春秋穀梁传注》卷首。
④ 《史记》卷四十七《孔子世家》。
⑤ 《春秋穀梁传注疏》卷三，桓公五年春正月甲戌、己丑"陈侯鲍卒"传。
⑥ 柯劭忞：《春秋穀梁传注》卷一，隐公元年"春王正月"传。
⑦ 柯劭忞：《春秋穀梁传注》卷八，文公二年八月丁卯"大事于大庙，跻僖公"传。

· 369 ·

臣，经之大义"①因为"君不君，臣不臣，此天下所以倾"②，君主失位，就会造成"陪臣执国命"的局面。对于春秋后期的政治秩序，"临天下之言，不为天王讳也；临一国之言，不为鲁讳也；临一家之言，不为鲁大夫讳也，此《春秋》之微言大义"③，要对天子、诸侯、大夫的政治行为进行评价。对于春秋时期兼并他国、篡弑君主的行为，柯劭忞认为《春秋》的记载有"书法"大义："经不书纪灭，不使小人加乎君子；不书郑伯遇弑，不使夷狄之民加乎中国之君，皆《春秋》之大义，所以存君子，斥小人，存中国，屏夷狄。"④凡"弑君之贼，人人皆得而诛，况伯主乎？此经之大义也"⑤，持严厉的谴责态度。可见，柯劭忞所关注的《春秋》大义主要在政治伦理方面。

4. 注解《春秋穀梁传》要会通三传

据《汉书》记载，解说《春秋》有五传，传世者有《公羊传》《穀梁传》《左传》。其中，《公羊传》《穀梁传》为今文经学，《左传》为古文经学。西汉时期，围绕着家法、师法，《春秋》三传产生了门户之争，特别是东汉末年，研究《公羊传》的何休通过《公羊墨守》《穀梁废疾》《左氏膏肓》务申门户之见，郑玄以《发墨守》《起废疾》《针膏肓》入何休之室操矛"以伐"⑥，门户之争不可解。但至东晋范宁注《穀梁传》，提出："凡传以通经为主，经以必当为理。夫至当无二，而三传殊说，庸得不弃其所滞，择善而从乎？既不俱当，则固容俱失。若至言幽绝，择善靡从，庸得不并舍以求宗，据理以通经乎？"⑦对《春秋》三传要"择善"而从以求通解。晚清学者廖平在对《穀梁传》进行新的注疏时，对《春秋》三传"义本相同，后来误解，因致歧出者，必化其畛域，以期宏通"⑧，要消除三《传》的师法界限，加以会通才能得其确解。在以上学

---

① 柯劭忞：《春秋穀梁传注》卷十二，襄公二十二年冬"楚杀其大夫公子追舒"传。
② 柯劭忞：《春秋穀梁传注》卷九，宣公十五年六月"王札子杀召伯、毛伯"传。
③ 柯劭忞：《春秋穀梁传注》卷十五，哀公七年八月乙酉"入邾，以邾子益来"传。
④ 柯劭忞：《春秋穀梁传注》卷十一，襄公七年十二月公"会晋侯宋公陈侯卫侯曹伯莒子邾子于鄬，郑伯髡顽如会，未见诸侯，丙戌卒于鄵"传。
⑤ 柯劭忞：《春秋穀梁传注》卷八，文公十五年冬"诸侯盟于扈"传。
⑥ 《后汉书》卷三十五《郑玄传》。
⑦ （晋）范宁：《春秋穀梁传序》，载《春秋穀梁传注疏》卷首。
⑧ 廖平：《穀梁春秋经传古义疏·凡例》第2条，载《穀梁古义疏》卷首。

第八章　返本开新：民国时期的穀梁学史

者意见的基础上，柯劭忞提出"非兼通三《传》不足以治《春秋》之学。《左氏传》有杜元凯，《公羊传》有何邵公，皆可以津逮后学"①。在他看来，"荀卿传《穀梁》之学，又受《左氏传》，故《［穀梁］传》义与《左氏》恒相比附"②。《公羊传》与《穀梁传》在史实上"二传事详略互见"③，在义例上"以二传义同也"④，因此，柯劭忞认为《春秋》三传的史实、义例是相互贯通的，要求兼取其长。

（五）《春秋穀梁传注》的诠释特色

柯劭忞《春秋穀梁传注》主要注《穀梁传》，又注《春秋》经文，形成自己的注释特色。

1. 训传诂之据，证文字之讹

（1）训传诂之据

《穀梁传》解说经文，多有文字的训诂，但未明确提出解说的依据。柯劭忞在注解《穀梁传》时，依据不同文献加以解说。如《春秋穀梁传注》卷一（以下直引卷数），隐公元年五月郑伯克段于鄢，《穀梁传》"克者何？能也。何能也？能杀也"，柯劭忞注解说"《尔雅》：'克，能也'，又曰'杀，克也'，必兼两训，始见不言杀、言克之义"。隐公五年九月，考仲子之宫，初献六羽，《穀梁传》"天子八佾"，柯劭忞引《白虎通》"佾者，列也"。卷十一，襄公九年十二月己亥同盟于戏，《穀梁传》"不致耻，不能据郑也"，柯劭忞引王念孙《经义述闻》说"《方言》：据，定也"。卷十三，昭公八年秋蒐于红，《穀梁传》"御鼟者不得入"，柯劭忞引唐代《经典释文》中刘兆"鼟，絓也"为解说。

（2）证文字之讹

分几种情况：

第一，文字讹误。卷二，桓公二年七月纪侯来朝，《穀梁传》"数日以赂"，柯劭忞考证说"'数日'乃'责'字传写之误，讹一字为二字也，责以赂取郜鼎。敦煌石室《穀梁传》残帙作'责'字不误"。其说

---

① 柯劭忞：《春秋穀梁传注序》，载《春秋穀梁传注》卷首。
② 《春秋穀梁传注》卷一，隐公元年冬十二月"祭伯来"传。
③ 《春秋穀梁传注》卷三，庄公十三年冬"公会齐侯盟于柯"传。
④ 《春秋穀梁传注》卷七，僖公二十六年冬"公以楚师伐齐取穀，公至自伐齐"传。

言之有据。卷七，僖公二十年春新作南门，《榖梁传》"南门者，法门也"，柯劭忞注解说："法，'正'字之讹。南门，鲁之正门也。'法'与'正'，古籀字形相似，故易讹。"对文字讹误的原因进行了分析。

第二，文字夺脱。卷八，文公十有一年夏叔仲彭生会晋郤缺于承匡，柯劭忞注解："各本作'叔彭生'，夺'仲'字，《左氏传》经文作'叔仲彭生'可证。僖十七年公子季友卒，传曰'称公弟，叔仲贤也'，此是据公弟叔佾卒，及此叔仲彭生会晋郤缺之文，知《榖梁传》经文有'仲'字也。"既重内证，也重旁证。

第三，文字误倒。卷二，桓公十四年夏五郑伯使其弟御来盟，《榖梁传》孔子曰："听远音者闻其疾而不闻其舒；望远者察其貌而不察其形。"柯劭忞注解"疑当作'察其形而不察其貌'，传写误倒"。但未言所据。卷三，庄公十二年八月甲午宋万弑其君捷及其大夫仇牧，《榖梁传》"宋万，宋之卑者也。卑者以国氏，及其大夫仇牧，以卑及尊也"，柯劭忞注说："各本作'以卑及尊'，误倒。孔父传'书尊及卑'，荀息传'以尊及卑'可证。"以《榖梁传》相同传文的表述为据，可属于理校。

第四，文字误衍。卷三，庄公四年二月夫人姜氏飨齐侯于祝丘，《榖梁传》："飨，甚矣。"柯劭忞注："已见前年会禚，传无庸覆说，疑衍文。"这是针对《榖梁传》重复解说加以质疑，未必有据。庄公十六年十二月会齐侯、宋公、陈侯、卫侯、郑伯、许男、曹伯、滑伯、滕子同盟于幽也出现衍文情况："《公羊》经作'公会'，以《春秋繁露》证之'公会'二字彼是衍文。传云'不言公会'，则经文之'会'字疑亦是衍文。"以《春秋繁露》引《公羊传》经文与《榖梁传》传文为说，以内外证为据，亦是符合校勘学原则的。

2. 证说解之讹

柯劭忞注解《榖梁传》，对于范宁、杨士勋《春秋榖梁传注疏》与钟文烝《春秋榖梁经传补注》的错误——加以指明。

如卷一，隐公元年春王正月，范宁说隐为世子，亲受命于惠公，为鲁君已受之天王，柯劭忞案说："范失之，隐不为世子，亦未受命于王。"卷七，僖公三十一年四卜郊，不从乃免牲，《榖梁传》"乃者，亡乎人之辞也"，范宁将"亡乎人"解释为"无贤人"，但柯劭忞引《经义述闻》王引之"亡，读为存亡之亡"训诂成果，认为"亡者，不在也。凡言亡乎人者，皆谓不在乎人"，说明范宁的解说"失之"，这样使"亡乎人"的大义始晦而复明。

卷七，僖公三十三年十有二月乙巳公薨于小寝，对于鲁僖公的死因，柯劭忞对杨士勋"说公殁于妇人之手，故发传以恶之，非经义"，加以批评。卷二，桓公十二年八月壬辰陈侯跃卒，钟文烝《春秋穀梁经传补注》说"不葬者，盖鲁不会葬"，但按《穀梁传》"变之不葬"有"失德不葬、弑君不葬、灭国不葬"三例，柯劭忞认为"如钟言，是不葬有四，破坏传义无如此之甚者，不可以不辩也"。卷八，文公三年秋雨螽于宋，按郑玄发明《穀梁传》之意，本无可议者，但钟文烝乃"诋为调人，非家法"，所以柯劭忞批评说"不知钟所谓家法者何在也？"另外文公十五年夏齐人归公孙敖之丧，钟文烝说"丧初归，从卒例"，但柯劭忞认为"大夫既卒书字，所谓臣既死，君不忍称其名"，因此判明"钟说非是，此奔大夫不得用'卒书字'之例"。

3. 通传文之义例

《穀梁传》有"称时、称月、称日、称地，谨之也"，十分重视历史的时间、空间元素。清代许桂林《春秋穀梁传时月日书法释例》"谨述时月日例"。但"时月日"仅是《穀梁传》义例的一部分，因此，柯劭忞提出系统全面的义例来解说《穀梁传》。

（1）以"九旨"作为注解《穀梁传》全书的纲领

对于"时、月、日、天王、天子、王、讥、贬、绝"九旨的用意，前人归纳为"时与日月，详略之旨也；王与天王、天子，是录远近亲疏之旨也；讥与贬、绝，则轻重之旨也"①，但其含义不具体。

第一，关于"时月日"。

柯劭忞强调"凡《春秋》大义，皆在日月之辞，传释例尤详"（卷一）。其好友郑杲也说："日月例，今名也，传则谓之辞。不设，则王道不亢，此明王道在日月之例也"（卷六）。对于国君战败被执，"执例时，恶则月，恶甚日"（卷七）。可见，"时月日"之例包含王道思想以及对历史的道德评价。

第二，关于"天王、天子、王"。

---

① 《春秋公羊传注疏》卷一，春秋公羊经传解诂隐公第一徐彦疏。

"天王、天子、王"三称之义,柯劭忞认为"隐无'正',桓无'王',文无'天',皆以君子之笔削言之,与失尊尊之义当并存"(卷八),既包含孔子笔削大义和"尊尊"思想。

第三,关于"讥贬绝"。

柯劭忞认为《春秋》经传批评的对象甚多,上自国君,如"庄公好战喜兵,轻用其民,不可胜讥,故于即位之初一示讥以见义"(卷三)。中至大夫,"《春秋》之义,以讥、贬、绝治大夫"(卷一),甚至扩大到一切社会伦理关系,"《春秋》之义不可胜讥者,但一讥若君臣、父子、夫妇之大闲,则必每事谨之,故数发传不嫌其重复也"(卷三)。凡"邪说暴行"都在批评之列。

(2)总结《穀梁传》释经的义例

柯劭忞在注解《穀梁传》中使用四种方法:① 传文有二事相比之例;② 有释此事而证以彼事之例;③ 有因此事而通释彼事之例;④ 至于同一事,有发传、不发传之别,有前后发传之别,又有处处发传不嫌重复者①。每一种方法都有不同的运用,在注解《春秋穀梁》经传的过程中,提出各种释经的义例。民国时期学者刘焕莹《春秋穀梁传柯氏释例目录叙》加以总结:"凡曰谨皆恶例第一;凡经之大义传必曰春秋以崇之例第二;凡曰已皆恶之之辞第三;凡传谓之辞今谓之例即日月例第四;凡曰目皆恶事例第五;春秋之义以讥贬绝治大夫例第六;凡失礼宗庙不为尊者讳例第七;凡言古皆指文武始言之例第八;春秋以正不正治诸侯例第九;凡言初有继之者例第十;凡言不使皆笔削之大义例第十一;凡亡人之国而善其辞曰迁例第十二;凡言救皆不周乎救者例第十三;凡言遂有二事一继事之遂一直特之遂例第十四;凡言亡乎人者不在乎人例第十五;凡言犹皆兼可已二义例第十六。"② 这16条包含上面所说的"九旨",更多的是属于柯劭忞新创的义例。

4. 以史说经

柯劭忞在注解《穀梁传》时,根据传文的内容,引用历史上相类似的史实来加以旁证。如隐公元年五月郑伯克段于鄢,《穀梁传》有"缓追

---

① 柯劭忞:《春秋穀梁传注序》,载《春秋穀梁传注》卷首。
② 刘焕莹:《春秋穀梁传柯氏释例目录叙》,《书林》1937年第一卷第2期。

逸贼，亲亲之道也"的解说，柯劭忞加以引申"按后世能缓追逸贼者，惟元世祖待阿里不哥，庶几无愧耳"（卷一）。僖公二十四年冬天王出居于郑，柯劭忞引何休《公羊传解诂》"毋得废之，臣下得从母之言"的解说中，认识到"后世篡弑之贼多假母后之命以废其君，休实为作俑"（卷七）。文公二年八月丁卯大事于太庙，跻僖公，郑玄所云"兄弟无相后之道"，与"为人后者为之子义各有当"，因此，柯劭忞认为"不得援郑义为明张璁、桂萼辈辨护也"（卷八）。成公元年三月作丘甲，柯劭忞认为鲁国作丘甲，就是使一丘之农夫出赀为甲，因为甲非人人能为，则出赀加以鬻买，他认识到"此后世和买折绢之滥觞也"（卷十）。襄公十年夏五月甲午，鲁国等十二国在吴国的率领下攻灭郑国偪阳，柯劭忞从"灭偪阳，是以诸侯从吴灭之"，认识到历史上"宋人从金灭辽，又从蒙古灭金，皆以中国从夷狄"（卷十一）。柯劭忞引述这些史实，主要目的是发挥"《春秋》成而乱臣贼子惧"的历史作用。

5. 不尚谶纬异说

《春秋》记载各国种种灾异，在三传解说中，《公羊传》"善于谶"，多以灾异附会人事。西汉时期，刘向通过《洪范五行传论》演说各种"灾异祸福"，开穀梁学以灾异说经的先河。对于灾异与人事之间的关系，柯劭忞有清醒的认识。桓公三年冬有年，《公羊传》说"恃有年也"，贾逵注释《左传》更直接说"桓恶而有年幸之也"，认为鲁桓公弑君应该受"天谴"，天降灾害影响农业收成，柯劭忞对《穀梁传》"依经立义，凡君子所书之天道，皆不以人事比附之"（卷二）的做法表示认可。对于庄公十八年三月"日食"，刘向认为"象周天子不明，齐桓将夺其威，专会诸侯而行伯道，其后遂九合诸侯，天子使世子会之，此其效也"[①]，但柯劭忞主张"正如日食推合人事，不可以附会议之"（卷七）。哀公十四年春西狩获麟，郑玄信谶，用公羊家说，附会庶姓刘氏代周，柯劭忞批评说"实非经义所应有，去穀梁家法尤远矣。……传谨于肖经，经所不及者，俱不发传。窃谓谶纬之言，为穀梁之学者，不应泛滥及之矣"（卷十五），不应该用谶纬之说来注解和研究《穀梁传》，这是很中肯的意见。

---

① 《汉书》卷二十七《五行志》。

综上所述，柯劭忞生平精力所注在经史学，"于《穀梁》所得尤深"①，于是在注解《穀梁传》时，"寻（镏）[刘]、郑之绪，补范、杨之缺"②，多引《汉书·五行志》《说苑》诸书，及郑康成说，就遗文坠义而推阐之。以九旨为全书纲领，复取本传之文，参互旁证，以究其未备。柯劭忞虽生于乾嘉诸老后，其治学之旨趣，既有考据音义，又总结义例，会通三《传》，阐发经学思想，"发挥传义，至精至密。故舍柯氏《传注》而从事于《穀梁》，犹面墙而立也"③。因此，柯劭忞的《春秋穀梁传注》具有的学术特色和学术地位，"诚足与《左传》杜注、《公羊》何解方驾矣"④。

二 笺释《穀梁传》：徐震《〈穀梁〉笺记》

徐震（1898—1967），字哲东，江苏常州人。毕业于东吴大学。曾得南京图书馆馆长柳诒徵和国学大师章太炎赏识，为章的入室弟子。历任中央大学、武汉大学、复旦大学、安徽大学、西北民族学院等大学教授。他精研四部与武学，撰有各类学术著作达30余种。其《春秋》三传著述有《读左杂记》《左传考论》《春秋三传述事考信编》《公羊榷论》《公羊笺记》《左穀解难》《穀梁笺记》7种，洵为《春秋》学名家，今所见有《读左杂记》与《穀梁笺记》发表。今就《穀梁笺记》略作研究。

《穀梁笺记》分上下两篇，以"笺记"命名，不是注解《穀梁传》，属于读经札记，于此可明该书的著书体例和性质。从两篇内容来分析，各有特点。

（一）《穀梁笺记》（上）笺解传文

上篇是对《穀梁传》文进行笺解，共18条，其中隐公4条，桓公4条，庄公4条，成公1条，襄公1条，昭公3条，定公1条，其他闵、僖、文、宣、哀5公无笺记。本篇特色：第一，引证文献丰富。如《礼记·丧服小记》、刘向《说苑》、董仲舒《春秋繁露》、陈傅良《春秋后

---

① 吴宓：《空轩诗话》十四《柯劭忞咏史诗》，商务印书馆2007年版。
② 刘焕莹：《春秋穀梁传柯氏释例目录叙》，《书林》1937年第一卷第2期。
③ 同上。
④ 牟润孙：《柯凤荪先生遗著三种》，《图书季刊》1935年第二卷第4期。

传》、侯康《穀梁礼证》、孔广森《经学卮言》、沈钦韩《左传补注》、何焯《义门读书记》、赵坦《春秋异文笺》、顾栋高《春秋大事表》、王闿运《穀梁申义》、钟文烝《穀梁补注》、柯劭忞《春秋穀梁传注》，特别是对于穀梁学前代学者的著述都有涉及，表明其对穀梁学术史的熟悉。第二，坚持实事求是的客观学术立场。如对《春秋》三传，主张"三《传》之义，可互相足也"①，不固守穀梁学的立场而批评其他二《传》。对于穀梁学前辈学者的解说，也持客观的立场。如批评范宁注"望文生义之说，非其质也"，对于钟文烝《穀梁补注》对庄二十八年"告请也，糴糴也"的解说"谓经文但依古文作糴者，臆说也"②，对于柯劭忞《春秋穀梁传注》有关解说"迂曲难通"、"其说又无当也"③。

（二）《穀梁笺记》（下）论辩问题

下篇共7条，主要讨论《穀梁传》的一些文本问题。我们逐条进行分析。

第一条，"经传错杂致误"。《穀梁传》与《春秋》经各自别行，其后以传附经，导致经传之文错杂讹误。徐震考正了《穀梁传》4种经传文错误的情况：第一种是"误移"，第二种"误衍"，第三种是"衍文"，第四种是"脱文"，分析其致误的原因在于"后人分传附经"而导致"经传错杂致误"④。

第二条，"《穀梁》以传附经之始"。《易》以《彖》《象》《文言》附经自郑玄、王弼始，《公羊》以传附经自何休开始，《穀梁》以传附经从谁开始？徐震认为"当由麋信"，他从"桓九年曹伯使其世子射姑来朝"和"桓十一年公会宋公于夫钟"有关麋信兼注经传的情形，肯定"足为分传附经始于麋氏之始也"。

第三条，"注驳传、疏驳注"。按照前代注疏"注不驳传，疏不破注"原则，何休、杜预、徐彦、孔颖达皆然，徐震观察到在穀梁学者中，"范宁独纠传之失，而杨士勋疏亦驳范注"。其中，范宁纠传文有六事，顾炎

---

① 徐震：《穀梁笺记》（上），《国立武汉大学文哲季刊》1941年第七卷第1期。
② 同上。
③ 同上。
④ 徐震：《穀梁笺记》（下），《国立武汉大学文哲季刊》1941年第七卷第1期。

武《日知录》有载。杨疏驳注者有四事,徐震评价说"为书获一事为非,余所纠注,并皆精当"①,说明还是大体认可杨士勋疏对范宁注的批驳。

第四条,"注疏误字"。《穀梁传注疏》误字,清乾隆武英殿《十三经注疏》附《考证》和阮元《十三经注疏》附《校勘记》最详细,徐震又新增漏列2条,如桓二年《传》"孔氏父字谥也"中"字谥"二字顺序,以及"僖五年晋人执虞公"注"三人殊而一致,三公舛而同归"中"舛"作"殊",从版本学角度进行分析其致误原因。

第五条,"疏文疏失"。徐震列举杨士勋《穀梁传疏》文字"疏谬"有2处:其一,僖三十二年晋侯重耳卒,范宁注有"师资辩说"一语,杨士勋疏:"师者教人以不及,故谓师为师资也",徐震引《老子》"善人者,不善人之师;不善人者,善人之资",得出"是师资之语所从出",从考语源的方法来解决"师资"一词的训诂,并指出致误的原因:"是师资为对立之名,以师资为一,昧余斯语之本意矣。"其二,哀二年晋赵鞅帅师纳卫世子蒯聩于戚,范宁注有"此矛楯之喻也",杨士勋以"《庄子》云:楚人有卖矛及楯者……"来加以疏解,徐震指出:"矛楯之喻,见《韩非子·难一》,又见《难势》,唯《难一》言楚人,《难势》不言楚人耳,《疏》引《庄子》,《庄子》无此文也。"②通过文献学的他校法确定杨士勋疏的错误,具有较强的说服力,其方法是科学的。

第六条,"《穀梁》旧疏"。《穀梁传》定四年"君不为匹夫兴师",杨士勋疏"被所不尽,斩以所不书",齐召南《穀梁传注疏考证》认为"不成文义,必有讹脱",柳兴恩《穀梁大义述》也于此条指出"杨《疏》入后,颇不及前半之清晰",为何出现这个情况?二人找不到原因。徐震认为:"自昭十五年至定十五年间疏,多为旧疏原文,未经杨氏删定者,故语多晦滞。"徐氏为什么提出这一新见呢?他认为,《春秋》三传六朝皆有旧疏,"《穀梁》疏中称引'旧解'者甚多,或依用之,或驳正之"。因为,据徐震仔细品读比较,他指出"旧解(疏)"与杨士勋疏之间的差异有二。其一,文体不同。自昭十五年至定十五年30年中,与杨疏文体同者只有3处,"其余皆用问答体,与答语之上每著一'解'者,

---

① 徐震:《穀梁笔记》(下),《国立武汉大学文哲季刊》1941年第七卷第1期。
② 同上。

第八章 返本开新：民国时期的穀梁学史

与前后文体悉异，可见此皆旧疏之遗，且为未经杨氏删定之原文也"。其二，文风各异。"旧疏大抵义解迂滞，辞句謇涩；杨疏文义简切，辞句条畅。"通过比较分析，徐震得出"然则《穀梁》本有旧疏，审矣"①，其结论是成立的。

第七条，"《四库书目提要》论《穀梁》之误"。徐震指出，《四库全书总目提要》论《穀梁传》舛谬甚多，他指出2处：第一，是《穀梁传》有5处"传曰"问题，提要者认为如郑玄、王弼解《易》有"象曰""象曰"之例，是后来传写者"削除未尽"和范宁"分经附传所加"造成的结果。徐震并不认同："'传曰'二字，乃《穀梁》引用传说，绝非分经附传时所加。"因为在《穀梁传》"隐四年春王二月莒人伐杞取牟娄"下有"传曰"范宁注："称'传曰'者，穀梁子不亲受于师，而闻之于传者。"由此可明"是'传曰'非范所加甚明，亦可征'传曰'非分经附传时所加"。第二，对于杨士勋将范宁《略例》百余条"割裂其文散入注疏"中的问题，徐震考察《穀梁传》"文元年天王使叔服来会葬"、"宣十六年夏成周宣榭灾"范宁注解均有"传例"，表明"足征范氏已引例入注"，所以提要说"（杨）士勋割裂其文散入注中，亦为谬说"②。

三 周树桢《公羊穀梁合解》的特色

（一）周树桢生平

周树桢（1875—1957），字幹庭，山东安丘人。光绪二十一年（1895）为县学廪生。光绪二十四年（1898）受戊戌维新的影响放弃科举，习诗词文章。光绪二十八年（1902）留学日本师范科，期间加入孙中山创立的救国同盟会。回国后，任淄川县长，尽心民事，因不满官场辞官。后山东高等师范学校学监、山东省立女子师范校长、齐鲁大学国文系主任等职，1939年齐鲁大学内迁四川成都，周树桢等则继续在济南旧址专做研究工作，至太平洋战争爆发，日本占领校园后解散。新中

---

① 徐震：《穀梁笺记》（下），《国立武汉大学文哲季刊》1941年第七卷第1期。
② 同上。

· 379 ·

国成立后，被聘为省政协特邀委员。1957年去世，享年83岁。周树桢精于文史研究，撰写有《红楼文学》《元曲研究》《楚辞研究》《及时吟》《实用文学》《江苏调查记》《庐山沿途见闻记》《沪宁港澳见闻录》《外交史》《老子音释》《山东土语研究》《安丘土语志》等著作。

（二）《公羊穀梁合解》的特色

周树桢发表在其主编的齐鲁大学刊物《齐大心声》的《公羊穀梁合解》是一篇读经札记，主要是《春秋》隐公元年"春王正月"、"公及邾娄［仪父］盟于眛"、"郑伯克段于鄢"，隐公二年"夫人子氏薨"，隐公三年"武氏子来求赙"，隐公五年"观鱼于棠"、"考仲子之宫，［初］献六羽"经文共7条札记。

隐公元年"春王正月"：此条有三个问题。一是关于"王"者为谁？周树桢认为"周成于武王，而创始于文王"，因此孔子"吾从周"，即所从者为"周文王"，而不是周武王或周平王（今王）。二是关于"正月"为何？古有"三正"之别，夏历"建寅"、商历"建丑"（即夏历腊月）、周历"建子"（即夏历冬至月），周树桢认为"此言正月，盖指周之正月也"，其见解与历代学者主张的"夏时冠周月"相同。三是关于隐公桓公母亲尊卑。声子为侧室，隐公为妾出，"《公羊》言卑"；宋仲子为继娶，桓公为继出，"《公羊》言贵也"，但周树桢认为"隐桓之母俱媵，俱非元配，其尊卑难分"，显然对《公羊传》之说并不赞同。

隐公元年"公及邾娄［仪父］盟于眛"：依据《春秋繁露》，将附庸国分"氏、人、名、字"四等，其得地"字者"方三十里，"名者"方二十里，"人、氏者"方十五里。邾娄为二十里国应"称名"，但却以三十里国"称字"的方式称"邾娄仪父"，《公羊传》认为是褒扬邾娄仪父，为何褒扬？《公羊传》以为"渐进"，其言不明确，所以周树桢按照《穀梁传》"邾之上古微，未爵命于周"，即邾娄作为"附庸之国未承王命"宜称名而称字，其原因是"其结信于鲁，为他国倡"，即表彰其为春秋时期第一个与鲁国结盟的方国从而提升其方国等级。

隐公元年"郑伯克段于鄢"：周树桢从庄公九年春齐人杀无知、僖公十年晋杀其大夫里克均为"杀大夫不书地"的经例，但他依据《穀梁传》"于鄢，远也，犹曰取之其母之怀中而杀之云尔，甚之也"，郑伯杀弟段

第八章 返本开新：民国时期的穀梁学史

于鄢，伤兄弟人伦大义，做得太过分，所以"此特书，故曰甚之也"。

隐公二年"夫人子氏薨"：周树桢讨论两个问题：一是为何夫人子氏"书薨"而不"书葬"？二是"夫人"是谁？关于第一个问题，他依据《穀梁传》《公羊传》隐公十一年公薨"君弑，贼不讨，故不书葬"，又依据《穀梁传》"夫人从君"，所以周树桢认为"故亦不书葬也"。关于"夫人"的身份问题，《春秋》三传有不同的主张，《左传》认为是"桓母"，《公羊传》认为是"隐母"，周树桢反驳说如为"桓母"，隐公二年桓公还不是鲁国君主不应称"夫人"；如为"隐母"，根据"夫人从君"，鲁惠公为善终，故隐母可以书葬，所以他认为《左传》《公羊传》二传说均与《春秋》经义不合，应该以《穀梁传》的说为正确，"《穀梁》曰'夫人者，隐之妻也'，此说颇合"①。

隐公三年"武氏子来求赙"：关于"赙"，《穀梁传》与《公羊传》的解说不同。《穀梁传》"归死者曰赗，归生者曰赙"，与《仪礼·既夕礼》"知生者赙"相同，即"以财助褒仪"，如娶妻生子赠送金帛，所以"求赙者，求鲁贡献，贺即位"，根据《仪礼·曲礼上》"吊丧弗能赙"，所以《公羊传》"送车马曰赗，送货财曰赙"与古礼的不合。

隐公五年"观鱼于棠"：《穀梁传》解释说"常事曰事，非常曰观。礼：尊不亲小事，卑不尸大功。鱼，卑者之事也，公观之，非正也"。周树桢认为"观者举动非常之大，鱼者目的非常之小，犹以极整重之举加之于至少之事，言不配也"，即是来自《穀梁传》的传义。《公羊传》"张弓射鱼"或其他学者"张网捕鱼"以出售获利，周树桢这是"讥（隐）公以南面之尊，与小民争利也"。这是发前人所未发的经义。

隐公五年"考仲子之宫，初献六羽"：关于献六羽（即六佾），按天子之庙献八佾、诸侯六佾、大夫四佾礼制，仲子应为四佾，所以《穀梁传》《公羊传》均批评"献六佾"是"僭乐"的行为。但为何要用六佾？这是大臣众仲"欲取悦于隐公，故特为'诸侯六、大夫四'之伪词以对耳"，但周树桢不认同"僭乐"的观点，他又根据《穀梁传》引尸子"舞《夏》，自天子至诸侯，皆用八佾。初献六羽，始厉乐矣"之言，认为"当时诸侯皆僭用八佾，鲁独减少用六佾，犹为此善于彼，非满足之

---

① 周幹庭：《公羊穀梁合解》，《齐大心声》1924年第一卷第1期。

论"，表扬鲁国"减乐"的行为。

从上述可见，周树桢虽然引用《公羊传》《穀梁传》来合解《春秋》隐公 7 条经文，但其最后对《春秋》经文解说的微言大义都是以《穀梁传》的解说为准，这充分体现了周树桢鲜明的"尊《穀梁传》"经学特色。

四 蒋元庆《柳兴恩〈穀梁·述礼〉补缺》的特色

（一）蒋元庆生平著述

1. 蒋元庆生平著述

蒋元庆（1867—1952），字志范，或作子蕃、志范，自号鄢楼老人，江苏常熟人。蒋元庆为清代康熙时大学士蒋廷锡之后。入苏州学古堂学习，光绪二十三年（1897）拔贡，任学部七品京官，入江苏提学使"太谷学派"传人毛庆蕃幕客，师承其学。民国后进入教育界，任教于上海同济大学等高校，讲授古文字学。蒋元庆能诵《十三经注疏》，其为学贯穿百家。所撰写论著有《清朝野史》、《礼记卢注疏证》、《读小戴礼卢植注日记》[①]、《蠹言》、《读尔雅日记》[②]、《孔孟同符论》[③]、《后汉侍中尚书涿郡卢君年表》[④]及《续》[⑤]、《辑述东汉侍中尚书涿郡卢君学说总序》[⑥]、《文庙祀位统考》[⑦]、《穀梁受经于子夏考》[⑧]、《柳兴恩〈穀梁·述礼〉补缺》[⑨]、《〈齐论语·问玉篇〉疏证》[⑩]、《尔雅篇目考》[⑪]，可见其"经学尤为深邃"[⑫]。

[①] 蒋元庆：《读小戴礼卢植注日记》，光绪学古堂日记本。
[②] 蒋元庆：《读尔雅日记》，光绪学古堂日记本。
[③] 蒋元庆：《孔孟同符论》，《宗圣汇志》1913 年第一卷第 3 期。
[④] 蒋元庆：《后汉书侍中尚书涿郡卢君年表》，《孔教会杂志》1913 年第一卷第 3 期。
[⑤] 蒋元庆：《后汉书侍中尚书涿郡卢君年表（续）》，《孔教会杂志》1913 年第一卷第 4 期。
[⑥] 蒋元庆：《辑书后汉书侍中尚书涿郡卢君学说总序》，《孔教会杂志》1913 年第一卷第 3 期。
[⑦] 蒋元庆：《文庙祀位统考》，《新东方》1940 年第二卷第 1 期。
[⑧] 蒋元庆：《穀梁受经于子夏考》，《学海》1944 年第一卷第 3 期。
[⑨] 蒋元庆：《柳兴恩〈穀梁·述礼〉补缺》，《学海》1944 年第一卷第 4 期。
[⑩] 蒋元庆：《〈齐论语·问玉篇〉疏证》，《学海》1944 年第一卷第 5 期。
[⑪] 蒋元庆：《尔雅篇目考》，《学海》1944 年第一卷第 6 期。
[⑫] 肖伊绯：《曾朴之死及其社会反响》，《南方周末》2018 年 8 月 7 日。

2. 《柳兴恩〈穀梁·述礼〉补缺》的特色

（1）文前小序作意

《柳兴恩〈穀梁·述礼〉补缺》是1944年发表在《学海》的一篇读书札记，文前有小序一段，可以探究蒋元庆写作本文的用意。

第一，补充柳兴恩《穀梁大义述》之阙。

清代乾嘉以来，《春秋》三传中，学术界对《公羊传》的注疏与研究较多，而对《穀梁传》用力较少。但道光以来情况有所改观，柳兴恩《穀梁大义述》、侯康《穀梁礼证》、钟文烝《春秋穀梁经传补注》以及许桂林《春秋穀梁传时日月书法释例》相继问世，光绪年间江苏学政王先谦将上述著作编刻入《续清经解》中。蒋元庆注意到，柳兴恩《穀梁大义述》"犹为未完之本，其书缺处甚多。《古训》原缺，仅标其目。即如《述礼》一篇，条录原文，而下无'述'语者，共有二十六条"①，与以前学者张慰祖、柳诒徵以及《续修四库全书总目·穀梁大义述提要》作者张寿林的认识相一致。

对于柳兴恩《穀梁大义述》卷六《述礼》"述曰"存在的残阙，蒋元庆注意到侯康《穀梁礼证》可资参考，然侯康之作并非完书，钟文烝《春秋穀梁经传补注》最称翔实，但亦无明文可作参证，所以"读者不能无憾焉"②。其实，侯康《穀梁礼证》、钟文烝《春秋穀梁经传补注》并不是专门为补充柳兴恩《穀梁大义述》之"阙"而作。当然，我们知道本书前面所述光绪年间张慰祖已经撰写《穀梁大义述补阙》对柳兴恩原著所阙做了全面补充，而且该书1934年在南京刻印出版，身处上海的蒋元庆并未注意到张慰祖的《穀梁大义述补阙》，这是一件学术憾事。当然，蒋元庆所作《穀梁述礼补阙》并非是重复工作，或者是无用功，我们可以对张慰祖与蒋元庆所补进行比较，可以分析二人著述的特色和优长，两部作品可起到相互补充的作用。

第二，补充《穀梁大义述》的方法。

从蒋元庆的"小序"来看，其写作的方法是，先将柳兴恩所列举的条文与侯康《穀梁礼证》进行互校，间或采用钟文烝的补注，凡两书

---

① 蒋元庆：《柳兴恩〈穀梁·述礼〉补缺》，《学海》1944年第一卷第4期。
② 同上。

"未详，以管见补之"，说明他对侯、钟二著有所参考，更主要的还是自己的补充。

（2）《柳兴恩〈穀梁·述礼〉补阙》的特色

蒋元庆将柳书原阙"述曰"26条一一进行补充，其所补与张慰祖《穀梁大义述补阙》相比多"古之人重死，君命无所不通"的"补曰"1条。蒋元庆所补特色为：

第一，忠实于柳兴恩《穀梁大义述·述礼》"述曰"所阙原状。他在文中最后说道："据柳书述语，原阙二十六条，补如右。《穀梁》所戴礼文，似尚不止此，惟柳氏既未辑录，或不当凭肊增入，以乖体例也。"① 甚至对柳兴恩原著存在的错误也加以纠正，成公七年"免牲者为之緇衣纁裳，有司玄端奉送至于南郊。免牛亦然"条，特别指出"又按《穀梁》此文，早见僖三十一年传，柳氏误羼于下"②。

第二，尊重前人成果，对参考侯康、钟文烝著作之处均有注明。桓公三年"子贡曰：'冕而亲迎，不已重乎'"条，蒋元庆注曰："侯康证《仪礼》綦详。"昭公八年"因蒐狩以习武事，礼之大者也"条，注明"此节典礼，有《周礼》《仪礼》《书传》《诗传》可以参考，侯康《礼证》已详，不赘录"，以避繁复。引钟文烝《春秋穀梁经传补注》共6条，其中僖公1条、文公1条、成公2条、襄公2条。有交代钟文烝引用文献来源者，文公十三年"礼，宗庙之事，君亲割，妇亲舂"，蒋元庆注明"钟文烝补注《国语》观射父曰"。有钟文烝对前人解说加以评价者，僖公三年"委端摺笏而朝诸侯"，蒋元庆注明"委端摺笏之制，钟文烝注引陈奂说，甚核"；成公十七年"宫室不设，不可以祭"条，范宁《穀梁传集解》所引徐邈的解说，蒋元庆注明"钟文烝曰：'徐说得之'"。有直接引用钟文烝解说者，成公元年"古者立国家，百官具，农工皆有职以事上"，蒋元庆注明"农工皆有职者，钟文烝谓农官、工官也"。

第三，蒋元庆的补阙与张慰祖《穀梁大义述补阙》相比存在详略异同。一是总体上蒋元庆没有张慰祖所补详细。二是两人所补目的和使用史料有不同。隐公五年"礼，尊不亲小事，卑不尸大功"，张慰祖《穀梁

---

① 蒋元庆：《柳兴恩〈穀梁·述礼〉补缺》，《学海》1944年第一卷第4期。
② 同上。

第八章　返本开新：民国时期的穀梁学史

大义述补阙》引《三国志》"《步骘传》上疏曰：'臣闻人君不亲小事，百官有司各任其职。'各任其职，其不尸大功可知"。而蒋元庆引《汉书》董仲舒对策曰："受大者不取小"以及《春秋繁露·离合根篇》"人主法天，不自劳于事，所以为尊"，即"尊不亲小事也"，又曰"人臣法地，主上得而器使之"，待主上器使，即"不尸大功也"。如此种情况者甚多。三是两人所引文献也有相同者。庄公二十五年"天子救日"，张、蒋二人均引用范宁《穀梁传》徐邈、糜信、《白虎通》的解说；襄公二十九年"古者天子封诸侯"，张、蒋均引《礼记·王制》"量地以制邑，度地以居民，地邑民居必参相得也"。

总之，蒋元庆主要从礼制上对柳兴恩《穀梁大义述》进行补阙，其所引材料多集中在三礼及其郑注孔疏、《白虎通》、《大戴礼》、《孟子》、《公羊传》及孔广森《通义》、范宁《穀梁传集解》等文献，所以蒋元庆自称其所作《柳兴恩〈穀梁礼证〉补缺》"就礼证礼，以经解经"①，显然是符合实情的。

第二节　民国学者对《穀梁传》的研究

一　《穀梁传》作者真伪与"受经于子夏"问题

有关《穀梁传》的作者真伪及其时代，本书第一章和第五章第二节清代学者钟文烝对这个问题有所涉及。

（一）《穀梁传》作者的真伪

《穀梁传》作者的名字，最早见于《汉书·艺文志》班固自注作"穀梁子，鲁人"，班氏认为穀梁子为真实姓名，还将其列入《汉书·古今人表》第四等。但历代学者也有怀疑其真实性。南宋朱熹说："《公羊》《穀梁》是姓姜人一手做也，有这般事。"②指出《公羊传》《穀梁传》是姓"姜"者一人所著，但他未说明《公羊传》《穀梁传》是"姜姓人一

---

① 蒋元庆：《柳兴恩〈穀梁·述礼〉补缺》，《学海》1944 年第一卷第 4 期。
② （宋）黎靖德：《朱子语类》卷一百二十五。

· 385 ·

手做"的依据。宋末元初罗璧指出:"公羊、穀梁自高、赤作传外,更不见有此姓",原因何在?他引乡贤万见春之说:"'公羊''穀梁'皆'姜'字切韵脚,疑其为'姜'姓假托也。"为何"假托"?罗璧加以解说:"盖战国时去春秋未远,传之所载多当时诸侯、公卿、大夫及其家世事迹,有当讳晦者难直斥之,而事之直者又不容曲为之笔,故[公羊]高、[穀梁]赤传其事,因隐其姓。后世史官于当代难言之事每阙之,或晦其姓名,疑其辞义。高、赤缘时忌,没其姓,容有此理。"① 认为战国时"姜"姓学者为避政治忌讳而隐没其姓,此与后世史官于难言之事"晦其姓名"为同一情形,自认为有道理。但清代学者李元度对万见春之说"未免异之"②,斥之为标新立异。

除了"穀梁"为"'姜'字切韵脚"之说外,晚清皮锡瑞又批评"近人又疑公羊、穀梁皆卜商转音,更无所据"③。其矛头所指,当针对蜀人廖平之说。廖平认为,《公羊传》与《穀梁传》均为子夏所作:"《卜商春秋》此其最初之名也,后来学者既不便改称子,又不便直斥名氏,口音传变,遂有穀梁、公羊之异称,既由方音,又因今古。汉初学者昧其本原,以例余师,遂加子字于其下,承讹踵误,至以穀梁公羊为二人覆姓,此末流之误也。"④ 也就是说,"公羊"、"穀梁"分别是齐、鲁两地对子夏之姓名"卜商"读音的不同而造成的转音之讹,齐地读"卜商"为"公羊",鲁地则读作"穀梁",即所谓"卜商之异文",实则均指卜商,即子夏一人。

民国学者杜钢百认同"公羊"、"穀梁"为"卜商"之转音,或者为"孔商"之转音,为此撰写《公羊穀梁为卜商或孔商讹转异名考》⑤ 予以详细考辨。他首先认为前述罗璧之疑"诚是",廖平转音之说"颇有左证",未可厚非。围绕"专辨首师氏学口传音讹事",杜钢百的研究思路是对前人根深蒂固、牢不可破的旧说"先辟其谬,再寻厥真",就是先批

---

① (宋)罗璧:《识遗》卷三《〈公羊〉〈穀梁〉》,四库全书本。
② (清)李元度:《天岳山馆文钞》卷三十《书罗氏〈识遗〉后》,光绪六年刻本。
③ (清)皮锡瑞:《经学通论》四《春秋》"论《公羊》《穀梁》当为传其学者所作,《左氏传》亦当以此解之"条。
④ 廖平《何氏公羊解诂三十论·再续十论》,光绪十二年成都刻四益馆经学丛书本。
⑤ 杜钢百:《公羊穀梁为卜商或孔商讹转异名考》,《国立武汉大学文哲季刊》1933年第三卷第1期。

第八章　返本开新：民国时期的穀梁学史

驳前人的谬误，再寻找真相。兹分述如下：

第一，关于穀梁传授源流时间可行性。《穀梁传》作者姓名，已知《汉书》作"穀梁子"，有姓无名，到东汉之后，学者们"忽创获其名，并明其传授系统，愈后愈详"，与顾颉刚所言"层累地造成的中国古史"①说类同。杜氏从杨士勋《春秋穀梁传序疏》所言子夏—穀梁赤—孙（荀）卿的传授世系，"非寿至百数十岁，不克如此承前启后"，按此源流，颇多矛盾。

第二，"举首师以氏其学"。此说出自徐彦《公羊传注疏》，与《公羊传》一样，《穀梁传》"亦是著竹帛者题其亲师"，但从《穀梁传》所征引有"穀梁子"、"尸子"、"沈子"，也可称《尸氏传》《沈氏传》，故以"首师名学"不可通。

杜钢百认为上述"穀梁子"名字来源二说不成立，则"其为卜商声均之转，自属可能"，因为公羊、穀梁同师子夏，同传《春秋》，当为"卜商"之歧转，其原因在于"'公''穀'同在见母为双声（发音同为g音），而韵部又为屋东对转。'羊''梁'同在阳均为叠均［韵］（收声同为on音），其声纽偏又来定同阻"②，这是不是巧合？杜氏举出证据：一是考察《春秋》三传中"同母音变"的现象，其事例实繁；二是考察上古谱牒之学，以"一姓而歧为数姓者，其例尤繁"。从这些文献依据，"卜商（或孔商）"歧转为"公羊"、"穀梁"是可能的。

杜钢百解决了子夏（卜商）音转为"穀梁"的可能性，接着，针对"《春秋》属商"的问题，他又广泛征引《论语》《小戴礼记》《韩非子》《吕氏春秋》《春秋繁露》《史记》《汉书》《十一经音训》《公羊传注疏》等各种文献，考察子夏从孔子受《春秋》、校雠文史、发明章句、阐述经旨、传授弟子等活动，"凡此钩稽故记，无一而不合符卜商，似此事迹昭然，证据确凿，孰谓子夏不传《春秋》乎？"

综合以上，杜钢百得出"公、穀为孔商首师异言，似无疑义"，并专门列一表格以便读者了解其论证方法及过程，表略如下（原表为纵排，

---

① 顾颉刚：《古史辨》第一册《自序》与《与钱玄同先生论古史书》，上海古籍出版社1981年版。
② 蔡元培、顾颉刚等认为"公"和"穀"双声，"羊"和"梁"叠韵，因而"公羊"即是"穀梁"，这两部书的作者可能是同一个人，与此说同。

今变为横排）：

表 8-1

假设	证明	终结
公、穀二子古无其人	论证 6 条（略）	公羊、穀梁为卜商一人异名
《公》《穀》二书系以首师氏其学	论证 3 条（略）	
公羊、穀梁为孔商转音	论证 4 条（略）	

从其表中所列事项，西方现代学术的新方法，提出假说（问题），引用史料进行论证（证据），最后得出结论："公、穀二名讹传歧异之故，盖因昔人昧于口说流传与夫时空转变之必然关系（阎百诗曰：百年不同音，千里不同韵）。"①

（二）"穀梁受业于子夏"问题

穀梁子之名，有学者主张"穀梁"为复姓，"子"当为尊称，说明其名字失载。桓谭、应劭、王充、阮孝绪、颜师古、杨士勋、钱大昕、阮元等言人人殊，分别举出赤、喜（钱大昕作"嘉"）、寘、俶、淑五个名字。关于穀梁子生活时代，根据前人的文献记载有两种争论，第一种是汉代应劭、唐代杨士勋主张穀梁子直接"受业于子夏"，当为子夏的弟子；而汉代桓谭、南朝糜信、唐朝陆德明强调"穀梁子不及见子夏"，主张穀梁子为子夏门人。钟文烝依据《穀梁传》与《荀子》《论语》《易象》《易象》内容"相同"或"相似"等证据，得出"盖穀梁受业于子夏之门人"②。

民国学者蒋元庆撰写《穀梁受经于子夏考》③，对"穀梁子为子夏门人，受经于子夏"之说，提出了三条质疑。其一，"穀梁"作为姓氏以后未再见，并且一个人不可能有五个名字。这是对作者的真实性提出怀疑。其二，《穀梁传》屡次引用尸子（佼）之言，尸佼为秦孝公时人，则穀梁子"不及见子夏"。其三，依据桓谭《新论》所言左丘明百多年后穀梁赤为《穀梁传》，子夏早已去世，"必不能亲受经"。这两条是对《穀梁传》

---

① 杜钢百：《公羊穀梁为卜商或孔商讹转异名考》，《国立武汉大学文哲季刊》1933 年第三卷第 1 期。
② 钟文烝：《论〈传〉》，载《春秋穀梁经传补注》卷首。
③ 蒋元庆：《穀梁受经于子夏考》，《学海月刊》1944 年第一卷第 3 期。

第八章　返本开新：民国时期的穀梁学史

作者受业于子夏为其弟子的怀疑。所以，他认为钟文烝"穀梁受业于子夏之门人"之说为"近似"，即比较接近于历史实际。但蒋元庆又认为钟文烝的举证不完备，他重新加以申证。孔子以"《春秋》属商（卜子商，字子夏）"，此外子夏又传授《易》《诗》《礼》《论语》等儒家经典，故子夏为经学的"统宗"。《穀梁传》或礼制与《毛诗》《礼》相合，文句与《易》彖、象传相似，与《论语》内容相互印证，可知《穀梁传》作者"其渊源本得之于子夏，既私淑于子夏，是亦教诲之所及，自可比附于弟子之列也"[1]。表明从学术渊源来说，"穀梁受经于子夏"是不必质疑的。

对于各代学者的观点和杜钢百、蒋元庆的考辨，言人人殊，均有其理，但不能解释的是，既然《公羊传》《穀梁传》都是子夏所作，为何二书解说内容不同，风格各异，有时说理甚至自相矛盾？而杜钢百将公羊、穀梁转音自"卜商"或"孔商"，文献中多作"卜商"，未见"孔商"之说，这如何解释？当然，子夏、公羊、穀梁都与《春秋》又关系，正如现代学者杨伯峻说："总之，无论公羊高或穀梁赤，都未必是子夏的学生，托名子夏，不过借以自重罢了。"[2]

二　《穀梁传》的真伪问题

我们在前面汉代穀梁学研究中，讨论了西汉《穀梁传》与《公羊传》争博士学官地位，东汉时期郑玄与何休论辩《穀梁传》与《公羊传》长短，并未涉及《穀梁传》的真伪问题。

关于"《穀梁传》真伪"，最先提出讨论这个问题的是晚清民初学者崔适。他在《春秋复始》中，以《汉书·梅福传》"推迹古文，以《左氏》《穀梁》《世本》《礼记》相明"，与《后汉书·章帝纪》"令群儒受学，《左氏》《穀梁》《古文尚书》《毛诗》"的记载，前者明言古文，后者与三古文并列，指出《穀梁传》"为古文明矣"[3]。其关注并不是《穀梁传》的学派归属，而是其真伪问题。晚清之时，康有为等学者提出

---

[1] 蒋元庆：《穀梁受经于子夏考》，《学海月刊》1944年第一卷第3期。
[2] 杨伯峻：《经书浅谈·〈公羊传〉和〈穀梁传〉》，中华书局2004年版。
[3] （清）崔适：《春秋复始》卷一《〈穀梁氏〉亦是古文》，北京大学民国七年铅印本。

· 389 ·

"古文为刘歆伪造，刘歆、班固篡乱《汉书》"说，此说在学术界甚为流行。崔适服膺其说："古文为刘歆杂取传记而造，则武宣之世，安得有《穀梁》？刘歆、班固皆有《汉书》，后人杂之，遂成今之《汉书》。"他于是从《汉书》有关穀梁学的矛盾记载中相证，洞见其症结。

第一，刘歆伪造《穀梁传》的目的。刘歆伪造《左传》是为了篡夺《春秋》的学统，因此又伪造《穀梁传》为其"驱除"《公羊传》的障碍。

第二，《汉书》记载穀梁学史实之质疑。其一，据《汉书·儒林传》，江公因"讷口"与董仲舒辩论不敌，以及汉宣帝向韦贤等问《穀梁传》，不见相关人物列传。其二，汉武帝卫太子既从董仲舒学《公羊传》，又私从江公问《穀梁传》，"是时太子甫八岁，未闻天纵如周晋，安能辨《公》《穀》之孰善？"其三，汉宣帝尊汉武帝为世宗，封其父恶谥为"戾"，其"抑扬之意可知，独于经学，则违世宗而从戾园，亦情理所不合者也"。其四，从研习穀梁学起家公卿大臣韦贤、韦玄成、萧望之、尹更始、刘向等的朝议对策来看，所引皆《公羊传》文，不及《穀梁传》一字，故"明引《公羊》，尚不足为公羊学之证；岂不引《穀梁》，转足为穀梁学之证乎？"所以，崔适得出《汉书·儒林传》谓《公》《穀》二家，"争论于武、宣之世者，直如捕风系影而已"①。上述有关穀梁学四疑，是"捕风捉影"，还是"书缺有间"，需要进一步分析。

民国学者张西堂评价崔适针对《穀梁传》"依据史籍，判其本真，其证验郅碻（至确）"，亦指出其不足"然未多考传文，以大明之"②。他因取治《穀梁传》学者江熙、范宁、孙觉、叶梦得、侯康、许桂林、钟文烝、柳兴恩、廖平、柯劭忞诸家之说，此外，更博采于诸家之论，参考自己意见，从体例、文辞、义理三个方面，探其本源，考其年代，撰写《穀梁不传春秋》一篇辨析《穀梁传》的真伪。张西堂分别从《穀梁》有无经之传、有不释经之传、义例之相乖戾、文辞之重累、晚于《公羊》、不合鲁语、违反孔子、杂取传记、亦古文学、晚出于汉十节共3万多字。其探究问题的体例，是先列《春秋》经文，再列《穀梁传》文，

---

① （清）崔适：《春秋复始》卷一《〈穀梁氏〉亦是古文》，北京大学民国七年铅印本。
② 张西堂：《自序》，载《穀梁真伪考》，北京何记书馆1931年版。

第八章 返本开新：民国时期的穀梁学史

最后引据各家之说进行辩证。其探究问题的思路宽广，征引文献丰富，内容深刻，通过深入研究，他总结说：《穀梁传》无经之传、不释经之传，不合传经之体；其义例乖戾，与文辞重累，又失谨严之义；其晚出于《公羊》，而不合于"鲁语"，及其违反孔子之论，尤属症结所在；盖实古文之学，而晚出于汉代，非止不传"建五始"、"通三统"、"张三世"、"异内外"诸大旨，"足知其非真传，本杂取传记以造者"①。与前辈学者意见相一致。

张西堂强调《春秋》的特点是"借事明义，因事穷理，为之传者，必当详说其义，兼明其事者也"②。在《春秋》三传中，《公羊传》与《穀梁传》最符合要求，各有详略③，为此，他裒辑《穀梁传》述礼10传、其所简略者10传与清代学者钟文烝所举10余传，总共30余传，撰写《公穀详略异同证》一文共18000余字，分"《穀梁》之详于礼制"、"《穀梁》之详于琐节"、"《穀梁》之略于大义"、"《穀梁》之略于本事"四节，对《穀梁传》与《公羊传》进行比较。其写作格式与前文相同，也是先列《春秋》经文，然后分列《穀梁传》与《公羊传》之解说，最后是详引文献进行辩证。通过对《穀梁传》与《公羊传》的对比分析，张西堂认为"《穀梁传》徒知详于礼制琐节，而独忽于大事大义，果得《春秋》之真传者，必不当述略如此也！其非得之于师，固亦可以明矣"④。

张西堂以上两文，一者怀疑《穀梁传》真伪，一者贬低《穀梁传》地位，其原因何在？我们从可以从他的学术主张找到答案："治经是要守家法的，研究《春秋》更不当于三传择善而从"⑤，其批评所指为注解《穀梁传》的东晋范宁和晚清廖平的"会通三《传》"之说⑥。他研究

---

① 张西堂：《穀梁不传春秋证》，《穀梁真伪考》上篇，正文第2页。
② 张西堂：《公穀详略异同证》，《穀梁真伪考》下篇，正文第101页。
③ 许桂林《春秋穀梁传时日月书法释例》说："《公羊》《穀梁》二传……其书彼详此略，异同互存，似属有意。"
④ 张西堂：《公穀详略异同证》，《穀梁真伪考》下篇，正文第162页。
⑤ 张西堂：《穀梁真伪考·后序》，第2页。
⑥ （晋）范宁《春秋穀梁传序》"三《传》殊说，庸得不弃其所滞，择善而从乎？"廖平《穀梁传古义疏·凡例》主张《春秋》三传"义本相同，后来误解，因致歧出者，必化其畛域，以期宏通"。

《春秋》一经,"绝对地严守《公羊》之说,我只承认《公羊》是《春秋》的真传"[1],因此,他自述"我何故守《公羊》,弃《左》《穀》"[2],是其回归两汉治经讲求"家法"[3]传统使然。

三 《穀梁传》的义例问题

20世纪30年代,围绕着"全盘西化"的中西文化之争和日本侵华产生的民族文化危机,当时一些尚存的国学大师及其弟子继续举起国学研究的旗帜。其中,如章太炎在苏州创立国学讲习会,欧阳竟无在南京支那内学院讲学,廖平在四川国学专门学校从教等等,通过国学讲习,带动了学人从事国学研究的学风。其中,较著名者有李源澄、戴增元等。

(一)李源澄论辩穀梁义例

李源澄(1909—1958),四川犍为人,字俊卿,又作俊清。20世纪20年代在四川国学专门学校师从蒙文通,并问学于国学大师廖平;1933年入南京支那内学院师从欧阳竟无学习佛学,同时问学于章太炎先生。先后在无锡国学专门学校、四川大学、西南师范大学等校任教。出版著作《诸子概论》《学术论著初稿》《经学通论》《秦汉史》等经史著述。其涉及穀梁学者,有《春秋崩薨卒葬释例》《公羊穀梁微例序》二文。

1.《春秋崩薨卒葬释例》

前代学者,如范宁、杨士勋、许桂林、柳兴恩、廖平等注解、研究《穀梁传》,均强调义例的发凡和总结,李源澄亦重视此问题。他的《春秋崩薨卒葬释例》归纳《春秋》的崩、薨、卒、葬四类,发为崩薨卒葬、天子志崩不志葬、王姬书卒、王臣书卒、鲁君薨、鲁君葬、子卒、鲁夫人薨葬、内女卒、内女葬、内大夫卒、卒从正葬从主人、卒不书名、春秋以记卒葬见详略、葬在生者卒在死者、卒时月日例、葬时月日、不日

---

[1] 张西堂:《春秋大义是什么》,《时事新报·学灯》1925年3月刊。
[2] 张西堂:《穀梁真伪考·后序》,第1页。
[3] 《后汉书》卷七十九卷上《儒林列传上》:"及光武中兴,爱好经术,未及下车,而先访儒雅,采求阙文,补缀漏逸。先是四方学士多怀协图书,遁逃林薮。自是莫不抱负坟策,云会京师,范升、陈元、郑兴、杜林、卫宏、刘昆、桓荣之徒,继踵而集。于是立《五经》博士,各以家法教授,《易》有施、孟、梁丘、京氏,《尚书》欧阳、大小夏侯,《诗》齐、鲁、韩,《礼》大小戴,《春秋》严、颜,凡十四博士,太常差次总领焉。"

卒而日葬此失民而葬之变例、贼不讨书葬、灭国书葬、葬外大夫共 21 例。从李源澄所关注的问题来看有三个特点。

第一，非常重视《穀梁传》。在这 21 例中，据统计，作者引证《穀梁传》文 43 则，《公羊传》文 24 则，说明《穀梁传》对相关问题涉及较多，也反映了李源澄对《穀梁传》有关解说的认可。

第二，非常重视等级观念。21 例依据天子、王姬、王臣、鲁君、内子、鲁夫人、内女、内大夫排列顺序，从此可看出君臣等级礼制，特别是"尊王"的观念。如"天子志崩不志葬"例强调"《春秋》鲁史，于外诸侯可略，于天子不可略，故于天子之崩葬当详记之，此义人皆知之"①。

第三，强调《春秋》学的一些原则。一是《春秋》为"鲁史"，强调内外之别。如"崩薨卒葬"例阐发道："《春秋》鲁史，故于异国之君书卒，同于内之大夫，内女亦书卒，同于内大夫，王臣书卒视外大夫，王臣书卒视外诸侯，外夫人外大夫不书卒，以示内外之异。"② 二是时月日例。其详略"不可不察也，月较时详，日又较月详，此全经之通义也"③。三是华夷之辨。如昭公十年、十一年楚国相继灭陈、蔡，《春秋》书陈哀公、蔡灵公葬，按《穀梁传》解说："变之不葬三：失德不葬，弑君不葬，灭国不葬"，李源澄认为"《春秋》史也，既不能不书，即有贬夷狄之辞，不足以存中国，故特笔书葬以示夷狄不能亡中国也"④。

2.《公羊穀梁微例序》

据李源澄自述，撰《公羊微》《穀梁微》各 11 卷，二书撰写的原因和著书原则是什么？由于二书未见，我们可从他撰写的《公羊、穀梁微序例》找到答案。李源澄据《汉书》班固所言孔子讲《春秋》有所褒讳贬损不可见于书面记载，只能口授弟子，弟子各安其意退而异言，"《公》《穀》二家，同本口授，则其源同，退而异言，则其流异"，由于历代以来传注之家"拘于一家之言"，各守门户，或蔽于传而不知经，或蔽于注

---

① 李源澄：《春秋崩薨卒葬释例》，原载《论学》1937 年第 6、7 期合刊，今见《李源澄儒学论集》，四川大学出版社 2010 年版，第 183 页。
② 同上。
③ 同上书，第 192 页。
④ 同上书，第 194 页。

而不知传,导致"传以明经,经反以传晦","注以阐传,传反以注乱",无法"溯明同源之旨"。为了解决这个弊端,李源澄提出他的著书原则:"本书之作,以经正传,以传验经;以传正注,以注验传;传之不备者推之,隐者显之,语其参验,非托空言。固未敢自信必得圣人深意,然由《公》《穀》以通《春秋》,其道谅在乎此矣。"① 通过经、传、注的反复参验,可得到《春秋》的思想意旨。

该书主要内容分校经、通传、正传、正注、存疑五个方面,李源澄一一阐明其遵循的原则:其一,校经,"以有关经例者为程,其他异文不在斯例";其二,通传,"有似相反而实相成者,有传义甚隐者";其三,正传,"有以传附经失其所系者,有先师失其义者";其四,正注,"有礼制之误,有经例之误";其五,存疑,"以无经之传为限",并分别引用《穀梁传》《公羊传》有关传、注例证进行辨析,以揭示经、传、注存在错误的隐微之处。

(二)戴增元论穀梁学

戴增元,字镜澂(又名劲沈),江苏丹徒人,章太炎弟子。20世纪30年代任职于苏州中学等地,从事国文教育,对国学卓有研究,著有《文字学初步》《穀梁学通论》《公羊学通论》等。特别是其《公羊学通论》得到学术界肯定:"当代学人,惟丹徒戴镜澂增元,著《公羊学通论》,为能以《公羊》名家也。"② 戴增元在完成《公羊学通论》之后,因《公羊传》《穀梁传》相近,又撰写《穀梁学通论》"以观察两家之异同也"③,于此可见戴氏撰写该文的目的。

《穀梁学通论》4000余字,内容十分丰富,学术主张多有创新之处。

1. 治《春秋》三传的方法

戴增元观察到,晋以前治《春秋》三传专门之学者,多左祖一家。如杜预著《左传集解》"发明发凡正例,新意变例,归趣非例",创五体以寻经,为服虔、贾逵所未道;胡母生、董仲舒大倡"王鲁黜夏"之义,何休至康有为继之以推波助澜。与《左传》《公羊传》学者治学方法相

---

① 李源澄:《公羊穀梁微序例》,《国风》1933年第三卷第8期。
② 黄寿祺:《群经要略》,华东师范大学出版社2000年版,第155页。
③ 戴增元:《穀梁学通论》,《国学论衡》1935年第5期上。

比，范宁主张对三传殊说，"弃其所滞，择善而从"，对三传不当，"并舍以求宗，据理以通经"，因此范宁注《穀梁传》，于传文可疑处，"著实事以著义，此与董、何治《公羊》，杜治《左氏》，左袒一家，悬揣其义以附事，不顾文义违反，固不可同日而语也"。作者强调："然从历史眼光以推究一家之学，则《公羊》不必束，《左氏》不必束，而《穀梁》自有其异于二传者在也。"① 可见，戴增元坚持了历史主义的立场，肯定了范宁的学术方法。他还进一步强调"故善治三《传》者，勿附会，勿浅尝，当各明其学说之原委，还其本来之面目，而后《春秋》之为《春秋》，固无俟今之超今文家哓哓置辩矣"②。

2. 对穀梁学史相关问题的评价

作者问题：

他认为应劭《风俗通》、杨士勋疏所称穀梁受经于子夏，为经作传，"皆理想言也"，原因在于"果如公、穀亲受业于子夏，左氏如司马迁云'亲受业于仲尼'，则今日三传具在，何以事实、意义参差相异者若是耶？"否定了"受经于子夏"的可能性。对于前代学者依据公羊、穀梁二字翻切成"姜"字，许桂林主张同为一人，戴增元反驳说："果公羊、穀梁为一人，何以其释经之思想，一较纯，一较不纯耶？"对于穀梁氏作6名的问题，他也认为是"后人拟议之辞"，不是历史事实。

《穀梁传》今古文问题：

崔适根据《汉书·梅福传》《后汉书·章帝纪》，以《穀梁传》为古文，与《左传》同伪造于刘歆，戴增元针对《汉书·梅福传》"推迹古文，以《左氏》《穀梁》《世本》《礼记》相明"中"推迹古文"提出新解释为"推迹古典籍"，批评崔适是"尤好捕风系影之谈"③。

《穀梁传》条例问题：

与《左传》《公羊传》学者重条例一样，穀梁学有范宁《名例》、许桂林《春秋穀梁传时月日释例》、柳兴恩《穀梁大义述》等大致相类，"惟叙述之先后，事迹之分合及说解不同耳"。针对《穀梁传》条例的价值质疑，戴增元批评说："然苟舍义例而不言，舍礼制而不论"，将导致

---

① 戴增元：《穀梁学通论》，《国学论衡》1935年第5期上。
② 同上。
③ 同上。

《穀梁传》为"断烂野史矣"。

《穀梁传》文阙略问题：

《穀梁传》有"郭公、夏五"之阙文，前人多苛责于此，戴增元主张说："其实从学术史眼光以观之，不必病其端，不必讳其短。"① 如桓四年、七年无秋冬，昭十年、定十四年不书冬，庄二十二年书夏五月而无事，《穀梁传》不传释其原因，有些穀梁学者认为是《穀梁传》成书以后的阙文，戴增元并不这么认为，他发现《穀梁传》遇有阙略者，苟非实有征验，"不得以意度之"，可见作者坚持实事求是的历史唯物主义学术立场。

四 民国学者研究《穀梁传》的其他学术问题

（一）记载历史人物的"书法"：春声《书〈穀梁·虞师晋师灭夏阳〉》解读

1. 春声事迹略述

民国湘籍学者笔名春声②先生旅居上海从事教育文化工作，在当时报纸杂志多发表读经笔谈、游记、纪行、诗歌、剧本等作品，其《书〈穀梁·虞师晋师灭夏阳〉》③《读〈春秋〉书宋楚之平》④《读〈左氏·郑伯克段于鄢〉》⑤ 三文为读《春秋》三传的随笔，三文所论各有侧重。

2.《书〈穀梁·虞师晋师灭夏阳〉》解读

与《穀梁传》相关者即《书〈穀梁·虞师晋师灭夏阳〉》，该文所论之事，即僖公二年夏虞师、晋师灭夏阳，《穀梁传》史论结合阐释"虢虞唇亡齿寒"的道理，春声先生注意到《穀梁传》记载虞、虢、晋三方历史人物性格特点是"于叙荀息之智，虞公之愚，晋献公之能纳，宫之奇之达心而懦"，春声先生认为从《穀梁传》所叙四个人物的活动并与《左传》记载相参证，他认同对荀息、虞公、晋献公三人性格特征的评价，

---

① 戴增元：《穀梁学通论》，《国学论衡》1935 年第 5 期上。
② 笔名"春声"的真实姓名、字号、生卒年月、生平等，各种报纸杂志以及论著均失载，期待其他学者考证补阙。
③ 春声：《书〈穀梁·虞师晋师灭夏阳〉》，《恒丰周刊》1925 年第 37 期。
④ 春声：《读〈春秋〉书宋楚之平》，《恒丰周刊》1925 年第 39 期。
⑤ 春声：《读〈左氏·郑伯克段于鄢〉》，《恒丰周刊》1925 年第 43 期。

第八章　返本开新：民国时期的穀梁学史

然而对《穀梁传》宫之奇"达心而懦"之书法认为"尚未有当也",为何不当?春声先生认为"宫之奇是忠智士,非怯而懦也",他析论如下。

首先,论宫之奇之"智"。春声先生从三个方面层层递进分析:一是宫之奇第一次劝谏虞公要警惕晋国"假道灭虢"的图谋而未成功,这是他个人遭遇的不幸;二是春秋时期小国被大国吞灭成为历史趋势,弱小的虞国遇到"中智以下"目光短浅的虞公,即使宫之奇竭诚规劝意欲挽救虞国的灭亡也"于国无补";三是宫之奇即使以"唇亡齿寒"之喻再次劝谏虞公从执迷不悟中警醒,但在虞公接受晋国贿赂借道灭虢之后,他知道不能改变虞国灭亡的命运,所以他带着妻子逃亡曹国以避祸,所以春声先生认为宫之奇此举"正其智也,非懦也"①。

其次,论宫之奇之"忠"。关于宫之奇如何向虞公阐明"唇亡齿寒"的道理,《穀梁传》只有宫之奇谏曰"语曰:'唇亡则齿寒',其斯之谓与!"的简略记载,但春声先生认为可以想象宫之奇劝谏虞公"忠靖之情,形于辞色"的场景,一定叩头流血、声容激切,"或以情言,或以义说,谠论肆庭",宫之奇这一切努力最终"不能移昏君之玩好,如此尚可有为乎?"已经无能为力,无奈"举室奔曹,亦诚忠臣不合则去之道也,怯云乎哉?"② 春声先生所引用"忠臣不合则去"的理论来自《孟子》异姓之卿对待"君有过则谏,反覆之而不听则去"的态度,东汉赵岐注"异姓之卿谏君不从三而待放,遂不听之,则去而之他国也",宋代孙奭进一步疏义道:"国君有过谬则谏诤之,以至反覆数谏,而不听从,则去之他国是也。"③ 这充分说明宫之奇举家奔曹也是属于国君有过数谏不从则去的"明智之举",不是怯懦的表现。

因此,春声先生《书〈穀梁·虞师晋师灭夏阳〉》全文400余字,从个人命运、时代大势、君臣道义等角度对《穀梁传》所称宫之奇"达心而懦"的书法特点进行批评分析,文辞与经义结合,甚至结合钱锺书先生所言"史家追叙真人实事,每须遥体人情,悬想事势,设身局中,潜

---

① 春声:《书〈穀梁·虞师晋师灭夏阳〉》,《恒丰周刊》1925年第37期。
② 同上。
③ (汉)赵岐注,(宋)孙奭疏,廖名春、刘佑平整理:《孟子注疏》卷十下《万章章句下》,北京大学出版社1999年版,第292页。

心腔内，忖之度之，以揣以摩，庶几入情入理"①，从而分析到位，说理透彻，颇有见识超出他人的自信②。

（三）以《孟子》说《穀梁传》：柳屺生《春秋孟氏学》

1. 柳屺生生平

柳屺生（1910—1977），字慈明，江苏生镇江市人。为史学家柳诒徵长子。幼承父教，熟读古文经史。1922 年夏入东南大学附中初中部肄业，1925 年入苏州工专高中部学习，1927 年夏考入南京中央大学数学系，1933 年毕业。历任南京中学、苏州工专、江苏省第二临时中学教员。1949 年后，在上海光华大学（今华东师范大学）任教。柳屺生虽大学专业为数学，子承父业，于经学、文艺亦能擅长，先后发表过《春秋孟氏学》③《她的自述》④《秀芬》⑤ 等作品。

2.《春秋孟氏学》要旨

《春秋孟氏学》发表于1929年。文章共分两个部分，分析如下。

（1）《叙录》阐明撰写原因

正文前为"叙录"一段，主要阐明《春秋孟氏学》撰写原因。

一是孟子之学"合于圣人"。春秋孔子及其弟子之后，微言大义乖绝，学术分离，其中《春秋》分为五传，然无孟子之学。孟子受业孔子之孙子思之门，精通五经，著《孟子》七篇，其思想深远，"靡不合于圣人"，符合孔子儒家思想。二是柳屺生继承先祖未完之业。其曾叔祖柳兴恩撰写《穀梁大义述》，其"述古训"仅取《孟子》一条，"阙而未备"。继承柳兴恩"述古训"的思想，取《孟子》之说以证《穀梁传》。三是师法前辈学者的著述之法。清代戴望以《公羊传》说注《论语》，柳屺生则以《穀梁传》解说《孟子》，"要亦师其意尔"。所以，撰写《春秋孟

---

① 钱锺书：《管锥编》第一册《左传正义》"一、杜预序"，中华书局1979年版，第166页。
② 春声先生在《书〈穀梁·虞师晋师灭夏阳〉》中最后引用刘知幾《史通》"《公》《穀》之义有五偏"、崔子方"《穀梁》失之迂"，认同他们对《穀梁传》缺点的批评，他自己对《穀梁传》宫之奇"达心而懦"书法的新见解，"彼二公者，得毋有见及于是欤？"似有"发他人未发之覆"的自信。
③ 柳屺生：《春秋孟氏学》，《国立中央大学半月刊》1929年第一卷第5期。
④ 柳屺生：《她的自述》，《民鸣》1929年第3期。
⑤ 柳屺生：《秀芬》，载《小说散文集》，上海北新书局1936年版。

第八章　返本开新：民国时期的榖梁学史

氏学》，分八篇来归纳和阐释《孟子》《榖梁传》思想相通之处。

（2）《春秋孟氏学》的思想要旨

《春秋孟氏学》的写作结构，先列举《孟子》条文，然后柳屺生"案语"引证《榖梁传》及其注疏进行阐释，共归纳出《孟子》与《榖梁传》思想相通的八个方面。

一是"通论大义"。列举《孟子》的《离娄下》《滕文公下》两篇三段文字中有关"诗亡而《春秋》作"、《春秋》体例及内容，以及孔子作《春秋》的原因及其历史意义。柳屺生指出，在六经之中，意义最"闳远"当首推《春秋》，因为《春秋》的"大义在诛乱臣贼子"，其意义在于虽不能使天下无乱臣贼子，而在于使乱臣贼子惧，表明《春秋》的意义不在共时性（春秋当世）诛伐功能，而在于历时性（后世）鉴戒价值。这也是孟子将孔子作《春秋》与禹抑洪水、周公兼夷狄驱猛兽相等，是因为"其有人义微言，足以治万世之天下，故推尊如此之至也"[①]。我们在前面第一章里也谈到在《春秋》三传中，只有《榖梁传》高度强调"《春秋》之义"，清代钟文烝将《春秋》《榖梁传》作为"执世教之书"[②]。

二是"论王道"。列举《孟子》的《尽心上》《滕文公上》《告子下》三段文字中有关"尧舜之道"、"人皆为尧舜"、"文王为师"、"豪杰之士虽无文王而兴"等问题。柳屺生引徐邈《榖梁传序》中谈到，尧舜之道就是"王道"，由于春秋之初鲁桓公篡弑隐公，"王道已绝于天下"，于是孔子因之撰写《春秋》，振兴"王道"于无王之世，"《春秋》之始于隐桓，为恶桓弑隐，而孔子以王法治之，大义昭然矣"，体现《孟子》所说"虽无文王犹兴"之意，这就是孔子"正隐治桓"的新王法。

三是"论伯统"。列举《孟子》的《离娄下》《梁惠王上》《告子下》三篇三段文字中有关"齐桓晋文称霸"之事。柳屺生引隐公八年《榖梁传》"诰誓不及五帝，盟诅不及三王，交质子不及二伯"，指出"二伯"就是齐桓公、晋文公。他认为，由于春秋时期周天子"失正"而成列国之局，会盟征伐需要统领，齐桓晋文成为霸主应运而生。春秋时

[①] 柳屺生：《春秋孟氏学》，《国立中央大学半月刊》1929年第一卷第5期。
[②] （清）钟文烝：《论传》，载《春秋榖梁经传补注》卷首。

期242年，齐桓晋文前后称霸的时间占到四分之三，柳杞生高度肯定"此百余年，中国无一事，二伯之力尤多"，《孟子》谓"其事则齐桓晋文，非序语也"[①]。

四是"论尊周"。列举《孟子》的《离娄上》《离娄下》《万章下》三篇三段文字中有关"师文王"、"行文王之政"、"周室班爵禄"问题，其核心在于"尊周"。柳杞生引成公元年《穀梁传》"为尊者讳，敌不讳败；为亲者讳，败不讳敌，尊尊亲亲之义也"，认为"尊尊"就是"尊周"。他将"尊周"分广狭二义：周为列国文明之祖而尊之，是广义；以周为天下共主而尊之，是狭义。他认为《孟子》诸侯"师文王"，就是"师其仁政"，应属于广义的"尊周"；而僖公八年《穀梁传》"朝服虽敝必加于上，弁冕虽旧必加于首，周室虽衰必先诸侯"，就是狭义的"尊周"。

五是"论亲鲁"。列举《孟子》的《尽心上》《滕文公上》《告子下》三篇三段文字中有关"孔子去鲁"、"宗国鲁"、"周公封鲁"的信息。柳杞生据上文《穀梁传》"亲亲之义"即"亲鲁"，指出"亲鲁"有广义、狭义之别：以鲁为"君子父母之国而亲之"，此狭义；以鲁为"诸夏之宗国而亲之"，此广义。他认为凡《春秋》中称"我"之文，如"我君"、"我行人"、"我西鄙"，皆亲亲之义最显著者，因为鲁国为周公之封国，"于王者为近，若行王政，犹足以绍文王"，所以孟子指责鲁国慎子为将"不教民而用之，谓之殃民；殃民者，不行于尧舜之世"。

六是"论故宋"。列举《孟子·滕文公下》万章问"宋行王政而齐楚恶伐之"问题，重点谈到要效法商汤、周文王行王政，"四海之内皆举首而望之欲以为君"，齐楚虽大不足为畏。柳杞生从中引申出桓公二年《穀梁传》"孔子故宋"，"故宋"也有广义、狭义之不同：以宋为"君子之祖母之国而故之"，为狭义；以宋为"王者之后而故之"，为广义，此二义在《穀梁传》解说中均有体现。柳氏指出，"故"为"亲故"之义，"故宋"就是"亲宋"，为何"亲宋"？应如《孟子》所言"行王政而四海归之"。他又从《公羊传》"王鲁、新周、故宋，运之三代"与《穀梁传》"尊周、亲鲁、故宋"之不同，指出《穀梁传》周、鲁、宋皆为王者之

---

① 柳杞生：《春秋孟氏学》，《国立中央大学半月刊》1929年第一卷第5期。

后，均可行王政，因此，"《穀梁》言王道，于此而益信；其说得《孟子》释之而益明，此孟子为鲁学大师与！"

七是"论重众"。柳诒徵列举《孟子·梁惠王下》"察国人之言可以为民父母"，认为这就是桓公十三年《穀梁传》"战称人，败称师，重众也"的传统。他认为《孟子》的"皆由国人，以见其为众所共，不出于私也"。

八是"论贵民"。柳诒徵先列举《孟子》的《尽心下》《梁惠王上》两篇"民为贵"、"为民父母行政"之说，然后强调指出"《春秋》义之最精者，莫若贵民"，《左传》《公羊传》无说，而《穀梁传》多次言及"民者，君之本也，使人以其死非正也"、"勤雨、喜雨，有志乎民"，均体现其"《春秋》贵民之义"。柳氏强调《穀梁传》"贵民"的传统两千多年来湮没不彰，直到 20 世纪初年民主政治开始在中国出现，他期待"他日民族、民权、民生诸问题解决之日，或亦鲁学兴盛之日乎！"①

从上可见，柳诒徵将《孟子》与《穀梁传》的思想打通，对两个著作中存在的"大义"，如"王道"、"伯统"、"尊周"、"亲鲁"、"故宋"、"重众"、"贵民"相互诠解印证。这些《穀梁传》的思想，我们已经在第一章"《穀梁传》的思想"、第三章范宁杨士勋《春秋穀梁传注疏》以及第六章江慎中《春秋穀梁传条指》"推世变、托王正、立伯统、异内外、尊周、亲鲁、故宋、崇贤、贵民、重众"十个条目中已有论述，但柳诒徵有新的发挥，如将"尊周"、"亲鲁"、"故宋"分广狭义、释"故（宋）"为"亲故"，以及"贵民"从"民族、民权、民生"诸问题来解决等均是与以前学者不同的见解。但也有值得商榷者，如《孟子》"重众"强调"民意"基础，而《穀梁传》"重众"更强调"人本"思想，二者有不同的指向，不可等同。

（三）《穀梁传》的语言学研究：王季星《方言之学起于〈穀梁〉》

1. 王季星的生平

关于王季星的生平，我们从刘溶池《记恩师胡小石先生二三事》一文的记述："1944 年，中（央）大（学）成立了文科研究所，胡（小石）

---

① 柳诒徵：《春秋孟氏学》，《国立中央大学半月刊》1929 年第一卷第 5 期。

· 401 ·

先生任所主任，先后为中文专业招收了十多名研究生。我是1945年夏考取研究生的，同榜录取的还有王季星、公方苓、李毓芙等。"① 以及胡小石《读书日程录》所记，1945年9月入学的第二届研究生为刘溶池、王季星（继兴）、公方苓、李毓芙、郭银田，随后入学的有濮之珍、徐家婷等②，可知王季星或名王继兴，1945年9月考取南京中央大学文学研究所研究生。1949年新中国成立以后，或入吉林东北人民大学任教。王季星擅长古代学术研究，先后发表《方言之学起于〈穀梁〉》③《行气玉剑珌铭考释》④《批判胡适文学史"著作"中的形式主义和庸俗进化论》⑤《贾谊和他的作品》⑥《评高亨先生对"陈风""月出"篇的新解——兼谈研究"诗经"的态度和方法》⑦ 等。

2.《方言之学起于〈穀梁〉》略论

我们在第一章中探讨了《穀梁传》诠释《春秋》的内容，其中关于"重辞"、"轻辞"、"急辞"、"缓辞"、"遂辞"等就属于语言学范畴。关于方言问题，在第一章第一节"《穀梁传》的诠释内容"中已经分析到"解释方言"内容；也在第六章第三节《穀梁大义述》中，作者柳兴恩就认识到造成"《春秋》异文"总的原因是"此非经旨有殊，或由齐鲁异读，音转而字亦分也"⑧。在柳氏的总结中就有"方言差异"的情况。王季星在前人的基础上，撰写《方言之学起于〈穀梁〉》，所依据者有《穀梁传》三条解说。

一是襄公五年夏仲孙蔑、卫孙林父会吴于善稻。关于"善稻"，《穀梁传》《公羊传》文字同，而《左传》作"善道"，显然三传文字有差异，但《公羊传》《左传》没有解释，而《穀梁传》解释说："吴谓善伊，谓稻缓，号从中国，名从主人。"范宁集解："夷狄所号地形及物类，

---

① 郭维森：《学苑奇峰：文史学家胡小石》，南京大学出版社2000年版。
② 沈卫威：《大学之大》，人民文学出版社2007年版。
③ 王季星：《方言之学起于〈穀梁〉》，《中央日报》1948年11月13日。
④ 王季星：《行气玉剑珌铭考释》，《学原》1948年第二卷第3期。
⑤ 王季星：《批判胡适文学史"著作"中的形式主义和庸俗进化论》，《东北人民大学人文社会科学学报》1956年第1期。
⑥ 王季星：《贾谊和他的作品》，《东北人民大学人文社会科学学报》1956年第4期。
⑦ 王季星：《评高亨先生对"陈风""月出"篇的新解——兼谈研究"诗经"的态度和方法》，《文史哲》1957年第3期。
⑧ （清）柳兴恩：《穀梁大义述叙例》，载《穀梁大义述》卷首。

第八章 返本开新：民国时期的穀梁学史

当从中国，言之以教殊俗，故不言'伊缓'，而言'善稻'，人名当从其本俗言。"王季星认为"善稻"之地，按吴地方言发音就是"伊缓"，因此"善稻"、"伊缓"之别，"此足见南北方音之异"①。他进一步从音韵学来分析，按"善"音今入"审"母，"伊"音今入"疑"母，"此太古南北声纽之差"，以及"舌头音多有入喉音者"，因此，王季星依据上古声纽转变理论，肯定"《穀梁》此例，实开千古未发之秘"。他又认为《公羊传》《穀梁传》与《左传》经文差异，是"齐鲁方言之异"。

二是昭公元年六月晋荀吴帅师败狄于太原。关于"太原"，《穀梁传》为"太原"、《公羊传》作"大原"，而《左传》作"大卤"，三《传》文字各异。原因在于，《公羊传》解说："此大卤也，曷为谓之大原？地物从中国，邑人名从主人。"《穀梁传》与此略异："中国曰太原，夷狄曰大卤。号从中国，名从主人。"王季星认为"太（大）原"与"大卤"当"亦如夷夏用语之异"。从音韵学来分析，按"古舌音入喉音"之例，"卤"为舌头音，当读如"武"，"原"当读如"桓"，因为二者"声母甚近"。

三是昭公二十年秋，盗杀卫侯之兄辄。"辄"，《穀梁传》《公羊传》同，而《左传》作"絷"。"辄"，《公羊传》解作"恶疾"，所指身体何部位之疾不明；"絷"，《左传》虽然直接无解，但我们从昭公七年八月戊辰卫侯恶卒的《左传》"孟絷之足不良，能行"一语中，可知"絷"即腿部疾病。与《公羊传》《左传》的解释相比，《穀梁传》的解释就更胜一筹："辄者，何也？曰：两足不能相过，齐谓之綦，楚谓之踂，卫谓之辄。"对于字形、读音的不同，王季星有更详细的分疏："鲁曰'絷'，盖取其义；卫曰'辄'，则取其声也。此又可征《左氏》与二家经说之不同，此盖亦所谓'名从主人'之义也。"

王季星从以上《春秋》三传文字差异中，认识到有南北方音之异、齐鲁方言之异、夷夏用语之异等原因，《穀梁传》的解释符合"上古声纽转变"理论，所以"方言之学，实可谓起于《穀梁》也"②，充分肯定《穀梁传》在方言研究中的开创之功。

---

① 王季星：《方言之学起于〈穀梁〉》，《中央日报》1948 年 11 月 13 日。
② 同上。

结　语

本书从两千年时段考察了从《春秋》产生到《穀梁传》解释《春秋》以来至清代、民国初年的历史演进轨迹，又以诠释学、历史学、思想史、历史文献学多重视角剖析了历代春秋穀梁学的多样性图景。综上论述，我们可初步得到如下认识。

一　善释《春秋》，曲折演变：春秋穀梁学研究的特点

（一）善释《春秋》，会通三《传》

1. "《穀梁》善于经"

《穀梁传》通过口说流传，最后在汉代成为定本，成为现存的《春秋》三传之一。《春秋》三传，特别是"《公》《穀》二家，同本口授，则其源同，退而异言，则其流异"①，正如《韩非子》所言孔、墨后学之分离，"取舍相反不同，而皆自谓真，孔、墨不可复生，将谁使定世之学乎？"②两汉时期，穀梁学者与左传学者、公羊学者之间，围绕博士官学的设立、今古文经学家法、儒学与谶纬、解经的长短，或争于朝堂③，或移书责让于博士④。或论辩于著述，东汉何休以《公羊墨守》《穀梁废疾》《左氏膏肓》衡平三传优长，其左袒《公羊传》立场，导致郑玄以发《墨守》，起《废疾》，针《膏肓》予以"同室操戈"，实际上真正能

---

① 李源澄：《公羊、穀梁微序例》，《国风》1933 年第 3 卷第 8 期。
② （战国）《韩非子》卷十九《显学》。
③ 《汉书》卷八十八《儒林传》载：汉武帝时穀梁学江公败于公羊学董仲舒、穀梁学荣广数困公羊学大师眭孟。汉宣帝时穀梁学蔡千秋与公羊学家并说经义、甘露年间石渠阁会议论五经异同而穀梁立博士。东汉章帝建初四年（79）白虎观会议论五经异同。
④ 《汉书》卷八十八《儒林传·房凤传》载，汉哀帝时围绕《左传》立博士，穀梁学者侍中房凤与刘歆等共移书责让太常博士，房凤被外贬九江太守。

结　语

平衡《春秋》三传的是郑玄在《六艺论》中所论定的"《左氏》善于礼，《公羊》善于谶，《穀梁》善于经"。

《穀梁传》为何能善于解释《春秋》？由于"《穀梁》晚出于汉，因得监省《左氏》《公羊》之违畔而正之，其精深远大者，真得子夏之所传"①。因此，不取《公羊传》"非常异义可怪之论"，更多重视于孔子的"扶纲常，植人极"的《春秋》大法②。其解释《穀梁传》重视"尊王道"、"攘夷狄"、"爱民"、"尊尊亲亲"、"善战"、"谨时地"、"通变"等宗旨，通过阐释《春秋》经义、解释礼制、总结义例、详述史实、训诂字词、解释虚词、文本校勘、处理争议等诠释内容，其特点不仅语言清新婉约、义理精深纯正。后世学者纷纷赞誉，东晋荀崧赞誉"其书文清义约，诸所发明，或《左氏》《公羊》所不载，亦足有所订正"③，范宁以"《穀梁》清而婉"④加以肯定，唐代陆淳也认为《春秋》二传"断义即不如《穀梁》之精"⑤，宋代晁公武也高度推重"义莫精于《穀梁》"⑥，因此，《穀梁传》在《春秋》三传义理诠释中居于擅场的地位。

2.《穀梁》学诠释传统的形成

两千年对《穀梁传》注解、义疏、诠释和研究的过程中，历代学者前后相承，又有新的发挥，逐渐丰富和发展《穀梁传》学的诠释原则与方法。这些原则和方法，既有我们在前面所论及中西古今学者的经学解释与哲学诠释学方法，也有自己学派的特色：

（1）《穀梁传》的诠释原则与方法

"会通三《传》"是穀梁学派诠释《春秋》及《穀梁传》的核心原则，使得《穀梁传》解释《春秋》比较公允，较少拘守门户。其后学范宁集解《穀梁传》亦坚持这一原则，他不仅对《春秋》三传的长短进行公正评价："《左氏》艳而富，其失也巫；《穀梁》清而婉，其失也短；《公羊》辩而裁，其失也俗。若能富而不巫，清而不短，裁而不俗，则深于其道者也。"他看到了《春秋》三传的优缺点，主张解释《春秋》要

---

① （宋）晁说之：《嵩山文集》卷十二《三传说》。
② （元）家铉翁：《春秋详说·纲领·评三传上》。
③ 《晋书》卷七十五《荀崧传》。
④ （晋）范宁：《春秋穀梁传序》，载《春秋穀梁传注疏》卷首。
⑤ （唐）陆淳：《春秋集传纂例》卷一《重修集传义》。
⑥ （宋）王应麟：《困学纪闻》卷六《左氏传》。

"弃其所滞，择善而从"，所以《春秋穀梁传集解》得到后世学者的认可，宋代黄震认为："杜预注《左氏》独主《左氏》，何休注《公羊》独主《公羊》，惟范宁不私于《穀梁》，而公言三家之失。"① 王应麟也说："盖杜预屈经以申《传》，何休引纬以汨《经》，唯（范）甯之学最善。"② 其后，清代廖平、民国柯劭忞等穀梁学者都坚持这一学术传统。

同时，我们还注意到《穀梁传》在解释《春秋》时在突出"善于经（《春秋》）"③、"会通三《传》"这两个大的特点之外，还特别强调如下诠释原则。

第一，对《春秋》经文及其史实采取"信以传信，疑以传疑"④ 的实录精神，坚持实事求是的原则；第二，《春秋》人与事以"正"与"不正、非正"⑤ 为标准，作为褒贬意义判定的原则；第三，主张"称时、称月、称日、称地，谨之也"⑥，解释《春秋》重视时空条件的原则；第四，善于揭示和阐释"《春秋》之义"⑦ 的原则；第五，通过"正名"⑧、"尽辞"⑨，诠解文字，揭示书法的训诂原则；第六，《春秋》言三十四战⑩、合计衣裳兵车之会十五⑪，有《春秋》有临天下之言焉，有

---

① （宋）黄震：《黄氏日抄》卷三十一《读春秋穀梁传》。
② （宋）王应麟：《困学纪闻》卷七《穀梁》。
③ （唐）杨士勋《春秋穀梁传序》疏引郑玄《六艺论》称："《左氏》善于礼，《公羊》善于谶，《穀梁》善于经。"
④ 《春秋穀梁传注疏》卷三，桓公五年正月甲戌、己丑"陈侯鲍卒"传。另卷五，庄公七年四月辛卯"昔，恒星不见，夜中星陨如雨"传又作"《春秋》著以传著，疑以传疑"。
⑤ 《穀梁传》解说中有"正"108次，"不正"46次，"非正"52次，因此"正"、"不正、非正"大体相当。
⑥ 《春秋穀梁传注疏》卷十七，昭公十一年四月丁巳"楚子虔诱蔡侯般，杀之于申"传。
⑦ 《穀梁传》中称"《春秋》"19次，其中总结和宣扬《春秋》之义6次。
⑧ 《春秋穀梁传注疏》卷九，僖公十九年冬"梁亡"传有"梁亡，郑弃其师，我无加损焉，正名而已矣！"
⑨ 《春秋穀梁传注疏》卷八，僖公十六年正月"是月，六鹢退飞，过宋都"传载孔子之言"君子之于物，无所苟而已。石、鹢且犹尽其辞，而况于人乎！故五石六鹢之辞不设，则王道不亢矣！"
⑩ 《春秋穀梁传注疏》卷九，僖公二十二年十一月己巳朔"宋公及楚人战于泓，宋师败绩"传：《春秋》三十有四战，未有以尊败乎卑、以师败乎人者也"。
⑪ 《春秋穀梁传注疏》卷六，庄公二十七年六月"公会齐侯、宋公、陈侯、郑伯，同盟于幽"传"衣裳之会十有一，未尝有歃血之盟也，信厚也。兵车之会四，未尝有大战也，爱民也。"

结　语

临一国之言焉，有临一家之言焉"①，体现"通观《穀梁传》全书以解经"的原则。

（2）后世《穀梁传》学著作的诠释原则与方法

第一，范宁、杨士勋《春秋穀梁传注疏》的诠释原则。范宁在《春秋穀梁传序》中提出两个原则：其一，"会通《春秋》三传"择善而从"据理以通经"的原则；其二，总结"名例"，陈述疑滞，辨诸儒同异的原则。杨士勋对范宁注解提出异议，并不贯彻经学注疏中"疏不破注"②的原则。

第二，钟文烝《春秋穀梁经传补注》的诠释原则。清代中期学者钟文烝治《穀梁传》二十年，"乃知《（穀梁）传》之于《（春秋）经》实有如杜（预）所云'错综尽变'者"③，将"错综尽变"作为其补注《春秋穀梁》经传的重要原则，具体为"条贯前后，罗陈异同。典礼有征，训诂从朔。辞或旁通，事多创获"三条义例④，征引广博，记姓名者三百余家，使得《春秋穀梁经传补注》资料扎实，诠释透彻，在历代《穀梁传》的诠释作品中显得体大思精。

第三，廖平《穀梁经传古义疏》的诠释原则。晚清民国学者鉴于前人注疏《穀梁传》之不足，用心十余年，十易其稿，撰成《穀梁春秋经传古义疏》，制定"首纂遗说，间就传例，推比解之"三大诠释原则，具体表现为：第一，为阐明古义，以先师解说为本，并推原礼制，尤重《王制》；第二，厘清全经大义，属词比事，加以条贯；第三，旁及《春秋》三传异同，通过"会通三《传》"来辩驳何休、郑玄《穀梁废疾》的偏颇以及纠正范宁《春秋穀梁传集解》之不足。

第四，柯劭忞《穀梁传注》的诠释原则。晚清民国学者柯劭忞注解《穀梁传》的原则是：第一，继承刘向、郑玄解释《穀梁传》的遗文坠义并加以扩展；第二，以九旨（时、月、日、天王、天子、王、讥、贬、绝）为全书纲领，复取《穀梁传》之文，将《春秋》三传旁参互证以通

---

① 《春秋穀梁传注疏》卷二十，哀公七年八月己酉"入邾，以邾子益来"传。
② （清）桂文灿：《经学博采录》卷三，安徽学者吕鹏飞批评"唐人作疏，惟知'疏不破注'，纰谬相仍，后之学者茫无主适"。
③ （清）钟文烝：《论传》，载《春秋穀梁经传补注》卷首。
④ （清）钟文烝：《序》，载《春秋穀梁经传补注》卷首。

解《穀梁传》之未备,这样"《穀梁》一家之学,得其门而入乎?"①

因此,从《穀梁传》经范宁《春秋穀梁传集解》与杨士勋《春秋穀梁传疏》,再历经钟文烝《春秋穀梁经传补注》、廖平《穀梁经传古义疏》和柯劭忞的《穀梁传注》,形成了层累性的诠释传统,使《穀梁传》学的诠释原则和方法丰富多样,体现了《穀梁传》经学的生命力。

(二) 跨越古今,曲折演变

从两千多年穀梁学诠释和研究来看,由于产生于口说流传的经意失真②,以及历代统治者的政治选择和学术偏好不同,故《穀梁传》的政治命运及其传授源流充满较多的争议。在西汉初期,传授《穀梁传》的江公与《公羊传》大师董仲舒为争博士学官较短长,其失利虽源于"讷口",以《公羊传》由"白衣为天子三公"的丞相公孙弘对董仲舒的奥援也是重要因素。汉宣帝时期因其祖父"戾太子"好《穀梁传》,招引刘向等十余名学者讲习《穀梁传》长达十年之久,在作好充分的学术阐释和理论积累之后,在甘露年间的石渠阁会议"论五经异同"而由于《穀梁传》处于论辩上风成为官学博士,由是"穀梁学大兴",因此,穀梁学在西汉时期的由衰微而兴盛的变化其背后的政治因素值得重视。东汉建立以后,《穀梁传》不立博士。汉章帝时,虽选拔学者修习《穀梁传》,选举学有所成者为郎,但不为《穀梁传》立学官,因此东汉时期《穀梁传》一直处于私学不兴的地位,由于没有官方支持,朝廷征召精通《穀梁传》的学者无人响应。

魏晋南北朝时期天下分离,一者以梁武帝为代表的最高统治者重视经学,并率先垂范撰写经学注疏,对学者们重视经学注疏有引领作用;二者官方对学术的控驭没有两汉时紧张,故学风自由,学者可以突破《春秋》经传与学者的权威,撰写新注新疏;三者天下纷争,学者报国无门,多优游林下,致力于藏诸名山的学术事业,这推动了以注疏为特色的经学繁荣,"夫南北诸儒,既同重讲经,故诸经义疏,于时为盛"③。

---

① 柯劭忞:《春秋穀梁传注序》,载《春秋穀梁传注》卷首。
② 《汉书》卷三十《艺文志》载,孔子作《春秋》,"有所褒讳贬损,不可书见,口授弟子,弟子退而异言",造成"弟子各安其意,以失其真"的情况,七十子之后,"及末世口说流行,故有《公羊》、《穀梁》、《邹》、《夹》之《传》"。
③ 包鹭宾:《经学通义初稿》第五章第五节"义疏学之创始"。

结　语

《穀梁传》的注疏在此时也达到极度兴盛，著述达到数十种之多。

至唐代，由于统治者组织编写《五经正义》，《穀梁传》也有杨士勋编写的义疏，我们也应该认识到范《注》杨《疏》对文献有一定保存之功，但自唐政府组织颁定的《五经正义》，以官方的政治权威宣布所定经书的正统性以后，其他各家注、疏就自然失传了。正如刘师培《国学发微》指出："《正义》之学，乃专守一家举一废百之学也"，"故自有《正义》而后六朝之经以失传，且不惟六朝之说废，即古学之存于六朝旧疏者，亦随之而竟泯！况《正义》之书，颁之天下，凡试明经，悉衷《正义》，是《正义》所折衷者，仅一家之注；而士民之所折衷者，又仅一家之疏。故学术定于一尊，使说经之儒不复发挥新义，眯天下之目，锢天下之聪"[1]。这也就宣告《穀梁传》专门之学的结束。特别是唐代中期啖助、陆淳、赵匡等人开创"《春秋》三传束高阁，犹抱遗经（《春秋》）究终始"新的《春秋》学治学方法，甚至到了宋元明时期学者们不仅"以意说经"，六经注我，甚至疑经惑传，对包括《穀梁传》在内的《春秋》三传提出质疑，这种学风一直到清代才发生转变。

清人治学，气象万千，正如梁启超在《中国近三百年学术史》所举：包括经书的笺释、史料之搜补鉴别、辨伪书、辑佚书、校勘、文字训诂、音韵、算学、地理、金石、方志之编纂、类书之编纂、丛书之校刻，"以上所列十三项，不过举其大概，分类并不精确，且亦不能包举无遗，但乾嘉诸老的工作，可以略窥一斑了。"[2] 梁氏这段话，是从清代学术总体来说的。以《春秋》三传之学来观察，"清代《春秋》学著作也极丰富，出现了一批体裁各异、研究方向也不尽相同的好著作。"[3]

推至春秋穀梁学，清代学者从注疏、义理、校勘辑佚三个主要维度对《春秋穀梁传》进行了研究：

钟文烝《春秋穀梁经传补注》、廖平《穀梁古义疏》回归汉唐的新注新疏，各具特色。钟文烝历时二十余年，用力甚勤，讨论百家之解，稽合四部之言，记姓名者达三百余人[4]，"存豫章（范宁郡望）之元文，撷

---

[1] 刘师培：《国学发微》，宁武南氏校印本，第37页。
[2] 梁启超：《中国近三百年学术史》三《清代学术变迁与政治的影响》（中），第117页。
[3] 骈宇骞、郝淑慧撰：《春秋穀梁经传补注》"点校前言"，中华书局1996年版，第10页。
[4] 《范氏元序》钟文烝注语，载钟文烝《春秋穀梁经传补注》卷首。

助教之要义。繁称广引，起例发凡，敷畅简言，宣扬幽理。条贯前后，罗陈异同。典礼有征，训诂从朔。辞或旁涉，事多创通"①。可以说在清代所有《穀梁传》注疏中注释最精详。廖平《穀梁古义疏》融涉内外之学，春秋穀梁学著述达三十七种，气势庞大。初辨今古文之学，坚持今文经学门户，注引文献非唐以前不征，在复古的道路上比同时代学者走得更坚实。

许桂林《春秋穀梁传时月日书法释例》、柳兴恩《穀梁大义述》、侯康《穀梁礼证》、王闿运《穀梁申义》、江慎中《春秋穀梁传条例》《春秋穀梁传条指》，或归纳条例，或言礼制，或推衍义理。以上著作对穀梁义理义例方面有所创发，"足见专家之学"②。

齐召南《春秋穀梁传注疏考证》、王引之父子《经义述闻》、阮元《春秋穀梁传注疏校勘记》，或考证得失，或辨析音韵训诂，或校勘文字。马国翰、王仁俊《玉函山房辑佚书》正续编以及黄奭、王谟等学者更从辑佚春秋穀梁学佚文着力。

从上可见，清代学者治学路径这种多样性，是前代难以见到的。这与清代学术特征由"汉宋兼采"、到专门汉学直至西汉今文经学的复兴的总体演变相契合，终于使春秋穀梁学在清代绽放出各色花朵。

在清代前中期，治春秋穀梁学的学者以及成就较少，特别是专家之学更为稀少，而清代后期春秋穀梁学的成绩突出，正如梁启超《中国近三百年学术史》所说："穀梁学自昔号称孤微，清中叶以后稍振。"③ 以阮元《皇清经解》编纂为时间界标来考察，可明显看出前后两个时段学术成就的时代差异性。前中期春秋穀梁学研究的偏冷局面，与后期振兴局面之间反差强烈，这是由于多方面的原因造成的：

其一，清代前中期学者们对春秋穀梁学的研究关注较少④，这与唐代中期以来"《春秋》三传束高阁，独抱遗经究终始"有关。这产生了两个结果：一是春秋学可以脱离三《传》而独立发展，学者们疑经驳传，表

---

① （清）钟文烝：《春秋穀梁经传补注序》，载《春秋穀梁经传补注》卷首。
② 胡玉缙：《许庼经籍题跋》经部之一，《〈春秋穀梁传时月日书法释例〉书后》。
③ 梁启超：《中国近三百年学术史》十三《清代学者整理旧学之总成绩》，第315页。
④ （清）阮元《穀梁大义述叙》："世之治经者，多治《左氏》《公羊》，于《穀梁》慢之。"载柳兴恩《穀梁大义述》卷首。

明包括穀梁学在内的春秋学丧失权威，《穀梁传》三传未受到应有的尊重；二是宋元明时期的学者们"自我作诂"，纷纷为《春秋》作传。特别是《春秋》胡安国传、张洽注被元明统治者作为科举考试的《春秋》科目定本，《穀梁传》等《春秋》三传的研习被视为笑谈，以至于积重难返。所以，清初有学者出来大声呼吁研治春秋穀梁学。

其二，清代前中期，学术总的趋势是从汉宋兼采之学向纯粹汉学转化，汉学之最大特色崇尚"征实"之学，于地舆天算、史书诸子、典章名物之一言一事，博极群书，必求其征，"征实之学，盖至是而达于极端矣"。然经学的研究并未达至极盛。嘉、道以后，在主持"学术风会"的阮元等人号召下，学者们积极投身于穀梁学研究。春秋穀梁学的研究多途发展，笃信古训者，守古人之言而作新注新疏；精校雠者，鸠集众本，互相校核而作校勘著述；善辑佚者，旁搜博采，碎璧断圭，补苴成卷；亦有学者博览广稽，考订辨证一字一言，对春秋穀梁学均有所贡献。特别是道、咸以下，学者们理西汉之绝学，复五经博士之绪论，今文经学之兴，"南方学者，闻风而起"①。属于今文经学阵营的春秋穀梁学得此兴会而得以繁盛。加之，一个朝代学术的发展，需要前后各时期学者赓续不断的积累。我们从前面章节的研究可知，春秋穀梁学者信奉"学如集薪，后来居上"的原则，钟文烝、廖平、江慎中等学者均发表了对既有的春秋穀梁学研究成果不满的言论，所以他们才能在前人成果的基础上创造出新成就。

因此，清代前中期的春秋穀梁学处于恢复发展阶段，清代后期的春秋穀梁学则处于"熟落"阶段。从研治穀梁学学者的数目，完成著作的数量，以及学术成果的价值来说，晚清的春秋穀梁学成就均处于两千年来春秋穀梁学的高峰，因此学术成就具有晚熟性从而使清代春秋穀梁学具有与其他经学不同的特点。

民国学者在保留传统的同时，继续注解和笺注《穀梁传》，出现了柯劭忞的《春秋穀梁传注》和徐震的《穀梁笺记》，能够吸收前人的注解经验而有所突破。同时，也在新的学术方法指导下，蒋元庆、杜钢百、张西堂、戴增元、李源澄等学者对《穀梁传》的产生、作者、源流、经今

---

① 刘师培：《近代汉学变迁论》，载《国粹学报》1907年第三卷第6期。

古文、版本、治学方法等等问题进行全面梳理和研究，通过"大胆假设"，重视提出问题，又"小心求证"，依靠史料证据解决问题，特别强调历史主义方法，其学术理路已经由传统的经学向现代的经学史演变。从学术的视野来说，正如有学者所言，经学已走进历史，而经学史的研究已经开始[①]。

我们从民国学者邵瑞彭（1887—1937，字次公，任教于北京大学、河南大学国文系）所撰《穀梁札记题辞》可见清代至民国穀梁学研究的概况：

> 近世公羊之学大昌，治《穀梁》者，亦比肩而起。凡所造述，可区六类。一曰注疏，则有邵晋涵《穀梁古注》、洪亮吉《公穀古义》、钟文烝《穀梁补注》、梅植之《穀梁注疏》、马宗琏《穀梁传疏证》、廖平《穀梁古义疏》、柯劭忞《穀梁传注》，之等。二曰释例，则有许桂林《穀梁释例》、柳兴宗《穀梁大义述》、江慎中《穀梁条例》（《国粹学报》仅载《条指》），之等。三曰专说，则有刘逢禄《废疾申何》、侯康《穀梁礼证》、康有为《穀梁刘氏学》、皮锡瑞《起废疾疏证》、廖平《起起废疾》《释范》，之等。四曰条记，则有姚鼐《穀梁补注》、王闿运《穀梁申义》，之等。五曰训故，则有王引之《经义述闻》、俞樾《群经评议》，之等。六曰考异。则有赵坦《三传异文笺》、钱塘《三传释疑》、李富孙《三传异文释》、朱骏声《三家异文核》，之等。
>
> 至若乾嘉以来，宿儒髦士，著述之中，关涉《穀梁》者，犹未易遍数，以愚所知，则精深博大，自汉以来，未有若廖翁（平）者也。又闻光绪间，郑氏东甫（杲），覃精《穀梁》，致力甚邃，遗编尚存，惜未获见，柯翁（劭忞）书中，偶引其说，零玑断璧，不成为宝。……近日，老友中孚居士，持菏泽李氏《穀梁札记》见示。其书用札记体，阐发《传》义，时有名言，圆通无碍，又非姚（鼐）、王（闿运）诸家所逮。窃谓近五十年来，穀梁之学，实有南

[①] 李学勤：《国学的主流是儒学，儒学的核心是经学》，《中华读书报》2010年11期，文中引用"周予同先生曾提出一个著名论断：'经学时代已经结束了，可是经学史的研究才刚刚开始。'"

北二宗：井研（廖平），南学也；郑（杲）柯（邵恣）李三君，北学也。比之《公羊》，南学颜氏《春秋》，北学严氏《春秋》也。李君往往用《左》义说《穀梁》，犹严氏用《左》义证《公羊》也。①

邵瑞彭将清代民国穀梁学著述分为六类，又将研治穀梁学学者分南、北二学，诚为有见。

二 扶微补绝，三传同辉：春秋穀梁学历史地位

（一）扶微补绝，返本开新

近代章炳麟有一关于《穀梁传》学术史地位的论断："《春秋》三传，《穀梁》最微。桐乡之钟、丹徒之柳、番禺之侯（尚有江都梅蕴生，其书未见），皆具扶微补绝之心"②，这不仅言及清代学者，而应该是历代《穀梁传》学者以"为往圣继绝学"的学术担当，延续了《穀梁传》学脉的不间断。所以，从两汉到清代民初，穀梁学经过汉初浸微—汉宣大兴—东汉微绝—魏晋义疏学盛—唐代独尊范注杨疏—宋元明疑经惑传—清代汉学复兴—民国返本开新的发展历程。虽然与《春秋》的其他两个传相较，《左传》以史实证经、《公羊传》宣扬"张三世"的时代变革要求，均受到历代学者的重视，但《穀梁传》整体上因受人较少关注而屡屡呈现出需要重建《穀梁传》学统的学术局面，但历代学者为此作出了不可磨灭的学术贡献。

从受学孔子之门的子贡传《春秋》，到穀梁氏先师们不竭解说，眼观天下、不闭门户，揭"《春秋》之义"，经荀卿、申培至江公的一线相传，终于迎来西汉经学解说的兴盛、官学地位的确立、"尹、胡、申章、房氏之学"师法的形成，东汉郑玄的《起废疾》恢复《穀梁传》的学术正宗地位，从而掀起魏晋南北朝注疏《穀梁传》的高潮。范宁集解《穀梁传》，汇总诸家解说而超胜之，唐代杨士勋的《春秋穀梁传疏》"分肌擘

---

① 次公（邵瑞彭）：《穀梁札记题辞》，《河南民国日报副刊·国学周刊》1933年第12期。
② 章炳麟：《与支伟成论清代学术书》，载傅杰编校《章太炎学术史论集》，中国社会科学出版社1999年版，第339页。

理，为《穀梁》学者未有能过之者也"①。此后，经历唐代中后期至宋元明《穀梁传》学术发展史的衰落低潮期。

清代经学研究，跨唐蹑汉，"有证注疏之疏失者，有发注疏之所未发者，亦有与古今人各执一说以待后人折衷者"②。当代学者也认为"如果我们把两汉看作是《春秋》学研究的奠基时期的话，那么清代则是《春秋》学研究的总结时期。有清一代的经学家们在对《春秋》文字的训释和名物制度的考证方面大大超越了以前各代，取得了重要成果"③。诚如材料所言，清人以经典注疏为发覆，学者研究春秋穀梁学所采取的则是一种所谓"文献的研究途径"（documentary approach）④。其一，在返回汉唐章句注疏这一治经的根本方法上，钟文烝《春秋穀梁经传补注》、廖平《穀梁古义疏》以资料的丰富性超越《穀梁传》范《注》杨《疏》，而阮元、马国翰等学者的考校辑佚成就，使春秋穀梁学从此复振。其二，"由词以通其道"⑤，在春秋穀梁学传统语脉中，学者对穀梁学义理的诠释更能驾乎前代之上。正如当代学者所言：

> 对于经典之"再"诠释，其过程及结果，可能由于是"再"的动作，愈往后，可以利用的资源较多，对于经典的外部细节，如文字、声韵或训诂，甚至版本及作者的校勘，较前人可精确理解；更主要的是，由于前述对于经典的"完美性"之预设，在"再"诠释的时候，便可以针对以前所有的诠释进行选择及批判，以达到作者此项动作的目的。换言之，经典之"再"诠释，要比其之前的所有诠释者，有更大的空间及参考资源。……吾人在这些经典的再诠释中，对于被诠释对象之一些技术性细节，可能更了解，对当时的知识更丰富，但同时也会对诠释者的本身处境及内心困局有进一步的

---

① （清）阮元：《十三经注疏校勘记序（十三篇）》之《春秋穀梁传注疏校勘记序》，《揅经室集》一集卷十一。
② （清）阮元：《清经解序》，载《清经解》卷首。
③ 骈宇骞、郝淑慧撰：《春秋穀梁经传补注》"点校前言"，第10页。
④ 黄俊杰：《中国孟学诠释史论》第二章《孟学诠释史中的一般方法论问题》，社会科学文献出版社2004年版，第85页。
⑤ （清）戴震：《戴震集》卷九《与是仲明论学书》。

理解。①

清代学者诠释春秋穀梁学，或是"肯定的诠释学"，或是"否定的诠释学"，或"言内之意"，或"言外之意"，或"言后之意"等，均能得解决前人的阙疑。特别是江慎中《春秋穀梁传条指》会通中西，以西学之学术资源嫁接中学，对春秋穀梁学的义理作出新的诠释，使传统的春秋穀梁学开出新局，推动了春秋穀梁学的研究。

(二) 延续学统，三传同辉

按照前代学者的主张，从《穀梁传》的子夏—穀梁赤—荀子—申公—江公—荣广—蔡千秋至汉宣帝"大兴"下来的穀梁学学术统系，到东汉而衰歇。魏晋时期的范宁率领亲朋集解《穀梁传》，唐杨士勋注疏《穀梁传》，成为唯一的传递穀梁学的经典。因此，自宋元明春秋穀梁学已经属于"孤经绝学"，诚如章炳麟《訄书·清儒》所言："穀梁氏淡泊鲜味，治之者稀。"不少清代春秋穀梁学学者有见及此，抱持"扶微补绝"之心。当时学者纷纷表达以重建春秋穀梁学学统为己任。道光年间，阮元主持编刻《皇清经解》，"《公羊》《左氏》俱有专家，而《穀梁》缺焉"，因此，柳兴恩"蒙故发愤卒业，于此并思为《穀梁》集大成"②，撰成《穀梁大义述》。此期学者曹金籀以《穀梁传》自汉以来"二千余年未有发明之者，闭户覃思，欲著《穀梁春秋释例》、《穀梁春秋传微》各若干卷，发其由枿，寻其坠绪，以扶千古之绝学"③。咸、同时期学者钟文烝认为"《穀梁》家学已微甚，私窃慭叹，专力成书，会萃见闻，折衷一是"④。于是，历时二十四年撰作《春秋穀梁经传补注》。光绪年间，廖平在寻绎春秋穀梁学的历史脉络中，感受到了自己继承传统的责任：

> 《穀梁》显于宣、元之间，不及一世。东汉以来，名家遂绝，旧说

---

① 古伟瀛：《顾炎武对〈春秋〉及〈左传〉的诠释》，载《台大历史学报》2001年第12期。
② （清）柳兴恩：《穀梁大义述叙例》，载《穀梁大义述》卷首，清经解续编本。
③ （清）桂文灿：《经学博采录》卷六《曹葛民》，华东师范大学出版社2010年版。
④ （清）沈善登：《穀梁补注书后》，载《清儒学案》卷一百八十一《子勤学案·沈先生善登》。

虽存，更无诵习。范氏觇其阐弱，希幸窃据，依附何杜，滥入子姓，既非专门之学，且以攻《传》为能，末学肤受，喜便诵记，立在学官，历世千载。原夫素王撰述，鲁学独专，俗义晚张，旧解全佚。①

所以，从光绪七年（1881）起，廖平"痛微言之久陨，伤绝学之不竞"，发愤继往圣之绝学，十易其稿，撰成《春秋穀梁古义疏》。同期学者江慎中也认为"啖赵以后，竞为凿空之学，历宋元明，此《经》（引者注：即《穀梁传》）遂成绝绪"②。以上学者所论，均表明他们意欲承担起复兴春秋穀梁学的重任。

对清代《春秋》三传之学，梁启超认为"综校清代春秋学之成绩，《左》、《穀》皆微微不足道。（刘氏《左传正义》若成，则《左氏》重矣。）惟《公羊》极优良，诸经除《仪礼》外，便算他了。今文学运动以公羊为中心，开出晚清思想界之革命，所关尤重"③。这是从政治影响来说，但从学术角度而论，梁氏所言并非平允之论。三《传》之学，于注疏，《左传》有洪亮吉《春秋左传诂》、刘文淇《左传旧注疏证》，《公羊传》有孔广森《春秋公羊通义》、陈立《公羊义疏》，而《穀梁传》有钟文烝《春秋穀梁经传补注》、廖平《穀梁古义疏》之撰作；于礼证，《左传》有张其淦《左传礼说》，《公羊传》有陈奂《公羊逸礼考征》、凌曙《公羊礼说》，而《穀梁传》有侯康《穀梁礼证》；于义例，《左传》有臧寿恭《左传古义》，《公羊传》有刘逢禄《公羊何氏释例》，而《穀梁传》有许桂林《春秋穀梁传时月日书法释例》、柳兴恩《穀梁大义述》、江慎中《春秋穀梁传条例》之作，等等。民国学者柯劭忞、徐震、蒋元庆、杜钢百、张西堂、戴增元、李源澄等学者，注解和研究穀梁学，撰写若干有学术水平的论述。事实说明，历代春秋穀梁学改变了"孤经绝学"的衰微局面，得以与左传学、公羊学并驾齐驱，同放光辉。

---

① 廖平：《重订穀梁春秋经传古义疏·自叙》，载《重定穀梁春秋经传古义疏》卷首，成都鸿宝书社民国十九年刊印。
② 江慎中：《春秋穀梁传条例叙》，载《国粹学报》1910年第六卷第6期，"绍介遗书"。
③ 梁启超：《中国近三百年学术史》十三《清代学者整理旧学之总成绩》，第315页。

主要参考文献

一 古籍（按四部分类法）

（一）经部

《礼记》，中华书局1980年影印阮元校刻《十三经注疏》本。
《周礼》，中华书局1980年影印阮元校刻《十三经注疏》本。
《仪礼》，中华书局1980年影印阮元校刻《十三经注疏》本。
《尚书》，中华书局1980年影印阮元校刻《十三经注疏》本。
《诗经》，中华书局1980年影印阮元校刻《十三经注疏》本。
《孟子》，中华书局1980年影印阮元校刻《十三经注疏》本。
《尔雅》，中华书局1980年影印阮元校刻《十三经注疏》本。
（汉）董仲舒：《春秋繁露》，上海古籍出版社1989年版。
（汉）尹更始：《春秋穀梁传章句》，玉函山房辑佚本。
（汉）刘向：《春秋穀梁传说》，玉函山房辑佚本。
（汉）刘向：《春秋穀梁刘更生义》，玉函山房辑佚续编本。
（汉）段肃：《春秋穀梁段氏注》，玉函山房辑佚续编本。
（汉）何休：《穀梁废疾》，四库全书本。
（汉）郑玄：《释穀梁废疾》（又名《起废疾》），通德堂经解本。
（汉）郑玄：《六艺论》，丛书集成初编本。
（汉）何休注，（唐）徐彦疏：《春秋公羊传注疏》，中华书局1980年影印阮元校刻《十三经注疏》本。
（晋）杜预注，（唐）孔颖达等正义：《春秋左传正义》，中华书局1980年影印阮元校刻《十三经注疏》本。
（晋）范宁集解，（唐）杨士勋疏：《春秋穀梁传注疏》，中华书局

1980 年影印阮元校刻《十三经注疏》本。

  （魏）麋信：《春秋榖梁传注》，汉学堂经解本。

  （魏）麋信：《榖梁传注》，汉魏遗书钞本。

  （魏）麋信：《春秋榖梁传麋氏注》，玉函山房辑佚本。

  （晋）刘兆：《春秋公羊榖梁传解诂》，玉函山房辑佚本。

  （晋）江熙：《春秋公羊榖梁二传评》，玉函山房辑佚本。

  （晋）徐乾：《春秋榖梁传徐氏注》，玉函山房辑佚本。

  （晋）徐邈：《春秋榖梁传注义》《春秋徐氏音》，玉函山房辑佚本。

  （晋）范宁：《答薄叔元问榖梁义》，玉函山房辑佚本。

  （晋）范宁：《榖梁传例》，玉函山房辑佚本。

  （晋）范宁：《榖梁传例》，汉学堂经解本。

  （晋）范宁：《答薄氏驳榖梁义》，汉魏遗书钞本。

  （晋）郑嗣：《春秋榖梁传郑氏说》，玉函山房辑佚本。

  （唐）赵匡：《春秋集传辩疑》，四库全书本。

  （唐）陆淳：《春秋集传纂例》，武英殿聚珍本。

  （宋）孙觉：《春秋经解》，通志堂经解本。

  （宋）刘敞：《春秋权衡》，通志堂经解本。

  （宋）叶梦得：《石林春秋传》，通志堂经解本。

  （宋）叶梦得：《春秋谳》，四库全书本。

  （宋）叶梦得：《春秋考》，武英殿聚珍丛书本。

  （宋）胡安国：《春秋传》，四库全书本。

  （宋）吕大圭：《春秋或问》，通志堂经解本。

  （宋）陈傅良：《止斋先生春秋后传》，通志堂经解本。

  （宋）李明复：《春秋集义》，四库全书本。

  （宋）张洽：《春秋集注》，四库全书本。

  （宋）郑樵：《六经奥论》，四库全书本。

  （元）程端学：《春秋三传辨疑》，四库全书本。

  （元）家铉翁：《春秋详说》，四库全书本。

  （元）程端学：《春秋或问》，四库全书本。

  （元）赵汸：《春秋师说》，通志堂经解本。

  （元）赵汸：《春秋属辞》，通志堂经解本。

（明）童品：《春秋经传辨疑》，四库全书本。

（明）熊过：《春秋明志录》，四库全书本。

（明）杨于庭：《春秋质疑》，四库全书本。

（明）王介之：《春秋四传质》，四库全书本。

（明）邵宝：《简端录》，四库全书本。

（清）张尚瑗：《三传折诸》，四库全书本。

（清）毛奇龄：《春秋毛氏传》，清经解本。

（清）毛奇龄：《春秋简书刊误》，清经解本。

（清）俞汝言：《春秋四传纠正》，四库全书本。

（清）惠栋：《九经古义》，清经解本。

（清）陈立：《公羊义疏》，经解续编本。

（清）余萧客：《古经解钩沉》，四库全书本。

（清）臧琳：《经义杂记》，清经解本。

（清）武亿：《经读考异》，清经解本。

（清）朱武曹：《经传考证》，清经解本。

（清）李惇：《群经识小》，清经解本。

（清）王引之：《经义述闻》，清经解本。

（清）汪中：《经义知新记》，丛书集成初编本。

（清）万斯大：《学春秋随笔》，清经解本。

（清）毛奇龄：《春秋毛氏传》，清经解本。

（清）惠士奇：《春秋学》，清经解本。

（清）齐召南：《春秋穀梁传注疏考证》，清经解本。

（清）翁方纲：《经义考补证》，乾隆刻本。

（清）阮元：《春秋穀梁传校勘记》《春秋穀梁释文校勘记》，清经解本。

（清）许桂林：《春秋穀梁传时月日书法释例》，粤雅堂丛书本。

（清）柳兴恩：《穀梁大义述》，清经解续编本。

（清）柳兴恩：《穀梁大义述》，木犀轩重雕本。

（清）张慰祖：《穀梁大义述补阙》，南京陶风楼1934年刻本。

（清）侯康：《穀梁礼证》，粤雅堂校刊本。

（清）钟文烝：《春秋穀梁经传补注》，钟氏信美堂本。

（清）王闿运：《穀梁申义》，光绪十七年刊本。

柯劭忞：《春秋穀梁传注》，北京大学 1927 年排印本。

廖平：《重订穀梁春秋经传古义疏》，渭南严氏刻本。

廖平：《释范》，渭南严氏刻本。

廖平：《起起废疾》，渭南严氏刻本。

廖平：《春秋三传折中》，六译馆刻本。

（清）崔适：《春秋复始》，北京大学 1928 年排印本。

（清）孙诒让：《十三经注疏校记》，齐鲁书社 1983 年版。

（清）朱彝尊：《经义考》，中华书局 1998 年影印本。

（清）江慎中：《春秋穀梁传条例》，未刊稿（《国粹学报》有介绍）。

（清）江慎中：《春秋穀梁传条指》，载《国粹学报》1910 年第 68—73 期。

（清）江慎中：《用我法斋经说》，载《国粹学报》1910 年第 68—73 期。

（二）史部

《国语》，中华书局 2002 年版。

王利器校注：《盐铁论校注》，中华书局 2015 年版。

（汉）司马迁：《史记》，中华书局点校本 1959 年版。

（汉）班固：《汉书》，中华书局点校本 1962 年版。

（南朝宋）范晔：《后汉书》，中华书局点校本 1965 年版。

（晋）陈寿：《三国志》，中华书局点校本 1959 年版。

（唐）房玄龄：《晋书》，中华书局点校本。

（南朝梁）沈约：《宋书》，中华书局点校本 1974 年版。

（南朝梁）萧子显：《南齐书》，中华书局点校本 1972 年版。

（唐）李百药：《北齐书》，中华书局点校本 1972 年版。

（唐）姚思廉：《梁书》，中华书局点校本 1976 年版。

（唐）令狐德棻：《周书》，中华书局点校本 1971 年版。

（唐）魏徵：《隋书》，中华书局点校本 1973 年版。

（唐）李林甫：《唐六典》，明刻本。

（唐）杜佑：《通典》，浙江古籍出版社 1988 年影印本。

（后晋）刘昫：《旧唐书》，中华书局点校本 1975 年版。
（宋）欧阳修：《新唐书》，中华书局点校本 1975 年版。
（宋）罗璧：《识遗》，四库全书本。
（宋）章如愚：《山堂考索》，四库全书本。
（宋）晁公武：《郡斋读书志》，四部丛刊本。
（宋）陈振孙：《直斋书录解题》，上海古籍出版社 1987 年版。
（元）脱脱：《宋史》，中华书局点校本 1977 年版。
（明）宋濂：《元史》，中华书局点校本 1976 年版。
（明）过庭训：《本朝分省人物考》，明天启刻本。
（清）张廷玉：《明史》，中华书局点校本 1974 年版。
赵尔巽：《清史稿》，中华书局标点本 1976、1977 年版。
（清）江藩：《清朝汉学师承记》，上海书店 1983 年版。
（清）唐鉴：《清学案小识》，商务印书馆民国二十四年刻本。
徐世昌：《清儒学案》，中华书局 2008 年版。
《续碑传》《碑传补》，上海古籍出版社 1987 年版。
甘鹏云：《经学源流考》，甘氏家藏丛稿崇雅堂聚珍版印行本。
（清）李慈铭著，龙云辑：《越缦堂读书记》，上海书店出版社 2000 年版。
（清）何焯：《义门读书记》，中华书局 1987 年版。
（清）陈澧：《东塾读书记》，皇清经解续编本。
（清）桂文灿：《经学博采录》，广西师范大学出版社 2010 年版。
（清）唐晏：《两汉三国学案》，中华书局 1986 年版。
（清）永瑢等：《四库全书总目》，中华书局 1965 年影印本。
《续文献通考》，浙江古籍出版社 1988 年版。
《明太宗实录》，台北"中研院"历史语言研究所校印本。
《清圣祖实录》，中华书局影印本 1987 年版。
（清）陈其元：《庸闲斋笔记》，中华书局标点本 1989 年版。
（清）缪荃孙等：《嘉业堂藏书志》，复旦大学出版社 1997 年版。
（清）章学诚：《文史通义》，中华书局校注本 1994 年版。
（清）刘体智：《异辞录》，中华书局标点本 1988 年版。
（清）陈康祺：《郎潜纪闻》，中华书局标点本 1984 年版。

（清）顾炎武著，（清）黄汝成释：《日知录集释》，上海古籍出版社2006年版。

（清）朱一新：《无邪堂答问》，中华书局点校本2000年版。

（三）子部

（战国）荀卿著，（唐）杨倞注：《荀子》，上海古籍出版社2014年版。

（汉）陆贾：《新语》，辽宁教育出版社1998年版。

（宋）王应麟：《困学纪闻》，辽宁教育出版社1998年版。

（宋）黎靖德等编：《朱子语类》，中华书局1986年版。

（清）陈鹄：《西塘集耆旧续闻》，知不足斋丛书本。

（清）震钧：《天咫偶闻》，北京古籍出版社1982年版。

（清）刘熙载：《艺概》，上海古籍出版社1978年版。

（四）集部

（唐）韩愈：《朱文公校昌黎先生全集》，四部丛刊本。

（唐）柳宗元：《河东先生集》，宋刻本。

（明）唐顺之：《新刊唐荆川先生稗编》，万历九年刻本。

（明）费元禄：《甲秀园集》，明万历刻本。

（清）钱谦益：《牧斋初学集》，四部丛刊本。

（清）顾炎武：《亭林诗文集》，四部丛刊本。

（清）王源：《居业堂文集》，四库全书本。

（清）钱大昕：《潜研堂文集》，上海古籍出版社1989年版。

（清）潘衍桐：《两浙輶轩续录》，清光绪刻本。

（清）戴震：《戴震文集》，中华书局1980年版。

（清）阮元：《揅经室集》，四部丛刊初编本。

（清）焦循：《雕菰集》，道光岭南节署刻本。

（清）李元度：《天岳山馆文钞》，光绪六年刻本。

（清）唐文治：《茹经堂文集》，近代中国史料丛刊续辑本。

（清）皮锡瑞：《皮锡瑞全集》，中华书局2015年版。

（清）徐世昌：《晚晴簃诗汇》，民国退耕堂刻本。

（清）陈作霖：《可园文存》，宣统元年江宁陈氏刻本。

二　著作

包鹭宾：《经学通义初稿》，华中师范大学出版社 2005 年版。

卞孝萱、唐文权编：《民国人物碑传集》，团结出版社 1995 年版。

陈其泰：《清代公羊学》，东方出版社 1997 年版。

陈苏镇：《汉代政治与〈春秋〉学》，中国广播电视出版社 2001 年版。

陈寅恪：《金明馆丛稿二编》，生活·读书·新知三联书店 2009 年版。

顾颉刚：《春秋三传及国语之综合研究》，巴蜀书社 1988 年版。

顾颉刚：《古史辨》（第一册），上海古籍出版社 1982 年版。

郭康松：《清代考据学研究》，崇文书局 2003 年版。

洪汉鼎：《诠释学——它的历史和当代的发展》，人民出版社 2001 年版。

黄俊杰：《中国孟学诠释史论》，社会科学文献出版社 2004 年版。

黄开国：《廖平》，百花洲文艺出版社 1993 年版。

康有为：《孔子改制考》，中国人民大学出版社 2010 年版。

劳舒编：《刘师培学术论著》，浙江人民出版社 1998 年版。

李耀仙主编：《廖平选集》，巴蜀书社 1998 年版。

梁启超：《论中国学术思想变迁之大势》，载《饮冰室合集》（文集之七），中华书局 1989 年版。

梁启超：《清代学术概论》，复旦大学出版社 1985 年版。

梁启超：《饮冰室合集》，中华书局 1989 年版。

梁启超：《中国近三百年学术史》，复旦大学出版社 1985 年版。

廖幼平编著：《廖平年谱》，巴蜀书社 1985 年版。

刘师培：《国学发微》，张京华点校，华东师范大学出版社 2015 年版。

罗志田：《经典淡出之后：20 世纪中国史学的转变与延续》，生活·读书·新知三联书店 2013 年版。

牟润孙：《注史斋丛稿》（增订本），中华书局 2009 年第 2 版。

（清）皮锡瑞：《经学历史》，中华书局1959年版。

（清）皮锡瑞：《经学通论》，中华书局1954年版。

钱锺书：《管锥编》，中华书局1986年版。

沈玉成、刘宁：《春秋左传学史稿》，江苏古籍出版社1992年版。

王川编：《李源澄儒学论集》，四川大学出版社2010年版。

张舜徽：《清儒学记》，齐鲁书社1991年版。

张舜徽：《中国古代史籍校读法》，华中师范大学出版社2004年版。

张西堂《穀梁真伪考》，知识产权出版社2016年版。

章炳麟：《春秋左传读叙录》，上海人民出版社1982年版。

章炳麟：《春秋左氏疑义答问》，上海人民出版社1982年版。

章炳麟：《国学讲演录》，广陵书社2003年版。

章炳麟：《訄书》，华夏出版社2002年版。

章权才：《两汉经学史》，广东人民出版社1990年版。

赵伯雄：《春秋学史》，山东教育出版社2004年版。

赵生群：《〈春秋〉经传研究》，上海古籍出版社2000年版。

支伟成：《清代朴学大师列传》，岳麓书社1986年版。

钟肇鹏：《廖平》，巴蜀书社1987年版。

周光庆：《中国古典解释学导论》，中华书局2002年版。

周裕锴：《中国古代诠释学研究》，上海人民出版社2003年版。

朱维铮编：《刘师培辛亥前文选》，生活·读书·新知三联书店1998年版。

朱有瓛主编：《中国近代学制史料》，华东师范大学出版社1992年版。

［德］威廉·狄尔泰：《诠释学的起源》，载《理解与解释》，东方出版社2001年版。

［德］汉斯-格奥尔格·伽达默尔：《诠释学Ⅰ：真理与方法——哲学诠释学的基本特征》（修订译本），洪汉鼎译，商务印书馆2010年版。

［德］汉斯-格奥尔格·加达默尔：《哲学解释学》，夏镇平、宋建平译，上海译文出版社1994年版。

［德］马丁·海德格尔：《在通向语言的途中》，孙周兴译，商务印书馆2004年版。

[法] 保尔·李克尔：《诠释的冲突》，林宏涛译，台北：桂园图书公司1995年版。

三 论文

春声：《书〈穀梁·虞师晋师灭夏阳〉》，《恒丰周刊》1925年第37期。

崔大华：《论经学之训诂》，《中国文化研究》1996年第12期。

戴增元：《穀梁学通论》，《国学论衡》1935年第5期上。

杜钢百：《公羊穀梁为卜商或孔商讹转异名考》，《国立武汉大学文哲季刊》1933年第三卷第1期。

古伟瀛：《顾炎武对〈春秋〉及〈左传〉的诠释》，载《台大历史学报》2001年第12期。

顾颉刚：《春秋研究讲义案语》，载《中国古籍研究》（第一卷），上海古籍出版社1996年版。

黄俊杰：《论东亚儒家经典解释传统中两种张力》，载《台大历史学报》2001年第12期。

姜广辉：《传统的诠释与诠释学的传统——儒家经学思潮的演变轨迹与诠释学导向》，载姜广辉主编《中国经学思想史》第一卷，中国社会科学出版社2003年版。

蒋元庆：《穀梁受经于子夏考》，《学海月刊》1944年第一卷第3期。

金天翮：《张伯愉先生传》，载《江苏省立国学图书馆年刊》1934年第七年刊。

李纪祥、简逸光：《清学史中的〈穀梁大义述〉》，台湾高雄师范大学《经学研究集刊》2009年第7期。

李明辉：《焦循对孟子心性论的诠释及其方法论问题》，载《台大历史学报》1999年第12期。

柳妃生：《春秋孟氏学》，《国立中央大学半月刊》1929年第一卷第5期。

饶尚宽：《〈春秋穀梁传〉的内容、价值及其影响》，《新疆师范大学学报》（哲社版）2001年第1期。

史革新：《略论晚清汉学的兴衰与变化》，载《史学月刊》2003年第3期。

王季星：《方言之学起于〈穀梁〉》，《中央日报》1948年11月13日。

谢金良：《〈穀梁传〉的真伪和写作时代问题考辨》，《福建论坛》（人文社科版）1996年第2期。

谢金良：《西汉中期以前〈春秋穀梁传〉流传情况辨异》，《福建师范大学学报》（哲社版）2000年第4期。

徐震：《穀梁笺记》（上下），《国立武汉大学文哲季刊》1941年七卷1期。

［美］余英时：《从宋明儒学的发展论清代思想史》，载辛华、任菁编《内在超越之路——余英时新儒学论著辑要》，中国广播电视出版社1992年版。

章炳麟，诸祖耿：《春秋三传之起源及其得失》，《制言》1939年第56期。

郑良树：《论〈春秋〉"春正月"记时例》，载《中华文史论丛》2002年第2辑。

后　记

　　本书是国家社科基金项目"诠释学视域下的春秋穀梁学研究"的结题成果，自 2012 年立项以来已历 7 年，然论及我与春秋穀梁学的研究，则要从 2002 年在华中师范大学历史文献研究所攻读历史文献学博士学位开始，已近 17 年光阴。我为何选择号称"孤经绝学"的春秋穀梁学研究？

　　唐代文学家韩愈在《送王秀才序》中说："吾常以为孔子之道大而博，门弟子不能遍观而尽识也，故学焉而皆得其性之所近。"清朝史学家章学诚在《与族孙汝楠论学书》中"接着讲"："学问之途，有流有别，尚考证者薄词章，索义理者略征实，随其性之所近，而各标独得，则服郑训诂、韩欧文章、程朱语录，固以角犄鼎峙，而不能相下。必欲各分门户，交相讥议，则义理入于虚无，考证徒为糟粕，文章只为玩物，汉唐以来，楚失齐得，至今嚚嚚，有未易臨决者。惟自通人论之则不然，考证即实此义理，而文章乃所以达之之具。"这里讲明了三个道理，一是学问存在流别区分；二是学问的选择与自己的个性和兴趣相关；三是义理（思想史）、考据（文献学）、词章（文学性）三者需要相互融通。

　　我在四川师范学院（今西华师范大学）硕士研究生所学是明清史方向，学位论文撰写的是明代万历朝政研究，属于政治史领域。毕业以后，留校从事教学与科研工作，在文献阅读与研究中，逐渐地对学术史研究发生浓厚兴趣。可以说，从事春秋穀梁学研究是我学术史研究的一次重要选择。当然选择春秋穀梁学研究这个课题，也有机缘巧合。2002 年 9 月中旬博士生入学不久，在一次晚饭后，走进校园内一家书店，看到了清代学者钟文烝撰写的《春秋穀梁经传补注》一书，这是中华书局出版的一个点校本，我毫不犹豫地购买下来。在跟我的博士生导师周国林教授讨论学位论文选题时，谈到《春秋》三传研究中，当时有沈玉成先生等撰写的《春秋左传学史稿》、陈其泰先生撰写的《清代公羊学》，而《穀梁传》研究的专著却付之阙如，于是大胆地提出要从事清代春秋穀梁学研究，得到导师周国林先生的赞同，而且周老师在外地学术交流中得到南开大学赵伯雄教授撰写的《春秋学史》，周老师回校后第一时间通知我去取书学习，是周老师将我领进了春秋穀梁学研究之门。从博士学位论文的开题报告，到论文初稿的修改，周老师都给予细心的指导。2006年，博士学位论文在巴蜀书社出版，周老师也赐序一篇，不仅对我博士学位论文的出版加以肯定，而且对我提出更高的期望："对于廷海君而言，这部书是他走向学术界的一本标志性著作。可能是有所偏爱吧，虽然书中有些论点还有待锤炼，资料有待充实，但我仍然感到这部书的起点不低。经学研究的领域非常宽广，除了一般的研究史，经学思想本身、文本与社会之关系也值得探索，意义或许更大。在这片大有可为的广阔天地里，愿君再发愤，更上一层楼。是为至盼。"也许从事历史文献学研究，博士学位论文的考据（文献学）色彩浓厚一些，义理（思想史）的建构以及思想史的社会意义（文本与社会）较为欠缺，这也指明了我今后治学应努力的方向。

  2012年我以"诠释学视域下的春秋穀梁学研究"为题申报国家社科基金项目被成功立项，中间经过两次延期，2017年11月提交结题报告，2018年4月经过管理部门组织专家鉴定，全国哲学社会科学工作办公室准予结项。回顾这十几年的艰辛探索之路，有几点体会：

  一是学术研究需要机缘巧合。我首次与钟文烝《春秋穀梁经传补注》相遇并开启春秋穀梁学研究是机缘巧合；在华中师范大学中国近代史研究所查阅《国粹学报》喜遇近人江慎中的《春秋穀梁传条指》是机缘巧合；我现在工作的西华师范大学购买了《晚清、民国期刊全文库》，使我一窥晚清、民国穀梁学研究的胜景，是我与大数据时代的机缘巧合。

  二是学术研究需要每转益进。"每转益进"本来是钱穆先生探讨乾嘉考据学产生根源的理论，我在这里更多强调的是我从事春秋穀梁学研究的进境。博士学位论文《清代春秋穀梁学研究》仅将清代以前的春秋穀梁学研究作为学术背景来介绍，所以写得较为薄弱。在国家社科基金项目"诠释学视域下的春秋穀梁学研究"的撰写中，增加了《穀梁传》解经方法、经学思想、汉至唐穀梁学、民国时期穀梁学等方面的内容，这

后　记

也是回答恩师周国林先生对我提出的新要求。国家社科基金结题以后，我又增加了晚清民国时期刘师培《荀子穀梁大义相通论》、张慰祖《穀梁大义述补阙》、周树桢《公羊穀梁合解》、王季星《方言之学始于〈穀梁传〉》等穀梁学专著和论文研究的内容，说明学术研究经过一段时间的积累，会比上一次的研究有所进步。

三是学术研究需要扎实学风。要研究春秋穀梁学史，需要阅读大量文献，从一本本、一篇篇文献的解读入手，分析春秋穀梁学著作的内容，提炼各家春秋穀梁学著作的特色，总结春秋穀梁学发展脉络，构建义理（思想史）、考据（文献学）、词章（文学性）相互结合的春秋穀梁学体系，这些都需要扎实积累，方能"真积力久则入"（荀子语）。

书稿即将出版，首先感谢家人的支持，妻子和爱子陪伴左右，父母、岳父亦时加问候，在我课题研究遇到困难时常给我加油鼓励，分享我的忧愁与欢乐，特别是妻子谭锐作为成员参与课题的一些工作！恩师周国林先生对国家社科基金项目结题成果给予肯定和提出宝贵的修改意见，感谢一如既往的支持！同时感谢我的博士后流动站导师南京师范大学文学院赵生群教授对本课题的关心和指导！中国社会科学院中国历史研究院古代史研究所林存阳研究员作为我的好友，感谢他对本人学术研究的关心以及对本课题的修改完善提出的真知灼见！感谢西华师范大学科研处的同事对我工作的支持，使我近期有从容的心境来完善书稿！感谢学校专著出版基金的资助，使我的国家社科基金项目结题成果得以出版！

一段学术历程的结束，预示着新的征程的开始。是为记。

文廷海

2019 年 4 月 16 日于南充